每一个故事，都是说法论道。

每一场辩护，都是绝处求生。

刑辩者说
反转型辩护的技战法

刘建民　著

中国政法大学出版社

2022·北京

图书在版编目（ＣＩＰ）数据

刑辩者说：反转型辩护的技战法/刘建民著.—北京：中国政法大学出版社，2022.7

ISBN 978-7-5764-0579-8

Ⅰ.①刑… Ⅱ.①刘… Ⅲ.①刑事诉讼－辩护－研究－中国 Ⅳ.①D925.215.04

中国版本图书馆 CIP 数据核字 (2022) 第 121662 号

出 版 者	中国政法大学出版社
地　　址	北京市海淀区西土城路 25 号
邮寄地址	北京 100088 信箱 8034 分箱　邮编 100088
网　　址	http://www.cuplpress.com (网络实名：中国政法大学出版社)
电　　话	010-58908586(编辑部) 58908334(邮购部)
编辑邮箱	zhengfadch@126.com
承　　印	北京中科印刷有限公司
开　　本	720mm×960mm　　1/16
印　　张	26
字　　数	450 千字
版　　次	2022 年 7 月第 1 版
印　　次	2022 年 7 月第 1 次印刷
定　　价	99.00 元

快乐行:刑事辩护功效论

司法应当公正。时代的一粒尘埃,落在每个人身上,都是一座山。

危难之时,高墙之下,一句问候、一个笑脸,都是撼人心肺的感动。每个刑辩故事虽不同,却都是满满的真性情。

不论案件大小和难易,我一向追求辩护的成功。这种受人之托,忠人之事的良心驱使,化作有礼有节的挑剔和有理有据的抗争。冷眼在一次次平和诉说下变得温和,责难在一次次理性抗辩中成了尊重。尘埃落定时,人们才知道,世间未必皆贼寇,天下多为良善人。

颠覆性、断崖式的辩护效果和不可思议的成功概率,充分说明一个事实:刑事辩护的作用是毋庸置疑的!可以想象,如果没有辩护,这些侦控事实有可能被法院所确认,也终将被历史尘封,又有谁能体会到那些弱小生命的苦痛。位高权重、富可敌国也好,平凡平庸、饥寒贫穷也罢,在强大的国家机器面前,都是秋风中的落叶,枯黄飘零。任何人都应享受自由和公平,也应当给予善待和尊重。凡事总该有一套标准和规则,才能是非清、责任明。一个人走出了牢狱,或者被实质性减刑,那是司法的理性。

生命本无常,磕绊憾终生。乾坤大反转,破涕露笑容。

侦控与辩护,犹如两军对垒,时而固守,时而冲锋。辩护之道,在于攻防结合,以守为攻。因此,阻击点位的确定、各种关系的平衡、技法战法的运用,是必修课,也是基本功。

刑事辩护是现代法治的产物。其效果取决于法理、阅历、智慧和忠勇,金钱和关系绝非万能。律师是一个说理的职业,理论与实践完美结合了,辩护也就成功了。

习近平总书记说,要让人民群众真切感受到司法的公平和正义。是的,我们一直在践行。

这是一个个痛并快乐着的经历，我无怨，所以前行。无论南北，不问西东。

阻击位：刑事辩护架构论

一

维度划分：紧盯司法裁判要素

关于刑事辩护，学界有多种分类方法，如自行辩护、委托辩护和指定辩护；强制辩护和任意辩护；选任辩护和指定辩护；单独辩护、多数辩护和共同辩护等。这些分类方法，对于阐释辩护权的来源、主体以及行使方式，确实具有一定学术价值。

随着刑事辩护专业化、精细化的发展，相关理论研究逐步深入。"五形态分类法"即无罪辩护、量刑辩护、罪轻辩护、程序性辩护和证据辩护的观点提出，体现了刑事辩护的规律，也与我国刑事法治进程保持着同步。

应当肯定，这些概念化的归类，对于引导律师掌握刑事辩护的特点，有针对性地开展辩护工作，是具有积极意义的。但不可回避的是，在这些分类方法中，有的偏重理论构架，对辩护实践指导略显不足，有的则存在一定程度的重合或交叉，不足以体现辩护类型的独立性和层次感。

我们知道，刑事辩护是功利的，具有较强的目的性。律师辩护的说服对象是刑事诉讼进程中不同阶段的司法人员，阶段性司法文书会反映辩护效果。提前终结刑事程序是成功辩护中的"极品"，但较为少见，不具有普遍意义。在一个完整的刑事程序推进过程中，辩护的终极目标是说服法官，辩护观点最终要体现在法院的刑事裁判文书中，裁判文书的论理部分也就成了判断辩护效能，衡量辩护质量高低的直观标准。因此，刑事辩护的分类确定和方法选择以司法裁判标准为导向，应当说更具有实践价值。

刑事诉讼法明确规定，一审判决有三种情形：一是有罪判决；二是无罪判决；三是证据不足、指控的犯罪不能成立的无罪判决。二审程序有三种处理方式：一是维持原判；二是认定事实没有错误，仅就适用法律错误或者量刑不当进行改判，或者查清事实后改判；三是以事实不清、证据不足或者程序违法为由发回重审。由此可以看出，一审、二审的裁判结论都是以事实和证据作为依据的。二审虽然增加了量刑是否适当、程序是否合法、法律适用是否正确的审查内容，但事实和证据仍然是其首要审查内容。

随着以审判为中心的刑事诉讼改革逐步推进，最高人民法院发布了《法院刑事诉讼文书样式》和《关于加强和规范裁判文书释法说理的指导意见》，让各级法院更加注重裁判文书的说理性。紧紧围绕事实、证据、程序、量刑、法律适用等关键要素来展开裁判论理，旨在阐明裁判结论的形成过程和正当性理由，在提高裁判的可接受性、增强裁判行为的公正度和透明度的同时，也给有效辩护提供了单刀直入的切入路径。

常见的二审终审裁判文书表述，是干脆利索，富有深意的。以维持原判为例，其典型的表述是："原判认定事实清楚，适用法律正确，定罪准确，量刑适当，审判程序合法，上诉人的上诉理由及其辩护人的辩护意见均不能成立，不予采纳。"这种裁判论理，至少表明了两点：一是二审法院审查案件时要重点考察哪些关键要素；二是这些关键要素中任何一项出现问题，其裁判结果都将是不同的。

从刑事辩护角度来讲，裁判文书的上述表述是对辩护工作的全盘否定。但我们可以从中看到裁判思路，发现审判规律。如果要确保刑事辩护取得成效，则应当从上述关键要素中寻求突破。显然，这属于对策法学的研究范畴，通俗化、易操作、见效快、可复制。于是，便有了本书的观点。

证据是基础要素，与案件事实紧密关联，但分属不同层面。定罪和法律适用相辅相成，同属于法理层面。据此，我们将上述关键裁判要素划分为事实、证据、程序、量刑、法理五个维度来论述。

二

事实之辩：在于颠覆侦控根基

刑法规制的是犯罪行为，犯罪行为对应的是犯罪事实。查明事实是侦控的基本工作，也是案件定性的基础。相应地，刑事辩护也应当从事实层面展开。

事实要由证据证明，这样便出现了两个基本概念：一是客观事实；二是法律事实。侦控工作搜集、固定、展示的是法律事实，要力求符合或者接近客观事实，最大限度地还原客观事实。这就意味着法律事实与客观事实未必一致，刑事辩护的价值就在于此。

就事实层面的辩护，主要立足于犯罪构成要件事实来展开，包括还原辩和证伪辩两个辩点。

还原辩，是指还原事实真相，用新的客观存在的事实来证明指控事实的虚假。在刑事辩护实践中，"亡者归来""凶手再现"堪称还原之辩的典范。"亡者归来"意味着侦控事实中被害人的死亡结果为假，案件定性将发生逆转。"凶手再现"意味着侦控事实中杀人或者伤害行为并非被告人所为，犯罪主体认定错误，侦控目标将不攻自破。

在刑事辩护中，律师调查非常重要。通常情况下，基于人性和道德的驱动，只要没有其他外部压力，当事人、证人和其他与案件有关的人是乐于实事求是、说真话的。律师要善于倾听，因势利导，获得真相并不难。

证伪辩，是指质疑侦控事实，打破其有罪证据链条致使侦控事实不能成立，或者不能排除合理怀疑。在刑事辩护实践中，被告人口供的前后矛盾、证人证言的不合情理、鉴定意见的常识性错误等，会给律师辩护留下空间，通过察微析疑、分析论证，律师是可以有所作为的。

在刑事辩护中，律师本人的证据审查能力、生活阅历非常重要。在通常情况下，侦控人员由于量化考核和目标管理，在"快办案、办成案"的重压之下，有时难免出错。而被告人基于个人利益的权衡和其他压力，往往容易说错话，或者自证其罪。但是，"谎言不可能变成真理"，只要不是客观事实，一定会有漏洞破绽，或者蛛丝马迹。律师要善于洞察矛盾，抓住机会，勇于质疑，颠覆有罪指控则极有可能。

还原辩与证伪辩都是围绕侦控事实展开，两个辩点的目标是一致的，不能割裂。事实上，绝对的还原事实和绝对的证伪事实，都是很难做到的。更多的时候，为了还原部分事实，首先要证伪部分侦控事实。为了证伪部分侦控事实，则需要还原部分事实。在现行司法体制下，仅凭对事实的证伪未必能够得到法院的认可。

因此,在事实层面的辩护中,律师应当全力证伪侦控法律事实,最大限度地还原客观事实,并结合所还原的事实以及可能存在的事实或后果提出合理怀疑,进而动摇侦控的根基。怨天尤人是无用的,唯有积极作为,才有颠覆案件的可能。

三

证据之辩:重在打破有罪链条

证据是认定案件事实的根据。只要涉及事实认定,都不可避免地要对证据进行审查判断。这里的"事实",不仅是犯罪构成要件事实,还包括其他与定罪量刑有关的事实,如量刑情节、违反法律程序的事实等。

证据辩护是对全案的证据进行精细化审查判断。而事实辩护主要针对犯罪构成要件事实展开。我们将证据辩护与事实辩护独立分类,主要是考虑立足点不同。事实辩护是切中要害,釜底抽薪;证据辩护则立足细节,精雕细琢。

具体来讲,证据层面的辩护,就是严格按照证据规则对单个证据能否转化为定案根据以及现有证据是否达到法定证明标准所做的辩护活动。主要包括三性辩和链条辩。

三性辩,是指围绕证据的客观性、合法性和关联性,论证单个证据能否转化为定案的根据。辩护路径有两个:一是可以对侦控证据的真实性和相关性发起挑战,以证明这些证据不具有证明力;二是可以对侦控证据的合法性提出质疑,以证明这些证据不具有证据能力。

证明力和证据能力是三性辩的论证重点。因此,辩护律师对法庭质证环节应高度重视,质证能力非常重要,质证意见非常关键。而在庭前辩护活动中,则要通过法律意见书的形式,对侦控证据及时提出书面质疑意见,以获取案件转机。

链条辩,是指论证现有证据不能达到法定证明标准。如果要论证任何一个理性的人都无法对被告人构成犯罪这一点达到排除合理怀疑的程度,律师必须证明现有证据存在着重大的矛盾,关键证据无法得到其他证据的印证,间接证据无法形成完整的证明体系，被告人有罪供述无法得到其他证据的补强，或者根据全案证据无法排除其他可能性或者无法得出唯一的结论。

存在合理怀疑是链条之辩的论证重点。这种全方位的证据辩护方式，是刑事辩护律师的基本技巧。要熟练运用证据规则和理论，围绕辩护思路和具体证据情况，在法庭综合辩论中以点带面、娓娓道来，最终全部体现在辩护词中。讲透彻，说明白，才能引起共鸣。有法理，有逻辑，才能被法官采纳。

当然，三性辩与链条辩作为证据辩护中两个主要辩点，也不是孤立的。三性辩是基础和前提，链条辩是目的和根本。

因此，在证据层面的辩护中，律师应当认真研究在案证据，结合证据规则，利用综合知识进行审查判断，提出合情合理的质证意见。既要注重细节，不放过任何细枝末节，又要有整体观念，避免挂一漏万。论证过程要通俗易懂，论证结果要严谨科学。

四
程序之辩：旨在实现形式正义

与实体公正一样，程序公正的重要性和独立价值已被社会普遍认同。就个案审判而言，程序公正与实体公正虽然未必能够同等对待和兼顾，但至少司法人员不愿也不敢有明显的程序违法行为，致使案件质量出现问题。这是一大进步。律师应当顺应形势，采取有效的程序辩护来维护当事人的合法权益，力求实现辩护目标和价值。

程序辩护主要通过程序性权利诉求和程序违法制裁两个途径展开。其中包括措施辩、回避辩、管辖辩、排非辩和撤销辩。

措施辩，是指对羁押措施的合法性、合理性和必要性进行论证，并申请变更强制措施的辩护活动。解除不法和不当羁押状态，不仅涉及当事人的人身自由，而且关乎日后的定罪和法官的刑罚裁量，因而措施辩的重要性是不言而喻的。时机选择上要注意两点：一是在侦查和审查起诉阶段提供羁押必要性审查意见。最高人民检察院近年来出台的相关规定，为该阶段的律师辩护提供了充分的依据。二是出现案件未在法定期间内结案的情形时，提出要求释放或者变更强制措施的辩护意见。案件久拖不决，程序已经穷尽，相关证据必定存疑，而释放或者变更强制措施又是法律明文规定，应当及时提出请求。一旦成功，对案件的最终处理也会取得事半功倍的效果。

回避辩，是指结合法定的回避事由，提出相关司法人员不得参与案件处理，或者请求确认相关司法活动无效的辩护活动。该辩护意见的提出，要有充分的证据。仅凭道听途说，无端猜疑，不仅不会得到支持，反而容易引发相关人员的对抗情绪，不利于案件的沟通交流。

管辖辩，是指在一定证据支持下要求整体变更案件承办单位的辩护活动。通俗来讲，这属于回避辩的升级版，由人员回避上升到单位回避。这种辩护意见的提出，同样要慎之又慎。通常情况下的指定管辖，不仅有法律依据，而且经过了上级司法机关的充分考量。如果提出改变管辖的意见，应当理由充分，起码应为大多数人接受。诸如中级人民法院刑事法官审判涉案原中级人民法院民事法官的情形，辩护律师提出改变管辖的请求则具有明显的合理性。

排非辩，是指通过对违法取证行为的揭露和证明，来否定相关证据合法性的辩护活动。非法证据要排除，这是国家法律的明确规定，律师行使该项辩护权利是有充分依据的。

撤销辩，是指通过指出司法人员程序违法之处，或者相关违法犯罪事实，来否认一审判决公正性的辩护活动。该辩护目的，不是为了改变一审判决，而是撤销一审判决。通过案件发回重审，以时间换空间，进而促使案件得以公正处理。

上述程序辩护中相关辩点的有效展开，尽管是围绕程序性权利请求和程序违法制裁，但程序上的硬伤足以使案件的社会关注度、司法人员的重视度得到提升，程序公正必将促进实体公正，对于案件处理结果是有益的。

因此，在程序层面的辩护中，律师应当高度重视辩点的灵活运用。要善于发现程序违法之处，敢于直面揭露。有组织地迂回是为了更好地进攻，适当的拖延是为了最后的胜利。

五

量刑之辩：意在求得最优待遇

量刑是司法裁判的重要内容，也是案件质量的审查重点。从 2010 年最高人民法院量刑规范化改革开始，到 2018 年认罪认罚从宽制度确立，量刑辩护逐步上升为一种独立的辩护形态。

量刑辩护建立在对被告人构成犯罪不持异议的基础上，是通过对有利于被告人的量刑情节的挖掘、整理和论证，从而得到从轻、减轻或者免除处罚目的的辩护活动。具体来讲，量刑辩护包括情节辩、情理辩、均衡辩和政策辩。

情节辩，是指围绕法定量刑情节，论证从轻、减轻或者免除处罚的辩护活动。自首、立功、坦白、未成年、老年人、智障人、又聋又哑人、盲人、防卫过当、避险过当、预备犯、未遂犯、中止犯、从犯、胁从犯、教唆不从、域外受罚等情形，都是法定的从轻、减轻或者免除处罚情节。对于在国防、外交事务中作出重大贡献，可以适用报请减轻的，也要格外重视。

情理辩，是指围绕酌定量刑情节，论证从宽处理合理性和必要性的辩护活动。初犯、偶犯、主观恶性不深、社会危害性不大、有悔改表现、事出有因、平常表现良好、被害人过错、唯一抚养人等，都是酌定从轻的情节。要注重从宽处理的合理性、必要性论证，要有真情实感，以情动人。

均衡辩，是指检索并结合同类案例的刑罚裁量结果，提出参照、借鉴意见的辩护活动。最高人民法院发布的案例选编、案例编报、指导性案例，要主动搜索查询，找出类案的异同点，分析论证其裁判逻辑，为案件从轻处罚提供参考依据。当地司法系统一定时期内对于同类案件的审查和裁判要求、原则和做法，也要详细了解，畅通与司法人员的交流路径，争取积极的效果。

政策辩，是指根据新的刑事政策和中央文件精神，提出从宽处罚意见的辩护活动。刑事法律是稳定的，但刑事政策会随着国内国际形势变化，作出相应的调整，具有较强的灵活性。刑事政策不是司法机关裁判的依据，但其发展趋势和引领方向应当重视。如从中央到地方的容错纠错机制的建立和完善，为相关职务犯罪的从宽处罚提供了政策依据；弘扬企业家精神、保护企业家权益的一系列规定，也为相关企业家犯罪的从宽处罚营造了氛围。

简而言之，量刑辩护的终极目的是求得被告人的最优待遇。这就要求律师要穷尽一切方法和手段，充实丰富各种辩点，全面开展辩护工作。

因此，在量刑层面的辩护中，律师不仅要面向过去，收集、整理、论证各种有利的量刑情节，而且要面向未来，全面阐述是否符合帮教条件、改造难易程度、再犯危险性大小、能否回归社会、是否具有矫正可能性等。同时，还要通过确定案件的基准刑，对量刑情节的调节比例作出评估，从而提出有理有据的量刑辩护意见，以此说服司法机关。要明之以法，晓之以理，动之以情，要相信滴水可穿石，真情能撼天。

六

法理之辩：着力追求罪刑法定

刑事辩护的实体规范是刑法，程序规范是刑事诉讼法。刑事案件的定罪处罚及其法律适用归根结底要落实到刑事法律理论上，我们将定罪和法律适用问题界定为法理层面正是基于这个原因。

刑事案件涉及人的自由和生命，其裁判标准和证据规则明显不同于民商事案件。罪刑法定，是刑事案件处理的基本原则。在法理层面进行分析论证，对于刑事辩护效果来讲，是非常重要的。

具体来讲，法理辩护是指紧扣刑法中犯罪构成要件、此罪与彼罪区别、特殊主体处罚规则、阻却犯罪事由、追诉期限等相关规定及其立法意图，结合案件事实证据进行的有利于被告人的辩护活动。主要包括无罪辩、罪名辩、因果辩、豁免辩、意外辩、免责辩和时效辩等。

无罪辩，是指以案件事实为基础，针对犯罪构成要件等基本要素，对案件的罪与非罪进行定性论证，进而得出无罪结论的辩护活动。犯罪构成要件缺失，是无罪；指控犯罪事实不清、证据不足，也是无罪；情节显著轻微、危害不大，能够适用"但书"规定，不认为是犯罪的，均可视为无罪辩的范畴。

因果辩，是指围绕行为与结果的内在关系，通过因果关系排除方式否认指控，或者对"多因一果"和原因力的分析，来论证罪轻的辩护活动。

罪名辩，是指以犯罪构成要件为标准，结合法益侵害后果，从法律解释和事实认定层面就案件定性中此罪与彼罪进行分析论证，进而得出应当变更为轻刑罪名的辩护活动。该辩点是一种两害相权取其轻的辩护策略，在辩护前应当与被告人充分沟通辩护思路，这不仅涉及被告人的切身利益，还涉及如何理解和实现律师辩护权的独立性问题。在辩护实践中，根据单位犯罪规定，将自然人犯罪改变定性为单位犯罪，进而使其得到较为轻缓刑罚的辩护方式，也可视为罪名辩的范畴。

豁免辩，是指对享有外交特权和豁免权的外国人犯罪问题，提出请求通过外交途径解决，进而使其脱离刑事诉讼程序的辩护活动。对于外国人在域外针对我国和公民犯罪的特殊规定，也可归为豁免辩的分类范围。

意外辩，是指通过举证证明损害后果并非基于被告人的故意或者过失，进而不应承担刑事责任的辩护活动。主要是指意外事件，我们称之为意外辩。

免责辩，是指围绕法定的阻却犯罪事由，论证不应当承担刑事责任的辩护活动。主要包括正当防卫、紧急避险、无刑事责任能力和尚未达到刑事法定年龄的免责情形。

时效辩，是指依据刑法的时效规定，论证应当终止刑事诉讼程序的辩护活动。在时效辩中，要注意"立案侦查或者受理后、逃避侦查或者审判"和"追诉期限内被害人已提出控告，应当立案而不予立案"两种情形的排除。追诉时效不仅适用于没有立案侦查或者受理的"无头案"情形，也适用于立案侦查或者受理后长期"疑案从挂"的情形。

罪刑法定，是对司法权力的限制和约束。对司法人员来讲，这是一种高标准、严要求。与此对应，辩护律师应当学深学透刑法理论，用足、用活刑法规定。唯有如此，才能在侦辩对抗和控辩对决中游刃有余，信手拈来。艺高人胆大，绝处能逢生。

七

架构功能：囊括刑辩万千变化

刑事辩护是一门实践性艺术。如同山水画创作，要想创作出意境高远的艺术作品，必须师造化，走向大自然。但是，如果不懂得置陈布势、章法布局，不懂得树木、山石、云水、车船、人物、建筑等物象描绘方法，是不可能准确选景和对景写生的，更不可能一挥而就。因此，要学习传统绘画理论和基础技法，要师古人，学经验，懂范式。

刑事辩护维度与辩点，就是一种架构模型。旨在对刑法理论和辩护实践中的各种问题进行系统归类，进而形成一个宏观的指导纲领，使先行者自查方案是否周全，措施是否到位；使后来者面对复杂案件不至于手足无措，顾此失彼。一个完整的理论体系，可以囊括和穷尽一切现象，从而让辩护律师更加坚定从容。

胸中藏有万千丘壑，笔下才会云烟升腾。这是本书写作的目的，也是对律师同行的期许和祝愿。

当然，刑事案件成功辩护在于维度把握和辩点选择。战略很重要，但战术也不可少。战术运用需要阅历和经验，更需要激情、勇气和智慧。开篇陈词就不再赘述，读者可以通过阅读本书来品味感悟、总结升华。

本书中20个反转型刑辩案例，均系本人亲历、合作或指导。每每回忆起来，总会暗中窃喜，夜半梦醒。这些年来，任凭风大浪高，无惧人微言轻，屡屡成功，也算是不负师恩，足以慰藉心灵。

全书以讲述刑辩故事为主线，通俗易懂，趣味横生。每一个案例都是围绕刑辩维度与辩点，灵活运用各种技战法。

刑辩故事，本身就是一个凄惨的故事，人生大起落，家庭漂泊中。我总是认为，律师的成功辩护是有功德的。每当看到那走出牢狱大门的单薄身影，每当听到那大病初愈后的惨淡笑声，我们都沉默无语，但内心庆幸。这是律师的荣耀和自豪！为了这一刻，我和我的同行们一直在前仆后继，艰难前行。

法治社会是倡导公平正义的，辩护律师是理想主义者。我们的职业与时代同步，与社会相容。因此，辩护律师应当闲时多读书，苦练内功，修身养性。待到出征日，挺枪跃马，布阵排兵。

2020年2月，COVID-19作为一个新词汇家喻户晓。2021年7月，特大暴雨引发山洪暴发，河水倒灌，中原大地一片泽国，父老乡亲望天兴叹，忧心忡忡。在灾难面前，人类是渺小的，我们应当对大自然予以敬重。无论如何，困难终究要过去，美好生活会重新开始。只有坚定地看好未来，才能无悔人生。

讲述刑辩故事，是为了总结过去，启迪未来。以"赵钱孙李"取代当事人真实名姓，以"ABCD"指代具体行政区域，一则保护个案隐私，二则强化写作目的。刑事辩护是一项技术活儿，有流程，也有套路，了解掌握其中的辩点和技战法才是我们的初衷。当事人若知，自当领会本书的良苦用心。即便往事重提，旧伤隐痛，相信他们也会祝愿天下安好，祈祷相同相似的灾祸不再发生。我们在拯救的道路上艰难跋涉，需要个案汇集，经验积累，来完善自身，进而帮助更多需要帮助的人。为此，我们要借鉴案中事，也要感谢案中人。

　　一本书，恰似一颗心，送给我的同仁同道，送给那些逆流而上的辩者。

　　为先行者道喜祝福，敬酒壮行！

　　为后来者修桥铺路，打伞掌灯！

刘建民

2020 年 11 月 2 日一稿

2021 年 12 月 28 日二稿

目　录

CONTENTS

卷一 ∣ 撤销案件

"灰色"不是"黑色"，送检物与扣押物颜色不一样，是不是被调包了？如果说没有被调包，事实上也许真的没有被调包。但怎么能证明这是嫌疑人制造的？本案不是赢在客观事实，而是赢在证据不足。指控犯罪应当形成有效的证据链条，且能够排除合理怀疑。一旦侦查机关的证据链条被打破，犯罪则不能成立。

放火罪归类于危害公共安全犯罪，属于重罪，可被判处三年以上有期徒刑直至死刑。该罪是行为犯，结果只是加重的情节。而对于放火行为的认定，也应从主客观方面全面分析，"足以"危害公共安全的，方可归罪。因此，放火的未必都是放火罪。如果放火行为致使财产损失没有达到法定标准，毁坏公私财产罪也不能成立。

这是一起警方异地抓人案件。当负有保密义务的人非法转让商业秘密时，对受让人来讲，是否构成犯罪必须有相关证据支持。受让人知道或者应当知道该商业秘密为非法获取的，则构成该罪；受让人不知道也不可能知道该商业秘密的来源，且有充分证据证明其能够确信该商业秘密为转让人所有的话，则不构成该罪。善意取得是合法的民事行为，刑事司法介入应当谨慎。

卷二 | 不起诉案件

查就显得非常重要。在罪名辩护之前，轻罪的追诉时效也应当提前考虑周全，适时交流沟通，方可绝地反击。本案不是赢在事实上，而是赢在法律上，委托人是幸运的。

09. 雪场老板的罪与非罪：是林地，还是非林地 // 140

这是一起普通刑事案件。案件辩护成功在于，通过还原客观事实，证伪了侦查认定的事实，颠覆了案件定性。当土地规划与土地现状不一致时，应当以客观事实为准。对于非法占用农用地罪而言，由于其不是林区，自然不存在毁坏林地的说法。所以，辩护律师要敢于怀疑，勇于求证，善于沟通，方能使案件绝处逢生，出人意料。

10. 典当老板的罪与非罪：扫黑除恶中刑事政策的变化 // 147

对于员工的行为，经理不在场，不能推定为组织者。"贴身跟随"到外地讨债，与"贴身跟踪"式逼债是有区别的，前者是保护人身，后者是限制自由。公司有内部分工，追要合法债务，经理未必知道细节。为强索不受法律保护的债务或者因其他非法目的，实施"软暴力"的，构成犯罪。而对于合法债务，只要没有严重后果的，一般不作为犯罪处理。新的司法解释规定了合法债权的维权界限，一概予以打击是不对的。

11. 古稀老人的罪与非罪：刑事追诉时效的理解与适用 // 163

追诉时效制度，是为了限制国家刑罚权而设立的。不受追诉时效限制有两种情形：一是侦查立案或者人民法院受理后，逃避侦查、审判的；二是被害人控告，但公安机关应当立案而不予立案的。除此之外，任何经过法定期限没有被追诉的行为人，依法不再追究。本案发生在 2001 年，当时侦查已立案，且移送到了法院，因各种原因不了了之。信访不应当催生司法重启，好在当事人愿意"花钱买平安"，最终公诉机关以不起诉终结了刑事程序，也算是一个不错的结局。

卷三 | 免予刑事处罚案件

12. 涉嫌玩忽职守的国土官员：国有与集体建设用地的不同 // 175

服务区项目用地未必是国有建设用地，乡（镇）村公共设施依法可以使用集体建设用地，而"招拍挂"不是使用集体建设用地前置程序。法无禁止即可为之，行政相对人没有行政违法行为，行政机关便无权对其处罚。玩忽职守的损害后果是"不可挽回"，即便是建筑物应当没收而没有没收，完全可以补救，不存在国家经济损失。渎职犯罪涉及诸多行政法律、法规规定，行政执法人员有权辩解。司法人员应当耐心听取，做到执法有据，有错必纠。

13. 涉嫌滥用职权的教育官员： 全供事业编制的审批主体 // 189

滥用职权的行为方式有两个：一是逾越职权处理公务；二是违反规定处理公务，即有权却滥权。全供事业编制的审批权是政府首长，入编通知书发放是政府人事主管部门。在无共犯的情况下，教育行政机关工作人员不是该罪的犯罪主体。滥用职权罪属于结果犯，必须有重大利益损失。网络媒体报道应当实事求是，对于虚假报道的点击率，则不能判定为恶劣社会影响。

14. 涉嫌滥用职权的财政官员： 资金损失认定中的因果关系 // 213

国库科负责直管账户，其他科室负责代管账户。国库科工作人员将直管账户资金拨付到代管账户是其工作职责。事后领导签字确认，表明其正当履职。代管账户中资金被挪用，应由该代管账户的负责人承担罪责。国库科人员的拨款行为与代管账户资金被挪用结果之间，没有法律上的因果关系。滥用职权罪认定有两点：一是滥权；二是损失。不能因为有损失，便作出滥用职权的推定而应当是滥用职权行为造成了损失的结果发生，因果关系很重要。

15. 涉嫌玩忽职守的税务官员： 税务稽查措施的适用边界 // 222

税务稽查与税务行政处罚是不同的。在例行税务稽查过程中，对于涉税企业丢失公司账簿的行为，直接实施税务行政处罚并无不当。在非工作场所，税务人员没有搜查职权，"其他稽查手段"更无必要。事后公安机关在该企业负责人亲戚家中查获了丢失的公司账簿，发现了该企业偷税行为。这种已经发生的偷税结果，与当时税务人员未采取"其他稽查手段"没有因果关系。玩忽职守罪应当有损害后果，履职行为与损害后果是否具有因果关系才是定性的关键。

卷四 ｜ 宣告无罪和数罪中的无罪案件

16. 一个外经贸老板的 614 天： 诈骗罪主客观方面的有效辩护 // 235

外经贸发展专项资金，是完善国家外经贸促进政策，构建开放型经济新体制，培育国际经济合作竞争新优势的重要举措。国家实行外经贸项目备案制，因而对于项目事后奖补具有主动性和决定权。通常情况下，拨付对象和数额都是基本确定好的，申报只是一种形式。因此，对于项目资金是否涉嫌诈骗问题的处理，应当慎之又慎。申报者的造假程度、是否误导了审批人员，造假与拨付资金有无直接因果关系等，都是需要重点考察的。

17. 一个县委书记的罪与罚："以借为名" 型受贿罪的有效辩护 // 259

"以借为名"型受贿是司法解释规定的一种犯罪情形，司法认定时要结合案件事实至少从七个方面综合分析判断。顾名思义，该罪是以借的名义，行收受贿赂或者索取贿赂之实。

双方存在借贷关系，是该罪构成的前提和基础。A 把钱借给 B，B 把钱借给 C，在 A 不知情的背景下，并不意味着 A 与 C 存在借贷关系。如果认定 C 索要了 A，构成"以借为名"型受贿罪，不仅要有充分的证据支持，而且要符合基本的民法理论。

　　强迫交易是指交易过程中的强迫行为。以房抵债，房屋买卖协议签订后，交易就完成了。至于过户时的争执，显然不属于交易过程。公诉机关变更起诉表明了其对案件质量的重视。让借款人重写欠条，是债务确认行为；重新找保证人，是债务加入，均不构成"虚增债务"。寻衅滋事罪侵犯的是社会公共秩序，不当讨债行为不应认定为寻衅滋事。虚假诉讼入罪的条件很严格，"无中生有型"是其特征，"部分篡改型"则不是。这些都是案件控辩焦点，考量着法官的智慧。强迫交易罪、敲诈勒索罪先后被辩掉，综合刑期大幅下降，在"扫黑除恶"的背景下，该案应该算是成功的。

　　在被告人不供认的情况下，仅有会计和出纳指认，没有客观证据相印证，是不能认定贪污的。本案中，会计和出纳根据记账凭证的内容，协商后分别作证，等同于一人作证。其中的加油卡交给被告人后，会计出纳多次圈存，加油卡也多次被使用，且使用频率高、数量大，显然不是一人可以做到的。其中的充值卡、加油费、印刷费、煤炭费、修理费等票据套现后交付的证人证言，因上述事项数额巨大，有用于支付不合理开支的先例，且指控部分也存在支付不合理开支的事实，故指控贪污的证据明显不足。

　　被告人的供述、同案犯的供述、关键证人的指认和相关客观证据相互印证，是受贿罪认定的基本规则。被指供、诱供的同案犯供述不具有可采性，关键证人的证言反复，不具有证明力，法院依职权调查可以形成内心确信。事后补办的会议纪要因违反证据的"三性"而不具有证据资格。滥用职权的认定，应当立足于行业法律法规和政策，不能出现常识性认定错误。滥权行为、损害后果以及行为与后果之间的因果关系是该罪的必备要件，缺一则不能成立。

卷一

撤销案件

01
山村富豪制造的爆炸物

做鞭炮挣钱？那就做鞭炮吧
——冯某涉嫌非法买卖爆炸物被撤销案

【核心提示】

"灰色"不是"黑色"，送检物与扣押物颜色不一样，是不是被调包了？如果说没有被调包，事实上也许真的没有被调包。但怎么能证明这是嫌疑人制造的？本案不是赢在客观事实，而是赢在证据不足。指控犯罪应当形成有效的证据链条，且能够排除合理怀疑。一旦侦查机关的证据链条被打破，犯罪则不能成立。

源之起

从人力车、到拖拉机、再到大型货车，老冯跑运输多年。凭借勤劳和聪明，几乎不识字的老冯积攒了不少钱，成了这个山村的富豪。由于老冯性格平和、不善言辞，村民们对他的评价也是极好。随着年龄的增长，老冯不愿再四处奔波了，有了改行的打算。闲不住的老冯，便不停地找项目。终于有一天，一个朋友对他说："做鞭炮利润高，很挣钱。"老冯是一个效率很高的人。说干就干，和朋友一起到了湖南。在湖南浏阳，他聘请了师傅，签订了合同，订购了原料，高高兴兴地回到了他的小山村。2008 年元旦过后，人马、设备、材料齐全，老冯宣布开工。他那宽敞的大院子，就成了一个小工厂。

邻家在鼓捣火药，没有人能够容忍。近在咫尺，谁不恐惧？

闻听这一重大安全隐患，当地公安机关高度重视。于是，多警种配合迅速出动，开工第三天即被遏制。当场查获大小机器设备十台，还有一些商标纸、鞭炮纸和少量烟花爆竹。同时，侦查人员还发现了发射药、亮子、硫磺等原料，及时进行了查扣取样，老冯在清单上签了字。警方收队时，除机器设备外，全部查扣物品在村头空地被集中销毁。

当天，老冯因涉嫌非法制造爆炸物罪被刑事拘留，后因患病变更为监视居住。六天后，鉴定报告出来了：送检的两种物品，属于爆炸物。

刑事诉讼程序如期展开，不久案件便到了审查起诉阶段。检察人员告诉老冯，可以找律师辩护。

切入点

本案被查获的两种物品分别为发射药 21 公斤、亮子 20 公斤，且被鉴定为爆炸物。按照当时的法律规定，一旦被认定构成非法制造爆炸物罪，则是要被判重刑的。老冯咨询了多人，对于这一后果，他很清楚。

结合老冯的陈述，我们的方案有两个：一是不构成"非法制造"，属于"非法买卖"，但量刑幅度也一样，辩护重点只有放在"生产、生活所需，未造成严重后果"上，争取得到从轻或者减轻的处理；二是认真研究卷宗，分析侦查行为，看看有没有执法程序的疏漏和瑕疵，来实现辩护的重大突破，虽有可能，但概率极低。老冯认为方案周全。事已至此，他同意放手一搏。

经调查，我们发现被鉴定为爆炸物的两种物品中有多种成分，而老冯的工厂里根本没有这些原料，显然不是其"制造"的。而且，老冯的工厂开工不到三天，主要是安装调试设备，在场师傅和工人能够证明确实没有生产。被查扣的那些烟花爆竹，是从湖南邮寄过来做样品用的。至此，"非法制造"不能成立。

在阅卷过程中，有一个发现让我们震惊。经反复确认，警方查扣清单上的 21 公斤发射药和 20 公斤亮子，注明的特征是"黑色"，而鉴定书上的两种送检物品分别是"灰黑色""灰色"。

"黑色"怎么变成"灰黑色"和"灰色"了？是不是被调包了？这可是10年以上有期徒刑的重罪呀！

由于扣押的这些物品已被全部销毁，重新鉴定不再可能。因此，这是完全可以而且能够"上纲上线"的。于是，我们将辩护重点放在了鉴定送检物与扣押物不一致的问题上。

在提交的法律意见书中，我们开宗明义："送检物品不是扣押物品。"

定乾坤

负责公诉审查的检察官是认真负责的，及时将案件退回侦查机关补充侦查。

侦查机关在事后也作出了明确规定，算是亡羊补牢：以后凡查扣爆炸物的，在案件终审之前，要妥善保存，不得销毁！最终，侦查机关对本案作出了撤销案件的决定。

技战法

本案的关键，是我们及时发现了侦查工作中存在的重大失误，而且这种失误是无法弥补的。鉴定中送检物品与侦查中扣押物品不一致，直接导致了指控犯罪的证据链条断裂，无法证明爆炸物系犯罪嫌疑人制造或者销售，因而不能将其认定为犯罪。

从刑事辩护角度来看，应归类为"事实·证伪辩""证据·三性辩"和"证据·链条辩""法理·因果辩"。

针对这一问题，我们立即改变了辩护策略，在兵法上，这叫"釜底抽薪"。一旦发现控方证据上存在重大瑕疵，且足以打破其证据链条时，绝不能"扬汤止沸"，要果断放弃从轻、减轻情节的辩护策略，不扣细枝末节，集中优势兵力，攻其一点不及其余，全力进行无罪辩护。

【专业阅读】

关键词：非法制造爆炸物品　扣押清单　鉴定样品

辩　　点：事实·证伪辩　证据·三性辩　证据·链条辩　法理·因果辩

技战法：釜底抽薪　上纲上线

律师感言

本案不是赢在客观事实上，而是赢在证据不足上。委托人是幸运的，辩护律师的抽丝剥茧，条分缕析，成就了他的幸运。按照法律要求，指控犯罪必须排除合理怀疑，侦查机关显然没有做到。如果这样的证据能够定罪的话，那么，"调包"现象有可能真的会发生。"宁可放纵，绝不冤枉"，是刑事司法的证据裁判要求。

律师要利用诉讼程序，实施顽强阻击。侦查机关利用公权力管控社会，刑辩律师作为私权的代表当然有权对公权力行使进行合法性审查并提出抗辩，这种对抗是有益于司法公正的。本案中，律师有理有据的观点得到了检察院公诉审查部门的认可。他们对侦辩对抗依法作出的评判，明辨了是非，及时终止了刑事诉讼进程，阻止了不当侦查行为对公民合法权益的伤害。

侦查机关应当勇于承认错误，及时纠正错案。本案退回补充侦查后，侦查机关主动严明纪律，细化了工作规范。这种亡羊补牢行为，是值得赞赏的。

勇于质疑，善于质疑，是律师做好刑事辩护的基本要求。侦辩是一种诉讼对抗活动，律师就是要审视、监督侦查活动的合法性，发现并揭露其工作人员的违法和失误。任何工作都有可能出错，侦查工作绝不是无懈可击。律师要提升辨识能力，一要认真细致，二要积累经验，三要智慧运用。

法言法语

法律意见书：送检物品不是扣押物品

附件：法律意见书：送检物品不是扣押物品

致：H市人民检察院：

本命题的提出，是基于扣押清单和鉴定报告的比对。

一、基本案情和侦查推理

冯某因涉嫌非法制造爆炸物品罪被公安机关立案侦查。在案发现场，侦查人员扣押了发射药、亮子等物，委托鉴定机构进行了鉴定，随后销毁了这些物品。

公安机关认为：在冯某的家里，扣押了发射药、亮子等物，经鉴定这些物品系爆炸物，加上冯某承认自己依照配方生产过少量的升空药（就是所谓的发射药）。于是，认定冯某涉嫌非法制造爆炸物罪。

这种侦查推理无疑是正确的。

二、扣押清单和鉴定结论比对

扣押清单载明：发射药 21 公斤，黑色；亮子 20 公斤，黑色；等等。在场人冯某签名，承办单位盖章，承办人签名。时间为 2008 年 1 月 8 日。

鉴定结论显示：送检样品为灰黑色粉状物、灰色颗粒。灰黑色粉状物由铝粉、硫磺、木炭、氯酸钾等组成；灰色颗粒为绿色亮珠，由硝酸钾、合金粉、含氯物等组成。以上两种物品在外界能量作用下，会燃烧、爆炸，属爆炸物品。

三、鉴定结论中的送检样品来自扣押物品存在疑点

1. 关于发射药

冯某供述依照配方生产过少量的升空药（即发射药），按照配方，这种药的成分是氧化锰、强力粉、氧化柳，形状为芝麻大小的颗粒状，而鉴定结论中送检样品的成分是铝粉、硫磺、木炭、氯酸钾等，形状是粉末，显然是不一样的；扣押清单中双方均签字是黑色的发射药，而鉴定结论中送检样品的颜色是灰黑色，显然也是不一样的。另查，鉴定出的铝粉、硫磺、木炭、氯酸钾成分是黑火药成分，不是发射药的成分。

结论：①送检样品不是冯某按配方生产的，且送检样品不是扣押的物品。②至于扣押的所谓"黑色"发射药是否为爆炸物质没有鉴定报告证实。

2. 关于亮子

扣押物中有亮子 20 公斤，颜色是黑色，而鉴定为绿色亮珠的送检样品竟是灰色颗粒，众所周知，黑和灰有质的不同。显然，这两种物质是有根本区别的。

结论：①送检物品不是扣押物。②至于扣押的所谓"黑色"亮子是否为爆炸物质没有鉴定报告证实。

四、结论：送检样品不是扣押物

很明显，公安机关送检的两种物质与扣押物以及冯某的供述相比较，在颜色、成分、形状等方面存在实质性差异，因此，送检样品不是扣押物。而以送检样品属于爆炸物质来对冯某定罪量刑，缺乏证据的关联性，不能形成有效的证据链条。至于扣押的所谓"黑色"发射药和"黑色"亮子是否属于爆炸物，由于扣押物已经销毁，没有令人信服的鉴定结论，故不能对冯某科以同种类刑罚。

正确的处理方式是：立即撤销案件，无条件放人。

五、需要说明的问题

1. 送检样品不是扣押物，我们可以相信这是办案人员工作失误造成的。但还有一种可能是不能不说的，那就是被"调包"了，这是在冒险，其赌注是一个公民十年以上的人身自由。

2. 检察机关依法行使法律监督权，就是要防止公安机关的滥用权力。不仅是为了维护公安机关的形象，更是为了避免木已成舟后对办案干警的追责。

北京市鑫诺律师事务所律师：刘建民

2008 年 6 月 18 日

农村青年的怒火与放火

他欺负我的朋友，我要让他丢丢人
——李某涉嫌放火被撤销案

【核心提示】

放火罪归类于危害公共安全犯罪，属于重罪，可被判处三年以上有期徒刑直至死刑。该罪是行为犯，结果只是加重的情节。而对于放火行为的认定，也应从主客观方面全面分析，"足以"危害公共安全的，方可归罪。因此，放火的未必都是放火罪。如果放火行为致使财产损失没有达到法定标准，毁坏公私财产罪也不能成立。

火警响起

2010 年 11 月，一位农村男子因其做教师的亲戚与校长有些矛盾，便产生了报复校长的念头，欲使其丢人现眼，名誉扫地。于是，一个漆黑的夜晚，这位男子伙同另一男子，翻墙跳入校园。在得知校长不在学校的情况下，将一块浸含汽油的棉布塞入校长办公室防盗门上方的金属窗棂中，点燃后离开。

事后，该案引起强烈反响。镇政府、教育局、市政府高度关注，公安局遂抽调警力，全力侦破。不日，犯罪嫌疑人李某被抓获。

由于影响重大，公安机关以放火罪立案，李某被抓获当天，即被刑事拘留。

接受咨询

接受本案咨询，是受友人的请托。当然，是基于多年相识相交的信任和了解。友人曾赞许我"是治疗疑难杂症"的。我着实很高兴，当然也很卖力。

现场查看

一个正常的成年男子不至于为一点小事儿去实施放火行为。我初步了解了该男子放火的原因，然后到现场看了放火引发的后果。

放火罪是不成立的！

火焰系自动熄灭。这种现场状况，证明了我的判断。返程同行的是一位公安局领导，当听我说到公安机关可能办错了案的时候，提出要与我打赌。接着，我与友人见了检察院领导。该领导给我讲了很多刑法上的东西，他认为该案构成放火罪无疑，建议我在法院审判阶段下点功夫。

当天，我和友人又面见了公安局局长。友人是求情，我是想放人。局长相信的是他的办案干警。汇报已听取，态度已明确，多警种联合办案，市委市政府关注，不可能放人。我们只能建议快些走程序了。对此，友人很失落。

我则安慰他，向他表示，十天之内肯定放人。

"请教式"沟通

三天后，公安机关正式提请逮捕。

我提前约见了检察院的批捕科长，这是一位科班出身、行事严谨的科长。虽互有耳闻，却不太熟悉，自然要少许寒暄。由于没有委托手续，又不想落个说情的坏名声，我便以放火罪为例请教其对危害公共安全罪中"足以"的理解，以及司法实践中证据审查判断的方式，我们想法是惊人的一致。于是，我给他一篇1000字文章请修改指正。

他笑了。我走了。

不几日，友人打来电话，很高兴，说我的判断总是对的。

技法运用

亲赴现场感知行为过程，是非常重要的。只有主动查看现场，对放火结果有一个客观了解，才能准确判断行为人的主观心理活动，进而从刑法条文和法理层面形成自己的判断。从辩护的角度来看，本案属于"事实·还原辩""法理·无罪辩"。

律师是一个实践性很强的职业。坐而论道，纸上谈兵，显然是不够的。要达到兵法上"上屋抽梯"的效果，需要"围点打援"，排除其他犯罪可能。还需要"暗度陈仓""迂回包抄"，来消除办案人员的顾虑，实现无障碍地友好沟通。

本案已经超出法律咨询服务的范围，但公正的结果毕竟是法律人的追求，因而我也就心安了。

【专业阅读】

关键词：放火罪　足以　危险犯

辩　点：事实·还原辩　法理·无罪辩

技战法：上屋抽梯　围点打援　暗度陈仓

律师感言

校舍出现了火警，师生议论、学校上报、教育局关切、市委市政府重视，必然对侦查机关造成压力。只有疾风暴雨，雷霆行动，方能体现作为，平复舆情。这是可以理解的。但法律终归是法律，情绪终归是情绪。

现场是必须查看的，只有调查才有发言权。现场状况，可以反映客观结果，也能够分析行为人的意图。领导有权遥控指挥，听取汇报，作出指示。但在舆情影响下侦查人员若夸大其词，层层加码，必然导致领导决策冒进。高调出击，却草草收场，日后是不好交代的。

定性分析要准确，也要全面。通过现场查看，这种放火行为明显不能认定为放火罪。然而，强制措施一旦实施，侦查机关必然要找出执法的合法依据。放火重罪不成立，会不会构成其他轻罪呢。本案中，放火行为显然造成了财产损害，那么，是否构成破坏公私财物罪则是需要分析论证的。不管是法律咨询，还是刑事辩护，律师都应当周全考虑。

律师的成功，意味着侦查的失误和不当。面子是小事儿，国家赔偿、错案追究对侦查人员来说，却是天大的事儿。当今社会，执法活动日益公开化、规范化，唯有勤学习，善思考，提高业务素质和本领，才能执法为民，取信于民。前车之鉴，侦查人员应当牢记。

法言法语

一篇短文：放火行为未必就是放火罪

附件：一篇短文

放火行为未必就是放火罪

文/刘建民（北京鑫诺律师事务所）

前些日探讨一刑事案件的定性问题，产生了对本文观点进行评说的想法。

案情是：一位农村男子因做教师的亲戚与校长有些矛盾，便产生了报复校长的念头，欲使其丢人现眼，名誉扫地。于是，一天晚上，伙同另一男子，翻墙跳入该校校园。在得知校长不在校内的情况下，将一块浸含汽油的棉布塞入校长办公室防盗门上方的金属窗棂中，点燃后离开。

据实地查看，校长办公室系砖混结构的排房，左右分别为教师办公室。房屋损害状况为：防盗门上部毁损，玻璃破碎，火焰熏黑了办公室房门上部的内外墙壁。另外，火焰系自动熄灭。

由于影响重大，公安机关以放火罪立案侦查，刑事拘留了犯罪嫌疑人。

对此，我认为：放火行为未必就是放火罪，至于是否构成故意毁坏财物则需要看损失数额。

理由如下：

一、使用放火的方法实施的犯罪很多，应根据案情，慎重决定，罚当其罪

在我国现行刑法中，故意杀人、故意伤害、破坏交通工具、破坏交通设施、故意毁坏财物、破坏生产经营等，都可以放火的方法实施，但不一定构成放火罪。因此，要区分界限，全面分析。

二、放火罪有严格的犯罪构成要件，其行为特征是危害公共安全

放火罪是危害公共安全行为，是一种极为严重的犯罪。因此，不管是从保证办案质量，还是从保护人权的角度，都是应该慎之又慎的。对于该罪，应重点把握两点：

1. 行为人必须具有危害公共安全的故意

本案中，据犯罪嫌疑人供述，其行为动机是为了让校长"丢人""败兴"，名誉扫地，显然，不具有危害公共安全的直接故意。那么，是不是间接故意，"放任"危害公共安全的结果发生呢？这就要结合客观方面来分析。

2. 行为人必须有危害公共安全或者足以危害公共安全的行为

通过对本案放火焚烧的对象、时间、地点、环境等综合考察和全面分析，我们会发现，其行为确实"不足以"危害公共安全，不存在危害公共安全的危险性。

使用的工具是一块棉布和少量汽油，办公室的房子是砖混结构，作案时间是晚上，该火苗系自动熄灭，且未造成重大财产损失，等等，这是犯罪嫌疑人事前能够预料到的，也在一般人的认知范围之内，那就是：这种行为不会发生重大火灾，不会造成重大损失。当然，没有也不可能危害公共安全。

正因为有了这种客观情况，也同时排除了其"放任"结果发生的"间接故意"的存在。

三、本案系典型的故意毁坏财物行为

由于故意毁坏财物罪较为常见，且犯罪构成易于判断，在此不再详述。

需要说明的是，故意毁坏财物罪的构成是由毁坏财物的损失额决定的，但本案的财产损失没有达到法定的标准。

鉴于该案社会影响大，重视程度高，对于本案的侦查定性，我们是理解的。但是，随着调查勘验的全面深入以及相关刑法理论的研究探讨，我们相信公安机关会对案件性质作出更为准确的认定。依法办案，公正办案才是我们共同的目标。

03
化工厂长有偿的技术受让

花钱买的技术，我怎么犯罪了
——吴某涉嫌侵犯商业秘密被撤销案

【核心提示】

这是一起警方异地抓人案件。当负有保密义务的人非法转让商业秘密时，对受让人来讲，是否构成犯罪必须有相关证据支持。受让人知道或者应当知道该商业秘密为非法获取的，则构成该罪；受让人不知道也不可能知道该商业秘密的来源，且有充分证据证明其能够确信该商业秘密为转让人所有的话，则不构成该罪。善意取得是合法的民事行为，刑事司法介入应当谨慎。

技术转让

2010年6月份，吴某和陈某到江苏考察项目。当时，江苏的朋友给他们推荐了一个叔丁醇镁项目，技术转让费50万元，并说该产品市场形势很好。经了解，这是一个新产品。于是，吴某于7月份到当地发改委立项备案。

后来，在网上搜寻该产品信息时，发现山东也销售该产品。他们便以用户身份通过网上所留的电话了解该产品的市场状况。山东的联系人说，他叫张某，是销售该产品的公司副总。几通电话后，他们相约到山东谈谈。10月份，吴某一行三人到了D市，见到了张某。在吃饭时，张某说，叔丁醇镁项目是他的技术，可以转让，并承诺帮助建厂生产出合格产品，而且还可以帮助打开销路。

三人返回后，与江苏转让方的条件进行了比较。经反复考虑，11月份再次到山东D市，商定了具体事项，以50万元转让费价格签订了技术转让协议。协议甲方是张某，协议乙方是吴某、艾某、陈某。

协议签订后，吴某支付了转让费，便开始购置设备，组织生产。

祸从天降

设备调试正常，产品质量稳定，销售符合预期。正当吴某和他的合伙人满怀信心，憧憬未来时，突然传来山东D市警方介入的消息，吴某一下子蒙了。

在逃人员信息表载明：本案于2011年10月4日立案，12月9日签发拘留证，12月28日入库。案情为："2011年11月21日，犯罪嫌疑人河南某医药化工科技公司董事长吴某将D市某公司研发的叔丁醇镁产业化生产工艺技术（经鉴定为'不为公众所知悉的技术信息'）以50万元价格买走，并利用该技术生产、销售叔丁醇镁。"

网上追逃，这可了不得。

律师方案

危难之际，吴某及时向律师求助。

一般来讲，不为公众所知的商业秘密被负有保密义务的人非法获取进行牟利，则负有保密义务的人构成该罪。这是没有争议的。当负有保密义务的人非法转让了该商业秘密时，对受让人来讲，是否构成犯罪则必须有相关证据支持。受让人知道或者应当知道该商业秘密为非法获取的，则构成该罪；受让人不知道也不可能知道该商业秘密的来源，且有充分证据证明其能够确信该商业秘密为转让人所有的话，则不构成该罪。

律师认为，这起异地抓人案件，可能存在重大违法。但是，既然立案了，逃避是不可取的。躲过一时，躲不过一世。

就在律师接受咨询，查看相关资料的时候，技术转让人张某打来电话，说是听说警方已经立案，他也不敢回家了。

这一信息表明，警方没有对技术转让人张某进行调查，而是仅仅凭借受害人的控告直接立案。转让人未到案，口供没有固定，怎么能对受让人采取手段呢？善意取得，不是犯罪呀。显然，立案侦查是有问题的，进一步印证了律师的判断。

于是，我们建议：主动投案，积极面对。

取保候审

2012 年 1 月 13 日，吴某在律师和家属陪同下，驱车 500 公里，主动到山东省 D 市经济开发区公安分局经侦大队投案，如实说明情况。

律师向侦查机关递交了法律意见书，建议立即撤销案件。

侦查机关坚持认为需要继续侦查。经过多次协商，直到次日下午 5 点 30 分，侦查机关才答应变更强制措施。在交纳保证金 20 万元后，吴某被取保候审，算是有惊无险了。

战术分解

在随后的日子里，律师几次到警方进行沟通，未有进展。原来，叔丁醇镁在全国并非一家生产，吴某的生产在区域范围上与山东形成竞争关系，引发山东厂家控告。如果本案长期得不到了结，正好达到了该厂家的控告目的。

对症下药，以毒攻毒。

经调查，我们发现了山东这家控告单位没有环境影响评价和安全评价，不具备生产资格的重大线索，于是便有了媒体对这家"黑工厂"的曝光。这家企业终于被依法查处。

形势发生了重大逆转，我们及时提交了律师建议书，再次详陈法理，并要求立即撤销案件。

最终，在山东省公安厅的督办下，20 万元保证金得以退还，刑事追诉程序被终止。

【专业阅读】

关键词：侵害商业秘密罪　权利合法性　善意取得

辩　点：证据·链条辩　法理·无罪辩

技战法：以毒攻毒　敲山震虎

律师感言

侦查权属国家公权力，直接关系公民的人身自由，绝非小事儿，理当慎用。

案件虽终结，伤痛依然在。刑事立案有严格的要求，证据线索在前，调查核实了，事实清楚了，才能采取强制措施。而不是凭主观臆想，靠猜疑推断，先强制后取证，是违法的。

认识上的错误可以理解，掩盖错误则不能容忍。案件定性出现争议是正常的，但常识性错误应当及时纠正。侦辩既是对抗，又是监督。法律清楚明了，道理显而易见，为何要一意孤行，错上加错？案件长期拖延，不做撤案决定，难道错案就不存在了？

基层的问题归基层，上级组织是站得高、看得远的，绝不会纵容违法。当无罪事实清楚，却长期无法解决时，控告权的行使则非常必要。法治天下，朗朗乾坤，辩护律师应当要明事理，讲政治，要相信上级，依靠上级。这才是顾大体、识大局的表现。

法言法语

1. 法律意见书：不符合犯罪构成，不具备立案条件
2. 律师建议书：非法企业的损失不受法律保护
3. 情况反映：取保候审保证金必须退还

附件1：法律意见书：不符合犯罪构成，不具备立案条件

受吴先生委托，就其涉嫌侵犯商业秘密罪进行法律分析，并出具如下法律意见。本法律分析仅基于委托人陈述及其提供的相关材料。

一、基本事实（略）

二、法律分析

1. 对吴某一并追诉的基本立案条件不具备

侦查机关在追究张某侵犯商业秘密罪刑事责任时，将吴某一并追诉的依

据，是基于 D 市某公司的控告材料，而吴某与控告单位没有任何联系和接触。显然，在张某没有到案，对相关人员亦未作调查的情况下，将技术转让协议的受让方一并追诉是没有事实依据的。

侵犯商业秘密罪的犯罪主体是实施了侵犯商业秘密的行为人。如果侦查机关有足够的证据证明张某具有侵犯商业秘密的行为，那么，对张某立案侦查是合法正当的。但是，对技术转让的受让方一并进行刑事追究，则必须证明受让人明知或应知向其传授商业秘密的人具有法定的违法行为。因为，并非所有受让人都应当承担刑事责任，主观上没有过错的受让人的行为是民法意义上的"善意取得"，不属于刑法的调整范围。

刑法中"明知或应知"内容也是明确的，即"知道或应当知道向其传授商业秘密的人实施了法定的违法行为"。也就是说，受让人与转让人具有共同的犯意。

本案中，张某通过技术转让的形式向吴某等转让该技术，下列事实证明吴某不知道也不可能知道张某实施了法定的违法行为。

第一，两次到山东 D 市的朋友证实，张某自称是山东××大学毕业，是该技术的权利人。

第二，张某作为该产品的销售者，熟悉该产品领域。其对设备采购调试、工艺流程、检验方式等非常精通，相比江苏转让方技术人员的解释更为全面到位。因此，其自称拥有该技术具有可信度。

第三，在技术转让协议中，张某承诺拥有该技术。

第四，合同签订后，张某和他委派的技术人员实实在在地安装调试成功，生产出了合格的产品。

第五，法律法规并没有禁止个人可以拥有该技术。

综上，吴某有足够理由相信张某是该技术的权利人，不知道也不可能知道张某实施了法定的违法行为。

因此，侦查机关在张某未到案，受让人有可能属于善意取得的情况下，仅凭控告单位的控告，未能排除合理怀疑，直接对受让人吴某立案追诉，网上追逃，这是不符合"有证据证明犯罪事实存在"这一基本立案条件的。

2. 本案因"损失"未达法定标准不应以犯罪论处

《中华人民共和国刑法》第 219 条规定，有下列侵犯商业秘密行为之一，给商业秘密的权利人造成重大损失的，处 3 年以下有期徒刑或者拘役，并处或者单处罚金；造成特别严重后果的，处 3 年以上 7 年以下有期徒刑，并处罚金。可见，侵犯商业秘密罪是结果犯，只有达到"重大损失"的结果，才能定罪处罚。

为此，最高人民检察院、公安部《关于经济犯罪案件追诉标准的规定》作了明确的规定，侵犯商业秘密，涉嫌下列情形的，应予追诉：①给商业秘密权利人造成直接经济损失数额在 50 万元以上的；②致使权利人破产或者造成其他严重后果的。对于达到上述标准的，应当立案侦查。对于未达到上述标准的，应当按照民事侵权行为处理。

由此我们可以看出，必须给权利人造成直接经济损失 50 万元以上的，才能构成侵犯商业秘密罪。

在司法实践中，商业秘密的"重大损失"计算有三种方法。结合本案，均未能达到权利人直接损失 50 万元以上。

（1）以商业秘密权利人因侵权行为遭受的损失作为定罪的依据。刑事审判中的"损失"是指实际损失。包括直接损失和权利人必然失去的合法的现实利益。本案权利人的"直接损失"是其受让该技术的支出，据说只有 10 万元；而"权利人必然失去的合法的现实利益"，则应当审查其是否具有合法的生产许可资格，据说权利人受让该技术后，没有合法的环境影响评价手续，没有合法的安全评价手续，这些都是合法生产的法律障碍，因而，其合法的现实利益不仅没有失去，而且根本就不享有。显然，权利人的"损失"没有达到 50 万元的法定标准。

（2）以侵权人因侵权行为获得的利益作为损失。刑事审判中，侵权人获得的利益，是指销售额乘以平均利润率为获利额。对受让人吴某来讲，即使涉嫌该罪，由于试制产品销售额只有 3 吨，无论如何其获利额也不足 50 万元。当然，对张某来讲，不是本意见书分析的范围，另当别论。

（3）以不低于商业秘密使用许可的合理使用费作为损失。据说本案控告人的该技术是受让所得，只有 10 万元。另据说，本案控告人虽有技术，但无合法生产资格。鉴于此，如果将该商业秘密使用许可的合理使用费作为损失的话，那么，该许可的合理使用费也只能是 10 万元。

综上，不管采取何种"损失"计算方法，控告人的"损失"都没有达到法定的标准。因此，不应对吴某进行立案追诉。

3. 司法文书上的案情表述显然不构成犯罪

在逃人员信息表是侦查机关专用的司法文书。该表中的"案情简介"表述为："2011 年 11 月 21 日，犯罪嫌疑人河南某医药化工科技公司董事长吴某将 D 市某公司研发的叔丁醇镁产业化生产工艺技术（经鉴定为不为公众所知悉的技术信息）以 50 万元价格买走，并利用该技术生产、销售叔丁醇镁。"

从这一表述来看，这是一个正当的民事交易行为，绝不是刑事犯罪行为。毫无疑问，这样的表述表明了以下三点：

第一，立案追逃是草率的。买走技术，进行生产销售，何罪之有？

第二，犯罪事实是不清的。果真如上表述，难道是犯罪吗？

第三，仅凭控告单位一面之词，绝对没有其他人的印证。该技术是自行研发，还是受让所得，是很容易调查清楚的，控告人在有意欺骗公安机关。

三、小结

从现有证据来看，主观上，吴某不知道也不可能知道张某转让的该技术是采取法定违法方式取得的，没有侵犯商业秘密权利人的共同故意；客观上，商业秘密权利人的损失也没有达到法定的刑事立案标准。因此，在张某未到案、受让人吴某有可能属于善意取得的情况下，仅凭毫无接触和联系的控告单位一面之词，主观推定吴某构成共同犯罪，且直接上网追逃，给吴某造成了极大的伤害。我们认为，这种刑事侦查行为是草率的。

刑事侦查是一种严肃的法律行为，也是严厉的法律行为。对此，国家法律进行了严格的规制。排除合理怀疑，是一项重要的司法原则，也是避免错案发生的行之有效的措施。事实上，刑事司法的主观认识应当符合正常人的思维判断。希望委托人在取保候审期间，要积极主动地与办案单位进行沟通汇报，说明情况。也希望办案单位能够本着对法律负责、对当事人负责的精神，尽快撤销对吴某的追诉，撤销对吴某的强制措施。现在是法治社会，信仰和尊重法律应当成为人们的共识。

四、声明

本法律意见书供委托人参考，也可提交办案单位参考，未经本律师同意，不得向第三人出示，亦不得作为任何证据使用。

北京市鑫诺律师事务所律师：刘建民

2012 年 3 月 5 日

附件 2：律师建议书：非法企业的损失不受法律保护

山东省 D 市经济开发区公安分局：

2012 年 4 月 9 日，商报网今日焦点栏目发表了记者张继志的《国内"最大"叔丁醇镁批量生产企业竟是"黑工厂"》一文。随后，该报道被多家网站转载。

该文称：当记者问到企业是否有环境影响评价、安全生产等相关手续时，该公司法定代表人季某给出的答复是："企业目前没有任何环评和安检手续。因为办理环评手续相当复杂和周期较长，我们前段时间刚刚填写了环评相关表格。关于安全生产这块，2011 年 10 月份安全生产监督管理局给我们下了个文件，说我们的企业不需要办理安检手续，可以先进行生产。"

对此，当地工商局注册科人员告诉记者："企业行业门类是批发和零售，在经营范围里写着醇钾、醇美、醇锂及系列产品的来料加工是明显不合乎相关法律规定了……此事我们局会尽快调查，同时责令企业限期整改，并在 2012 年企业营业执照年审时禁止审查通过。"环保局电告记者："我们去了企业的生产车间，没有见到企业生产，但是看到企业的实验车间，后续会进一步核查。"安全生产监督管理局至今未与记者联系。

显然，该公司是没有环境影响评价和安全生产手续的。由于国家对化工生产企业设立有严格的规定，没有环评和安全生产许可，构成了企业合法存在的法定障碍，更谈不上合法生产了。

如果上述报道属实，吴某涉嫌非法侵犯商业秘密罪一案应当立即撤销。其理由如下：

（1）本案刑事诉讼由控告引发，而控告人公司是一个非法企业。刑事立法和司法的目的是保护合法，而不是非法。因此，本案刑事诉讼的启动没有合法的依据。当然，当地司法机关更不应为非法企业保驾护航。

（2）本案所涉罪名是侵犯商业秘密罪，而侵犯商业秘密罪的立案标准是存在"重大损失"。由于该公司没有环评和安全手续，因而没有合法生产的法定资格。对于没有合法生产资格的非法企业，重大损失是无从谈起的。

综上，本律师郑重提出如下建议：

第一，建议公安机关立即调查该公司是否合法存在，能否合法生产。

第二，建议公安机关立即撤销对吴某的刑事追诉，立即撤销对吴某的刑事强制措施。

第三，建议公安机关立即消除本案对吴某所造成的负面影响。

辩护人：刘建民

2012 年 5 月 9 日

附件 3：情况反映：取保候审保证金必须退还

山东省公安厅：

山东省 D 市经济开发区公安分局经侦大队以吴某和张某、刘某涉嫌侵犯商业秘密罪立案侦查。2012 年 1 月 14 日，对吴某采取了取保候审措施，期限从 2012 年 1 月 15 日起算。当天，吴某交纳保证金 20 万元。

在取保候审期间，吴某认真遵守公安机关的各项规定，随传随到。一年来，侦查机关先后传唤吴某 5 次，每次都驱车 500 公里准时赶到，接受了讯问。其中有一次，传唤应到时间是早上 7 点。为准时赶到，吴某凌晨 1 点出发，保证了准时到案。到达 D 市后，公安民警还没有上班，他一直等到上午 10 点。因年近 60 岁，体弱多病，每次长途往返后，都要卧床多日。对此，吴某不敢有丝毫怨言，一直积极配合。

取保候审期限届满后，该公安分局干警通知吴某到 D 市办理手续，归还保证金。2013 年 1 月 23 日，他见到办案干警。开发区公安分局解除了取保候审措施，送达了解除通知书，但对保证金 20 万元没有退还。办案干警表示，需要请示局领导后才能有个说法，保证金可能被没收，也可能因为案件中有非法所得被扣除。

对此，我们很难理解。一是保证金是针对取保候审措施的，吴某没有违反规定，保证了随传随到，凭什么要予以没收？二是取保候审一年期满，对吴某的强制措施已经依法结束，非法所得没有最终的司法认定结论，凭什么要从保证金中扣除？

　　尊敬的领导，吴某在取保候审期间，为配合案件侦查，做到了随传随到，积极配合。在此过程中，对公安分局干警的工作态度、作风和方式，我们是有看法的，也不堪回首。办案干警曾到河南和吴某谈话，他也予以理解。但对取保期满拒不退还保证金一事儿，他是想不通的。现在是法制社会，办案应当严格依照法定程序，任何机关和个人都没有超越法律的职权。侦查干警出尔反尔，肆意曲解法律，到底想干什么？这种理由到底是局里的意见，还是自己的想法？

　　敬请领导核实，并提出如下请求：

　　（1）要求该公安分局立即退还保证金20万元。

　　（2）要求对该公安分局取保候审保证金问题进行必要的调查，严厉查处违法违纪现象，进一步树立公安的良好形象。

北京市鑫诺律师事务所律师：刘建民

2013 年 1 月 23 日

民企老板涉嫌贪污被追逃

我是煤矿投资人，怎么会是贪污犯
——齐某涉嫌贪污、诈骗被撤销案

【核心提示】

没有公职，没有共犯，也没有公款被侵占的事实，贪污罪的立案侦查是错误的。追逃、羁押是为了逼取行贿事实。驱逐律师、深挖其他犯罪线索是在施压加码。侦查目的无法实现后，竟然以涉嫌诈骗移送起诉审查，意图使其陷入无休止的诉讼中。律师的有效辩护，揭露了违法侦查行为，终于使错案得以纠正。

网上追逃

齐某是一位拥有数十亿资产的沿海城市房地产老板。2005 年他的集团公司参与了地方煤矿改制，投资成立了职工持股的煤业公司。

2015 年 6 月份，检察院侦查部门以办理玩忽职守案中发现线索为由，对齐某涉嫌贪污立案侦查。随后，网上追逃。

作为其公司法律顾问，我在第一时间便开始为其提供法律帮助。齐某没有公职，没有共犯，也没有公款被侵占的事实，怎么会成立贪污罪呢？这种立案错误是明显的。对此，我们采取了多种方式进行沟通。但侦查部门认为，人不到案，绝对不行。

面对亲属被查的传闻和公司账户被封的事实，齐某仍然坚持无罪，执意回国说明情况。2016年4月17日齐某回国后，即被采取指定居所监视居住措施。

监视居住到期后，侦查部门对其刑事拘留。

不予逮捕

"监居"后，我们快速行动，及时向当地党委政府报告案件情况，请求关注。向上级检察机关报告侦查违法事实，请求监督。同时，我们不间断地提出会见申请，主动监督侦查行为，以减轻委托人心理压力。

在批捕环节，我们向侦监部门提出书面申请，积极主动与侦监部门沟通。同时，分别就案件事实认定错误、程序错误，以及可能出现的各种问题，出具多份法律意见书。一事一议，有理有据。连环出击，有理有节。

侦监部门在批捕审查的最后一天，终于喊话了：不予逮捕！

30天，加17天。侦查部门用足了法定时间。

再次施压

2016年6月2日，检察机关变更了强制措施，齐某被取保候审。但随后的日子，并不轻松。

侦查部门将矛头转移到当地政府领导玩忽职守的侦查上，意图通过对国家损失的认定，来证明其冻结集团公司账户的合法性。

对于司法鉴定意见的报告，我们提出了质疑。

对于涉案政府领导的陈述，我们对三个主要问题进行了否定。

这些有效抗辩，侦查人员采取了两种做法：一是以"辩护人曾参加改制谈判，系案件证人"为由，行文通知我"不得担任辩护人"。二是以"以前煤矿事故未处理"为由，对煤业公司法定代表人实施了刑事拘留。

重重压力之下，辩护团队律师据理抗争。

变更罪名

在取保候审期间行将届满时，辩护团队提出了书面申请，要求撤销贪污案件，终结对齐某的刑事追诉程序。侦查部门提出"齐某只要承认单位行贿的事实，其他都可以结束"。

对此，齐某和辩护团队的态度是一致的：绝不能坑害其他人，没有行贿事实！

出乎意料的是，2017年5月26日，侦查部门竟然以齐某涉嫌诈骗罪移送起诉审查了。

侦查部门认定的诈骗罪，存在常识性错误，属于职权滥用。辩护团队只有再次组织抗辩，依法实施阻击了。

还有一搏

齐某的遭遇已经两年了，可谓路人皆知。

朋友在呐喊，战友在反映，集团所属企业工会在抗议。

该案终于引起了国家的关注。

就在这个时候，我发现了一个惊人的事实。2017年9月22日，我在会见一起该省重大刑事案件当事人时，听说侦查人员来调查他与齐某的关系了，而且诱使其自证其罪，他非常痛苦。

这还了得！这可是一个重刑犯，一旦情绪失控，后果是非常严重的。况且，齐某涉嫌诈骗已移送起诉，侦查部门此时没有侦查权，凭什么能换押进入看守重地？

对此，我及时赶到受理该案的中级人民法院，做了详细汇报，中级人民法院法官极为重视，表示要逐级汇报。随后，我又赶到侦查部门的上级检察机关，措辞严厉，强烈要求认真核查，严肃处理，该院对此高度重视。

尘埃落定

从中央到地方，各级法律监督机构出手了。

违法侦查行为终于被遏制。

2017年10月24日，齐某收到了案件撤销决定书。

2018 年 8 月 31 日，齐某收到了刑事赔偿决定书。

另据悉，2021 年 3 月份，负责该案的市人民检察院某副职领导因多起违法违纪行为被开除公职、开除党籍。

【专业阅读】

关键点：贪污罪　共同犯罪　诈骗罪

辩　点：法理·无罪辩　证据·三性辩

技战法：单刀直入　将计就计　以退为进　重兵出击

律师感言

这是一个典型的侦辩对决案例。侦查部门分别使用了"声东击西""离间计""擒贼擒王""敲山震虎""迂回包抄"等技战法，辩护律师则巧妙地运用了"单刀直入""将计就计""釜底抽薪""以退为进""重兵出击"等策略予以化解。胜负既定，应当愿赌服输。技不如人，就要检讨反思，修炼内功。

这是一起惊天的系列大案。三个基层人民检察院负责 6 案 6 人的侦控，京豫两地近 20 名律师参与辩护。人民检察院内设侦检、公诉部门的工作是值得点赞的，其有效监督成就了辩护成功。司法机关乃国之重器，队伍建设刻不容缓。个体言行代表着国家形象，执法能力决定着公民的荣辱一生。

律师应当坚定信念，坚守正义，勇敢执着。一个律师是渺小的，一路尘与土，满身尽伤痛，但群体力量是强大的，唯有团结协作，才能赢得辩护成功。我们期望个案推动立法，通过一个个艰辛的辩护实例唤醒社会对人权的尊重。

法言法语

1. 侦查阶段律师建议书：贪污案件应当撤销

2. 侦查阶段法律意见书：对贪污案件事实证据的分析

3. 侦查阶段法律监督建议书：侦查违法现象应当纠正

4. 批捕环节法律意见书：不应批准逮捕的理由（一）

5. 批捕环节法律意见书：不应批准逮捕的理由（二）

6. 批捕环节法律意见书：不应批准逮捕的理由（三）

7. 批捕环节法律意见书：不应批准逮捕的理由（四）

8. 侦查阶段（取保）法律意见书：对司法鉴定意见书的质疑

9. 侦查阶段（取保）法律意见书：煤矿改制中涉及国资流失的三个问题

10. 侦查阶段申请书

11. 起诉审查阶段的申请书：齐某不是本案诈骗犯罪的主体

附件1：侦查阶段律师建议书：贪污案件应当撤销

YJ 县人民检察院：

受齐某先生的委托，现就其在煤矿改制期间的投资行为被刑事调查事宜，根据企业改制事实和相关法律规定，出具律师建议书。

一、受托背景

2015 年 5 至 9 月份，YJ 县人民检察院调取了 HX 市龙田煤业有限公司（以下简称"龙田煤业"）改制期间的财务账册，讯问了改制期间的相关人员，并就齐某先生涉嫌贪污展开调查。因齐某先生在国外从事商务，特委托本律师就相关问题进行调查了解，并要求本律师务必主动向检察机关代为陈述相关情况、提供相关资料，也可独立提供法律意见和建议。

二、证据及来源

（1）《HX 市吴村煤矿和煤化工项目协议书》，龙田煤业档案；

（2）2006 年至 2008 年潜龙集团与龙田煤业来往账目，潜龙集团档案；

（3）煤矿改制时收购方参与磋商、谈判、交接人员的陈述。

三、煤矿改制的时间节点

（1）2005 年初，HX 市人民政府通过招商引资方式，邀请深圳市潜龙实业集团有限公司（以下简称"潜龙集团"）参与煤化工项目和煤矿改组谈判。经多次商谈，确定了煤矿评估基准日为 2005 年 4 月 30 日。

（2）2006 年 1 月 26 日，甲方 HX 市人民政府、吴村煤矿与乙方深圳市潜龙集团签订了煤矿改组和煤化工项目协议书。该协议书确定煤矿资产转让价款 1.47 亿元，潜龙集团为 60%，煤矿职工 40%，如职工募集不足 40% 的部分，由潜龙集团受让；价款支付采取出资购买，分次付清的方式；该协议自双方签字盖章后生效。

（3）2006 年 2 月 16 日，潜龙集团在 HX 市人民政府工作组的协调下进驻吴村煤矿，明确了煤矿负责人和财务负责人。

（4）2006 年 4 月 29 日，HX 市龙田煤业经工商注册登记设立。

四、在煤矿改制中不应当存在收购主体（即非国家工作人员）贪污问题

（1）评估基准日 2005 年 4 月 30 日至潜龙集团进驻煤矿 2006 年 2 月 16 日期间，收购主体未经手管理煤矿资产，不存在贪污的可能。

（2）潜龙集团进驻煤矿 2006 年 2 月 16 日至工商登记 2006 年 4 月 29 日期间，由于煤矿改组协议书已生效，煤矿资产归收购方所有（潜龙集团和职工按约定股份共有），政府享有的不再是资产所有权，而是对转让价款的债权。因此，即使收购主体管理处分了煤矿资产，也不构成对国有资产的侵犯。

（3）煤矿改制的资产中包括两部分，一是吴村矿井资产，即生产矿井，但在评估基准日的前三天（2005 年 4 月 27 日），已被列入报废矿井，后经上报，在回撤设备过程中维持少量的煤炭生产。二是程村矿井资产，即基建矿井，完全没有生产能力，且需长期维护和投入。潜龙集团进驻后，财务账面上几乎为零，煤矿两块资产也不可能产生净收入，完全是靠潜龙集团的投入来维持。因此，收购主体没有占有煤矿资产的基础和可能。

五、可能引起歧义的两组概念及相关法律分析

1. 关于改组、改制、资产收购

所谓改组，是指对企业的改革和重组，立足于宏观层面，政府角度，不是法律概念；所谓改制，是指对企业所有制形式的改变，内容较为宽泛，如企业出售、管理层收购、员工持股、股权转让等，司法解释中作为一个法律概念提出。

不管是改组，还是改制，改变企业所有制形式均是通过资产收购（含股权转让）的途径来实现。吴村煤矿改组，就是收购主体（潜龙集团和职工）出资购买煤矿净资产，借此行使管理权，政府则取得转让价款，退出国有资产管理权。资产收购协议生效后，收购方对资产享有所有权，政府对转让价款享有债权。

2. 关于改组过渡期、共同管理权

在政府主导的企业改制中，有时会明确"改组过渡期"概念，以此表明政府对改制工作完整性的重视。因为只有新公司注册登记成立了，整个改制工作才算全部完成。

煤矿改组协议中关于"改组过渡期共同行使管理权"的约定，是为了保证及时履行新公司注册登记这一法定程序做出的警示性措施。就是说，如果没有履行法定登记程序，设定政府是存在所有者权益的，是可以追究的；履行了法定登记程序，共同管理权就不存在了。这是英美法系国家公司并购合同范本中常见的表述，注重程序公正，但表述晦涩难懂。

事实上，这种"共同行使管理权"的约定，在我国是没有法律依据的。政府在享有债权的同时，仍被赋予资产管理权，对收购方是不公的，也违反了民商事法律中"管理权基于物权而产生"的基本原则。因此，煤矿改组协议生效后，潜龙集团进驻煤矿，因协议约定其支付转让价款而取得了煤矿资产所有权，政府也因享有对转让价款的债权而失去对国有资产的管理权，收购方对煤矿资产及其收益进行独立的管理处分是符合法律规定的。这种"磋商—协议—交接—注册"流程才是我国国有企业改制中通行的做法。

另需说明的是，该改组协议中套用英美法系国家公司并购合同文本的地方，不止一处，如第3条表明："甲方同意乙方参股经营吴村煤矿和程村矿井，其股比构成为甲方持有15%的股份，乙方持有45%的股份，吴村煤矿职工持有40%的股份。自本协议生效之日起，甲方持有的15%股份即行转让给乙方，使乙方持有的股份达到60%，实现控股经营，国有资本全部退出。"这种"甲方（政府）持有15%的股份"的表述，同样是一种虚拟的设定，虽未违反我国法律规定，但毫无意义，且极易产生歧义。

六、意见和建议

在吴村煤矿改组过程中，改组协议书自签字盖章后生效，收购主体因支付对价享有了煤矿资产所有权，借此行使管理权是合情合理合法的。政府因对转让价款享有债权，而失去了煤矿资产的所有权，收购方对煤矿资产的管理处分，不构成对国有资产的侵犯，没有贪污罪的法理基础。改组协议中"共同行使管理权"的表述，是为了促使尽快履行法定登记程序而套用其他格式合同文本的警示性措施，因与我国物权法基本理论相悖，不具有法律约束力。

对此，本律师认为，收购主体进驻煤矿后，煤矿资产所有权归属问题是贪污罪认定的关键事实，而改组协议生效后，收购主体因支付对价而享有煤矿资产所有权是毋庸置疑的，不可能因为合同文本中存在"共同管理"的约定而改变。因此，请求贵院慎重对待企业改制中贪污行为的认定，同时建议贵院依法撤销本案。

北京市鑫诺律师事务所律师：刘建民

2015 年 9 月 20 日

附件 2：侦查阶段法律意见书：对贪污案件事实证据的分析

受齐某先生的委托，现就其在原河南省 HX 市吴村煤矿改制期间的投资行为被刑事调查，以及投资企业的权益保护事宜，根据企业改制事实和相关法律规定，出具本法律意见书。

一、受托背景

2015 年 5 月份，河南省 YJ 县人民检察院调取了原 HX 市吴村煤矿改制期间的财务账册，询问了改制期间的相关人员，并对投资人深圳市潜龙实业集团有限公司原法定代表人齐某展开调查。因齐某未在国内，特委托法律顾问刘建民律师就相关问题进行了解，并要求顾问律师主动向检察机关代为陈述相关情况、提供相关资料，并独立提供法律意见和建议。

经了解，6 月下旬，YJ 县人民检察院对齐某涉嫌贪污立案侦查，该案由河南省 X 市人民检察院反渎局指挥侦办。9 月中旬，YJ 县人民检察院对齐某刑事拘留，并实施上网追逃措施。基本案情为：2006 年齐某利用管理吴村煤矿的职务便利，贪污公款 3000 余万元。

9 月 22 日，顾问律师向 YJ 县人民检察院提交《律师建议书》。在律师建议书中，顾问律师陈述了企业改制的基本事实，分析了涉案的相关法理，同时提出了撤销案件的建议。县市两级检察院的回复是：犯罪嫌疑人必须到案，接受讯问，才能判断其是否构成贪污罪，决定是否撤销案件。

在这种情况下，顾问律师根据授权，立即召集组成了煤矿事务综合法律服务律师团队，拜访了国内知名法学专家，咨询了相关资深法官和检察官，对该案立案侦查的合法性问题展开研究论证。

二、相关证据（略）

三、当事人情况和煤矿改制期间的四个主要时间节点（略）

四、法律分析

（一）本案存在常识性错误，而非争议，不符合贪污罪的刑事立案条件

1. 在无共犯的情况下，作为民营投资企业的原法定代表人齐某不具备贪污罪的主体资格

贪污罪作为自然人犯罪，在主体方面，必须是从事公务的人员或者受委托从事公务的人员。

本案中，齐某系民营投资企业的原法定代表人，不具有公职身份，不属于从事公务的人员。在企业改制过程中，虽然存在资产交接后民营投资企业派员进驻管理的事实，但齐某本人作为原法定代表人未直接经管煤矿资产，该投资企业的管理职权基于支付收购对价后煤矿资产所有权变更而取得，不是基于政府的委托授权。自始至终，齐某本人没有也不可能被政府授权进行管理。政府因协议取得收购对价而失去煤矿资产所有权，已无委托管理的职权。且本案中没有实施贪污的共同犯罪人，认定不具备主体资格的齐某单独构成贪污罪，显属案件认定中的低级错误。

综上，齐某因不是从事公务的人员，也不是受委托从事公务的人员，不具备独立贪污犯罪的主体资格。

2. 改制资产交接后，该资产性质已非国有，本案不存在贪污罪的犯罪客体

贪污罪侵害的是公共财物所有权。

本案中，改制协议签订后的煤矿资产交接，标志着该资产所有权主体变更。所有权主体变更的依据是改组协议中的收购款对价的约定条款，协议生效后，收购主体因约定支付收购款而取得煤矿资产所有权，政府因协议取得收购款而转让煤矿资产所有权，国有资产退出。民营投资企业进驻后管理的对象，是因约定支付收购款而取得的煤矿资产。该资产系出资购买所得，不

再具有国有成分。

综上，改制资产交接后，所有权主体发生变更，所有权性质发生改变，煤矿资产已不再是国有资产。显然，该资产不是贪污罪的犯罪客体。

3. 改制企业完成注册登记之前，民营投资企业只有巨额资金注入，却无投入回报，原法定代表人齐某没有非法占有的客观事实

在贪污罪中，行为人应当具有侵吞、窃取、骗取或者以其他手段非法侵占公共财物的事实。

本案中，自民营投资企业接管煤矿资产之日起到新公司成立之日止，短短两个多月时间内（注：2006年2月16日至4月29日），财务账目显示，投资人深圳市潜龙实业集团有限公司及其指定公司对煤矿进行了巨额投资，却未取得投资回报，齐某本人也没有占有分文煤矿资产。对此，办案单位没有也不可能取得齐某非法占有公共财物的任何证据。

显然，齐某非法占有公共财产的客观事实是不存在的。

（二）本案存在重大违法办案的嫌疑

1. 先立案，后取证

刑事侦查涉及公民的人权保护，是一项严肃的司法活动。为此，国家法律对刑事立案条件作出了严格规定。尤其是刑事拘留措施，应当慎之又慎。事实清楚，证据充分，符合犯罪的构成要件是启动刑事侦查程序、确定犯罪嫌疑人的基本要求。

本案中，贪污罪主体、客体、客观方面存在显而易见、毋庸置疑的问题，办案单位却在未询问犯罪嫌疑人的情况下，直接立案侦查并作出刑事拘留决定，继而网上追逃。面对质疑，又以"犯罪嫌疑人必须到案，接受讯问，才能判断其是否构成贪污罪"为由，继续刑事追诉程序。这种"立案时无需见人，撤案时必须见人"的解释，存在一个重大问题，那就是，究竟是应当先有证据才立案？还是立案后再收集证据？

综上，重证据、不轻信口供，是办理贪污案件的基本原则。本案办案单位要求犯罪嫌疑人必须到案，接受讯问，表明了一个问题：本案立案侦查并决定刑事拘留是缺乏基本条件的，存在违法侦查的嫌疑。

2. 以非法侦查的方式获取其他犯罪证据

侦查是刑事诉讼的重要阶段，侦查措施秘密性是为了保证刑事打击的准

确有效，这是侦查机关的特有权力。但是，侦查措施必须在依法立案后方可实施。也就是说，立案条件的完备，是侦查措施正当合法的前提。不符合立案条件的任何侦查行为，都构成侦查权的滥用，是违法的。

本案中，侦查机关以侦查措施的秘密性为由要求犯罪嫌疑人必须亲自到案，接受讯问，并将案件定性中的常识性错误解释为案件争议，在法治已经得到普及的今天，这是难以让人信服的。侦查并不神秘，仅仅是执法者的一种工作权力。把常识性错误解释为案件争议，一则可能是掩盖该案立案条件不具备的事实，二则可能是通过本案获取其他案件的证据线索，毕竟市人民检察院反渎局指挥贪污案侦办不是正常的现象，容易让人产生违法侦查的联想。这样的后果是极其可怕的，因为倘若如此，任何人都有可能在没有证据的情况下被刑事追诉。

当前，我国刑事证据规则已日益规范健全，司法实践中非法证据排除也被广泛采用，因此侦查活动应当依法审慎开展。侦查工作固然需要激情和激进，但不需要冒险，更不能急功近利式地赌博。司法人员应当成为守法的典范，"宁可漏网，但不可错捕错杀"。"漏网"可以通过立法来避免，司法却只能依法行事，不能超越法度。

五、结论性意见

本案立案决定错误，相关侦查措施不当，是显而易见的。律师团律师希望办案单位能够及时自纠，也期望检察院领导能够重视律师意见，敦促办案单位尽快撤销案件及相关侦查措施，最大限度地消除影响，共同营造自由、平等、公正、法治的社会环境。

六、特别声明

（1）人权保障、私权保护是律师的工作职责。通过合法途径，采取合法手段，保护委托人的人身权利和自由，实现委托人利益最大化，是律师的理想和追求。执业律师应当理解人民检察官依法惩治犯罪的使命和责任，尊重并认可人民检察官合法的侦查行为。但对于双方工作中的失误、错误和违法之处，应当相互监督，善意提醒，闻过则喜，及时纠正。

（2）本法律意见书仅供委托人参考，可由顾问律师作为附件材料，向办案单位、上级检察机关以及刑事程序中相关政法机关提供。未经律师团律师允许，不得向第三人出示，不得作为任何证据使用，亦不得向任何国内外媒体透露该内容。

北京市鑫诺律师事务所　合伙人律师：刘建民
河　南　豫都律师事务所　合伙人律师：范玉顺
河　南　奕信律师事务所　合伙人律师：靳万保
2015 年 12 月 26 日

附件 3：侦查阶段法律监督建议书：侦查违法现象应当纠正（略）

附件 4：批捕环节法律意见书：不应批准逮捕的理由（一）

齐某即便是领导小组副组长
也不属受托从事公务的人员

律师在依法会见犯罪嫌疑人齐某时，齐某陈述，侦查人员认为其符合贪污罪主体的依据是，某次会议纪要中"齐某是……领导小组副组长，系委托管理经营国有财产人员"。

辩护律师利用排除法推定，并通过对相关"领导小组"内容、职能、具体授权、资产性质等方面进行综合分析，认为齐某不属于"受托管理经营国有财产的人员"，不具备贪污罪的主体资格。

一、侦查部门认定的"领导小组"是哪一个

结合本案的改制事实，辩护律师分析，上述"领导小组"可能有三个。一是企业改制领导小组，二是煤矿改制工作合作推进领导小组，三是煤矿改组过渡期临时领导小组（班子）。

企业改制领导小组，是改制初期 HX 市人民政府为加强对国有企业改制工作的领导而设立的临时性政府机构，其组成人员为国有煤矿产权人代表（即政府相关领导和政府职能部门人员）、国有煤矿管理人代表（即该企业负责人）。因为该小组属于政府领导机构，且具有规范煤矿改制程序、拟定资产出售底价、确定谈判思路、批复改制方案和新公司设立等国有资产保值增值的政府职能，收购方是绝对不应当介入的。因此，会议纪要确定齐某为该小组副组长的可能性不大，但也不排除政府将其列入的可能。

煤矿改制工作合作推进领导小组，是根据 2005 年 4 月 11 日 HX 市人民政府与深圳市潜龙实业集团有限公司签订的《合作框架协议》约定而成立，其目的是加强沟通与联系，分工负责，按时完成合同约定的或改制程序要求的各自工作，保证整个改制工作的顺利推进。因此，会议纪要确定齐某为该小组副组长是可能的。

煤矿改组过渡期临时领导小组（班子），是根据 2006 年 1 月 26 日 HX 市人民政府与深圳市潜龙实业集团有限公司签订的《煤矿改组和煤化工项目协议书》约定而成立的。现有资料显示，煤矿改组和煤化工项目协议书签订后的 2 月 16 日，双方成立了该小组（班子），但该小组（班子）中没有齐某的名字，故对该小组（班子）应予以排除。

二、作为某领导小组副组长，是否有被委托进行管理经营的事实，是否实际管理经营了国有财产

1. 上述两个小组没有管理经营国有财产的职能，也没有对副组长进行相关的特别授权

如上所述，企业改制领导小组是政府为企业改制而设立的临时性组织领导机构，是从政府组织层面来规范、指导改制工作。煤矿改制工作合作推进领导小组是为了加强沟通联系而设立，是从双方合作层面保证改制进程的顺利进行。从两个领导小组成立的目的和要求来看，均没有管理经营国有煤矿的职能，也不可能授权齐某作为副组长直接管理经营煤矿，其他文件中也没有相关的特别授权。

2. 齐某没有管理经营国有财产的客观事实

首先说明，煤矿资产的国有属性，从改组协议签订生效之日起发生了改变。协议之前，煤矿资产系国有资产，是没有疑问的。协议之后，根据协议约定，"国有资本全部退出"。收购主体因支付约定对价而取得煤矿资产所有权，政府因取得资产转让对价（债权）而退出，使该资产不再具有国有属性，自此煤矿资产已不再是国有财产。

上述两个小组均成立于《煤矿改组和煤化工项目协议书》之前，由于当时没有签订正式协议，收购主体没有也不可能介入国有煤矿进行经营管理。《煤矿改组和煤化工项目协议书》签订并生效之后，收购主体派员接管的煤矿资产已不再是国有财产。因此，齐某即便是上述两个小组之一的副组长，也

是没有管理经营国有财产这一客观事实的。

三、结论性意见

贪污罪的主体有三种：一是从事公务的公职人员；二是受委派的公职人员；三是受委托从事公务的其他人员。

齐某没有公职身份，显然不是前两种人员，对于是否属于第三种人员，辩护律师认为：第一，齐某不管是企业改制领导小组的副组长，还是煤矿改制工作合作推进领导小组副组长，从文件载明的成立领导小组的目的和职能来看，均没有也不可能赋予其管理经营国有财产的职权，其他相关文件中也没有对其进行委托的特别授权；第二，两个小组均成立于改组协议签订之前，当时，齐某所属公司没有也不可能介入国有煤矿的管理经营。在改组协议签订生效之后，由于国有煤矿资产与转让价款实行了对价，"国有资本已全部退出"，煤矿资产已不再是国有财产，此时，齐某所属公司不存在管理经营国有财产的客观事实。因此，齐某不属于"受委托从事公务的人员"，不具备贪污罪的主体资格。

辩护律师：刘建民　靳万保

2016 年 5 月 27 日

附件 5：批捕环节法律意见书：不应批准逮捕的理由（二）

改组过渡期管理权系设定，国有资本已
全部退出，资产收益应归收购主体所有

2015 年 6 月 26 日，YJ 县人民检察院对齐某涉嫌贪污立案侦查。侦查部门认为，2006 年犯罪嫌疑人齐某利用管理 HX 市吴村煤矿的职务便利，贪污公款 3000 余万元，涉嫌贪污犯罪。随后，实施了一系列刑事侦查措施。

律师在会见犯罪嫌疑人时，齐某陈述，侦查人员认为其利用了管理国有煤矿的职务便利。

经查，2006 年 1 月 26 日《煤矿改组和煤化工项目协议书》第九章"改组完成前的管理"第 48 条约定："自本协议规定开始改组之日起至煤矿改组完成为有限责任公司并办妥工商变更登记事项之日止为改组过渡期，在改组

过渡期内，甲乙双方按4：6的比例对煤矿行使所有者的权利，共同对煤矿行使管理权。"

辩护律师认为，侦查部门在"改组过渡期管理权及收益归属"问题上，认识有误，有必要进行法律论证和分析。

一、为什么要约定改组过渡期

实践中，国有企业改制要经历"磋商—协议—交接—注册"程序。只有新公司注册成立后，整个改制工作才算完成。

"协议"确定了国有资产转让的对价款数额及支付方式，"交接"则是实现对标的资产的占有和管理。协议生效且交接完成后，收购主体完成了对标的资产的占有，并因支付约定对价取得了该资产的所有权。此时，政府享有了转让价款（债权）而使标的资产不再具有国有属性。而收购主体真正取得工业产权的标志，则是办妥相关证照。从取得标的资产所有权到取得法律意义上的工业产权，是需要一定时间的。在这个时间段，对煤矿这一特定的行业，安全才是第一位的。因此，就有了"改组过渡期"的约定。

需要说明的是，"改组过渡期"的约定，并不是国有企业改制协议中的必备条款。有此条款，说明政府对改制工作完整性的重视，体现双方对改制工作的严谨细致。无此条款，也不会影响对相关安全责任的追究。

工业产权转让，如同房屋转让一样。协议签订后，购房者支付（或约定支付）房屋价款并占有房屋，即取得财产所有权，而真正取得房屋产权，则需要办理完成房产证照。在取得财产所有权到取得房屋产权之间，双方可以约定过渡期的权利义务，共同配合办理证照，全面完成房屋交易工作。

二、约定改组过渡期内"共同行使管理权"的目的

改组过渡期有两个重要时间节点，一是开始于协议生效和接管。收购主体因约定支付转让对价而取得了对煤矿资产的所有权，因接管而实现对煤矿资产的占有。二是终结于新公司注册成立。收购主体因完成办理证照的变更过户而取得了法律意义上的完整工业产权。

在改组过渡期内，煤矿资产的所有权主体，有两个：一个是实质上的煤矿资产所有权主体，即收购主体，因支付约定对价取得了煤矿资产的所有权；另一个是形式上的煤矿资产所有权主体，即政府，因未完成相关证照变更过

户而继续保留法律意义上的工业产权。

煤矿是一个特殊的行业。双方约定改组过渡期，其根本目的是通过加强管理，确保安全生产。还有一个重要目的，是尽快完成相关证照的变更过户，确保实质上的所有权主体和形式上的所有权主体统一，责权利明确。

三、改组过渡期内共同管理权的来源及设定

如前所述，在改组过渡期内约定"共同行使管理权"，其目的是保证安全生产，尽快完成产权变更过户。但收购主体和政府共同行使管理权的权力来源则是不同的。

收购主体的管理权来源，是因支付约定对价而取得的煤矿资产所有权，根据"管理权基于物权而取得"的基本原则，属于法定取得。政府因享有转让价款（债权）而失去了煤矿资产所有权，因而其管理权不是基于物权，而是出于对特定行业的社会管理要求而由双方约定，属于约定取得。

煤矿改组协议中"4：6的比例"，是双方对改组过渡期内行使管理权的约定，也是收购主体基于物权享有全部决策管理权的自愿让渡。这种权利让渡，仅限于管理权本身，非明示则不包括财产收益权，也不包括经营风险。

综上，改组协议签订生效后，按照协议约定，"国有资本全部退出"，政府因享有资产转让价款（债权）而不再拥有煤矿资产所有权，故其在改组过渡期内参与管理的权利来源系设定。新公司成立后，改制过渡期结束，政府管理权随之丧失，也说明该权利不是政府固有的权利。

需要特别说明的是，改组协议中类似的权利设定不止一处，如第3条约定："甲方同意乙方参股经营吴村煤矿和程村矿井，其股比构成为甲方持有15%的股份，乙方持有45%的股份，吴村煤矿职工持有40%的股份。自本协议生效之日起，甲方持有的15%股份即行转让给乙方，使乙方持有的股份达到60%，实现控股经营，国有资本全部退出。"这种政府拥有股份并在协议生效后即行转让的描述，同样是一种虚拟的设定，其目的是授予其参与谈判、签订协议的主体资格。

四、改组过渡期内煤矿资产的收益和风险

"所有权人享有财产收益，承担财产风险"是一项基本的民事原则，改组过渡期内煤矿资产归属是确定相应资产收益和风险承担的前提。

改组过渡期内煤矿资产所有权归收购主体所有，是基于以下两点：

（1）改组协议第3条约定："自本协议生效之日起，甲方持有的15%股份即行转让给乙方，使乙方持有的股份达到60%，实现控股经营，国有资本全部退出。"齐某所属公司接管煤矿资产时，改组协议已经签字生效，依照协议约定，国有资本已经全部退出。

（2）改组协议生效后，收购主体因支付约定资产转让价款而取得了煤矿资产所有权，政府因享有资产转让价款（债权）而转让煤矿资产所有权，从而使煤矿资产不再具有国有属性。这是国企改制的基本程序要求，符合法律规定和交易规则。

因此，收购主体享有煤矿资产的全部收益，并承担经营风险，是符合法理情理的。双方约定的"改组过渡期共同行使管理权"，仅仅是为了确保安全生产，尽快办理证照变更。这种设定的共同管理权份额，是收购主体自愿让渡的决策管理表决权。这种设定的管理权，并不改变收购主体享有资产收益的权利，也不改变收购主体承担经营风险的义务。

如同签订房屋买卖协议一样，购房人支付房款并占有房屋后，租赁收益、增值利益等均由其享有，出售人不得因其有办理过户手续的配合义务和相关工作而向购房人请求分配。

综上，改组协议签订生效后，双方确认了收购主体出资1.4亿元收购煤矿资产。收购主体进驻接管后，依照合同约定，"国有资本全部退出"。收购主体接管占有该资产，并开始经营管理。自此以后，煤矿资产收益全部归收购主体所有，经营风险也由收购主体承担。尽管双方约定共同行使管理权，其目的是确保生产安全，尽快变更过户相关证照，注册成立新公司。这种管理权份额比例是设定的，不是基于物权产生的，因而，煤矿资产收益与管理权份额比例无关，均归收购主体享有，政府也不可能承担经营风险。通俗一点讲，如果此时的煤矿资产收益由双方共享，那么之前协议确定的收购价款1.4亿元还有什么意义？合同约定的"国有资本全部退出"是否有效？政府既享有资产转让对价款（债权），又享有资产收益权，是否公平？因此，改组过渡期内收购主体享有煤矿资产的全部收益，合理合法。国有资本已全部退出，不构成对国有财产的侵占。

五、对侦查部门错误认定的分析

侦查部门认为，2006年犯罪嫌疑人齐某利用管理HX市吴村煤矿的职务便利，贪污公款 3000 余万元。该认定包括三个内容：

1. 犯罪时间发生在 2006 年 2 月 16 日至 4 月 29 日

结合煤矿改制"2006 年 1 月 26 日签订改组协议，2 月 16 日进驻交接，4 月 29 日新公司成立"的事实，以及改组协议第 48 条"自本协议规定开始改组之日起至煤矿改组完成为有限责任公司并办妥工商变更登记事项之日止为改组过渡期，在改组过渡期内，甲乙双方按 4：6 的比例对煤矿行使所有者的权利，共同对煤矿行使管理权"的约定。辩护律师分析：侦查部门认定的犯罪时间应当是收购主体进驻交接后到新公司成立这一段"改组过渡期"内，即 2006 年 2 月 16 日至 4 月 29 日期间。

2. 犯罪嫌疑人齐某管理了国有财产

3. 犯罪嫌疑人齐某贪污了公款 3000 余万元

针对侦查部门的认定内容，辩护律师认为，下列五个方面的事实足以阻却贪污犯罪的构成：

第一，改组过渡期内，合同明确约定"国有资本已全部退出"，齐某所属公司因约定支付转让对价而取得了煤矿资产所有权，此时，煤矿资产显然已不是国有财产。

第二，收购主体是深圳市潜龙实业集团有限公司和煤矿职工，事后成立新公司的股东是法人股东和工会代持的职工股东。收购主体和新公司股东中均没有齐某本人。

第三，煤矿改组过渡期临时领导班子名单中没有齐某的名字，齐某本人也没有参与过改组过渡期内的实际管理经营工作。

第四，改组过渡期内政府管理权不是基于物权产生，而是双方以协议形式的临时设立，非固有权利，不影响煤矿资产收益的归属。煤矿资产的全部收益应归收购主体所有，该收益显然不是国有财产，款项也不是公款。

第五，齐某本人没有占有煤矿款项的客观事实。

综上，侦查部门对改组协议签订生效后煤矿资产性质及收益归属问题的认识有误，且属于常识性错误，而非争议，据此认定的齐某涉嫌贪污犯罪是不能成立的。

辩护律师：刘建民 靳万保

2016 年 5 月 29 日

附件6：批捕环节法律意见书：不应批准逮捕的理由（三）

齐某不构成贪污罪的事实理由

根据律师会见时了解的情况，辩护律师分析认为，侦查部门认定齐某涉嫌贪污罪的理由可能是：

（1）会议纪要材料显示，齐某担任某领导小组副组长。由此推断，齐某被委托从事了国有煤矿的管理经营。

（2）依照改制协议约定，协议签订后至新公司成立之前为改组过渡期。在此期间内，政府与齐某所属公司按4：6的比例对煤矿行使所有者的权利，共同对煤矿行使管理权。由此推断，齐某及所属公司从事了国有煤矿的管理经营。

（3）在共同管理的改制过渡期内，煤矿资产属国有财产，产生了不低于3000万元的收益，齐某将其占为己有。

辩护律师现就上述推论进行针对性分析，并根据本案事实和相关法律规定，结合贪污罪的构成要件，提出齐某不构成犯罪的如下理由：

一、会议纪要材料不能证明齐某存在被委托管理经营国有财产的事实，齐某也无从事具体管理经营工作，不属于贪污罪中"受委托从事公务的人员"

贪污罪主体有三种：一是从事公务的公职人员；二是受委派的公职人员；三是受委托从事公务的人员。

显然，齐某不是前两种人员。是否属于"受委托从事公务的人员"，则须有证据证明两个事实：

1. 存在齐某受委托的事实，且受托内容是管理经营国有财产

即使是齐某担任了某领导小组副组长，但从会议纪要内容，结合该领导小组的目的和职能来看，均没有也不可能有对委托的表述，更没有委托其管理经营国有财产的内容。其他的文件资料上没有也不可能有相关的特别授权。

2. 存在齐某实际管理经营国有财产的事实

改组协议签订生效前，齐某所属公司没有也不可能进驻国有煤矿进行管理经营；改组协议签订生效后，齐某所属公司接管了煤矿资产，而此时，依照协议约定，"国有资本已全部退出"，此时的煤矿资产已非国有，齐某所属

公司管理的资产已不属于国有财产；收购主体是深圳市潜龙实业集团有限公司和煤矿职工，齐某本人不是收购主体，也不是新公司的自然人股东，且齐某没有参与对煤矿资产的具体管理经营工作。

综上，齐某不属于"受委托从事公务的人员"，不具备贪污罪的主体资格。

二、改组过渡期内国有资本已全部退出，齐某所属公司接管的煤矿资产不属于国有财产

贪污罪侵犯的客体是国有财产所有权。

本案中，齐某所属公司在改组过渡期内接管了煤矿资产，而此时的煤矿资产已不属于国有财产。理由如下：

（1）改组协议第3条约定："自本协议生效之日起，甲方持有的15%股份即行转让给乙方，使乙方持有的股份达到60%，实现控股经营，国有资本全部退出。"齐某所属公司接管煤矿资产时，改组协议已经签字生效，依照协议约定，国有资本已经全部退出。

（2）改组协议生效后，收购主体因支付约定资产转让价款而取得了煤矿资产所有权，政府因享有资产转让价款（债权）而转让煤矿资产所有权，从而使煤矿资产不再具有国有属性。这是国企改制的基本程序要求，符合法律规定和交易规则。

综上，齐某及所属公司没有侵犯国有财产所有权。

三、在改组过渡期内齐某所属公司与政府共同行使的管理权系设定，其目的是保证安全生产和尽快办妥证照变更过户，其份额比例体现的是管理表决权

在改组过渡期内，政府与齐某所属公司"按4：6的比例对煤矿行使所有者的权利，共同对煤矿行使管理权"。这种共同管理权约定，其目的是保证强化安全生产管理，尽快办理证照变更过户。管理权份额比例不是法定的，而是双方通过协议来设定的，体现的是经营管理决策表决权。这种管理权的约定，是收购主体基于物权享有全部决策管理权的自愿让渡，仅限于管理权本身，非明示则不包括财产收益权，也不包括经营风险。理由及法理依据分述如下：

（1）如前所述，改组协议生效后，煤矿资产不再是国有财产，收购主体

因支付约定对价取得了该资产所有权。根据"管理权基于物权而产生"的基本原则，收购主体享有对该资产的全部管理经营权。

（2）收购主体因协议生效享有实质上的资产所有权，但由于改组过渡期内相关证照未变更过户，政府仍然享有形式上的资产所有权，同时负有相应责任和风险。在这种背景下，政府出于对煤矿这一特定行业的安全考虑，与收购主体协商并由收购主体让渡部分管理权是合理的，其目的也是特定的。

（3）政府管理权系收购主体自愿让渡取得，不是法定，因而与资产收益权无关。收购主体作为实质上的所有权人，在未明示授权让渡收益的情况下，资产收益则全部归其所有，符合"所有权人享有财产收益，承担相应风险"的民法原则。

（4）通过共同管理权份额比例的约定，推定资产收益分配比例，进而推定该资产属国有财产，属于对民法理论的无知或误解，有悖公平原则。

综上，改组过渡期内政府管理权及份额比例的约定，系收购主体的自愿让渡而设定，不是法定权利。该权利并不影响资产收益归属和分配，更不改变资产所有权主体，收购主体有权独立享有全部资产收益，并承担经营风险。

四、齐某及所属公司在改组过渡期内没有非法占有 3000 余万元公款的事实

（1）在改组过渡期，煤矿资产已不再是国有财产，其款项也不再是"公款"。

（2）齐某所属公司在改组过渡期内接管煤矿资产进行管理经营，因系该资产的所有权人，享有资产收益不构成非法占有。

（3）齐某不是收购主体，也不是新公司的自然人股东，其本人自始至终没有参与煤矿的管理经营。

（4）自齐某所属公司在改组过渡期内接管煤矿资产之日起，直至今日，齐某陈述其本人没有占有分文现金，更没有侦查部门认定的"3000 余万元公款"。

综上，在改组过渡期内，即使存在资产收益，也应归收购主体所有，该资产及收益没有国有成分，款项也不是"公款"，齐某本人没有非法占有的事实。

以上事实理由，敬请参考。并请依法全面审查，作出不予逮捕决定。

辩护律师：刘建民 靳万保

2016 年 5 月 29 日

附件7：批捕环节法律意见书：不应批准逮捕的理由（四）

一、目前侦查部门报送的材料是涉嫌贪污，应当作出不构成犯罪的不予批捕决定

主要理由为：

（1）自改组协议签订生效后，收购主体因约定支付 1.4 亿元转让对价款取得了煤矿资产所有权，且依照该协议约定，"国有资本全部退出"。收购主体进驻接管时，该资产已不属于国有财产。显然，不具备贪污罪的客体。

（2）齐某没有公职，也不属于"受委托从事公务的人员"。因为即便是齐某是某领导小组副组长，但从这些领导小组的内容、性质、职能来看，没有授权齐某管理经营国有煤矿的表述。事实上，齐某也没有管理经营过国有煤矿（改组协议签订前，只是派员对国有煤矿进行尽职调查；改组协议签订生效后，派员进驻管理的已不是国有煤矿），显然，不具备贪污罪的主体资格。

二、如果侦查部门在贪污罪的批捕审查期最后一天补充提交其他犯罪线索的材料，可以对其他犯罪线索另行指定人员按照法定的期限审查，但对贪污罪是否批捕应当直接作出决定

主要理由为：

（1）侦查部门对其他犯罪线索进行补充提交，要求一起审查，是有意缩短对其他犯罪的批捕审查期限，故意为侦监部门出难题，限制侦监部门的侦查监督权。

（2）侦查部门对其他犯罪线索进行补充提交，是有意将其他犯罪线索与明显不构成犯罪的贪污混为一谈，欲通过其他犯罪线索将明显不构成犯罪的贪污案件复杂化，达到继续羁押的目的。

辩护律师：刘建民　靳万保

2016 年 5 月 30 日

附件8：侦查阶段（取保）法律意见书：对司法鉴定意见书的质疑

YJ 县人民检察院：

2016 年 7 月 27 日收到贵院新延检反渎鉴通（2016）1 号《鉴定意见通知书》和 X 巨中元会计师事务所有限公司新巨会审（2016）第 81 号《河南省 HX 市吴村煤矿审计报告（第一册）》复印件。

经反复阅读和分析，我们认为该鉴定意见中的三个数据与齐某涉嫌贪污案件没有关系，现提出如下异议：

一、关于"2005 年 5 月 1 日至 2006 年 3 月 31 日经营净利润为 43 738 369.90 元"的问题

原吴村煤矿改制的关键时间节点分别为：2005 年初至 4 月 11 日的前期磋商，确定了 2005 年 4 月 30 日为评估基准日；2006 年 1 月 26 日，签订了《煤矿改组和煤化工项目协议书》；2006 年 2 月 26 日进驻交接，明确了煤矿负责人和财务负责人；2006 年 4 月 29 日，龙田煤业有限公司（以下简称"龙田煤业"）注册登记设立。

2006 年 2 月 26 日进驻交接之前，原吴村煤矿一直由 HX 市人民政府派员负责经营管理，期间盈利与否、盈利多少，潜龙实业集团有限公司（以下简称"潜龙集团"）和参股职工无从知晓，也未接收。2006 年 2 月 26 日进驻交接后，依据煤矿改组和煤化工项目协议的约定，"国有资产全部退出"，此时煤矿资产因协议约定支付对价而成为潜龙集团和参股职工的资产，已非国有。

因此，上述期间经营净利润的审计数据，一则截止日 2006 年 3 月 31 日非改制工作的关键时点，二则横跨资产交接日 2006 年 2 月 26 日存在两个不同的资产所有权人和管理人，审计经营净利润毫无意义。上述期间经营利润的审计数据与认定齐某涉嫌贪污没有关系，不能作为认定贪污犯罪的有效证据。

二、关于"2005 年 12 月 20 日至 2008 年 6 月 26 日，潜龙集团欠缴的转让价款为 4584.5463 万元"的问题

鉴定机构根据《煤矿改组和煤化工项目协议书》确认的交易总价款，减去已上缴款项，得出了欠缴款项的数额。但是，该审计报告一则没有列出已上缴款项的明细，致使无法准确核对；二则忽略了《煤矿改组和煤化工项目

协议书》中明确约定的核减项目，致使其成为单方审计，显失公平。

《煤矿改组和煤化工协议书》第 9 条、第 19 条、第 31 条等多个条款明确约定了核减事项。这些核减内容共有 8 类，龙田煤业曾多次向 HX 市人民政府及三任市长书面提出，一直未能研究解决。本案侦查过程中，也曾向侦查部门提供了详尽的资料，审计时却未扣减。

因此，欠缴转让价款的审计结论，对合同明确约定的核减事项未能扣减，显然是不公平的。而且转让价款的争议纯属合同履行过程中的民事纠纷，与齐某涉嫌贪污没有关系。

三、关于"欠缴的产权交易款产生的利息为 3211.9990 万元"的问题

鉴定机构对欠缴产权交易款利息审计的依据是《企业国有产权转让管理暂行办法》。该审计报告脱离了企业改制的实际情况，违反了民法基本理论常识，因而是错误的。理由如下：

1. 招商引资是可以协商谈判的

原吴村煤矿改制不是单纯的国有企业产权转让，而是包括煤矿改组、煤化工项目在内的一揽子对外招商引资项目。当时该项目有三家参与，分别为香江集团、中铝集团和潜龙集团。招商引资项目是允许谈判的，相关条款也是可以协商的。

2. 不约定利息没有违反国家法律、行政法规的强制性规定

《中华人民共和国合同法》（当时有效）施行于 1999 年 10 月 1 日。该法规定，导致合同无效的情形是违反国家法律、行政法规的强制性规定。而施行于 2004 年 2 月 1 日的《企业国有产权转让管理暂行办法》（当时有效），制定发布者为国资委和财政部，这是典型的部门规章，不是行政法规，更不是法律。2006 年 1 月 16 日签订《煤矿改组和煤化工项目协议书》时，HX 市人民政府考虑到当地招商引资背景、煤矿改制特殊性、煤化工项目重要性以及合同履行中双方互负义务的情况，没有约定转让价款分期支付时的利息，是合理公平的，也没有因为违反国家法律和行政法规的强制性规定而导致合同无效，因而双方均无过错。

3. 有约定从约定，没有约定利息的，利息不予保护，是基本的民事诉讼常识

在煤矿改组和煤化工项目协议书中，双方没有约定利息，而鉴定机构审计时却计算了相应利息，显然是没有法律依据的。

因此，欠缴产权交易款的利息审计无法律依据，且与齐某涉嫌贪污犯罪没有关系。

辩护律师：刘建民　靳万保

2016 年 7 月 31 日

附件 9：侦查阶段（取保）法律意见书：煤矿改制中涉及国资流失的三个问题

一、经审计，自评估基准日 2005 年 4 月 30 日至新公司龙田煤业有限公司成立 2006 年 4 月 29 日止，吴村煤矿煤炭生产经营净利润为 4374 万余元。国有吴村煤矿将该款投入到基建矿井，后收购方接收了该基建矿井，收购方应否将该款上交政府

1. 侦查部门认定意见

侦查部门认为，按照有关规定，在评估基准日至新公司成立期间，改制企业的经营净利润应当归转让方所有。侦查期间委托的会计审计机构的审计报告证明，国有吴村煤矿经营净利润达 4374 万余元，该利润已投入到了在建的程村矿井，使程村矿井资产增值，受让方应当上交政府。

2. 我们的意见及理由

对此，我们认为，解决这一争议问题的关键，是侦查部门委托作出的审计报告是否全面客观地反映了"原企业盈利而增加的净资产"状况。侦查部门的错误在于，曲解了相关规定的核心内容，混淆了净资产和净利润的区别。

评估基准日至新公司成立期间改制企业的经营净利润归转让方的观点，是不准确的。依据相关规定，准确的表述是"原企业盈利而增加的净资产"归转让方所有。在认定"原企业盈利而增加的净资产"时，应当考虑影响净资产的抵减项因素。国有吴村煤矿在此期间固然产生了经营利润，但同时也发生了巨额支出（投入），这些支出（投入）并未增加改制企业的净资产。这些支出（投入）分为两类：一类是在未纳入改制范围的资产上的支出，显然不会使改制企业资产增值；另一类是在基建矿井上的支出，用于维修维护、支付已完工程欠款、贷款利息等，这是国有吴村煤矿在交接之前的责任和义务。从财务审计角度来讲，以评估基准日的净资产为基数，在此期间的经营净利润为增加项，未能形成净资产的实际支出（投入）为抵减项，抵减项大于增加项，表明改制企业虽有经营利润但没有增加净资产。因此，该审计报告未能客观全面地反映国有吴村煤矿当时的"盈利而增加的净资产"状况，不能作为相关人员构成渎职犯罪的证据，也不能作为责令收购方退款的依据。

具体理由如下：

（1）侦查部门所谓"依据"的法定表述是国发办〔2005〕60号、财企〔2002〕313号文："自评估基准日到公司制企业设立登记日的有效期内，原企业盈利而增加的净资产，应当上缴国有资本持有单位，或经国有资本持有单位同意，作为公司制企业国家独享资本公积管理，留待以后年度扩股时转增国有股份；对原企业经营亏损而减少的净资产，由国有资本持有单位补足，或由公司制企业用以后年度国有股应分得的股利补足。"显然，这种规定是公平的。但该规定针对的是"原企业盈利而增加的净资产"，而不是审计报告中所述的"经营期间净利润"。

（2）"原企业盈利而增加的净资产"是相对于评估基准日确定的企业净资产而言的。"原企业盈利而增加的净资产"是否存在，取决于两个方面，即增加项和抵减项。账面上的经营净利润属于增加项，实际支出（投入）则属于抵减项。当增加项大于抵减项时，净资产增加；当抵减项大于增加项时，净资产减少。

（3）在此期间的实际支出（投入）中有两类情况：一类是在未纳入改制范围资产上的支出，如原下属水泥厂、城区办公楼等项目，因未列入改制范围，显然不会使改制企业的资产增值，理应作为抵减项；另一类是在基建矿井上的支出，是否使改制企业资产增值，要进行法律判断，来确定是否属于法定抵减项。

（4）具体来讲，在基建矿井的支出（投入）中包括三项主要内容：一是关于维修维护及相关人工等费用，由于该矿井采取重置法评估，评估基准日至交接日期间的维修维护又是国有吴村煤矿（政府）的法定义务和责任，因此该费用的支出，属于增量不增值，应予抵减；二是关于吴村矿井的银行贷款利息，由于项目贷款计入在建工程，在此期间实际发生的利息，没有使矿井资产增值，应予抵减；三是关于吴村矿井已完工程欠款，由于该矿井采取重置法评估，且该工程欠款未作为负债纳入评估范围，应予抵减。

（5）"经营净利润"与"盈利而增加的净资产"是两个不同的概念。准确认定改制企业在此期间是否"盈利而增加了净资产"，不仅要对"经营净利润"进行审计，而且应当对实际支出（投入）进行审计，并对实际支出（投入）的去向、用途等多种因素进行综合法律判断和分析。单纯以"经营净利润"审计报告为依据，确认改制企业"盈利而增加了净资产"，进而责令退回，并追究相关人员的渎职犯罪，是不严谨的，也是不公平的。

3. 需要说明的问题

（1）对于该事实认定，应当理清四个法律概念：

一是"净利润"和"净资产"是两个不同的概念；

二是交接前国有煤矿（政府）是煤矿资产所有人、管理人及其义务；

三是交接前对在建矿井维修维护的责任是转让方，而不是受让方；

四是相对于评估基准日按重置法评估的吴村矿井资产，煤矿管理人的维修维护属于重复施工，增量不增值。

（2）对吴村煤矿经营净利润的审计结论是不够的，还应当对在此期间的实际支出（投入）进行专项审计和比对分析，来确定该企业是否"盈利而增加了净资产"。

二、吴村矿井采矿权评估价值 10 376.76 万元，经协商核减了 2300 万元，是否符合法律政策，是否应当补交给政府

1. 侦查部门认定意见

侦查部门认为，吴村矿井采矿权评估价值为 10 376.76 万元，新公司龙田煤业有限公司应当全部受让，不能核减。按照有关规定，采矿权原则上应当一次性支付。如果约定分期支付的，则应当在 1 年内支付完毕，且须设定担保并支付利息。收购方与政府商定核减 2300 万元，是没有法律依据的，应当退给政府。

2. 我们的意见及理由

对此，我们认为，解决这一争议问题的关键，是程村矿井采矿权评估时的标准（法律适用）是否正确。侦查部门的错误在于，将重要参数出现明显错误的采矿权评估报告作为确认转让价款的唯一标准，认为双方不得协商，或协商无效。

针对评估机构按法定服务年限 52.82 年评估出的 3090 万吨可采储量资源的采矿权价值 10 376.76 万元，收购方依据当时法律政策的明确规定，提出

了"应按法定服务年限 20 年评估，不应按矿山服务年限 52.82 年评估，对于超出规定年限评估的采矿权价值，应当扣减"的磋商意见，政府认可其理由，并同意协商，双方最终以高于法定标准即提高服务年限为 30 年（法定是 20 年）、提升生产规模为 80 万吨/年（实际是 45 万吨/年）计算出的可采储量资源价值进行转让，扣减了相应价款 2300 万元，政府利益没有受损。

具体理由如下：

（1）吴村矿井采矿权评估基准日为 2005 年 8 月 31 日，因此，本案采矿权评估依据应当是 2005 年 8 月 31 日前生效的相关法律法规和规范性文件。即国土资源部（以文书写作时间为准，下同）2002 年 9 月 2 日下发的《关于采矿权评估和确认有关问题的通知》和《矿业权评估指南》（2004 年修订版）。

（2）对照国土资源部两个规范性文件，收购主体提出"按法定服务年限 20 年进行评估，超出部分应予扣减"的磋商意见是符合当时规定的。

2002 年 9 月 2 日国土资源部下发的《关于采矿权评估和确认有关问题的通知》规定："采矿权评估项目的服务年限一般不应大于 30 年。对于国家出资形成的矿产地的采矿权，当服务年限超过 30 年时，可采取分段评估的方法，即只以首期拟动用的储量为基数评估采矿权价款。"本案中，首期拟动用的储量系采矿许可证确认的 20 年可采储量。

《矿业权评估指南》（2004 年修订版）规定："对采矿权评估：矿山服务年限短于 30 年的，按矿山服务年限计算；长于 30 年的，按 30 年计算。"本案中，矿山服务年限为 52.82 年，长于 30 年，应按 30 年可采储量计算。

（3）收购方提出"按法定服务年限 20 年进行评估"的磋商意见，显然符合当时规定，而双方协商后最终意见却是："按 30 年服务年限（注：采矿许可证确定首期动用储量有效年限是 20 年，协商时按 30 年计算）、80 万吨/年生产规模（注：采矿许可证核定生产规模是 45 万吨/年，协商时按 80 万吨/年计算）的可采储量确定转让价款"，即"资源转让价原按 3090 万吨计算，现按有关规定 30 年计算转让 2400 万吨，扣减价款 2300 万元"。很明显，与当时评估规定相比较，通过提高服务年限和提升生产规模的方式，增加了拟转让的可采储量，减少了应扣减数额。对于这种协商结果，政府利益不但没有受到损害，而且增加了采矿权收益。

3. 需要说明的问题

（1）对于该事实认定的分歧，在于采矿权转让价款评估时应按矿山服务年限 52.82 年，还是应按法定服务年限 20 年。也就是说，如果按 52.82 年评估，则应全额支付，无须扣减；如果按 20 年评估，则应扣减。解决这一问题的关键，是采矿权转让评估时的标准（法律适用）问题，即评估报告是否客观公正。

（2）到目前为止，国土资源部颁布的《矿业权评估指南》共有三个版本，分别是 2001 年《矿业权评估指南》、2004 年《矿业权评估指南》修订版、2006 年《矿业权评估指南》修订版。本案中程村矿井采矿权价值评估的基准日是 2005 年 8 月 31 日，因此，应当适用《矿业权评估指南》（2004 年修订版）和国土资源部 2002 年 9 月 2 日下发的《关于采矿权评估和确认有关问题的通知》，这是当时采矿权转让评估工作的基本法律依据。

（3）事实上，这个问题的存在是由于评估机构严重违反评估规则致使评估报告出现常识性错误造成的。对于采矿权转让的评估，应当严格执行《矿业权评估指南》（2004 年修订版）和《关于采矿权评估和确认有关问题的通知》的规定，而评估机构按理论服务年限 52.82 年，而不是按法定服务年限 20 年即首期拟动用储量为基数进行评估，显然是错误的，致使双方均认为不妥，才最终协商解决。

（4）需要特别说明的是，正如程村矿井采矿权评估报告书“评估目的”中所言“评估由国家出资勘查形成的河南省 HX 市吴村煤矿程村矿井采矿权价值，为采矿权转让提供参考意见”，评估结果不是绝对标准，只是参考意见。当收益途径评估方法（如服务年限等重要参数）明显违反相关规定时，双方均有权提出异议，并协商解决。只要协商结果不低于法定标准，就不会造成国有资产流失，司法也就不应介入。

（5）侦查部门所说的“原则上应当一次性支付。确需分期支付时，则应当在 1 年内支付完毕，且须设定担保并支付利息”，这是 2004 年 2 月 1 日国务院国有资产监督管理委员会和财政部发布的《企业国有产权转让管理暂行办法》中关于“企业国有产权转让价款”的规定。由于此处讨论的是采矿权价款，而非企业国有产权，且采矿权价款没有一次性支付和分期支付的争议，故该部门规章无须适用。

三、新公司龙田煤业有限公司成立后办理采矿许可证更名过户时，吴村煤矿与龙田煤业有限公司签订了采矿权转让补充协议，确认采矿权转让价为504.41万元，但龙田煤业有限公司没有支付，其是否应当上交政府

1. 侦查部门认定意见

侦查部门认为，由于吴村煤矿（吴村）矿井报废，评估机构对采矿权未作评估，因此，国有吴村煤矿当时未将剩余储量资源转让给受让方。龙田煤业有限公司（以下简称"龙田煤业"）成立后申请更名过户时，与吴村煤矿确认的采矿权价款504.41万元，不包含在改制时的全部转让价款中，应当上交政府。

2. 我们的意见及理由

对此，我们认为，解决这一争议问题的关键，是企业改制工作中"概括性继受"概念的理解和适用。侦查部门的错误在于，局限于资产评估报告中明示的资产范围，无视了最高人民法院司法解释的立法意图和司法认定惯例。

评估基准日前，吴村煤矿缴纳了采矿权价款，取得了有效期限为8年11个月的采矿许可证，因此取得了该采矿权所指向的全部储量资源的实际产权。虽因（吴村）矿井报废未予评估，但吴村煤矿对剩余开采储量资源的产权是存在的。吴村煤矿改制是企业整体改制，新公司龙田煤业承接吴村煤矿的所有资产负债与债权债务。改组协议生效后，龙田煤业因支付约定对价而取得了吴村煤矿的全部资产，包括报废、失效、过期的有形资产和无形资产。采矿权转让补充协议是为了满足更名过户条件而签订，当时剩余储量资源的实际产权已转移给新公司龙田煤业，龙田煤业依据开采非保安煤柱的批复并重新申报开发利用方案，获得了省国土资源厅的备案，应当享有剩余开采储量资源的评估增值利益，无须向原采矿权人另行支付。

具体理由如下：

（1）2004年9月至12月间，国有吴村煤矿交纳了采矿权价款，取得了有效期8年11个月的《采矿许可证》。于是，吴村煤矿便成为采矿权人，对该矿业权所指向的全部资源储量享有实际的产权。

（2）本案中煤矿改制是典型的企业整体改制。国有吴村煤矿下属水刺布厂、水泥厂、城区办公楼资产剥离后交与政府，由政府另行处置外，其煤炭生产经营性资产全部纳入改制范围，由新公司龙田煤业承接。根据最高人民法院《关于审理与企业改制相关的民事纠纷案件若干问题的规定》，受让方龙田煤业承接吴村煤矿权利义务属于"概况性继受"，也就是说，除合同明确约定剥离的资产以外，应当承接改制企业的全部权利义务。当然包括原国有吴村煤矿因支付采矿权价款而取得的该矿业权有效期内所指向的未开采的资源储量的实际产权。

（3）未作评估，是因为矿井被批复报废，不具有增值利益，但其所具有的财产权益是永远存在的。未作评估，不能否认国有煤矿是其初始采矿权人，也不能否认受让方因支付对价而全部受让的事实。通俗地讲，只要是原国有吴村煤矿出资取得的资产（包括有形资产和无形资产），不管是报废，还是过期、失效，都应当由受让人承接。

（4）新公司龙田煤业成立后，依据河南省煤炭工业局关于开采非保安煤矿的批复，重新申报矿产资源开发利用方案，获得备案，这是龙田煤业自行获得的报废煤矿内剩余资源新的开采权，应当独立享有其增值利益。

（5）采矿权转让补充协议是新公司成立后为了满足当时的办证条件而补签，同时内容也是真实的。一是采矿权价值经过了资产评估机构的评估。二是龙田煤业由于承接了原国有吴村煤矿的债权债务因而取得了原国有吴村煤矿因支付相应采矿权价款获得的采矿许可有效期内的剩余储量资源的实际产权，加上新公司成立后通过自身努力成就了开发利用条件而取得的增值利益，因而对事后评估的采矿权价款不用另行支付。

3. 需要说明的问题

对于该事实认定，应当理清四个法律概念：

（1）采矿权价款与可采储量资源的产权。交纳采矿权价款是取得采矿权的前提，采矿权属于行政许可权利。采矿许可证取得后，因支付了采矿权价款，而取得采矿权所指向的全部储量资源的产权及收益权。这是对应关系。可采资源储量的产权属于物权，归采矿权人所有，可以转让。本案中，原国有吴村煤矿交纳了采矿权价款，便享有了采矿证有效期内相应储量资源的产权和收益权。

（2）概括性继受。就是在企业整体改制中，凡是没有明确约定剥离的债权债务和资产负债，转让人应当全面移交，受让人必须全部承接。这是从立法上来保证改制事项的完整性和无遗漏，其目的是全面保护债权人的利益。

本案中，吴村煤矿享有采矿证有效期内剩余储量资源的产权，虽然因煤矿被批复报废，未作评估，没有合法的价值，但作为财产是存在的，属于龙田煤业承接的内容。因此，"国有吴村煤矿当时未将剩余储量资源转让给受让方"的观点是错误的。

（3）报废资产。报废资产不是有效资产，不具有评估合法性，因而不能评估。资产报废后，不产生增值利益，但不影响产权人对其享有合法的所有权。

（4）财产的增值利益归产权人所有。本案中，改组协议生效前，原国有吴村煤矿对剩余储量资源享有产权，但因被批复报废事实的存在，使其无法享受收益权，也无法享有评估时的增值利益。改组协议生效后，新公司龙田煤业继受该产权。龙田煤业依据省煤炭工业局同意开采非保安煤柱的批复，重新申报矿产资源开发利用方案，获得了备案，这时剩余储量资源无法合法开采利用的条件已消除，其享有资源的增值利益是合理正当的。

附件10：侦查阶段的申请书

FQ县人民检察院：

贵院在对政府领导涉嫌玩忽职守罪一案侦查过程中，就相关事实对潜龙实业集团有限公司（以下简称"潜龙集团"）原董事长齐某进行了调查询问。

关于审计确认的评估基准日至新公司成立期间的"经营净利润"应否上交政府问题，我们认为：国发办（2005）60号、财企（2002）313号的明确规定是"自评估基准日到公司制企业设立登记日的有效期内，原企业盈利而增加的净资产，应当上缴国有资本持有单位，……"这里的规定是"原企业盈利而增加的净资产"，不是所谓的"经营净利润"。通俗地理解应当是：以评估基准日的净资产为基数，在此期间的经营净利润为增加项，未使固定资产增值的实际支出（投入）为抵减项。如果增加项大于抵减项，形成净资产；如果抵减项大于增加项，则形成负资产。

为此，潜龙集团责成子公司龙田煤业有限公司（以下简称"龙田煤业"）委托会计审计机构对在此期间影响净资产的抵减项因素进行了专项审计。审计结果为：在此期间，发生额合计为44 146 579.36元。

除此之外，至少还有四项内容应当扣除：一是在此期间计入吴村矿井在建工程的各项管理费用；二是在此期间国有吴村煤矿与潜龙集团形成的负债；三是在此期间政府承诺的对井筒巷道维修维护的补偿费；四是由于国有吴村煤矿的原因致使新公司成立后支付的费用，如补缴的税务罚款、已完工程的欠款、职工家属院土地款、更换没有"煤安"标志设备的费用和开支，等等。

因此，作为利益相关方，特向贵院提出如下申请：

（1）请贵院审核国发办（2005）60号、财企（2002）313号文能否作为本案定罪的依据。第一，该项规定是为了规范企业公司制改建过程中涉及的国有资本管理和财务处理行为，但本案属于国有企业整体改制（注：是民营企业对煤矿资产的整体收购，不是含有国资成分的股份制改造），改组协议生效后，"国有资本全部退出"（注：系改组协议第3条规定），不需要进行国有资本管理和财务处理；第二，该项规定中应当上缴国有资本持有单位的是"原企业盈利而增加的净资产"，不是"经营净利润"；第三，该项规定中上缴的主体是"国有资本持有单位"，本案改组协议生效后"国有资本全部退出"，政府不再是"国有资本持有单位"。

（2）请贵院审核龙田煤业提供的专项审计结果、管理费用等数据的真实性，必要时可由侦查部门委托的审计机构对上述数据进行补充审计。

（3）请贵院审核本申请书中所述的项目和数据是否属于影响净资产的抵减项。

（4）请贵院审核在侦查部门委托的审计期间内存在不同管理主体的情况下，对该期间内的净资产（盈利）状况进行审计是否合理。第一，该审计期间包括协议生效日、资产交接日等关键时间节点；第二，评估基准日至资产交接日，由国有吴村煤矿（政府）管理，资产交接日至新公司成立，由收购方管理；第三，协议生效后，转让价款数额已有明确约定，"国有资本全部退出"，此后的净资产（盈利）归转让方是不公平的。

（5）请贵院审核侦查部门对净资产（盈利）的审计结论（包括补充审计）既不是资产评估结论，也不是司法鉴定结论，能否作为刑事证据使用。第一、财务审计报告不是刑事诉讼证据的种类；第二，"净利润"可以审计，但"净资产"应当评估，且须由具备司法鉴定资质的机构作出。

（6）请贵院审核侦查部门认定渎职犯罪的事实证据是否达到了确实、充分的程度。

深圳市潜龙实业集团有限公司法律事务部

2016 年 12 月 30 日

附件 11：审查起诉阶段法律意见书：齐某不是本案诈骗犯罪的主体

YJ 县人民检察院：

河南佑祥律师事务接受齐某的委托，指派我作为其涉嫌诈骗罪一案的辩护人。通过查阅案卷和与委托人沟通，对本案的事实有了清楚的认识，现提出独立的辩护意见。

我的辩护意见是：齐某虽为龙田煤业有限公司（以下简称"龙田煤业"）的董事长，但是其职责是管理董事会，对公司的具体事务没有管理职责。因其不是公司法定代表人，不是采矿权转让（注：认定的犯罪事实）的主管人员，也不是直接责任人员，故不是单位诈骗的犯罪主体。

理由如下：

（1）齐某虽然是当时龙田煤业的董事长，同时也是当时潜龙实业集团有限公司（以下简称"潜龙集团"）的董事长、总经理。董事长齐某应当对龙田煤业董事会负责，对集团公司董事会和集团公司日常管理负责，但对龙田煤业的日常管理是没有职权的。

（2）齐某不是龙田煤业的法定代表人，龙田煤业的法定代表人是副董事长董某。副董事长董某作为龙田煤业的法定代表人，应当负责公司的对内对外事务。他是公司对外事务的领导者和执行者，公司对外合同均由其盖章或者签字，对外事务直接代表着公司。侦查单位对此是明知的，却在起诉意见中将齐某的身份写成"法人"，显然是在故意误导公诉审查人员。

（3）潜龙集团对控股公司龙田煤业高管分工有明确的授权。董事长齐某没有参与龙田煤业的内部分工，而副董事长兼法定代表人董某则被授予了全面管理职责。如"经公司董事会议研究决定，任命董某同志为深圳市潜龙集团副总经理，主持河南项目的全面工作（详见深潜人字 2005 第 003 号文件关于董某同志任职决定）""完善新公司营业执照和相关证照的变更手续（详见深潜发 2006 第 006 号文件关于成立 HX 市龙田煤业前期辅导工作领导小组的决定）"等。可见，本案中办理采矿权转让过户这样的事情，根本不属于齐某的职责范围。法定代表人董某在调查中的证言"后期吴村煤矿开始改制了，整个潜龙集团在河南的业务都由我负责了"（详见证据卷第68页），也证明了这一点。

（4）齐某不是本案中采矿权转让过户的直接经办人员，也不是直接负责的主管人员，且对办理该事项毫不知情。董事长齐某没有也不可能参与采矿权转让过户工作，事前事中事后他根本不在河南（详见集团公司行政秘书关于当年行程安排的详细记录），侦查部门也没有证据证明齐某对采矿权转让过户是知悉的。董某证言："老吴村煤矿的公章由办公室主任白某保管。龙田煤业成立后，白某又成为龙田煤业办公室主任，龙田煤业的公章也是由他保管"。（详见证据卷第82页）卢某证言："（公章）是由龙田煤业办公室负责的，当时龙田煤业的办公室主任是白某，有时候我也跟着他跑跑，但我在龙田煤业没有职务。另外当时的副矿长梁某也协助做这方面的工作。"（详见证据卷第87页）

因此，在没有直接负责的主管人员和其他直接责任人员到案，且无证据证明齐某参与并知悉的情况下，直接将齐某作为单位犯罪的主体，属于明显错误。

综上所述，应当立即终结对齐某诈骗案的刑事追诉。

河南佑祥律师事务所 律师：靳万保

2017 年 5 月 30 日

矿山开采者有证还是无证

申请许可证延续未有回复，是"无证"吗

——魏某涉嫌非法采矿被撤销案

【核心提示】

行政机关应当根据被许可人的申请，在该行政许可有效期届满前作出是否准予延续的决定；逾期未作出决定的，视为准予延续。这是行政许可法的明确规定。该法律在授予行政机关权利的同时，也赋予其义务，而这种义务正是行政相对人的权利。因此，行政机关受理采矿许可证延续申请后逾期未作决定，采矿者继续从事矿业开采的，不属于"无证开采"的情形。

其人其事

这是一位退休老领导的心酸遭遇。

魏某，1950 年 7 月 25 日出生，曾在当地担任政法部门的领导职务。本案事发时间是 2018 年，那时他已经退休 8 年了。

早在 2006 年，他的老伴就已退休。他的妻弟在老家办了一个小采石场，经营惨淡，外债累累，整日愁眉苦脸。他的老伴心疼亲弟弟，便在几年内陆

续筹钱替他归还了大部分借款。弟弟也算仗义，把大部分股份"以股抵债"给了姐姐。在以后的日子里，弟弟早请示晚汇报，生意虽不好，但姐弟关系融洽。

2010年，石料价格回升，市场形势有所好转。这个小采石场开始增资扩股，当然，都是在亲戚之间。直到2014年，石料生意也未见改观，多年没有分红，倒是固定资产增加了一些。

2014年底，政府主导全镇资源整合，成立了资源管理公司，该采石场作为公司一个分厂被保留了下来，实行自负盈亏。随着采石场数量减少，石料价格大幅度提升，好运终于来了。

但好景不长，一个晴天霹雳改变了一切。

2018年6月12日，在该采石场负责生产、销售的两个亲戚小股东被带走，公安机关对他俩采取了指定居所监视居住措施。理由是："无证开采"，涉嫌非法采矿。据说，魏某作为"幕后老板"也被调查了。

求助律师

"幕后老板"？有这个法律概念吗？即便是公司实际控制人，也不是非法采矿罪的主体。何况他们只是管理公司中分厂（生产车间）的投资人。

面对侦查机关强大的攻势，魏家和他的两家亲戚只有向律师咨询了。

采矿许可证确实到期了，但之前已经向矿产资源管理局提出了延续申请。矿产资源管理局受理了，却一直没有回复。事后，政府专门组织有关部门对该采石场进行了验收，还收取了500多万元治理保证金。联合检查验收组认为，该采石场符合恢复生产条件。在环保形势严峻的背景下，他们由管理公司统一组织，领取了炸药、雷管，按照当地政府的要求，维持着时断时续的生产。

既然"无证"，为什么要组织验收并出具符合恢复生产条件的意见？为什么还要收取500多万元治理保证金？既然"无证"，为什么还能领取炸药、雷管？为什么不退还以前缴纳的500多万元治理保证金？对于这场天降的灾祸，他们是想不通的。

律师经研究讨论认为，这种行为不属于"无证开采"。《中华人民共和国行政许可法》第50条第2款规定："行政机关应当根据被许可人的申请，在该行政许可有效期届满前作出是否准予延续的决定；逾期未作出决定的，视为准予延续。"最高人民法院也对"未取得采矿许可证"情形进行了解释。该分厂的行为，不属于"无证开采"。

鉴于三家同属一个案件，两位小股东已被强制关押，我们三位来自新乡、郑州、北京三地的律师联名签署了《法律意见书》。我们认为，本案认定主体、适用法律、办案程序存在严重错误，侦查机关应当立即撤销案件。

接着，律师团队迅速组建。理论攻关、资源运用、梯队配置、谋划方案，一切都在合法有序地进行。一旦列阵完毕，已不再是"点到为止"了。

我让法院告诉你

这是一起确定无疑的错案！

我从来不愿相信有人"操控"案件，因为那是在犯罪，而我一直坚信人性是善良的。这次让我非常难过的是，那两个小股东中，一位是我的同胞兄长。尽管如此，我一直保持了最大的理性和克制。

9月25日，该分厂所在公司向人民法院提起了行政诉讼，请求法院撤销矿产资源管理局作出的注销采矿许可通知的行政行为。

12月18日，受理法院作出了矿产资源管理局败诉的行政判决。

一审判决是这样表述的：原告在其采矿许可证到期前向被告递交了延续申请，被告出具了窗口办文受理单，但之后被告未作出是否准予延续的决定，且2016年1月19日被告作为验收组成员单位对原告的环境污染整治工作进行了验收，认为原告单位符合恢复生产条件。之后，原告恢复生产，并交纳了矿山治理恢复保证金5 471 400元，故应视为被告对原告的采矿许可证准予延续。后被告以原告采矿许可证有效期届满未延续为由，对采矿许可证予以注销，不符合法律规定。

显然，该分厂采矿许可证"被视为准予延续"，不属于"无证开采"。

检察官英明

12月28日，老魏被刑事拘留了，关押在看守所。

2019年1月1日，新年第一天的上午，我到看守所会见老魏。他是我的姨表兄长，我们关系一直很好。我问候他，也了解了一些案件细节。

在批捕审查环节，我们递交了法律意见书。

1月7日，第二次会见老魏。这是老母亲让去的，嘱咐我再看看她那70岁的外甥。我跟老魏说，近期就可以出来了，要保重身体。从他的眼神里，我可以看出，他不相信能这么快出来。

负责审查案件的员额检察官给我打过一次电话，核实了一些事实，说是近期要向法院调取一审行政判决书。

1月11日晚上，老魏出来了。不予逮捕！

魏家说，检察官是好人。我赞同，还是好人多。

1月16日，我的家兄和那位亲戚也出来了。我立即赶回老家，泪眼婆娑。那是我的一母同胞。

【专业阅读】

关键词：非法采矿罪　采矿证延续

辩　点：事实·还原辩　证据·三性辩　法理·无罪辩

计战法：围魏救赵　借尸还魂　远交近攻

律师感言

法律监督很重要。国家司法机关相互监督、相互制约的机制是很完善的，重要的是依法执行，严格执行。办理和审查刑事案件要看事实，重证据，唯有如此，才能减少和避免冤假错案的发生。应当肯定，在本案的批捕环节，侦检部门是值得称赞的。在对侦查工作的日常监督上，检察机关仍需要跟进，这同样是法律赋予的职责。

每一起成功辩护案件的背后，都有不良执法者的惩处。严肃法纪，才能警钟长鸣。有责必究，有过必罚，这些都是正常现象。

法言法语

1. 疑案评析：采矿许可证到期后继续采矿的，是否构成非法采矿罪

2. 情况反映

3. 侦查批捕环节法律意见书：不应批捕

4. 撤案申请书

附件 1：疑案评析：采矿许可证到期后继续采矿的，是否构成非法采矿罪

案情

天利建材有限公司第四分厂（分公司）采矿许可证于 2015 年 12 月 1 日到期。该分厂在期限届满前申请延续登记，并提交了资源储量动态检测估算报告、地形及资源储量估算图等相关资料。该市矿产资源管理局窗口受理后，口头告知不予延续但未作出书面决定，直到 2018 年 3 月 27 日才下发了《注销该采矿许可证通知》。

在 2015 年 12 月 1 日至 2018 年 3 月 27 日期间，该分厂根据 2016 年 1 月 20 日市政府大气污染防治联席会议办公室发出的《恢复生产通知书》，按照建材公司的工作安排，进行过时断时续的开采。后侦查机关以非法采矿罪立案侦查。又因该分厂负责人秦某文在案发前因病死亡，侦查机关便对销售人员刘某中和生产人员刘某利采取了指定居所监视居住措施。

分歧

在该分厂是否属于"无证"采矿问题上，发生了分歧：

第一种意见认为：采矿许可证到期未获延续，属于"无许可证"情形，且嫌疑人在指定居所监视居住期间认罪，其开采行为构成非法采矿罪。政府部门联合下发的《恢复生产通知书》，不能改变"无许可证"的事实，该分厂可以通过购买石料进行加工生产，但不能擅自开采。

第二种意见认为：采矿许可证到期后虽未获得延续决定，但不属于"无许可证"；在许可证注销前，也不属于"许可证被注销、吊销、撤销"的情形；其认罪系对客观事实的认识错误，依法不构成非法采矿罪。政府部门联合下发的《恢复生产通知书》，使其生产经营行为符合常理，没有社会危害性，行为人也没有犯罪故意。

评析

该争议涉及司法解释的适用、《中华人民共和国行政许可法》（以下简称《行政许可法》）的规定、《采矿许可证》的性质、客观事实的认识错误以及侦查监督的必要性等问题。

1. 关于司法解释的适用

2016年12月1日，最高人民法院、最高人民检察院实施了《关于办理非法采矿、破坏性采矿刑事案件适用法律若干问题的解释》（以下简称"《解释》"）。结合本案，在2015年12月1日许可证到期至2018年3月27日许可证被注销期间，该分厂是否属于第1款"无许可证"情形。最高人民法院曾对该司法解释进行了解读，最高人民法院认为：《解释》起草过程中，对于采矿许可证到期后继续开采矿产资源的情形，宜否认定为"未取得采矿许可证"，存在不同认识。经研究认为，实践中采矿许可证到期后继续开采矿产资源的情形十分复杂，一律认定为"未取得采矿许可证"恐有不妥。而且，对于情节严重的，可以吊销许可证，对于此后采矿的可以认定为《解释》第2条第2项规定的情形。因此，未将此种情形明确列为"未取得采矿许可证"的情形。显然，该司法解释的立法原意是：采矿许可证到期后继续采矿，情节严重，且在行政机关吊销许可证后继续开采的，才属于"未取得采矿许可证"开采。而本案中该分厂的行为，则不属于"无证"。

2. 关于行政许可法的规定

《行政许可法》第50条第2款规定："行政机关应当根据被许可人的申请，在该行政许可有效期届满前作出是否准予延续的决定；逾期未作出决定的，视为准予延续。"这是该类案件司法解释制定的基本法律依据之一。行政许可是国家对公民、法人和其他组织的权利授予，一经授予，未经法定程序不得擅自撤回。《行政许可法》不同于其他法律，在某种程度上，体现了对公权力的限制和制约。结合本案，该分厂在许可证有效期限届满前，提交了延续登记申请和相关资料，有证据证明矿产资源管理局已经受理，却迟迟没有对是否准予延续作出决定，直到2018年3月27日才通知注销了该《采矿许可证》。在此期间，按照《行政许可法》的规定，应当视为矿产资源管理局准予延续。因此，该分厂的开采行为不属于"无证"，不具有违法性。

3. 关于采矿许可证的性质

采矿许可证，是指国家有关主管部门依法向采矿企业颁发的，授予采矿企业采矿权的正式法律文书。简言之，采矿许可证是采矿权人享有采矿权的权利凭证。采矿许可证正本主要包括：采矿权人、矿山名称、有效期限、开采矿种、生产规模、矿区面积等，矿区范围则记载在副本中。矿区范围表现为各个坐标点，必须通过专业设备才能确定。它是采矿许可证中体现民事财产权益的重要内容，其范围的大小，决定了矿区的价值。通常情况下，只要矿区范围内有可采储量，许可证的延续则是必须的。采矿权人有权对纳入采矿许可证范围内的可采储量进行开采，因为其开采权早已被授予。结合本案，该分厂在采矿许可证有效期届满前，提交资源储量等相关资料申请延续，是正当合法的权利。矿产资源管理局受理后没有作出是否延续的决定，视为准予延续，是合乎法理情理的。

4. 关于客观事实的认识错误

客观事实的认识错误，是指行为人对与自己行为有关的客观事实存在错误认识。对客观事实的认识错误，通说采取"法定符合说"认定行为人的罪责。按照"法定符合说"，行为人预想事实与实际发生事实的法律性质相同的，不能阻却行为人因错误认识而发生的危害结果承担故意的责任。反之，法律性质不同，则阻却行为人因错误认识而发生的危害结果承担故意的责任。本案中，不管是由于行为人被人身强制，抑或是其真实的认知，行为人作出了"采矿许可证到期未延续，应属无证"的有罪供述，但行政许可法关于"行政机关逾期未作出决定，视为准许延续"的规定是客观存在的。显然，行为人对客观事实存在认识错误。这种认识错误阻却了行为人承担故意犯罪的责任。加之，"重证据，不轻信口供"的刑事诉讼原则，认定行为人构成故意犯罪是没有依据的。

5. 关于刑事监督的必要性

刑事监督是法律赋予人民检察院的重要职责，也是保证法律正确实施的有效途径。员额检察官制度的实行，无疑提升了检察人员的责任心和使命感。刑事监督体现在侦查监督和起诉审查两个方面，其目的是减少冤假错案，纠正侦查中的违法行为和定性错误。对于强制措施的明显违法，应当及时指出。对于案件定性的常识性错误，应当及时纠正。检察人员应当立足于法律层面看待问题，不应当纵容侦查人员认识上的狭隘无知，也不应当屈从于有关部门和领导的无端压力，监督批评应当常态化、规范化。结合本案，应当通过行政法规、非刑事法律、刑法学理论和相关刑事司法解释的理解来判断罪与非罪问题，确保刑事案件质量。

综上，笔者同意第二种意见。

附件2：情况反映（略）

附件3：侦查阶段批捕环节：法律意见书

HX 市人民检察院：

北京市鑫诺律师事务所接受魏某家属的委托，指派本律师担任魏某涉嫌非法采矿罪案件中魏某的辩护人。在会见犯罪嫌疑人的基础上，我们根据魏某本人及其家属的陈述和相关材料，现就本案涉及的法律问题进行宏观分析研究。我们认为，魏某不构成犯罪。

一、案件事实

（一）魏某本人的陈述

1. 家庭情况

魏某，男，身份证上出生时间是 1952 年 7 月 25 日，实际出生时间是 1950 年 7 月 25 日，2010 年 7 月 4 日年满 60 周岁退休。退休已经 8 年，现年 69 岁。

魏某妻子秦某，1951 年 2 月 15 日出生，2006 年年满 55 周岁退休。退休已经 12 年，现年 68 岁。曾投资 X 市天利建材有限公司第四分厂（以下简称"天利建材第四分厂"），持有股份。

2. 案件情况

天利建材第四分厂的负责人秦某文，是魏某的妻弟，也是股东之一。在案发前的一起交通事故中，秦某文去世。

刘某中、刘某利也是天利建材第四分厂的股东，分别负责生产和销售。两人因涉嫌非法采矿罪被立案，并羁押在 HX 市看守所。

魏某认为，天利建材第四分厂在采矿许可证到期前申请延续，矿管局事后参与了环保验收，同意其恢复生产，因此不属于"无证采矿"；且本人没有参与天利建材第四分厂的生产、经营和管理，不构成犯罪。

（二）魏某家属的陈述

侦查机关可能认为，魏某是天利建材第四分厂的所谓"幕后老板"；明知采矿证到期却同意继续采矿；参与了非法采矿的利润分成，故构成犯罪并被采取了强制措施。

（三）相关资料

（1）天利建材有限公司和天利建材第四分厂营业执照。证明天利建材第四分厂的企业性质属于有限责任公司的分公司，该分厂负责人是秦某文。

（2）2012年4月1日天利建材有限公司采矿许可证。证明天利建材第四分厂已经取得了采矿许可，具有采矿资格。该采矿证上注明的有效期限截止日是2015年12月1日。

（3）2015年11月18日HX市矿产资源管理局窗口办文受理单。证明天利建材第四分厂曾在行政许可证到期前按照法定程序提出了许可证延续申请。

（4）2016年1月20日HX市人民政府大气污染防治联席会议办公室《关于X市天利建材有限公司四分厂恢复生产的通知》。证明包括矿产局在内的政府职能部门均认为天利建材第四分厂达到了环保要求，同意其恢复生产；也证明2015年12月1日后的生产行为仍在其有效管控之下。

（5）2016年5月30日HX市矿产资源管理局收取天利建材第四分厂矿山治理恢复保证金547.14万元的票据。

（6）2018年3月27日HX市矿产资源管理局注销天利建材第四分厂采矿许可证的通知。证明天利建材第四分厂的采矿许可证于2018年3月27日被注销。

（7）2018年12月18日河南省HJ县人民法院［2018］豫0724行初66号行政判决书。证明一审法院认为天利建材四分厂在采矿证到期前递交了延续申请，但矿产局未在期限届满前作出是否准予延续的决定，且HX市政府验收组成员单位对其环境整治工作进行了验收，认为其符合恢复生产条件，同意恢复生产，并缴纳了矿山治理保证金，故应视为矿产局对天利建材四分厂采矿许可证准予延续。因此，一审法院撤销了矿产局以天利建材四分厂采矿证到期未延续为由注销采矿证的具体行政行为。

二、法律分析

从魏某及其家属的陈述来看，侦查机关以涉嫌非法采矿罪立案侦查的理由有两个：一是2015年12月1日采矿许可证到期，2018年3月27日该采矿证被注销。在此期间，天利建材第四分厂属于"无证开采"；二是魏某是该公司"幕后老板"，明知采矿许可证到期却同意采矿，且领取了股份分红，应追究其刑事责任。

针对上述事实理由，现从宏观上展开法律分析：

（一）关键事实认定错误：天利建材第四分厂不属于"无证开采"，非法采矿罪不能成立

1. 按照司法解释的规定，天利建材第四分厂不属于"无证开采"

关于审理非法采矿、破坏性采矿刑事案件的司法解释有两个：一是2003年6月3日最高人民法院司法解释；二是2016年12月1日最高人民法院、最高人民检察院司法解释。在这些司法解释中，"未取得采矿许可证擅自开采"的情形，仅限于采矿许可证"被吊销、注销、撤销"三种情形，不能随意扩大适用。

对于2016年12月1日的司法解释，最高人民法院研究室专门有权威解读，以指导审判活动。具体如下：《解释》起草过程中，对于采矿许可证到期后继续开采矿产资源的情形，宜否认定为"未取得采矿许可证"存在不同认识。经研究认为，实践中采矿许可证到期后继续开采矿产资源的情形十分复杂，一律认定为"未取得采矿许可证"恐有不妥。而且，对于其中情节严重的，可以吊销许可证，对于此后采矿的可以认定为《解释》第2条第2项规定的情形。因此，未将此种情形明确列为"未取得采矿许可证"的情形。

显然，该司法解释的立法原意是：采矿许可证到期后继续采矿，情节严重，在行政机关吊销许可证后继续采矿的，才属于"无证开采"。而天利建材第四分厂在此期间的生产行为，是不符合该情形的。

2. 按照《中华人民共和国行政许可法》的规定，天利建材第四分厂不属于"无证开采"

《中华人民共和国行政许可法》第50条第2款规定："行政机关应当根据被许可人的申请，在该行政许可有效期届满前作出是否准予延续的决定；逾期未作出决定的，视为准予延续。"按照该规定，天利建材第四分厂《采矿许可证》有效期届满前，HX市矿产管理局未就该分厂的延续申请作出是否准予延期决定，应视为准予延续。

显然，由于采矿许可证不仅涉及被许可人的重大财产权益，而且涉及业已生效的行政许可行为的拘束力，因此对于被许可人的延续申请，行政机关应当在期限届满前作出是否准予延续的决定，逾期未作出决定的，视为准予延续，属于"默示批准"。这是对行政机关依法行政的明确规定，同时也是矿管部门于2014年2月1日颁发采矿许可证这一具体行政行为"拘束力"的具体体现。该采矿许可证一经颁发，即具有约束、限制矿管局和天利建材第四分

厂的效力。在许可期限届满前，天利建材第四分厂已经依法提出了延期申请，由于矿管局行政不作为，逾期未作出决定，故该分厂被默示批准继续实施该行政许可，体现并保障了采矿许可证的"执行力"，根本不属于"无证开采"。

3. 按照 HJ 县人民法院一审判决的认定，天利建材第四分厂不属于"无证采矿"

对于 HX 市矿产资源管理局注销采矿许可证的行政行为，天利建材有限公司依法向 HJ 县人民法院提起了行政诉讼。一审法院依据行政许可法的有关规定，结合矿管局参与环境工程验收后同意其恢复生产且收取天利建材第四分厂矿山治理保证金的事实，作出了"应视为矿管局准予许可证延续"的认定，进而判决撤销了注销行为的一审判决结论，说理清晰，于法有据。

显然，由于人民法院对行政机关的具体行政行为享有司法裁判权，因此 HJ 县法院对 HX 市矿产资源管理局"视为准予许可证延续"以及撤销"注销采矿许可证"具体行政行为法定事由的认定，属于司法机关的专业解释，对于本案定性和法律适用具有重要指导意义。

（二）犯罪主体认定错误：魏某不具备非法采矿罪的自然人犯罪主体资格

1. 在单位犯罪中，魏某不具有按自然人犯罪处罚的主体资格

2012 年 4 月 1 日天利建材有限公司的采矿许可证载明："经济类型为有限责任公司"，2016 年 6 月 14 日天利建材第四分厂的营业执照载明："类型为有限责任公司分公司"。

非法采矿罪，可以是自然人犯罪，也可以是单位犯罪。依照最高人民法院、最高人民检察院法释〔2016〕25 号《关于办理非法采矿、破坏性采矿刑事案件适用法律若干问题的解释》第 9 条规定："单位犯刑法第三百四十三条规定之罪的，依照本解释规定的相应自然人犯罪的定罪量刑标准，对直接负责的主管人员和其他直接责任人员定罪处罚，并对单位判处罚金。"

显然，即便该分厂构成单位犯罪，魏某仅仅是公司一名股东的家属，既不是公司工作人员，也不是公司"直接负责的主管人员和其他直接责任人员"；且在非法采矿罪的司法认定上，现行刑法没有追究所谓"公司幕后老板"刑事责任的明文规定。因此，魏某不是单位犯罪中按自然人犯罪处罚的定罪主体。

2. 在自然人犯罪中，魏某不是"受雇佣"提供劳务的人员，尽管其妻子

作为股东领取股份分红，但不属于"受雇佣人员参与利润分成"的情形

"受雇佣"是指雇工受雇主的"雇佣"，系劳务关系，主要体现为人身依附。这与公司聘用员工，进而形成劳动关系，表现为职务行为，是存在显著区别的。魏某作为公司一名股东的家属，没有参与公司具体事务，与公司不存在雇佣关系。

最高人民法院、最高人民检察院《关于办理非法采矿、破坏性采矿刑事案件适用法律若干问题的解释》（法释［2016］25号）第11条规定："对受雇佣为非法采矿、破坏性采矿犯罪提供劳务的人员，除参与利润分成或者领取高额固定工资的以外，一般不以犯罪论处，但曾因非法采矿、破坏性采矿受过处罚的除外。"这是自然人犯罪的规定。

显然，"单位犯罪"和"自然人犯罪""股东分红"与"受雇佣人员参与利润分成"是存在重大区别的。在自然人犯罪中，魏某只是公司股东的家属，不是公司受雇人员，尽管其妻子领取了股份分红，但不属于"受雇佣人员参与利润分成"的情形。因此，魏某不具备自然人犯罪的主体资格。

三、意见和建议

我们认为，在本案关键事实和犯罪主体认定方面，侦查机关均存在明显的认识错误，魏某不构成犯罪。因此，请求贵院依法作出不予逮捕决定，尽快释放魏某及相关人员，避免冤假错案。

四、律师声明

（1）本法律意见书的报送对象是HX市人民检察院及其上级主管部门。未经本律师同意，不得报送其他人员。

（2）本法律意见书系律师出于维护法律尊严和职业共同体声誉，本着对事实负责、对法律负责、对委托人负责的精神而出具，文中事实部分如有出入，以检察机关核实为准。

（3）本法律意见书仅限于与办案单位及上级主管部门沟通交流时使用。未经本律师同意，不得作为证据使用，不得作为信访上访材料，更不得向任何国内外媒体提供。

北京市鑫诺律师事务所律师：刘建民

2019 年 1 月 4 日

附件4：撤案申请书

申请人：刘建民，北京市鑫诺律师事务所律师，犯罪嫌疑人魏某涉嫌非法采矿罪案件的辩护律师。

申请事项：对魏某涉嫌非法采矿罪一案予以撤销

事实和理由：

侦查机关认定：2015年12月1日至2018年2月，HX市常村镇燕窝村天利建材有限公司第四分厂（以下简称"天利建材第四分厂"）的采矿许可证到期后，天利建材第四分厂的股东魏某、秦某文（已去世）、刘某中、刘某利等人，在明知没有采矿许可证的情况下，仍然继续在大王山开采石灰岩矿石生产石子、石粉对外销售。经鉴定，天利建材第四分厂非法开采总量138.57万吨，总价值832.02万元。以非法采矿罪对犯罪嫌疑人魏某立案侦查，现采取取保候审措施。

HX市矿产资源管理局认为，"X市天利建材有限公司第四分厂位于HX市常村镇燕窝村，开采矿种：建筑石料用灰岩，采矿证号：C410782××××，有效期：2012.4.1——2015.12.1。2015年12月1日以后，该矿山企业属于无证状态"，并于2018年3月27日作出H矿管字（2018）24号关于注销HX市巨兴建材有限公司等8家矿山企业采矿许可证的通知，以"采矿许可证有效期届满未延续"为由，对X市天利建材有限公司持有的矿山企业采矿许可证（编号为C41078××××）予以注销。

X市天利建材有限公司对该行政行为不服，于2018年9月25日提起行政诉讼。HJ县人民法院于2018年12月18日作出（2018）豫0724行初66号行政判决书，判决撤销HX市矿产资源管理局作出的H矿管字（2018）24号文件中关于注销X市天利建材有限公司采矿许可证通知的行政行为；HX市矿产资源管理局不服并提起上诉，X市中级人民法院于2019年4月8日作出（2019）豫07行终56号行政判决书，判决驳回上诉，维持原判。

两审法院一致认定，X市天利建材有限公司在采矿许可证到期前递交了延续申请，HX市矿产资源管理局为其出具了采矿登记（2015）031号窗口办文受理单，但未作出是否准予延续的决定，且2016年1月19日该局作为HX市人民政府组织的验收组成员单位，对X市天利建材有限公司的环境污染整治工作进行了验收，认为其符合恢复生产条件。之后，X市天利建材有限公司恢复生产，并缴纳了矿山治理恢复保证金5 471 400元，应视为对采矿许可证准予延续。

综上，经人民法院终审判决确认HX市矿产资源管理局对X市天利建材有限公司的采矿许可"视为准予延续"，天利建材第四分厂在"2015年12月1日至2018年2月"的开采经营行为，依法不属于"无证开采"的情形，且魏某不具备非法采矿罪的自然人犯罪主体资格，故非法采矿罪不能成立，该案件应予撤销。

根据《中华人民共和国刑事诉讼法》第163条规定，现申请贵局依法作出撤销案件决定书，并解除与案件相关的一切强制措施。

此致

HX市公安局

申请人：刘建民

2019年12月30日

附：

1. HJ县人民法院（2018）豫0724行初66号行政判决书（略）

2. X市中级人民法院（2019）豫07行终56号行政判决书（略）

农牧老板涉嫌非法采矿罪

平整场地的承包费不是非法所得

——梁某某涉嫌非法采矿不予逮捕案件

【核心提示】

公安机关对被拘留的人认为应当予以逮捕的，应当在拘留后的 3 日内，提请人民检察院审查批捕。特殊情况下，可以延长 1 至 4 日。对于流窜作案、多次作案、结伙作案的重大嫌疑分子，提请审查批准的时间可以延长至 30 日。检察机关在接到提请批准书后 7 日内，作出是否批捕的决定。这就是我们所称的"黄金辩护期 37 天"的由来。本案辩护工作就是在这段时间展开的，辩护的重点是委托人不构成共同犯罪。

接受委托：事关企业家权益保护

2021 年 10 月 25 日上午 10 点，H 市人大常委会办公室打来电话，有事咨询，希望能当面听取我的意见。

我是人大机关的法律顾问，涉及法律方面的事情，都属于我分内的事儿。于是，我赶到了 H 市。

原来，该市一家民营企业董事长被抓了，公司员工不服，准备集体上访。由于该公司是当地的知名企业，董事长梁某某曾是人大代表，现在是政协常委。人大关注事态的发展，是理所当然的事情了。

"涉刑案件应当通过法律渠道来解决，而不是上访。"这是我的一贯主张。人大领导是认同的，该公司人员也表示了理解。

D公司是一家大型农牧公司，主业是饲料生产销售和生猪养殖。"公司+农户"的模式成就了30年的快速发展，目前该公司已成为豫北农牧产业的龙头企业。2016年11月为实施养殖扶贫项目，该公司在深山区投资筹建一个大型养猪场，设立了Z公司。2019年9月他们将场地平整工程承包给了他人，由于这个承包者越界开采矿产资源被查处，牵涉了这家农牧公司。

2021年10月12日，D公司董事长梁某某被刑事拘留，涉嫌非法采矿罪。听说，由于案件复杂，刑事拘留延长至30日。侦查机关告知梁某某家属，有权委托律师为其进行辩护。

一旦人被抓，家属总是惶恐的。我告诉他们，企业家权益要依法保护，但刑事程序既然启动，一定会有相应证据作支撑。我建议其家属，尽快聘请当地律师介入案件，其他任何行为都是不理性的。

当天晚上，梁某某家属在电话中说，他们聘请了一名当地律师，还想聘请我一起参加辩护工作。由于刑事案件的可变因素多，家属期望高，很难有满意的结果，我婉拒了。

第二天早上，梁某某家属再次打来电话，表达了绝不后悔的决心，一再请求我的参与。随后，H市人大领导和几个朋友也表达了同样的意思，我无法拒绝了。

调查走访：迅速捕捉案件争议点

刑事诉讼程序的推进是快速的，如同汽车进入高速公路，必须时刻关注出口的位置和时机。一旦错过，便无可挽回。我一向认为，刑事辩护必须全力以赴，能够提前终结诉讼的，绝不拖延。否则，不仅仅是关押时间被拉长，关键在于辩护难度的增加。侦辩对决本来是一对一关系，随着诉讼程序的推进，侦控参与、侦控审参与，辩护力量将愈来愈显得弱小。

作为律师，迅速捕捉案件争议点是侦查阶段辩护的关键。

10月26日下午，我约见了该案的首位辩护律师张洁。张律师介入案件早，也很上心。她把了解到的全部情况跟我作了详细沟通，也进行了分析判断。感谢这位律师同仁，让我很快进入了角色。

下午，我与公司人员赶到场地平整现场，看到了几排牛棚和奶牛、肉牛养殖规划图。他们告诉我，该公司原来的规划是养猪，后来转让给了吕某某，被他改成养了牛。

晚上，我把现有材料进行了梳理，勾勒出时间轴，对侦查思路进行了分析推演。

10月27日，我联系了律所同行和律师助理，对相关案例进行检索分析。也请教了政法前辈和律师同行，全方位展开技术攻关。

10月28日，我和张洁律师一起赶到看守所，会见了梁某某。"我们是做饲料和养殖的，从没想过挣别的钱。"梁某某是真诚的。我问他："你把场地平整项目承包给了人家，本应该给人家一定数额的平整费用，为什么要收取人家260万元合同价款？"他答道："我们曾给政府交纳了采矿权价款，承包给人家时，尚有约16万吨可以开采，这应该是采矿权收益吧。"

他说不明白，但是收钱了。这是什么钱？不是共犯吗？这便是案件的争议点。

出具意见：刑民交叉易出现误区

经过综合分析，我们认为，侦查机关的办案思路是：场地平整项目承包人吕某某在平整场地过程中，越界开采矿产资源，情节严重，构成非法采矿罪；Z公司实施养猪扶贫项目时，收取了吕某某合同价款260万元，系非法所得，构成共同犯罪；梁某某是该项目投资公司的董事长，也是Z公司的实际控制人，应当承担刑事责任。这种侦查思路看起来是有道理的，但是其中的行政法律关系和民事法律关系较为复杂，职业法律人则不应这样认为。

（1）关于"260万元合同价款"。事实上，本案中的场地平整不同于常见的新建项目土石方工程。由于该项目位于高庄乡深山区，场地平整必然涉及石灰岩矿产资源处置。对此，市长办公会曾专题研究，矿产局在核实矿产资源储量后收取了采矿权价款，许可项目业主对核定的矿产资源进行合法处置。这种基于采矿权价款对价的矿产资源收益是巨大的。本案中，双方在平整场地协议中约定的合同价款，就是 Z 公司在核定范围内的采矿权收益减去场地平整劳务费数额后双方协商的结果。显然，这是合法收入，而不是非法所得。从资源储量核实报告来看，截止平整场地协议签订后的 2019 年 9 月 30 日，该场地尚有核定的资源储量约 16 万吨，按每吨 30 元净利润计算，采矿权收益高达 480 万元，显然与平整场地劳务费用形成倒挂，是正常的。

（2）关于"公司实际控制人"。事实上，"公司实际控制人"是公司法中的一个概念。主要表现为 50% 以上控股或者控制支配 30% 以上表决权。公司实际控制人是指实际控制上市公司的自然人、法人或其他组织。而普通的有限责任公司与上市的股份有限公司是不同的。本案中，Z 公司是有限责任公司，股东以出资额为限承担有限责任。尽管 D 公司是 Z 公司的实际投资人，可以在其董事会对投资企业进行决策，但绝不能以"公司实际控制人"相称。况且，本案是一起证据要求极为严格的刑事案件，犯罪主体应当是犯罪单位的直接责任人，而不是所谓的"公司实际控制人"。这种常识性的认识错误，导致了犯罪主体认定错误。

（3）关于 Z 公司的账目管理。事实上，Z 公司的财务人员虽由 D 公司委派，但 Z 公司账目是清楚的。这是两家独立的公司法人，Z 的各种收支票据不可能记入 D 农牧公司账册，因为这明显不符合财务管理规定。有证据证明：88.16 万元采矿权价款由 Z 公司缴纳、260 万元合同价款转入了 Z 公司的账户。侦查机关认定 D 公司应承担责任，没有事实依据。

（4）关于"实行过限"。事实上，Z 公司在缴纳了采矿权价款后，便依法取得了核定范围内的矿产资源收益权，行政许可的对价是合法正当的收入。"按照矿产局项目标准执行"的合同约定，对实际施工人吕某某来讲，是一种提醒和告知。这一客观事实排除了 Z 公司的犯罪故意。而吕某某的越界开采行为，因其具有隐秘性，显然超出了 Z 公司的认知范围，应当独立承担法律责任。对于实行行为人超过限度的行为，不能认定 Z 公司具有犯罪故意。

（5）关于"四至""标高"的举证责任。事实上，这是一个举证责任问题。既然合同约定了要按照矿产局标准执行，那么双方必然要对标准进行确认，这是一个基本常识。作为实际施工人，吕某某辩解称没有收到标高等数据，这显然是不可能的。从刑事证据要求来讲，对于不合情理的辩解，当然不应采信，而且应当推定其知道或应当知道。侦查人员对相关事实的认定，应当围绕举证责任归属，立足于情理、法理，切实避免陷害和栽赃。

这些问题搞清楚了，刑事问题也就解决了。我们集体研究后，出具了法律意见书。

多方反映：指出侦查工作的问题

梁某某不构成犯罪，是我们的基本判断。造成这样的结果，是由于侦查人员对行政法律、民事法律的认识错误。这时候，沟通、交流就显得非常重要。

11月1日上午，我和张洁律师预约了承办该案的杨警官，递交了我的辩护手续、取保候审申请书。杨警官很平和，我们进行了友好的沟通。他们的侦查思路与我们的推演是一致的，认识上却存在一些分歧。

11月2日，我向H市人大法工委汇报了相关情况，希望人大关注案件的进展。

11月5日，我主动联系了杨警官，了解取保候审的审查意见。他们的答复是，暂时不考虑取保候审，准备下周向检察院提请逮捕。

我从其他途径得知，梁某某只有积极退赃，才有取保候审的可能。

如此看来，侦查机关是坚持认为梁某某有罪的。

11月12日，我参加了市人大对公安机关打击食品、药品、环境和电信网络犯罪的视察活动。在征求意见中，围绕打击非法采矿犯罪，我对刑民交叉的专业学习和办案效果等问题谈了一些看法。公安局领导主动提到这个案件，认为每个案件都有特殊性，公安机关是慎重的。

全力阻击：引起侦监关注和指导

本案由当地群众告发，涉案金额高达1400多万元，原省国土资源厅关注，上级公安机关督办，这是一起严重破坏矿产资源的重大案件。

损失后果如此严重，犯罪肯定是构成了。但是，梁某某是否构成共同犯罪，则是我们关注的问题。

不可思议的是，本案的实行行为人吕某某没有到案，而没有犯罪的实行行为人，怎么会有共同犯罪？侦查人员说，吕某某辩解过，而且有吕某某的材料。既然这样，为什么对实行行为人吕某某没有采取强制措施呢？谁让吕某某离开了侦查机关？

这些违反常规的行为，必然有其原因。随后的调查了解，我们感到了问题的严重。该案一旦在 H 市将被铸成铁案，梁某某不仅牢狱加身，而且面临数千万元罚款，这一大型农牧公司也就岌岌可危了。

作为执业律师，我们不能容忍这种情况发生。于是，便有了侦查监督建议书，而且是请求上级检察机关主动开展侦查监督。

密切跟踪：反复陈述无罪的理由

11 月 11 日，侦查机关将卷宗移送检察院，对梁某某提请逮捕，该案进入了批捕环节。

11 月 12 日，我们通过检察院案管中心递交了辩护手续、法律意见书，同时申请检察院听取律师意见。

11 月 16 日上午 9 点钟，我们如期赴约，检察官听取了律师意见。我们请求对三份关键证据进行无罪审查：

（1）场地平整协议中"按照矿产局项目标准执行"的明确约定，以此证明委托人对吕某某的要求是明确的，不存在授意其越界开采的主观故意。

（2）河南省有色金属地质矿产局第二地质大队出具的《养猪场场地平整剥离石灰岩资源储量核实报告》，以此证明在 2019 年 9 月 17 日平整场地协议签订前，Z 公司没有发生越界开采现象，排除了 Z 公司涉嫌非法开采的事实。同时证明，在平整场地签订时，尚有核定的可采储量约 16 万吨，按每吨开采利润 30 元计算，矿产资源收益高达 480 万元，扣除应支付的场地平整费用，让吕某某支付 260 万元（含押金 10 万元）合同价款是正当合理的。

（3）H 市自然资源和规划局 2020 年 11 月 5 日作出的行政处罚决定书，以此证明在平整场地协议签订 11 个月后的 2020 年 9 月 6 日，越界开采量仅为 4797.17 吨。同时证明，本案中大规模越界开采发生在 2020 年 9 月 6 日之后、

2021年6月XX市自然资源和规划局再次测量之前。而这个时间段，正好是吕某某实际施工期间。

随后，我们还补充了一些材料，来证明我们的主张。检察官听取律师意见是认真的，我很感动。

对于如此重大案件，检察机关应当是经过了慎重研究。

11月18日，检察院作出决定：不予逮捕。随后，卷宗退回了侦查机关。

提醒公安：及时办理取保放人手续

当天晚上，听说卷宗退回侦查机关后，我及时联系了杨警官。他很辛苦，又上案了。我善意提示他，既然逮捕没有获批，马上放人吧，免得当事人家属产生对立情绪。

11月19日上午，梁某某家属打电话，人没有出来。下午4点，多位朋友来电话，才知道梁某某出来了。我主动联系了杨警官："超期了，又出错了。"他不解。

算算吧。10月12日刑事拘留，侦查期限延长至30日，到11月10日。加上批捕时间7日，应该到11月17日吧。再加上24小时，为什么11月19日才放人？是不是超期羁押了？谁占用了这一天时间？

侦查期限延长至30日，不是"一个月"。这是法律规定。侦查机关在刑事拘留后第31天提请逮捕，这是违法的！

告诫祝福：遵纪守法勿忘前车之鉴

11月23日上午10点，我们赶到D公司办公室，见到了梁某某。他的父亲告诉我，一个多月的关押，梁某某还是消瘦了许多。

总结还是要有的。本案涉及的一些法律问题，当时梁某某没有说清楚。作为一个企业家，任何决策行为不仅要合法有据，而且要注重细节。正如侦查人员所说，如果合同中有"四至""标高"的记录，就不会存在任何争议。显然，侦查人员要求高了，但也表明了细节的重要。

人生无常，福祸相依，挫折未必是坏事。

风雨过后，一定会有彩虹。

【专业阅读】

关键词：非法采矿　共同犯罪　采矿收益权　采矿标准　主观意图　实行过限　单位犯罪责任主体

辩　点：事实·还原辩　法理·罪名辩

技战法：多头并进　战略威慑　上纲上线

律师感言

刑辩律师应当具有快速反应能力。当前，司法纠错体制和观念问题使得刑事辩护难度逐步加大，这是一个客观事实。尽快恢复嫌疑人的人身自由，才能有效避免冤假错案的发生，因此，"黄金救援期"辩护是非常重要的。一旦接受委托，律师应当快速进入角色，了解案情，采取相应的辩护策略。不等不靠，主动出击。本案中的辩护行动无可挑剔，因而是没有遗憾的。

刑辩律师应当具备综合法律知识。任何一个刑事案件都有其特殊性，律师的使命就是说理，要把委托人说不清的事情说明白，把侦查机关认定错误指出来，去说服司法人员，进而达到辩护目标。本案中，委托人觉得冤枉，侦查机关的侦查思路也看似合理，这就对辩护律师提出了挑战。如果没有行政法、公司法等综合法律知识，没有一定的文字表达能力，本案结果也许不是这样。

刑辩律师应当善于利用各种关系。说理能力是律师的基本功，沟通能力同样重要。本案沟通体现在两个方面：一是内部沟通。委托人家属、朋友、律师是了解情况的，沟通可以互通有无，团结协作。二是外部沟通。人大监督很重要，侦查监督很重要，公安机关的领导重视也很重要。关注才能引起重视，重视才会耐心倾听。刑事司法是讲法律的，更讲道理，要相信司法人员。

刑辩律师应当重视侦查监督权利。本案中，侦查机关在案件定性中出现了认识错误，而且在程序上也存在着一些不可思议的问题，律师应当分析其因果关系，充分考虑到各种不利后果。凡事预则立，不预则废。律师不要乐观地对待案件，而应当往坏处着手，朝好处努力。刑事辩护主动分析研判不良现象，并予以揭露，有利于消除隐患，实现司法正义。

法言法语

1. 法律意见书
2. 律师建议书：请求核查无罪证据材料

附件 1：法律意见书

受梁某某家属的委托，就其涉嫌非法采矿罪案件进行法律分析。

相关资料由梁某某家属提供，本律师在会见梁某某时进行了核实。在此基础上，本律师归纳了案件基本事实。现依据相关法律规定，对案件进行法律论证，并出具法律意见书。

一、当事人基本情况

梁某某，XX 市 D 农牧有限公司（以下简称"D 公司"）股东、董事长、法定代表人。

2021 年 10 月 12 日，因涉嫌非法采矿罪被 H 市公安局刑事拘留，羁押于 H 市看守所。

二、事实经过

（1）2016 年 11 月 25 日 H 市 Z 公司注册成立。该公司系 D 公司投资的生猪养殖扶贫项目公司，法定代表人赵某由 D 公司委派，股权由马某、李某、赵某代持。

（2）2017 年 9 月 22 日，市政府市长办公会议研究并充分肯定了该养殖扶贫项目，同意矿管局依法依规对平整场地所需爆破的矿产资源进行处置。

（3）2018 年 1 月 1 日，Z 公司与高庄乡白道村签订了土地租赁合同，对农户进行补偿。

（4）2018 年 3 月 30 日，Z 公司向矿产局缴纳采矿权价款 88.16 万元，核定矿产资源储量为 46.4 万吨。

（5）2018 年 5 月 11 日，Z 公司的生猪养殖项目在 H 市发改委备案立项。8 月 20 日，在环保局备案。

（6）2019 年 2 月 13 日，Z 公司办理了使用林地审核同意书。

（7）2019 年 9 月 17 日，Z 公司与吕某某签订了《平整场地协议书》，将该项目土石方工程承包给吕某某。合同约定，乙方在三日内一次性支付甲方260万元其中含押金10万元，乙方在平整场地过程中所产生的尾矿归乙方所有；在施工过程中，要按照土地、矿产、林业确定的项目标准执行；Z公司提供已办理的手续（项目备案书、林业、矿产价款），并约定后续需要办理相关手续甲方配合，产生费用由乙方承担。同日，吕某某向Z公司转账支付了260万元。

（8）2020年9月6日，H市自然资源和规划局发现越界开采量为4797.17吨。于2021年4月，对Z公司和吕某某作出行政处罚，没收非法所得，行政拘留吕某某10日。

（9）2021年1月18日，D公司董事会监事会会议记录显示：原来是平整土地，咱们干企业有障碍，卖给吕老板。

（10）2021年1月21日，D公司董事会监事会会议记录显示：白道猪场计划42万元卖给吕某某。

（11）2021年2月24日，吕某某向Z公司转账支付了项目转让款32万元，剩余10万元待村镇相关程序完成后支付。

（12）2021年4月26日，中央第五环保督查组群众举报件第13、14、15批信息公开，"调查核实情况"栏目中载明：目前，生猪养殖场项目处于停工状态，已建成3个养殖大棚（每个长105米、宽15米）。经现场核实，3个养殖大棚系吕某某所建，用途为肉牛、奶牛养殖。

（13）2021年6月，XX市自然资源和规划局再次测量，发现越界开采量为48万吨。

（14）2021年8月11日，Z公司工商档案发生变更：法定代表人由赵某变更为吕某某委任的吕某，公司股东也由马某、李某、赵某变更为吕某某指定的牛某、范某、吕某。同日，Z公司原印鉴收回并销毁，吕某某刻制了新的公司印鉴。

（15）2021年10月12日，D公司董事长、法定代表人梁某某被刑事拘留。

（16）2021年10月19日，河南省有色金属地质矿产局第二地质大队出具《H市高庄乡白道村拟建养猪场场地平整剥离石灰岩资源储量核实报告》，对2019年9月场地平整协议签订时该区域内控制资源量和动用矿产资源进行了核实。该报告称，截至2019年9月30日，该区域内控制资源量约16万吨，动用矿产资源30.02万吨，九个标高点均在核定的最低标高215米之上。

三、法律分析

针对上述事实，我们认为，侦查机关认定梁某某涉嫌非法采矿罪，并采取刑事拘留措施的侦查思路是：

（1）吕某某在履行平整场地协议过程中，越界开采矿产资源，情节严重，构成非法采矿罪。Z公司实施养猪扶贫项目，收取了吕某某合同价款260万元，系非法所得，构成共同犯罪。

（2）梁某某是D公司的法定代表人、董事长，是Z公司的实际控制人，应当承担刑事责任。

我们认为，侦查机关的侦查思路是错误的。理由如下：

1. D公司不是场地平整的协议主体，没有从非法采矿中获利，不构成共同犯罪，梁某某作为D公司法定代表人，当然不应承担刑事责任

（1）Z公司虽然是D公司投资的项目公司，但该公司2016年11月25日依法登记成立，自此具有独立的法人地位。

（2）Z公司收取了合同价款260万元，而不是D公司。

2. Z公司收取合同价款260万元具有合法正当理由，梁某某在Z公司不担任任何职务

（1）Z公司与吕某某签订了场地平整协议，收取合同价款260万元（含10万元押金），这是Z公司基于前期向矿产局缴纳了可采储量价款，依法取得了平整场地过程中产生的尾矿收益权。该合同价款，是Z公司在核定范围内的采矿权收益减去场地平整劳务费数额后双方协商的结果。是合法收入，与事后吕某某越界采矿没有关系，不是非法所得。

（2）Z公司向吕某某提供了项目备案书、林业、矿产价款等资料，并明确约定吕某某要按照矿产局项目标准执行，没有非法采矿的故意。

（3）Z公司是依法成立的公司法人，具有合法的股权结构和财务制度，能够独立承担相应责任，梁某某在该公司没有担任任何职务。

3. 梁某某不存在授意吕某某非法采矿的主观故意

（1）有证据证明，2019年9月份平整场地协议签订时，该区域内控制资源量约16万吨，动用矿产资源30.02万吨。与2018年3月份矿产局核定的46.4万吨储量相对照，尚有可开采储量约16万吨。参照当时矿产资源市场行情，按每吨30元净利润计算，高达480万元，合法利润远远超过协议约定收

取的260万元合同价款。显然，梁某某没有让吕某某非法开采的故意。

（2）"按照矿产局项目标准执行"这一明确合同约定，进一步表明Z公司尽到了合法施工的注意和提醒义务。

（3）吕某某越界开采行为，意图谋求超额利润，超出了Z的认知范围，属于实行过限，应当排除梁某某和Z公司主观犯意。

4. 梁某某没有非法采矿的实行行为

（1）有证据证明，截至2019年9月30日，控制资源量、动用资源量是清楚的，已开采资源的标高点均在核定的开采标高215米以上。因此，本案的越界开采行为发生在平整场地协议之后，系平整场地实际施工人吕某某的个人行为。另外，平整场地协议签订11个月后，即2020年9月6日，H市自然资源和规划局发现越界开采量为4797.17吨。2021年6月，XX市自然资源和规划局再次测量，发现越界开采量增加到48万吨。这一事实证明，大规模越界开采行为发生在2020年9月至2021年6月之间。

（2）有证据证明，2020年9月6日吕某某越界开采被发现后，双方便有了转让该项目的意向，为此吕某某开始在项目用地上进行规划，出资建设了养殖大棚，由生猪养殖变为肉牛奶牛养殖。2021年1月18日、21日，D公司董事会、监事会会议记录中也有转让项目的记录。2月24日，吕某某向Z公司支付32万元，则是该项目的实际转让费用。8月11日，Z公司法定代表人、股东的工商档案进行了变更，进一步证明吕某某实际控制该项目用地的客观事实。这些客观事实表明，发生在平整场地协议签订后的越界开采行为系吕某某的个人行为，与梁某某没有任何关系。

四、需要说明的几个问题

1. 关于"260万元合同价款"

侦查机关认为，Z公司让吕某某进行场地平整，本该支付劳务费用，却收取了合同价款260万元。对于这一反常情况，结合事后吕某某越界开采的事实，侦查机关便认定了该款项为非法所得，进而认定Z公司具有越界开采的共同故意。

事实上，本案中的场地平整不同于常见的新建项目土石方工程。由于该项目位于高庄乡深山区，场地平整必然涉及石灰岩矿产资源处置。对此，市长办公会曾专题研究，矿产局在核实矿产资源储量后收取了采矿权价款，许可项目业主对核定的矿产资源进行合法处置。这种基于采矿权价款对价的矿产资源收益是巨大的。本案中，双方在平整场地协议中约定的合同价款，就是 Z 公司在核定范围内的采矿权收益减去场地平整劳务费数额后双方协商的结果。显然，这是合法收入，而不是非法所得。

从资源储量核实报告来看，截至平整场地协议签订后的 2019 年 9 月 30 日，该场地尚有核定的资源储量约 16 万吨，按每吨 30 元净利润计算，采矿权收益高达 480 万元，显然与平整场地劳务费用形成倒挂，Z 公司收取价款是正常的。

2. 关于"公司实际控制人"

侦查机关认为，Z 公司与吕某某构成共同犯罪，梁某某虽不是 Z 公司的股东，却是 Z 公司的实际控制人，应当对其追究刑事责任。

事实上，"公司实际控制人"是公司法中的一个概念。主要表现为 50% 以上控股或者控制支配 30% 以上表决权。公司实际控制人是指实际控制上市公司的自然人、法人或其他组织。而普通的有限责任公司与上市的股份有限公司是不同的。本案中，Z 公司是有限责任公司，股东以出资额为限承担有限责任。尽管 D 公司是 Z 公司的实际投资人，可以在其董事会对投资企业进行决策，但绝不能以"公司实际控制人"相称。况且，本案是一起证据要求极为严格的刑事案件，犯罪主体应当是犯罪单位的直接责任人，而不是所谓的"公司实际控制人"。这种常识性的认识错误，导致了犯罪主体认定错误。

3. 关于 Z 公司的账目管理

侦查机关认为，Z 公司的收入和支出，均由 D 公司财务人员管理，D 公司应当承担责任。

事实上，Z 公司的财务人员虽由 D 公司委派，但 Z 公司账目是清楚的。这是两家独立的公司法人，Z 公司的各种收支票据不可能记入 D 公司账册，因为这明显不符合财务管理规定。有证据证明：88.16 万元采矿权价款由 Z 公司缴纳、260 万元合同价款转入了 Z 公司的账户。侦查机关认定 D 公司应承担责任，没有事实依据。

4. 关于"实行过限"

侦查机关认为，Z 公司取得非法收入，存在共同犯罪故意，应当按共同犯罪追究刑事责任。

事实上，Z 公司在缴纳了采矿权价款后，便依法取得了核定范围内的矿产资源收益权，行政许可的对价是合法正当的收入。"按照矿产局项目标准执行"的合同约定，对实际施工人吕某某来讲，是一种提醒和告知。这一客观事实排除了 Z 公司的犯罪故意。而吕某某的越界开采行为，因其具有隐秘性，显然超出了 Z 公司的认知范围，应当独立承担法律责任。对于实行行为人超过限度的行为，不能认定 Z 公司具有犯罪故意。

5. 关于"四至""标高"的举证责任

侦查机关认为，虽然平整场地协议中约定"在施工过程中没有按照矿产局项目标准执行，所造成的一切刑事、经济处罚和经济损失由乙方承担"，但由于吕某某辩解称 Z 公司没有提供标高等数据，致使其超出了标准，Z 公司应当承担责任。

事实上，这是一个举证责任问题。既然合同约定了要按照矿产局标准执行，那么双方必然要对标准进行确认，这是一个基本常识。作为实际施工人，吕某某辩解称没有收到标高等数据，这显然是不可能的。从刑事证据要求来讲，对于不合情理的辩解，当然不应采信，而且应当推定其知道或应当知道。侦查人员对相关事实的认定，应当围绕举证责任归属，立足于情理、法理，切实避免陷害和栽赃。

五、结论

（1）Z 公司是为了实施生猪养殖扶贫而依法成立的项目公司，具有法人资格和地位，依法能够独立行使公司权利，承担公司义务。

（2）梁某某作为 D 公司法定代表人，代表公司进行投资，由于其不在 Z 公司担任职务，不应当对 Z 公司的行为承担责任。

（3）Z 公司在与吕某某签订平整场地协议书时，收取的合同价款 260 万元，是双方对核定储量开采权益减去平整场地劳务费用后协商的结果，正当合理，不是非法收入。

（4）吕某某在平整场地协议签订后越界开采，是为了获取超额经济利益，超出了 Z 公司的认知范围，属于实行过限，应当独立承担法律责任。

综上所述，梁某某不构成犯罪，应当及时终结刑事诉讼。

北京市鑫诺律师事务所律师：刘建民
2021 年 11 月 11 日

附件2：律师建议书：请求核查无罪证据材料

H市人民检察院：

在梁某某涉嫌非法开采案件中，我们认为，有证据证明梁某某不构成犯罪。由于侦查机关没有收集，或疏于认定，致使本案定性错误。因此，我们请求检察机关依法审核。

1. 2019年9月17日Z公司与吕某某签订的场地平整协议书、财产交接表。[详见法律意见书第17~21（2）页]

"三、工程质量标准"中约定："以甲方提供项目标准要求执行。（标准：按照土地、矿产、林业确定的四至以及平面为准）"；

"四、工程结算"中约定："本合同签订之日起，三日内乙方必须一次性付给甲方二百六十万元其中押金十万元，乙方在平整场地过程中所产生的尾矿归乙方所有，乙方在符合国家法律法规的基础上进行处置"；

"六、4"中约定："在施工过程中没有按照矿产局项目标准执行，所造成的一切刑事、经济处罚和经济损失由乙方负担"。

上述合同约定，清楚地表明了下列问题：

（1）矿产局项目标准是平整场地时必须遵守的，责任后果约定明确，表明Z公司尽到了提醒和注意义务，同时也表明吕某某作为实际施工方，对于矿产局项目标准是应当知道的，Z公司没有犯罪故意。

（2）Z公司支付了采矿权价款，依法便享有了尾矿收益权，由于合同双方约定平整场地中的尾矿归吕某某所有，所以Z公司不仅可以不再支付场地平整费用，而且还可以要求吕某某在两项相抵后支付款项作为合同价款。这种矿产资源收益权与平整场地费用形成倒挂现象是正常的，因此，260万元合同价款是正当收益，不是非法所得。

（3）平整场地协议签订后第二天即9月18日，双方完成了场地现场交接，Z公司撤出了现场。

2. H市高庄乡白道村养猪场场地平整剥离石灰岩资源储量核实报告（详见法律意见书第36~84页）

这是2021年10月20日由河南省有色金属地质矿产局第二地质大队出具的，4名行业专家审查确认。该报告称，截至2019年9月30日，区内控制储量的 16 万吨，9 个标高点均在最低标高 215 米之上。

该储量核实报告，一则表明在 2019 年 9 月 17 日平整场地协议签订前，Z 公司没有发生越界开采现象，排除了 Z 公司涉嫌非法开采的事实。显然，本案中发生的越界开采事实，应当认定在吕某某签订平整场地协议之后。二则表明平整场地签订时，尚有核定的可采储量约 16 万吨，按每吨开采利润 30 元计算，矿产资源收益高达 480 万多元，扣除应支付的场地平整费用，让吕某某支付 260 万元（含押金 10 万元）合同价款是正当合理的。

3.《XX 日报》2021 年 4 月 27 日发表的"中央第五环保督察组群众举报信息公开"序号 18 的调查核实：2020 年 9 月 6 日，H 市自然资源和规划局在巡查中发现，该项目发生越界开采现象。经立案调查，鉴定越界开采量 4797.17 吨，认定非法所得 95 943.4 元。结合 2020 年 11 月 5 日行政处罚决定书的处罚数额，与公示内容相同。（详见法律意见书第 28~29 页、第 23~24 页）

上述证据表明，在平整场地协议签订 11 个月后的 2020 年 9 月 6 日，越界开采量仅为 4797.17 吨。这种行政处罚作出前的专业鉴定，系受自然资源和规划局的委托，具有法律效力。

这些证据材料，一则表明本案中大规模越界开采（据说达 48 万吨）发生在 2020 年 9 月 6 日之后、2021 年 6 月 XX 市自然资源和规划局再次测量之前。而这个时间段，正好是吕某某实际施工期间。二则进一步印证河南省有色金属地质矿产局第二地质大队出具的储量核实报告是准确可信的。

4. Z 公司营业执照、Z 公司缴纳 88.16 万元采矿权价款票据、260 万元转账给 Z 公司的银行凭证、32 万元转账给 Z 公司的银行凭证。（详见法律意见书第 1~7、12、22、27 页）

这些证据表明，Z 公司是具有法人地位的有限责任公司，依法享有公司的权利义务，与 D 公司是不同的法人主体。D 公司作为投资主体，不应当承担法律责任。

5. Z 公司营业执照、工商变更情况。（详见法律意见书第 1 页、30~34 页）

这些证据表明，Z 公司具有独立的法人资格，变更前法定代表人是赵某，股东是马某和赵某。变更后，法定代表人是吕某，股东是牛某和吕某。而牛某和吕某，均系吕某某委派。不仅如此，Z公司原来的营业范围也由生猪养殖销售，变更为牲畜饲养和销售。

显然，梁某某在Z公司没有任何职务，不是公司的主管人员，也不是公司的其他直接责任人员。

辩护人：刘建民

2021 年 11 月 11 日

卷二

不起诉案件

02

07

设备厂长的罪与非罪： 伪劣产品的鉴定标准

合同没有约定配件种类，你用特定物标准比对有啥用
——侯某涉嫌生产销售伪劣产品不起诉案

【核心提示】

又是一起异地抓人事件。一般来讲，只要不是重特大案件，异地用警必有蹊跷。当事人涉嫌销售伪劣产品的认定，是因为其所供货物经鉴定系伪劣产品。这原本是一个无法打开的死结。但细看合同内容就会发现，合同对该货物标准并没有约定。以特定物标准鉴定通用物品，是不能判断伪劣的，这便是本案错误的关键所在。然而，该案件"一路绿灯"，直至法院开庭，足见干扰司法的程度。控告方的伪证行为被发现和揭露，才使案件出现了转机。停车不能全靠刹车制动，有时还要断路和挖坑。

人被刑拘

侯某系豫北某设备厂厂长，人大代表。

2009年2月18日，豫西LC县警方异地用警，四百里急行军，将侯某从豫北家中带走。为取得人大许可，警方通报了情况。侦查机关初步查明，侯

某销售的球磨机衬板经鉴定为伪劣产品，涉嫌销售伪劣产品罪。

2月20日，侯某被刑事拘留，关押在豫西某看守所。

侯某家属收到法律文书后，认为这是公安机关插手经济纠纷，遂向上级公安机关投诉。

发现疑点

2月27日，侯某家属委托律师介入，请求提供法律帮助。在听取侯某家属陈述后，我们认为本案属于轻罪，侯某年龄将近60岁，多病，可以申请取保候审。

但是，取保候审决定权在侦查机关，主观性较强，异地办案一般很难批准。要实现突破性进展，应当标本兼治，要从事实和证据下手。

在多次沟通后，我们从侦查机关向人大通报的事实中发现了一个重大线索。

侦查机关说球磨机的衬板中的锰钢含量未达国家标准，鉴定系伪劣产品，那么，衬板的锰钢含量国家标准是什么？而合同中涉案衬板只是球磨机的一种配件，双方确实没有约定标准呀。

如果情况属实，那么侦查逻辑就存在致命的错误。因为针对没有约定标准的产品，用国家标准去鉴定比对后，直接认定为伪劣产品，是滑稽可笑的。

申请取保

3月1日晚上，我们决定赶往豫西，以递交取保候审申请书为由，面见侦查人员，核实相关情况。

3月2日上午，我们说明了来意，极力沟通侦查人员。言谈中，侦查人员讲，他们是依据该市质量技术监督机关的鉴定报告立案的。侯某提供的球磨机衬板仅仅达到中锰钢国家标准，却没有达到高锰钢国家标准，因而被认定为伪劣产品。

我们的猜想推理得到验证：果真如此！

我笑着举了一个例子：一个买家花50块钱要买一双鞋子，商家给了他一双布鞋。两天后，买家说商家的鞋子是伪劣产品，理由是这双鞋子不符合皮鞋的国家标准。这合适吗？

这位警官似乎听懂了。临别时，我递了一份提前准备好的材料，并建议他尽快向领导汇报。善意提醒他，取保候审是应该的，长期关押不好。

立案错误，确凿无疑。

3月2日下午，我们放弃了原定的律师会见，赶往检察院递交材料，请求侦查监督，建议撤销案件，尽快终止刑事程序。

3月4日，侯某家属接到侦查机关通知，便再次前往豫西。说是需要写一个信访人意见，反馈给省公安厅。只要写了，就能取保。征求律师意见时，我们说了一个字：写！

3月5日，侯某被羁押13天后，被取保候审了。显然，检察机关看出了同样的问题，果断地作出了不予逮捕决定。

阻击公诉

在取保的日子里，我们一直寄希望于侦查机关能够撤销案件，便多次主动与他们沟通。直到4月10日，当我们看到侦查机关回复省公安厅的情况报告时，才知道侦查机关决意移送起诉审查，撤案是不可能的。

为什么侦查机关不能自行纠错呢？

5月11日，案件移送到检察院起诉科。

明知立案错误，证据不足，侦查机关仍然积极推进。多年的经验告诉我们，这里面必然存在人为因素。

5月13日，我们向检察院提交了法律意见书，力陈立案错误、鉴定无效等问题，有理有据，力求作出不起诉决定。

与其被动挨打，不如主动进攻。在进攻中寻求战机，在战斗中了解对方。

5月14日，我们将相关情况向上级检察机关进行了反映，公开予以揭露。

就在我们等待回复的时候，控告方派人找到门上了。说是他们的铁选厂认为市场形势不好，不想要订购的球磨机了，你们只要同意退货，其他问题都可以谈。铁选厂老板的一个亲戚在当地是领导，很关心这事儿，你们斗不过的。

真相终于大白。

为此，我们征求了委托人意见，委托人不愿意退货，也不承认有罪。

受人之托，忠人之事。我们立即部署了防守梯次，将重点放在审判阶段。全面调查取证，收集证据，静候控辩决战。

6月15日，人民检察院向人民法院移送起诉，宣告了律师的阶段阻击失败。

庭审激辩

8月5日上午8点半，人民法院准时开庭审理，侯某家属和朋友参加了旁听。

庭审前，审判长递过来一份刑事附带民事诉状，说是控告人铁选厂提起附带民事诉讼，征求我们的意见。我们对附带民事诉讼资料提交时间提出异议，主审法官却坚持其代理人可以出庭。我们只好建议法院认真审查其主体资格。

庭审中，控辩双方唇枪舌剑，各不相让。我们对涉案衬板的合同约定、鉴定送检程序、鉴定比对标准、鉴定结论与本案的关联性等问题，做了详细的说明，书记员记录在案。关于附带民事部分，审判长宣布休庭后调解，下午由主审法官主持。

午饭时，我问了几个旁听的朋友，听明白了没有？感觉如何？他们几乎众口一词：双方都有道理，胜负难以判断。只见侯某面露怯色，显然还是担心害怕。我及时劝慰他，你看看都是什么朋友？好坏不分，善恶不明。

朋友们说出这样的话，一则说明专业问题他们听不懂，二则表明控辩双方言辞异常激烈。

当然，作为职业法律人，我们辩护人是心中有数的，相信公诉人跟我们也一样。

庭后转机

案件发生转机是在庭审的当天下午。

下午2点半，我们赶到主审法官办公室时，控告方负责人和代理人提前到了，正在和法官聊天，谈笑风生。

主审法官看到双方到齐，收起笑脸，非常严肃地开始了调解主持工作。

首先是调解好处的劝说，双方都很理解。接下来，控告方说，他们要求退货，并赔偿损失。我方同意调解，想听听他们的具体方案。控方负责人说，除了退货外，还要求赔偿损失399.94万元。有整有零，并说出了具体项目。

这不是要钱，而是要命呀！合同设备款总共才93万元。侯某家属顿时目瞪口呆。

我知道，控告方自恃强大背景，觉着我方恐惧，意图讹诈，今天肯定谈不成了。我便喧宾夺主，直接代表侯某家属说："你知道 400 万元需要报多少税吗？给你了，你就得开发票"。控告方负责人快言快语："发票？绝对开不了，我们公司还没有注册呢？"

一句话唤醒梦中人。

我提醒主审法官，要求书记员开始记录。

我问："没有发票，我们是不能下账的。你们为什么不能开发票？你解释一下。"

控告方负责人："我们公司正在组建，工商局没有注册。没有注册，就领不了税务登记证，也就领不了发票。"

我说："你们可以写份材料，盖上章，申请税务登记呀？"

他很真诚："工商局没有注册，刻不了章，申请不了。"

我接着问他："什么东西能证明你们是本案附带原告人？不跟你们谈了。"

他很着急："起诉状不是已经通过法院给你们了吗？"

我拿出了那份刑事附带民事起诉状，问："是这个吗？"

他迅速回答："就是这个。"

我说："章呢？"

他起身，指着起诉状，答道："上面盖得有！"说完，他又坐下了，再也没有起来。

主审法官听明白了，所有人都明白了。

起诉书上的公章是私刻的！控告方不打自招，掉进了坑里。

剑锋所向

我接着说："谢谢法官的主持。今天就到这里吧。现在，我们提出两个请求：第一，本案是刑事案件，竟然出现了公章造假，请求法院严肃追究相关人员妨害诉讼的刑事责任；第二，本案事实已经清楚，请求法院尽快作出判决，宣告被告人无罪。"

说完，我站起身，"走"。侯某家属尾随而出。

当天下午，我们赶到洛阳。晚上，自然是写材料了。好听点，叫情况反映，其实是揭露和控告。辩护律师是有权利的，我一直这样认为。

为了让高速行驶的车子停下来，我们不能完全依靠驾驶员刹车制动，有时还要断路和挖坑。

第二天下午，就在我们报送完最后一份材料后不久，主审法官给我打来电话。问我在哪儿，我如实告知了她。她说："公诉机关撤诉了。"

于是，我把材料改了抬头，重新寄了一遍。

2009年10月16日，检察院作出了不起诉决定书。该案终结了，一路狂奔的诉讼战车停了下来。

"犯罪情节轻微，社会危害不大"，这真的是犯罪吗？

不起诉决定书，是我和委托人一起去领取的。他对结果满意，我也就不再多说了。

【专业阅读】

关键词： 生产销售伪劣产品　鉴定比对标准　妨害诉讼　控告

辩　点： 事实·还原辩　证据·三性辩　法理·因果辩

计战法： 直奔主题　以毒攻毒　引蛇出洞　敲山震虎

律师感言

说理是根本，技巧很重要。异地办案，必有蹊跷。理清侦查逻辑，对症下药，否定其证据体系才是根本。异地司法没有同情，只有认同。本案申请取保成功，绝不是因当事人体衰多病，而是辩点清晰，切中了要害。大多司法人员还是有正义感的，他们可能不会帮你，但一般不会害你。本案的转机，是发现了违法行为，及时调转矛头，咬住不放。司法人员当然不愿再蹚浑水，才有了撤诉和不起诉。

说情可以理解，但不能全信。打个招呼，问个信息都是可以理解的。但是，处理和解决问题应当有底线，有标准。对于事实问题，要有调查，要凭证据。尤其是上级对案子的关注、指示、命令，更应当查清事实，在法律允许范围内开展工作。一般情况下，上级的指示都是宏观的，而且有时显得情绪化。刑事司法涉及自由和生命，不能取悦于人。擅入者，后果只能自负。

法官很清醒，一定要给他理由。从本质上讲，检察官、法官属于文人。文人的听话和谨慎特质，决定了其平和的性格。他们服从管理，尊重上级，凡事也有思想。在案件定性问题上，法官是有主见的。他们不会给你出主意，但只要你说出来，他们未必不认同。本案中，对控告方伪证行为的大胆揭露，进一步强化了法官对辩方意见的认同。难道本案撤回起诉仅仅是公诉机关的主动行为吗？

律师为私权而辩，可以避免错案。律师辩护不是挑词架讼，而是为了还原事实，引起法官重视。不同意见的汇聚，才可能有公正裁判。本案中，不管什么原因，案件实实在在地走完了全部刑事程序，这是极其可怕的。可以想象，如果没有律师强有力的辩护，司法人员凭借质量技术监督部门出具的鉴定意见，本案肯定会被铸成铁案。

法言法语

1. 一封信：本案法理和证据分析
2. 批捕环节法律意见书：本案应予撤销
3. 审查起诉阶段法律意见书：本案应当不起诉
4. 辩护词：侯某不构成犯罪
5. 法院审判阶段律师建议书：伪证罪应当追究

附件1：一封信：本案法理和证据分析（略）

附件2：批捕环节法律意见书：本案应予撤销

LC 县人民检察院：

我们认为：侯某的行为不构成生产销售伪劣产品罪。

一、了解到的案件情况

2008 年 6 月 28 日，新乡市中重冶矿机械有限公司（以下简称"新乡公司"）与 LC 县某铁选厂（注：未盖章，以下简称"LC 铁选厂"）的李某鹏签订了《工矿产品购销合同》。合同约定：由新乡公司供应 LC 铁选厂 Φ2.2×7.5M 轴承球磨机 2 台，并注明：全部含衬板、大齿轮、小齿轮、减速机、电机、电柜、地脚螺丝、磨门拉手、垫铁1号、2号、3号。总价款93万元。合同同时约定：（1）从交定金之日起第一台随时提货，第二台40天提货；（2）提货时由需方检验产品合格后把所余货款一次性付清，装车发货；（3）自生产之日起半年内设备如出现质量问题，一切费用由供方承担；（4）供方负责技术指导、打地基、安装调试。

合同签订后，LC 铁选厂于 2008 年 7 月 9 日交定金 10 万元。9 月 26 日 LC 铁选厂派人对产品检验后汇款 42 万元，新乡公司随即按约将第一台球磨机发送到 LC 铁选厂。LC 铁选厂收货后，在安装过程中，以设备中的配件衬板不合格为由扣车，新乡公司被迫书面答应更换配件。第二台球磨机在合同约定的 40 天内已生产完毕，但 LC 铁选厂至今未提货。

2008 年 12 月 23 日，LC 县公安局经侦大队以新乡公司所供应的球磨机配件衬板的锰含量达不到国家标准为由，对公司法定代表人侯某以涉嫌生产销售伪劣产品罪实施刑事拘留，因法定代表人出差外地未被带走。公安办案人员临走时称，如果不与 LC 铁选厂协商赔偿，将上网追逃。随后，LC 县公安局网上追逃侯某。2009 年 2 月 18 日，HX 市公安局将侯某在家中带走，20 日 LC 县公安局将侯某带回 LC 县，现羁押于 LC 县看守所。

二、侦查机关对立案证据审查不严，不应立案

本案是由洛阳市质量技术监督局报案引发，依据是该局出具的关于送检衬板的锰含量达不到高锰钢衬板国家标准系伪劣产品的鉴定结论。作为刑事证据使用的鉴定结论，侦查机关负有对其进行真实性、关联性、合法性审查的法定义务。但以下事实证明，侦查机关没有严格履行审查职责。

（1）委托鉴定的检材即送检衬板样品，没有新乡公司和生产厂家孟庄镇恒盛机械配件厂的有效确认。因而，该证据不具有真实性。

（2）对衬板进行委托鉴定时，既未通知新乡公司，也未通知生产厂；鉴定的结果也是既未告知新乡公司，也未告知生产厂家。因而，该证据不具有合法性。

（3）鉴定结论是因衬板的锰含量达不到高锰钢衬板即锰 13 衬板的国家标准，而被确认为伪劣产品，而事实上，在双方购销合同约定的配件中，没有明确约定衬板的特定型号，更没有标明是高锰钢衬板即锰 13 衬板，只是约定有"衬板"。由于球磨机的配件衬板种类多样，如锰钢衬板、碳钢衬板、铸铁衬板、合金钢衬板、锰铬衬板等，即使是锰钢衬板也有高、中、低之分，质量标准不同，购销双方是可以约定的，因此，以高锰钢衬板的国家标准来判定新乡公司按合同约定供应的衬板为伪劣产品，显然是提高了约定衬板的质量标准，是没有说服力的。因而，该证据不具有关联性和唯一性。

三、新乡公司与 LC 选矿厂的纠纷系民事纠纷，应由通过协商或者民事诉讼程序解决

（1）双方签订有工矿产品购销合同，且在履行中。

（2）产品的质量出现问题，属于"三包"的范围，合同中有明确的约定。

（3）对合同中主设备及其配件提出的质量异议和索赔，属于人民法院受理民事案件的范围。

四、结语和请求

新乡公司及其法定代表人侯某的行为不构成生产销售伪劣产品罪。

请求 LC 县人民检察院行使侦查监督权，责令 LC 县公安局立即撤销案件，解除强制措施，恢复侯某的人身自由，以避免更大危害结果和严重社会影响的发生。

北京市鑫诺律师事务所律师：刘建民
2009 年 3 月 2 日

附件 3：审查起诉阶段法律意见书：本案应当不起诉

主诉检察官：

我们认为：侯某的行为不构成生产销售伪劣产品罪。理由如下：

一、鉴定结论不能作为定罪的依据，犯罪构成要件事实缺乏必要证据予以证明

（1）委托鉴定的检材即送检衬板样品，没有侯某和生产厂家孟庄镇恒盛机械配件厂的有效确认。因而，该证据不具有客观性。

（2）对衬板进行委托鉴定时，既未通知侯某，也未通知生产厂；鉴定的结果也是既未送达侯某，也未送达生产厂家。因而，该证据不具有合法性。

（3）鉴定结论是因衬板的锰含量达不到高锰钢衬板即锰 13 衬板的国家标准，而被确认为伪劣产品，而事实上，在双方购销合同约定的配件中，没有明确约定衬板的特定型号，更没有标明是高锰钢衬板即锰 13 衬板，只是约定有"衬板"。由于球磨机的配件衬板种类多样，如锰钢衬板、碳钢衬板、铸铁衬板、合金钢衬板、锰铬衬板等，即使是锰钢衬板也有高、中、低之分，质量标准不同，购销双方是可以约定的，因此，以高锰钢衬板的国家标准来判定侯某按合同约定供应的衬板为伪劣产品，该证据是不具有关联性和唯一性的。

二、侯某没有销售伪劣产品的故意

（1）HX 市孟庄镇恒盛机械配件厂是合法存续的机械配件生产企业，是侯某公司的长期合作伙伴。公司每年生产约 30 台球磨机，配件衬板均是其生产的，彼此信任，质量可靠。

（2）孟庄镇恒盛机械配件厂多年供应的衬板未发生质量投诉和争议，本次订购和取货是足以让侯某放心的。

（3）本次订购 HX 市孟庄镇恒盛机械配件厂衬板价格是 6300 元/吨，没有低于当地同类企业生产的同类衬板价格。不仅如此，而且是当地衬板的最高出价。请调查落实。

（4）第一台球磨机送货后，还有第二台需要履行，侯某没有也不可能将明知的伪劣产品作为第一台球磨机的配件。毕竟合同的继续履行对侯某公司更有商业利益，捡芝麻丢西瓜的事情非常人愿为。

（5）需要特别说明的是，由于双方合同约定的不是特定型号的衬板，侯某公司完全可以选购合法企业生产的低价位衬板，而事实上，他们选购的是当地价位最高的衬板。这些都是出于商业信誉考虑的，同时也说明，侯某没有也不可能有销售伪劣产品的犯罪故意。

三、侯某公司与 LC 铁选厂的纠纷系典型的民事纠纷，应通过协商或者民事诉讼程序解决。LC 县公安局行为系非法插手经济纠纷，违法办案

（1）双方签订有工矿产品购销合同，且在履行中。

（2）产品的质量出现问题，属于"三包"的范围，合同中有明确的约定。

（3）对合同中主设备及其配件提出的质量异议和索赔，属于人民法院受理民事案件的范围。

四、结语

对于如此清楚明了的民事案件，LC 县公安局竟以刑事案件立案侦查，显然是非法插手经济纠纷，违法办案。因此，请求 LC 县人民检察院调查核实，

依法审查，尽快作出不起诉决定。

北京市鑫诺律师事务所律师：刘建民

2009 年 5 月 13 日

附件 4：辩护词：侯某不构成犯罪

审判长、审判员：

北京市鑫诺律师事务所依法接受被告人侯某家属的委托，指派本律师担任侯某的辩护人，参加庭审活动，出庭履行职务。在此，也请参与诉讼的附带民事原告人给予充分的理解。接受委托后，本律师详细听取了被告人家属对本案知悉情况的陈述、查看了与本案有关的合同资料，并对该罪的犯罪构成及其证据要件进行了分析研究。特别是通过今天的法庭调查，辩护人对本案有了更为全面的了解。

我们认为：被告人侯某的行为不构成销售伪劣产品罪，应宣告其无罪。现发表辩护意见如下：

一、被告人主观上没有销售伪劣产品的故意

本案中，被告人要求衬板生产厂家提供锰含量 11.5 的高锰钢衬板，这是对衬板生产厂家的高标准、严要求。由于 LC 铁选厂在合同中没有约定衬板的特定种类和锰含量，所以，被告人提供的经鉴定锰含量 8.66 的衬板，正好在中锰钢的锰含量标准之内，是不违反合同约定的。也正是因为合同中没有约定衬板的特定种类和锰含量这一事实的存在，排除了被告人"希望"以次充好的犯罪的直接故意。

公诉人指出，被告人应当要求而没有要求衬板厂家提供衬板合格证明，表明其放任了危害结果的发生，因而是间接故意。事实上，提供的衬板经鉴定锰含量为 8.66，正好在中锰钢的锰含量标准之内，是中锰钢产品。而这是不违反合同约定的，履约行为不是刑法意义上的"危害后果"。因而，被告人也不具备刑法意义上犯罪的间接故意。

综上，由于双方合同没有约定特定种类的衬板，被告人选购能够实行"三包"的合法企业生产的任何一种衬板都不是违约的，应该说被告人是在认真地履行合同。由于衬板只是主设备的配件，且合同正在履行中，被告人没有必要铤而走险，故意以次充好。因此，被告人主观上没有销售伪劣产品的犯罪故意。

二、据以定罪的主要证据不充分，证据不具有关联性和唯一性

1. 鉴定结论不能证明涉案衬板是伪劣产品

本案是由洛阳市质量技术监督局报案引发，依据是该局出具的关于送检衬板的锰含量达不到高锰钢衬板国家标准系伪劣产品的鉴定结论。作为刑事证据使用的鉴定结论，该证据不具有客观性、关联性、合法性。

这一结论，不管是程序还是实体都是违法的。其一，委托鉴定的检材即送检衬板样品，没有被告人和生产厂家孟庄镇恒盛机械配件厂的有效确认。因而，该证据不具有客观性。其二，对衬板进行委托鉴定时，既未通知被告人，也未通知生产厂；鉴定的结果也是既未送达被告人，也未送达生产厂家。因而，该证据不具有合法性。其三，也是最重要的，在2008年10月30日的《质量技术监督检查委托书》中，委托人委托检查的产品名称是锰13，使用标准是国标。由于合同双方约定的衬板是不特定的，而鉴定时以特定的锰13为标准，显然是鉴定中比对标准发生了根本性的错误，因而，该证据不具有关联性和唯一性。

在本案中，以高锰钢衬板的锰含量标准来判定被告人侯某按合同约定供应的衬板为伪劣产品，显然是提高了约定衬板的质量标准。由于合同双方约定的衬板是不特定的，而鉴定时以特定的衬板为标准，这样的鉴定结论是因为比对标准发生了根本性的错误，所以，没有证据效力，得出被告人侯某有罪的结论也是没有说服力的。

2. 估价结论有失公允，难以令人信服，不能作为证据使用

这一结论，无论是标的物的数量，还是标的物的单价都是不合理、不公正的，因而，也是不可采信的。其一，涉案的衬板现放在对方的矿区，实事求是的做法是过磅称重就行了，据被告人所讲，事实上只有17吨多，而评估部门进行理论测算，为23吨，不仅多此一举，而且不公平。其二，评估的价值计算依据是当地高锰钢衬板的单价，如前所述，由于合同并未约定衬板为高锰钢衬板，以此单价计算，显然是不公正的。

3. 侯三的保证书是在其受到胁迫的情况下出具的，是没有证据效力的

这一保证书，是在对方认为衬板不合格，强行扣车，并施以暴力恐吓的

情况下，被迫抄写对方已经起草好了的保证书的。这些可以从保证书的内容中清楚地看出来：其一，侯三不是被告人公司的经理，而保证书上写着侯三是经理；其二，侯三不是签订合同的代表，对合同中关于衬板的约定并不清楚，而保证书上写着"衬板未达到合同规定的标准"，合同约定的标准是什么？其三，合同的对方是河峪镇钓鱼台选矿厂，而保证书上写的是济峪选厂；其四，保证书的时间是 2008 年 10 月 5 日，鉴定结论的时间是 2008 年 10 月 30 日，在做出所谓"产品不合格"的鉴定结论前，侯三怎么知道"衬板未达到合同规定的标准"？等等，这些明显不是事实，与不合情理的内容，只能说明一个问题，那就是侯三受到了胁迫，不得已而为之。事实上，在公安机关对侯三的调查复核笔录中也有记载，侯三说当时有一个赵姓的副厂长要打他。另外，刚才提供的证人证言也充分印证了上述暴力恐吓的事实。

4. 关于被告人供述

我们认为对被告人供述不一致地方，应当庭进行讯问，并以经过质证和辨证的当庭供述为准。

被告人在侦查人员的讯问和刚才律师的发问时说过，国标型号的选矿球磨机常用的配件衬板是高锰钢。请注意，两个词"国标型号"和"常用"，但国家和行业并未作出明确的唯一性选择的规定。事实上，钛铬衬板更好，但价格更高；中锰钢也行，很多选矿企业都在使用。已提供的证据显示，目前，选矿球磨机还有使用橡胶衬板的。而在本案中：（1）本案的选矿球磨机不是国标型号。（2）对配件衬板没有明确约定。不能以此说明被告人承认了衬板应该是高锰钢的，毕竟合同上的白纸黑字是早已明确约定的，而且被告人已经履行了合同。事后在高墙电网下的陈述，只是对侦查人员就相关问题所作的常识性解释和说明。

被告人在侦查人员的讯问和刚才律师的发问时说过，要求衬板生产企业提供的衬板锰含量是 11.5。这是被告人对选定的衬板生产企业的高标准、严要求，是出于对 LC 铁选厂商业信誉的考虑。虽然合同没有约定提供高锰钢衬板，但被告人对衬板生产企业还是以高锰钢的标准来要求，也反映了被告人的高信誉。但无论如何也不能推定为，被告人应该为 LC 铁选厂提供高锰钢衬板。还是如前所述，毕竟合同上是白纸黑字，明确清楚的。

纵观全案的事实、合同的约定以及纠纷发生后的状况，上述两个鉴定结论的产生是脱离实际的，一个书证的出具是不真实的。这些证据对犯罪事实的证明效力不具有关联性和唯一性，因此，均不能作为有罪证据采用。

三、需要澄清的几个事实

（1）被告人与 LC 铁选厂之间有工矿产品购销合同书，合同标的球磨机是 LC 铁选厂定制的，不是国标产品型号，因为国标型号是国家明确规定的，有据可查。协议双方的代表对此是很清楚的。在这种情况下，按"国家标准生产"的约定，是指按国家标准的生产工艺进行生产，因为主设备的型号约定为非国标，这也是题中之义。

（2）起诉书中说的国标衬板锰钢含量为 11~14，这种表述是错误的。由于衬板的种类多种多样，准确的说法是：高锰钢衬板的锰含量是 11~14，是高锰钢。锰钢衬板还有中锰钢，锰含量为 5~10.9，此外，衬板还有钛铬衬板、合金钢衬板、铸铁衬板、橡胶衬板等，而这些都是不含锰的。

（3）公诉人指出高锰钢铸件适用于矿山企业，由此得出结论是矿山企业必须是高锰钢铸件。这种推论是错误的。事实表明，其他铸件同样适用于矿山企业，矿山企业选择的铸件不是唯一的，甚至橡胶衬板已在矿山企业广泛使用。这些都是不争的事实。

（4）公诉人以合同中有"按国家标准生产"的约定，推定衬板应是高锰钢衬板。由于合同的主要内容中没有约定衬板的特定种类和锰含量，且事实上衬板种类又多种多样，推定被告人应当知道衬板必须是高锰钢衬板，超出了正常人的认知水平和判断。以此认定被告人有销售伪劣产品的犯罪故意，不仅违背了合同代表的真实意愿（当时的合同代表王中海也证实：没有衬板种类的限制，什么样的衬板都可以，六个月内保证质量），而且对于不是衬板专业生产厂家的我公司法定代表人来讲，是"欲加之罪"，极不公平。

（5）本案合同是主设备即两台球磨机的订购，衬板等只是球磨机的配件，而且价格包括在主设备的总价格中。在这种情况下，只约定衬板的保质期，未约定衬板的种类，是很正常的。被告人对衬板种类有选择权，一般正常人都是可以做出如此判断的。如果认定被告人有犯罪的故意，那么，经济领域中很多类似的纠纷都变成了刑事犯罪，显然是扩大了刑事的打击面。

四、关于附带民事部分的答辩意见

（1）据说 LC 铁选厂虽组建但未依法设立，请法庭严格审核其主体资格。

（2）附带民事的索赔以刑事罪名的成立为前提，我们认为不构成犯罪，是履约行为，故不再详细答辩。也请法庭认真审查其主体资格的合法性和诉讼请求的合理性。

（3）需要提请法庭注意的是，销售伪劣产品罪案作为公诉案件，不符合附带民事诉讼的法定条件。最高人民法院《关于刑事附带民事诉讼范围问题的规定》（当时有效）是明确的，那就是"因人身权利受到犯罪侵犯而遭受物质损失或者财物被犯罪分子毁坏而遭受物质损失的，可以提起附带民事诉讼"。本案起诉罪名是销售伪劣产品罪，显然，不能提起附带民事诉讼。请法庭慎重考虑，切不可使所谓的"附带民事原告人"用刑事相要挟，以达到索取"企业"巨额损失的目的。

五、结论

（1）公诉机关指控犯罪的事实明显不清，证据严重不足，应宣告被告人无罪。

（2）附带民事原告人的诉讼请求无事实法律依据，应驳回其请求，并督促原告人尽快付款提货，履行合同。

以上辩护意见，敬请合议庭充分考虑，并望采纳。

辩护人：刘建民

2009 年 8 月 5 日

附件5：法院审判阶段律师建议书：伪证罪应当追究

尊敬的 LC 县人民法院领导：

在贵院审理的新乡市中重冶矿机械有限公司及其法定代表人侯某销售伪劣产品罪一案过程中，我们发现了严重的刑事诉讼不当行为和伪证行为。现报告如下，请予关注，并建议采取有效措施，对刑事诉讼不当行为予以纠正，对提供伪证的行为人进行法律制裁。

一、问题的发现

2009 年 8 月 5 日上午 8 点，我们准时赶到贵院参加庭审。庭审前，该案的主审法官告知，LC 铁选厂申请作为刑事附带民事原告人参加诉讼，我们对贵院的同意意见未作否定，领取刑事附带民事诉状（复印件）后，建议法官依法审查其主体资格。9点，庭审活动如期进行。

在庭审中，我们对 LC 铁选厂的主体合法地位提出质疑，在答辩中明确提出，要求法庭责令该厂限期提交合法存续的证明文件。

休庭后的当天下午，主审法官召集我们和附带民事原告人就民事部分进行调解。经过一个下午的协商，我们初步达成了协议。在谈到款项的交接时，我们考虑到财务记账问题，提出对方必须出具营业执照副本、税务登记证等资料。对方却说，LC 铁选厂没有营业执照和税务登记证。细问得知，该厂只是组建，并未依法设立，不具有独立的主体资格，刑事附带民事诉状中所加盖的行政公章是伪造的。至此，我们发现，刑事诉讼中出现了伪证行为，且由于审查不严，使伪证行为人成了附带民事原告人。这种事件的发生，严重妨害了刑事诉讼活动。

二、造成的危害

该事件造成的危害是严重的，表现在：

（1）该行为是伪证行为，严重干扰了司法机关的司法活动，妨害了刑事诉讼的正常进行。其目的是通过非法参加刑事诉讼，并借助刑事诉讼的威慑力，达到自己的非法目的，企图索取巨额的所谓"合法存续企业"的经营损失。

（2）该行为是恶意欺骗行为，无视法院法官，蔑视法律尊严，严重影响了法院的声誉和法官的形象。其直接后果表现为，使我们产生了行为人和法院法官串通，用刑事相要挟，以解决民事纠纷问题的错觉，动摇了我们对法律的信仰，影响了法院法官在我们心目中的良好形象。

三、发生的原因

究其原因有二：

（1）伪证行为人的铤而走险，置法律于不顾。这是主要原因。

（2）主审法官疏于职守，未尽诉讼参与人主体资格严格审查之责，轻信企业印章，对企业营业执照、企业代码证、税务登记证等证明其合法存续的常识性证明文件未认真审核，使本来不应成为或者不能成为诉讼参与人的主体，进入刑事诉讼，且参与了附带民事的调解。这是伪证行为得逞的另一原因。

四、意见和建议

在深入开展社会主义法治理念教育的今天，LC 县法院的刑事审判过程中由于审查不严，竟发生了伪证行为人参与附带民事调解的事件，实在令人痛心，其中原因也是值得深究的。对此事件，院党组应予高度重视，采取措施，及时纠正，挽回影响。为此，我们建议：

（1）立即驳回附带民事原告人的申请，取消其诉讼参与人的资格。

（2）对伪证行为人的妨害诉讼行为依法进行法律追究和制裁。

（3）开展以"恪尽职守、爱岗敬业"为主题的教育整顿活动，切实提高全体法官的业务能力和政治素质，树立人民法院的良好形象。

辩护人：刘建民

2009 年 8 月 5 日

08

酒店经理的罪与非罪：追要所输赌资的定性

追要被骗钱财未超过被骗数额的，不是敲诈
——楚某涉嫌敲诈勒索不起诉案

【核心提示】

本案涉及敲诈勒索罪中"以非法占有为目的"的认定。仅以当事人所输赌资或者所赢赌债为敲诈对象的，不应以敲诈勒索罪定罪处罚。这种观点是有法理基础和判例参考的。所输赌资数额的认定不能仅凭在押人犯的口供，应当全面核实，实事求是。因此，律师调查就显得非常重要。在罪名辩护之前，轻罪的追诉时效也应当提前考虑周全，适时交流沟通，方可绝地反击。本案不是赢在事实上，而是赢在法律上，委托人是幸运的。

接受委托

经朋友介绍，我安排了楚某家属的咨询预约。

2013 年 8 月 8 日，楚某夫人和几个朋友来到我的工作室。他们出示了一份逮捕通知书，我得知楚某已于 8 月 1 日因涉嫌敲诈勒索罪被逮捕，在看守所羁押 34 天了。同案的还有两人，也在看守所。听说，还有几个人

在逃。

这是一起涉嫌团伙作案的犯罪。

案件由市公安局直属分局按照"涉黑"标准侦办，动用了大量警力，在当地引起强烈反响。

楚某夫人来自省城，语言表述准确，思路十分清晰。自然，也让人对楚某产生了好感。尽管我和楚某互不认识。

楚某夫人确实不容易，上有多病的公婆，下有嗷嗷待哺的孩子。摊上这档子事儿，真是天塌了。

她述说了她了解的案情，其他朋友给予了补充。由于案件在侦查阶段，很多事情是说不清楚的。有猜测，有分析，大多是道听途说。

基本事实还是说明白了。早在 2006 年，楚某经营一家酒店，是该酒店的经理。那年 9 月份的一天下午，几个人在酒店打牌赌博。晚上，三个"抽老千"的人走后，几个输钱的大闹酒店，怀疑酒店与他们串通。于是，楚某赶来了。他们一起去找那三个人。结果找到了一个，他们便把他拉到一个废弃的水泥厂，训斥辱骂，要求他退钱。2013 年案发了，市里很重视，按"涉黑"办的。

他们还说，听说现在是"附条件逮捕"。什么叫"附条件逮捕"？

"附条件逮捕！"这可是 2013 年 4 月 19 日最高人民检察院侦查监督厅刚刚发布施行的。一则表明该案属于重大案件，审批规格层次高，审批人员素质高。二则说明该案证据存在问题，侦检部门需要跟踪监督。

有争议，才有挑战性。这符合我受理案件的条件。

当然，我们还有其他条件和注意事项。楚夫人和她的朋友听完后，当场表示认可，爽快地答应下来。但我还是劝他们要反复咨询，充分考虑后，第二天再说。

8 月 9 日，双方签订了刑事法律服务协议。楚夫人出具了委托书。

首次会见

首次会见是当地律师陪同进行的。

第一次见到楚某，印证了我见他夫人时对他的想法。这是一个文文气气、白白净净的小伙子。夫妻俩好似金童玉女，挺般配的。

不知道是戒备心理，还是其他，楚某的话不多。当然，我问他是如何向侦查人员陈述的，他倒是说得很清楚。

当我向他们了解案件定性的看法时，他没有表态。

我说，你们让诈赌的退钱，如果没有超过被骗的数额，就不是敲诈勒索。他眼睛一亮。但是看得出，他是不相信的。

临近会见结束，他主动问我，里面好多人说，赌博也是犯罪，被骗的钱不受保护，只要索要，不管数额，都是敲诈。公安人员也是这样对他们说的。是这样吗？我说不是。

一旦有了这种思维，他们的讯问笔录将是不利的。因为他和其他被关押的人会将输钱数额说得很少，这样能够避免赌博罪的追究，但是却换来了敲诈勒索罪的成立。

随后，我才知道，在我介入之前，他的夫人给他聘请了多名律师，却没有人给他分析过案件定性问题。他所接受的法律指导仅仅是：要少说话，不知道的不要说，不准确的不要说。

在随后的多次会见中，他一直纠结这个问题。我知道他的口供不利，所以就不再考虑他的口供了，反正他也不是赌博参与者。如果证据反复，则会引起侦查人员的过分关注，给辩护工作造成被动。

出具法律意见

事实没有查清，导致定性错误，是我对该案的第一印象。

要摸清侦查思路，必须投石问路。

在最高人民法院《关于审理抢劫、抢夺刑事案件适用法律若干问题的意见》中，有这样的规定："抢劫赌资、犯罪所得的赃款赃物的，以抢劫罪定罪，但行为人仅以其所输赌资或所赢赌债为抢劫对象，一般不以抢劫罪定罪处罚。构成其他犯罪的，依照刑法的相关规定处罚。"针对这一规定，我在法律意见书中提出了一个观点，即"仅以其所输赌资或者所赢赌债为敲诈对象的，不应以敲诈勒索罪定罪处罚，构成其他犯罪的，依照刑法的相关规定处罚"。其理论根源是，最高人民法院关于抢劫罪的司法解释对敲诈勒索罪来说，属于"举重以明轻"。

接着，我让楚某家属与办案单位沟通，把法律意见书作为资料报上去。

随后，我以"请教"名义见到了市检察院副职领导。

我说有一个基层人民检察院受理了一起敲诈勒索案件，涉及追要被骗赌资的事儿。我认为只要索要数额不超过被骗数额的，则不构成敲诈勒索罪。不知对否。他问我理由，我说"举重以明轻。"

他点头认可。我心中石头落地。

临别时，我对他说，如果事实真是这样，逮捕则是不妥的。他教导我，重大案件是可以附条件逮捕的，这一点你要多学习呀！

高手过招，点到为止。

我明白了。这个案件影响很大，提级报批了，但证据是不足的。

事过不久，听说侦查机关加大了外部调查力度和内部清查力度。这应该是法律意见书起的作用，因为法律意见书中不仅提到了定性和证据问题，还有控告的内容。

律师调查

对于重大案件，进入移送起诉审查阶段是必然的。

10月1日，侦查机关向某区人民检察院移送起诉审查。随后，辩护律师递交了手续，复制了卷宗材料。

出乎意料的是，楚某涉嫌两起事实，两个罪名。

多了一个非法拘禁。这个罪名中的问题是比较明显的，应该能够轻松地打掉。先难后易吧。

再看看敲诈勒索。我的天哪！果然不出所料。楚某回避了赌博数额的事儿，其他关押的同案犯均供述自己输得很少，别人的不太清楚。如果真是这样，案件就是铁定了。

危难之时，都在自保，却一个也跑不了。

在押的，只能这样了。好在有很多输钱的人没有被关押，律师调查便成了至关重要的一步。

楚夫人精明能干，一点就透。她带着幼儿，与我一路奔波。

在不足20天的时间里，我们取得了4份关键证人的材料，而且每个证人都信誓旦旦，愿意出庭作证。

楚夫人是彻底明白了调查的用意。最让人钦佩的是，她让这些证人也明白了。在大是大非面前，这些人竟然愿意冲锋陷阵，出庭作证。

对于本案中的其他善后工作，楚某的一个朋友也在积极协调，均妥善处理。

救夫之心，日月可鉴。朋友之情，感天动地。楚某有福呀！

11月11日，基本事实已经清晰，我便提出了取保候审申请。

11月27日，又报送了律师调查情况的说明，请求公诉机关依职权核查。公诉机关精明且高效，及时退回侦查机关补充侦查。

12月12日，我们趁热打铁，递交了辩护词。在辩护词中，全面陈述了案件事实和定性错误，直取要害。一是强化公诉审查人员的认识；二是看看侦查人员有何反映。

事实终究是事实。侦查机关在期限临近届满时，直接又将案件移送了过来。这就意味着合理怀疑没有排除，是永远存在的。

对方虚实已探明，我们加大了力度。

2014年1月28日，农历腊月二十八，楚某家属递交了取保候审申请。

楚某的母亲执意要见检察长述说冤情，我们拦不住。楚某的妹妹、妹夫抱着孩子便陪同老太太前往。谁知老人家情绪激动，突然晕倒在检察院门岗处。这可不得了了，检察院上下乱成一锅粥。好在抢救及时，不久便转危为安。

1月31日，公诉机关也不含糊，第二次将案件退回侦查机关补充侦查。

取保候审

案件第二次退回补充侦查期限届满是2月底，起诉审查的期限届满是4月15日。

4月10日，我第14次会见了楚某。

这次会见，他的心情很好。

他说侦查人员好长时间没有来过了，并对我说："如果你认为有必要，我可以把真实情况全说出来。"

我说："不用说了。我已经清楚，你有可能近期就出来了。"

他很羞愧："俺干了这些事儿，怎么会没事儿呢？我有思想准备，不要安慰我，我想得开。"

我说："你不是赢在这事儿，而是赢在法律上。"

他不解。

我举了一个例子："有一个人犯了事儿，没人告，没人抓，没人知道是他干的，等到一定年限后，即便是他承认了，国家也不再处罚他了。"

他似懂非懂，但他觉得这跟他没有关系。

4月12日，楚某被取保候审。

据说，当天看守让他收拾一下东西，说："你可以出来了。"他不相信，同号的人也没有一个人相信他能出来。

看守所的门缓缓打开。他看到他的朋友在向他招手，也看到了抱着孩子的妻子在抹眼泪。

不是在做梦。顿时，他的泪水夺眶而出。

不起诉决定

由于案件社会影响大，侦查机关几乎用足了法定时间。

正是因为领导的关注，公诉机关也高度重视。在案件定性问题上，他们不仅请示了上级人民检察院，而且还到省人民检察院请求指导。

记得办案人员曾经夸我："在敲诈勒索案件定性上，你做得不错，敲诈勒索罪构不成，你赢了，但构成了非法拘禁罪，是轻罪。"

我说："谢谢了。这个案件如果敲诈勒索罪构不成，就无罪了。"

他说："敲诈勒索中有非法拘禁行为。"

我说："是的，敲诈勒索罪构不成，是应当按非法拘禁罪认定。但是非法拘禁罪超过了追诉时效。"

"追诉时效？"

"非法拘禁被判处3年以下有期徒刑的，追诉期为5年，现在七八年了。其实，侦查机关威胁在押人犯的所谓赌博罪，也超过了追诉时效。"我轻描淡写地说。

只要有人说出来，任何一个职业法律人都能听懂。

本案彻底终结还有一个契机，那就是签字督办案件的领导被省纪委查处了。

2014年12月23日，该区人民检察院果断地作出了《不起诉决定书》，送给了楚某。

随后，我跟他说："你无罪了，被关押了九个月零十四天，是可以申请国家赔偿的。"

楚某连连摇头。

当一个人知道了自己的不对，法律又能宽恕他时，他是感恩的。这种教育效果比什么都值得。

我感受到了他的觉悟和人格力量。

祝福他重生！也祝愿他们夫妻相爱，一路彩虹，一生阳光。

【专业阅读】

关键词： 敲诈勒索罪　非法占有　举重明轻

辩　点： 事实·还原辩　证据·链条辩　法理·罪名辩　法理·时效辩

技战法： 投石问路　迂回包抄　声东击西　假道伐虢

律师感言

律师要敢于怀疑，善于挑战。律师应当精通刑法理论，时刻关注刑事政策，对于"附条件逮捕"的案件，应当及时准确判断出证据上的问题。律师的看家本领有两个：一是说理；二是沟通。说理凭法理，沟通靠技巧。质疑能力和挑战勇气是不可或缺的。对领导层来说，一句认可的话胜似跑断腿。对案件承办人来说，律师的敬业勤奋会赢得尊重和认同。沟通不在于长篇累牍的述说，有时一段对话，一个眼神便获得了成功。

调查是还原事实的基本方法。本案中，涉案人员大多是参赌人员，他们认为，如果赌资数额巨大，自己可能构成赌博罪。于是，他们因担心赌博罪成立，便把赌资数额故意说小了。在押参赌人员的口供是无法改变的，只有从其他参赌人员的调查入手了。事实上，赌博罪已超过了追诉时效，所输的赌资数额大于追要数额也不构成敲诈勒索罪。因此，调查中的说服工作很重要，他们想通了，也就实事求是了。

检察人员是公道且执着的。检察机关领导都具有较高的业务素质，因此请教要言简意赅，抓住重点，紧扣法理。时代大局和案件背景不是探讨的内容，人微言轻要有自知之明，不自量力会破坏对话氛围。每一个检察官都有公心，要给他充分理由。只要认同，他便会积极上传下达，主动汇报请示。律师辩护成功，取决于执法者认同。他们的结案法律文书，是律师骄傲的资本。为此，要感谢他们，他们才是公正的捍卫者。

幸运来自人格魅力，亲友之情是一生的财富。夫妻结合在于感情，而感情又是不能量化的，危难则成了感情的试金石。大难临头，一个弱女子勇挑重担，不惧风险值得称赞。扶老携幼，代夫出征则令人感动。朋友是一杯甘醇的酒。身陷牢狱之中，朋友却不离不弃，为了什么？是值得深思的。有人说，这是命好。我则认为，没有无缘无故的爱，也没有无缘无故的情，那是心灵的交汇，胜过海誓山盟。彼此人格的魅力，恰似不灭的火焰，在燃烧、在升腾。

法言法语

1. 法律意见书：本案定性错误
2. 申请书：应当变更强制措施
3. 申请书：请对律师调查材料予以核查
4. 辩护词：应当作出不起诉决定
5. 情况反映：既不补查又不核查，证据明显不足

附件 1：律师建议书：本案定性错误

X 市 HQ 区人民检察院：

北京市鑫诺律师事务所依法接受犯罪嫌疑人楚某家属的委托，指派本律师担任楚某涉嫌敲诈勒索罪一案侦查阶段的辩护人。现就本案涉嫌犯罪的构成和相关法理，结合犯罪嫌疑人的陈述，参考有关人员的情况反映，进行综合分析，并建议贵院及时启动侦查监督程序，尽快终结本案刑事诉讼。

一、本案合理怀疑无法排除，涉嫌罪名难以成立

敲诈勒索罪与抢劫罪一样，是典型的财产犯罪，非法占有公私财物是其显著的主观特征。2005 年 6 月 8 日最高人民法院在《关于审理抢劫、抢夺刑事案件适用法律若干问题的意见》第 7 条第 2 款中明确规定："抢劫赌资、犯罪所得的赃款赃物的，以抢劫罪定罪，但行为人仅以所输赌资或所赢赌债为抢劫对象，一般不以抢劫罪定罪处罚。"显然，司法解释充分考虑了行为人的

主观意图和客观上"占有"的法律属性。抢劫罪相对于敲诈勒索罪来讲，是一个重罪。根据"举重明轻"的司法解释原则，以所赢赌债或所输赌资为抢劫对象，不按抢劫罪定罪处罚，那么，以所赢赌债（或犯罪所得）为勒索对象的，则更不能成立。这是司法解释的基本原则，也是敲诈勒索罪司法认定的通行观点和做法。

本案中，侦查机关在"是否存在诈赌、赌资数额、敲诈勒索数额"等基本事实没有查清的情况下，以楚某等人涉嫌敲诈勒索罪提请逮捕，显然，对于"如果勒索数额没有超过所赢赌债（或犯罪所得）时，则不构成该罪"的合理怀疑没有排除。因此，立案条件并不具备，涉案罪名不能成立。

二、本案犯罪疑点重重，主要事实证据因客观原因无法查明

据犯罪嫌疑人陈述："屈某春在输钱后，想让我找吴某把骗走的钱退给他，我找了吴某，后吴某的弟弟也通过朋友找我，让我来说合一下，于是才有了我从中调解的这个事。""我印象中结果好像是输钱的人扣了吴某的车，最后人家把车退给了吴某。那一方还退了5万块钱。印象中好像是这结果，时间太长了，记不太清楚了。"

侦查机关据此认定楚某构成敲诈勒索罪，是存在众多疑点的，且关键证据因客观原因无法取得。

（1）楚某的角色定位问题。参赌双方在楚某的达利酒店就餐后娱乐（或称赌博），楚某作为酒店的经营者，受"赌博输家"屈某春委托出面调解，以及"赌博赢家"吴某在车辆被扣的情况下，请求楚某出面协调，都是合乎情理的。因此，其陈述具有可信性。而这种出面调解的行为，恰恰证明了楚某是受人之托，处于中间调解人的角色。把调解人认定为敲诈勒索罪主体，因违反民法居间理论而没有法理基础。

（2）楚某的参与程度问题。据楚某陈述，他在最后参与了双方的协调工作，"赌博输家"退回了"赌博赢家"的被扣车辆，另外还退回了5万块钱。根据侦查机关的认定分析，侦查机关可能认定了楚某参与了之前的协调工作，但目前无相关证据证实。退一步讲，即使楚某参与了之前的协调工作，其调解人角色也是无法否定的。

（3）即使楚某参与了之前的协调工作，那么，楚某等人向"赌博赢家"要了多少钱，是否超过了所赢赌债（或者犯罪所得）数额等，没有查清。而且，事过七年，赌博罪（即使参赌行为人构成该罪）已超过了追诉时效，上述关键证据是无法依法取得的。如果侦查机关通过侦查手段取得了上述证据，也会因为程序违法而被作为非法证据予以排除。

三、本案的立案侦查违背常规，刑事诉讼将产生不良的社会影响

（1）敲诈勒索罪为普通刑事犯罪，而承办单位却是 X 市公安局。地市级公安机关直接办理如此普通的刑事案件，且至今未向区县公安机关移交，本案程序的启动和流程是不当的。

（2）侦查机关为补充完善本案相关证据，竟置刑事追诉时效的法律明文规定于不顾，冒违法办案的风险，利用刑侦技术手段，对七年前的参赌人员进行全面通缉，在民众中造成了惶恐不安。

（3）侦查人员和控告人的行为应当全面审查。据说本案是由涉黑案件引发，但在"涉黑"不构成的情况下，侦查机关对事发已经七年的本案进行立案侦查，并对明显超过追诉时效的"赌博罪"参赌人员采取侦查措施。因此，对控告人的真实用意和侦查人员"执着"的行为应当进行全面审查。

（4）"付出 200 万元，也要拿下某某某"的传言，应当予以关注。近几年 HX 市良好的治安形势，是来之不易的。公安是人民的公安，公安机关的职责是打击犯罪，保护人民，不应当是某些人获取非法利益的工具。

（5）楚某是 HX 市的青年企业家，公司经营有条有理，税收利润逐年递增，做事雷厉风行，做人虔诚大气，在当地有良好的声誉和口碑。公安机关在没有确凿证据的情况下，以"涉黑"为名在公共场所将其强制带走，实施拘留。在"涉黑"不能认定的情况下，对其七年前的调解赌资事件以敲诈勒索罪立案侦查，执行逮捕后，穷尽一切刑侦手段，违法调取已超过追诉时效的赌博罪相关证据。公安机关如此行使侦查权，到底是为了什么，会产生什么样的社会效果，是值得认真考量的。

四、本案久拖不决以及对犯罪嫌疑人的长期羁押，有可能引起包括国家赔偿在内的不利后果

本案犯罪嫌疑人楚某被批准逮捕，是侦查机关对案情的过分渲染和检察机关对各种因素综合考量的结果，这是可以理解的。但在明知关键证据不能也不可能依法取得的情况下，侦查机关为顾及"面子"竟然置法律于不顾，

采取扰民措施，公认违法取证。这种错误的办案理念和指导思想，必将导致案件久拖不决和对犯罪嫌疑人的长期羁押。一则丧失刑事诉讼应有的法律效果和社会效果；二则误导民众舆论，造成人人自危，社会不安；三则提升被羁押人员的对抗情绪和维权意识，引起国家赔偿的责任后果。

五、结语

综上所述，侦查机关认定楚某涉嫌敲诈勒索罪事实不清，疑点重重，且关键证据因客观原因不能也不可能依法取得，涉嫌罪名无法成立。侦查机关为收集补充相关证据，对明显超过追诉时效的赌博罪参赌人员进行通缉、调查和诱供的行为，构成违法，其获取的证据没有法律效力。本案应当及时终结，羁押人员应当立即释放，以消除在当地造成的负面影响。此外，对侦查人员的违法行为应予查处，深层原因应予揭露。

因此，建议检察机关立即启动侦查监督程序，尽快纠正本案。

> 北京市鑫诺律师事务所律师：刘建民
> 2013 年 8 月 18 日

附件 2：申请书：应当变更强制措施

X 市 HQ 区人民检察院：

楚某涉嫌非法拘禁、敲诈勒索一案，已移送贵院审查起诉。在此阶段，本律师通过阅卷和会见，提出对楚某变更强制措施的申请，理由如下：

一、楚某涉嫌的非法拘禁罪和敲诈勒索罪不能成立

1. 楚某涉嫌非法拘禁罪证据不足

现有证据证明，楚某等人在 H 皇家一号 KTV 殴打受害人赵某某，是一起临时起意的伤害事件。在整个过程中，双方围绕麻将牌是否使诈、何人使诈等问题进行争辩，且有双方的朋友在场多次劝阻。显然，楚某殴打受害人的主观目的是泄愤解气，不是也不可能是为了限制受害人的人身自由。受害人赵某某的人体受损程度为轻微伤，没有达到伤害罪的立案标准。事后双方达成了和解协议，楚某交付了赔偿金，并得到了受害人的谅解。

从犯罪的主观构成上来讲，在多人证实麻将牌确实存在问题，赵某某又拒不承认使诈的情况下，楚某等人酒后殴打赵某某，其主观目的是因为赵某某"不说实话"而泄愤解气。置身于公共场所，且有双方朋友始终在场的情况下，楚某不是也不可能是为了拘禁他人。因此，楚某不构成非法拘禁罪。

2. 楚某涉嫌敲诈勒索罪证据不足

现有证据证明，吴某等人诈赌骗钱的事实是客观存在的，被骗者要求其退赔具有合理性。楚某作为酒店负责人，出面协调解决问题并无不当。吴某在确信同伙已经供认诈赌事实，被骗者已经知悉的情况下，主动提出愿意退赔是出于悔过，合乎情理。同伙被殴打，发生在吴某表示退赔之后，与之前吴某自愿退赔行为没有直接关系。殴打行为后果未达到刑法规制的标准，且受害人存在重大过错，故不应由刑法调整。车内钱款 13 万元被搜走无证据证实，送交楚某 12 万元的陈述前后不一，且自相矛盾，均无法认定。至于事后楚某等人退回被扣车辆和 5 万元现金的事实，是被骗者和居中调解者基于各种因素考量后自行处置民事权益的行为，与是否实际收到退赔款不存在因果关系。

从犯罪的主观构成上来讲，吴某等人诈赌骗钱事实的客观存在，表明退钱是合理的。吴某在确信自己诈赌骗钱被同伙揭露之后主动提出退赔，表明赔钱是自愿的。因此，楚某等人基于正当事由要求吴某退赔的行为，不具备非法占有他人财物的主观故意，因而不构成敲诈勒索罪。

二、在敲诈对象为赌资的案件中，现有不构成敲诈勒索罪的司法判例，其论证的法理问题，对于本案犯罪故意认定有重要的参考和借鉴意义

江西省景德镇市中级人民法院（2005）景刑二终字第 23 号《刑事判决书》，对被告人不构成敲诈勒索罪的法理分析，对于本案犯罪故意的认定，有重要的参考和借鉴意义。

三、"疑罪从无"原则已经在全国审判工作会议确立，本案将无法被法院认定有罪

10 月 15 日，第六次全国刑事审判工作会议闭幕。会议确立的"疑罪从无"原则将在司法实践中得到全面贯彻和落实，本案中敲诈勒索罪主观故意和案件定性问题，将无法得到司法确认；关于车内钱款有无、数额多少及去向归属问题，将不能认定；受害人司机送钱 12 万元的证言，也将因属于一比一证据，无法认定。有罪起诉，存在重大风险。

四、退回补充侦查，无法收集到关于敲诈勒索罪定性的相关证据

本案案发已近七年，几乎所有证据均为言辞证据。就目前来讲，基本事实已经清楚，在此基础上，完全可以案件进行定性分析，对证据进行审查判断。时过境迁，当事人陈述和证人证言均不可能与事实完全吻合，甚至出入较大，案件侦查存在客观障碍。补充侦查，对当事人反复讯问和证人重复调查，也无益于案件事实的查清。

五、通缉在逃同案犯，对敲诈勒索罪定性的事实证据没有影响

本案中虽然还有1名同案犯在逃，但现有证据证明，他只是一个参与者，其他参与人的陈述和证人证言均可认定其所实施的事实行为。该在逃犯是否归案及其归案后的陈述，均不影响现已查明事实的认定。

六、对楚某的长期羁押，目前已对其身心造成重大影响，体重锐减25斤，重大疾病征兆显现，继续关押存在风险

对楚某羁押近4个月，由于种种原因，楚某心力交瘁，是否原有肝炎复发，不得而知。但近期体重锐减的客观事实，表明已出现了重大疾病征兆，继续关押存在风险。

七、引发本案的非法拘禁受害人给予了谅解，变更强制措施不至于发生社会危险性

综上所述，本案均为言辞证据，且现有证据无法证明楚某等人构成非法拘禁罪和敲诈勒索罪。由于公安机关的侦查思维和案件定性均出现了常识性错误，因而补充侦查行为已无法满足刑事案件的基本要求。引发本案的非法拘禁受害人给予了谅解，变更强制措施后，犯罪嫌疑人不至于发生社会危险性。因此，我们请求：

对楚某变更强制措施为取保候审或监视居住，尽快恢复人身自由。

辩护人：刘建民

2013 年 11 月 11 日

附件3：申请书：请对律师调查材料予以核查

HQ 区人民检察院：

近日，本律师对 2006 年秋天发生在达利酒店的诈赌及事后追款事件进行了调查。调查对象是全程参与的李某新、牛某某、董某某、都某某。被调查人均证明了以下事实：

（1）吴某等人诈赌骗钱的事实是客观存在的。

（2）参赌人员输钱的数额可以确定。其中牛某某 7 万多元、董某某 5 万多元、都某某 4 万多元、屈某春 2.8 万元、平某某承认 10 万多元，但多人证实，其输钱数额在 20 万元以上，并有合理的判断理由。仅上述参赌人员输钱数额已在 30 万元以上。

（3）他们到新乡等地寻找吴某的目的是明确的。那就是要求吴某退回输家所输掉的钱。

附调查笔录，请求核查，以准确认定案件性质。

辩护人：刘建民

2013 年 11 月 17 日

附件4：辩护词：应当作出不起诉决定

主诉检察官：

北京市鑫诺律师事务所依法接受楚某家属的委托，指派本律师担任楚某涉嫌非法拘禁、敲诈勒索一案审查起诉阶段楚某的辩护人。接受委托后，本律师查阅了卷宗，会见了楚某，收集了相关证据，在此基础上对本案事实、证据进行了认真梳理和研究。现提出如下辩护意见：

一、楚某涉嫌的非法拘禁罪不能成立

现有证据证明，楚某等人在 HX 市皇家一号 KTV 殴打受害人赵某某，是一起临时起意的伤害事件。事发前，赵某某是由其朋友阮某通知来 KTV 说事的，到场后，楚某的朋友王某和赵某某的朋友阮某均在现场。在整个过程中，两人围绕麻将牌是否使诈、何人使诈等问题进行争辩，且有双方的朋友在场多次劝阻。事后，楚某和朋友王某先行离开了现场。显然，楚某殴打

受害人赵某某的主观目的是泄愤解气，不是也不可能是为了限制受害人的人身自由。受害人赵某某的人体受损程度为轻微伤，没有达到伤害罪的立案标准。事后双方达成了和解协议，楚某交付了赔偿金，其内容就是针对殴打致伤问题。

在本案审理过程中，受害人赵某某出具了刑事谅解书。

从犯罪的主观构成上来讲，在多人证实麻将牌确实存在问题，赵某某又拒不承认使诈的情况下，楚某等人酒后殴打赵某某，其主观目的是因为赵某某"不说实话"而泄愤解气。置身于公共场所，且有双方朋友始终在场的情况下，楚某不是也不可能是为了拘禁他人。因此，楚某涉嫌非法拘禁的罪名不能成立。

理由如下：

（一）楚某没有非法限制人身自由的主观故意

1. 在场人员王某、阮某均证明，让受害人赵某某来 KTV 包厢的目的是要问问其麻将牌是怎么回事

王某（卷三第 180 页）证明："我回到办公室，联系上楚某，阮某等人陆续来到我的办公室，大家一起讨论该麻将牌有猫腻的问题，后来不知是不是阮老二叫来一男子对该麻将牌进行了鉴定，认为该麻将牌的确有猫腻，我还告诉楚某和阮老二：赵某某不会这么干。建议有机会找赵某某来问问这到底是怎么回事。"

阮某（卷三第 187 页）证明："楚某告诉我：头一天他、王某在赵某某的煤场办公室赌博，赵某某诈赌，他将赌博使用的麻将牌拿过来了。并埋怨我说：跟你玩的朋友还来骗我？并提出要打赵某某，我说：不可能，赵某某一起跟着我玩，他现在经济条件不错，我不相信他会干这事，要不我将他喊来问问。楚某同意了。"

2. 楚某到皇家一号 KTV 是受王某之邀请，唱歌娱乐

王某（卷三第 181 页）证明："晚饭后，我约楚某去唱唱歌，楚某提出到 HX 市皇家一号 KTV 唱歌，待我来到时，楚某已经在 KTV 地下室最里面一间包厢等我，我们两人在该包厢唱唱歌喝喝酒，持续有两三个小时。"

3. 楚某在 KTV 包厢通过阮某通知赵某某，是想问问情况

阮某（卷三第 187 页）证明："9 时许，楚某和我联系，问问我联系上赵

某某没有？随后我和赵某某联系，赵某某当时在百泉宾馆，我按照楚某的要求让赵某某到皇家一号KTV歌厅，来向他了解一个情况。"

赵某某（补侦材料2013年11月28日）证明："阮某给我打的电话让我去HX市皇家一号的。"

综上，楚某在皇家一号KTV是受人之邀，唱歌娱乐。让阮某通知赵某某的目的，是想问问麻将牌有猫腻的原因。

（二）楚某等人殴打受害人是临时起意，不是为了限制其人身自由

1. 在场人王某、阮某均证明楚某等人殴打赵某某是两人没有预想到的

王某（卷三第181页）证明："在夜里十来点钟，阮老二、赵某某前后来到包厢，楚某见到赵某某就问麻将牌是否有猫腻的事，赵某某不承认，持续三四分钟，突然从外进来三四名男子，上前就将赵某某按翻在地，拳打脚踢，持续将近有一分钟，这期间楚某没有动手，我和阮老二将这些人拉开。"

阮某（卷三第189页）证明："我当时想我能左右赵某某和楚某这事，没有料到楚某会不给我面子，专门找人来打他。"

2. 在王某、阮某均在场的情况下，楚某等人的行为是殴打解气

上述在场人证言也证明，楚某在确认麻将牌有猫腻，赵某某不承认的情况下，酒后气愤，让别人打了赵某某。由于赵某某一直坚持没有使诈，楚某还亲自动手打了他。

综上，楚某自认为持有赵某某使诈的确凿证据，但赵某某不承认且一直坚持没有使诈，楚某等人才实施了殴打行为。显然，这是临时起意的解气行为，不是为了限制赵某某的人身自由。

（三）受害人赵某某长时间没有离开是因为一直在解释没有赌博使诈

1. 楚某殴打赵某某共计两次，一次是让别人打，一次是自己打

王某（卷三第181页）证明："在夜里十来点钟，阮老二、赵某某前后来到包厢，楚某见到赵某某就问麻将牌是否有猫腻的事，赵某某不承认，持续三四分钟，突然从外进来三四名男子，上前就将赵某某按翻在地，拳打脚踢，持续将近有一分钟，这期间楚某没有动手，我和阮老二将这些人拉开"。"楚某继续问赵某某麻将牌有猫腻的问题，赵某某还是不承认，我还亲自问他……赵某某说这是新牌，没有人在上面做记号。这时楚某生气了，借

着酒劲，不知从哪里找来一根木棍开始打赵某某的背部，打有四五下，被阮老二拉开。"

阮某（卷三第 188 页）证明："赵某某还没有开口，这时从包间外进来四个男子，没有说任何话，上前就对赵某某拳打脚踢。我一见情况不对，就上前拉架，这四人对赵段打有两三分钟，被我拉开推到包间外。这时，楚某开始和赵某某说头一天赌博时赵使诈一事，赵某某不承认，楚某从包间外拿来一根 50 来公分长的台球杆又对赵某某的后背抽有七八下，这时在包间外的几人又要进包间，被我拦住后，我转身上前将楚某手里的棍夺走。我还说：有事说事，你为什么打他？楚某说你不打他他不说实话。这时，楚某又开始和赵某某说赌博使诈的事。"

2. 两次殴打行为在短时间内完成，期间楚某与赵某某之间更多是怀疑的发问和拒绝承认的答复

上述在场人证言也证明殴打事件是短暂的。

王某（卷三第 181 页）证明："接下来我、阮老二、楚某和赵某某继续谈论麻将牌有猫腻的问题，赵某某一直没有承认。……赵某某在沙发上坐着，过有一段时间，赵某某因为眼睛肿了，有些看不清，阮老二提出要赵某某到医院检查检查，这时大概是凌晨 1 点，我和楚某离开皇家一号回家，阮老二和司机联系，和赵某某一起随后离开。"

阮某（卷三第 188 页）证明："这时楚某又开始和赵某某说赌博使诈的事。赵某某发誓说没有。楚某还提到是不是冯某某使诈，想让赵某某指认。赵某某自己不承认使诈，也不承认冯某某使诈。后来赵某某的眼睛肿了，无法睁开。""就这样在凌晨 1 点来钟，楚某和王某答应了，他俩先离开，随后我和赵某某离开包间，我帮赵某某联系他的司机将他拉走。"

综上，楚某殴打赵某某共两次，均发生在短时间内。他们更多的是坐下来说事，一个是怀疑地发问，一个是否认地答复。事情没有说清楚，谁也没有离开的意思。最后因为赵某某眼部肿得看不清了，需要上医院，才分别离开了 KTV 包厢。

（四）自始至终王某、阮某在现场以及楚某先行离开的客观事实，也表明楚某不是为了限制赵某某的人身自由，也不可能限制其人身自由

赵某某（补侦材料 2013 年 11 月 28 日）证明："楚某让阮某打电话给我

的司机把我接走，阮某打完电话后，楚某和王某就先走了，等了 10 分钟后阮某和我才从包房离开。"

王某、阮某的证言也表明，他们经历了本案的全过程，对楚某等人殴打受害人的目的是很清楚的。加上之后，楚某与王某的先行离开，进一步表明楚某的行为是临时起意的殴打伤害行为，是以解气为目的，而绝不是其他。

（五）楚某事后就殴打致伤事件与赵某某进行了协商和解，并达成了协议书

现有 2013 年 3 月 29 日协议书为证：双方对殴打致伤事件进行了和解，互不追究责任。7 月 21 日，双方再次进行协商，楚某的妻子支付赔偿款 5 万元，赵某某证明收到该款。

（六）楚某的殴打伤害结果没有达到伤害罪刑事立案的程度

X 市公安局物证鉴定所法医学人体损伤程度鉴定（卷一第 51 页）证明：被鉴定人赵某某所受损伤属轻微伤。这一伤害结果，没有达到刑法规定的伤害罪立案标准。

二、楚某涉嫌的敲诈勒索罪定性不准，证据不足

现有证据证明，吴某等人诈赌骗钱的事实是客观存在的。楚某作为酒店负责人，同时又借给了输家一些钱，且为洗清串通诈赌的嫌疑支付了所谓的鉴定费用，因此，出面协调解决问题具有合理性。吴某在确信同伙已经供认诈赌事实，被骗者已经知悉的情况下，主动提出愿意退赔 30 万元（注：这是吴某和其司机赵某的证言，该数额未得到犯罪嫌疑人的认可），是出于悔过，真实自愿。同伙被殴打，发生在表明退赔意愿之后，与之前吴某自愿退赔行为没有直接关系。殴打行为后果未达到刑法规制的标准，且受害人存在过错，故不应由刑法调整。车内钱款 13 万元被搜走、送交楚某 12 万元的陈述均无直接证据证实。至于事后楚某等人退回被扣车辆和 5 万元现金的事实，是被骗者和居中调解者基于各种因素考量后自行处置民事权益的行为，与是否实际收到退赔款不存在因果关系。

在本案审理过程中，受害人吴某出具了《刑事谅解书》。

从犯罪的主观构成上来讲，赌博为法律禁止，诈赌更是违法的，通过违法方式取得的财产不受法律保护。吴某等人诈赌骗钱事实的客观存在，表明退赔是合理的。吴某在确信自己诈赌骗钱被同伙揭露之后主动表达退赔意愿，表明退赔是自愿的。楚某等人基于合理事由要求吴某退赔的行为，由于现有

证据不能证明退赔数额超过了参赌输家所输数额，且关于实际收到退赔款数额的证据明显不足，因此，犯罪嫌疑人不具备非法占有他人财物的主观故意，因而认定其构成敲诈勒索罪，属于定性不准，证据不足。

理由如下：

（一）受害人吴某等人诈赌骗钱的事实是客观存在的，且这一事实是引起本案犯罪嫌疑人要求其退赔的直接原因

1. 吴某进行了诈赌骗钱行为的事前安排

吴某（卷三第 164 页）自证："赵某某提出他认识有两人对赌博四挂四比较在行，经赵某某提议：由我出钱给这两人上场赌，赢了钱我们分。于是在当天我准备了近 20 万元现金……在酒店一楼，我掏出 3 万元现金交给赵某某找来的这两个人，给小磊 2 万元。从车后备厢包里拿出 10 万元现金给赌场的李某新保管，为小磊他们坐庄用。"

赵某某（事发时吴某的司机，卷二第 25 页）证明："去楚某的酒店打牌的前一两天，吴某突然就问起了我，说我不是认识俩打牌包赢的人吗，让我给那俩人联系联系，说是有个牌场，想让那两人上去赢钱，说赢了钱也不会亏了我，说给我免一部分债，我当时就愿意了，找出了那两个人的电话，……反正就是约那两个南方人来新乡，说有个牌场让他们过来玩，我们出赌资，赢钱了大家伙分。我和吴某还有一个朋友小磊三个人当时就在 HX 市城北街东段的华艺宾馆住着，在电话里我们就叫那俩南方人到 H 后直接来宾馆找我们，那两个人我记不清是当天下午还是晚上就到了华艺宾馆了，当晚吴某又开了间房让他们在宾馆住下。""到了第二天下午，我开着吴某的马自达轿车，吴某、我、小磊和那两个南方人就去了楚某的达利酒店，……去的路上在车上吴某给了那两个南方人 3 万元或是 4 万元钱，说是让他俩上场赌，赢钱大家分，具体怎样分吴某没说，估计之前吴某已经和那两个人都说好了。"

吴某法（受害人之一，又称小磊，吴某的朋友，卷二第 12 页）表示"第二天傍晚，我来到 H，和好妞（即吴某）见面时，他们已有几个男子在一起，其中一男子叫小刚（即赵某某），好妞告诉我们：这次由他提供资金，由我等另外两人上场，赢钱给我们提成。我、好妞、小刚及另外我不认识的两人开着好妞的马自达 6 轿车来到 H 县城一家宾馆，在宾馆大厅，好妞从他携带的包里掏出钱给我不认识的两人 3 万元，给我 2 万元。"

2. 吴某等人赢了钱，其他人输了钱

平某某（参赌人之一，2013 年 9 月 12 日被刑拘，卷二第 82 页）证明："从晚饭后到夜 12 点左右散场，我一共输有 10 万元左右。""后来，在我坐庄开锅时，这两外地人下小赌注输，大赌注就赢，当时我一直坐庄，我前后共输了十来万。……好妞带来的俩外地人估计赢有四五万。"

屈某春（参赌人之一，又称"地动"，犯罪嫌疑人，卷三第 110 页）证明："我输的是 3 万元钱，小强（即平某某）输有十几万元，……好妞他们几个人赢有五六万元钱（不会超过 6 万元），剩下的只有输家，其他人的输赢情况不详。"

吴某（卷三第 177 页）证明："两外地人开始输，后来赢，听说他俩赢有五六万块钱。"

郭某根（参赌人之一，卷二第 62 页）证明："我是钓鱼的，输了 1000 多元。"

另据本律师调查，高庄小刘（牛某某）、董某某、都某某等都是当晚的赌博参与者，而且输了钱，他们均表示可以出庭作证。分别为：高庄小刘输 7 万元、董某某输 5 万元、都某某输 4 万元。加上屈某春供认的 2.8 万元，平某某供认的 10 万元（实际上是 20 多万元），共计 28.8 万元。由于参赌人员均具有畏惧心理，实际输钱数额应在 30 万元以上。

3. 吴某离开酒店时行为不正常

赵某某（卷二第 26 页）证明："我在场上待到大约 10 点我就去酒店大厅了，在大厅待了有半个小时，然后吴某给我打电话让我把车往西面开过路口等他，大概 20 分钟后，吴某来到车旁，说我们走吧。当时车上就我们两人，我问他们三个人去哪儿了，吴某说他们走了。"经现场勘察，将车往西开过路口等吴某的地方，距离酒店大门有 50 米开外，为什么不让司机在酒店门口等一起离开，而是分头离开呢？

4. 散场后经验证麻将牌确实有诈

屈某春（卷三第 101 页）证明："散场后，好妞几个人先走了，我们还没有走的时候平某某忽然说：都不能走，我怀疑牌有问题。说着他抓起了桌上的四张牌说：我不回来你们都不能走。随后他拿着牌就出去了。大概过了有 20 分钟平某某回来了，他说：这牌有问题，我现在把牌扣过来就能看出了牌是什么。说着他把所有的牌都扣在了桌子上，让几个人随便给他指几张他就能猜到是什么牌。""这时楚某问：是谁买的牌？旁边有人说：是李某新买的牌。随后楚某就把李某新叫走了，过了一会他们回到房间，回到房间后他们说牌就是有问题，是跟好妞一起来的新乡男子让李某新去买的牌，他告诉李某新说自己把一副麻将牌放到一个店内让李某新去买，之后用这幅麻将牌赌博时赢钱了替李某新把账还了。"（卷三第108页）"楚某又找到李某新，李某新说这麻将牌是好妞安排，指定地方购买的，李某新之所以这样做，是因为他欠好妞的钱，好妞答应他可以抵一部分欠账。"

事后的事实也证明了赌牌确实有诈。赵某某（卷二第27页）证明："（在废弃的水泥厂）当时李某新也对吴某说：好妞哥，他们啥都知道了，我啥都给他们说了，你也说喽吧。吴某一看，就说这样吧，我出30万元，这事了喽中不中？"

另据本律师调查，高庄小刘、董某某、李某新均说明了验牌过程和吴某诈赌的事实，而且董某某还和平某某一同找人鉴定，并支付了5万元鉴定费；李某新出具了吴某诈赌的情况说明。

综上，吴某等人诈赌骗钱的行为是客观存在的，被骗者（输家）退赔的要求具有合理性，组织人员寻找诈骗者要求其说明情况，并追回被骗款项合情合理。这是本案发生的直接原因，进而也否定了被骗者涉嫌敲诈勒索中关于"非法占有他人财物"的主观故意。

（二）楚某作为酒店负责人，一直处于居中调解的地位

需要说明的是，楚某对寻找诈赌骗钱人和追要被骗款的事实没有供述，只对事后从中协调的情况作了陈述。现以本案现有证据为基础，对楚某在本案中地位、处境进行应然和实然的分析，从而论证即使是楚某参与了寻找和追要过程，仍不符合敲诈勒索罪应有的构成要件。

1. 从现有证据来看，楚某作为酒店负责人，面对客人饭后玩牌被骗且被怀疑有串通嫌疑的情况，有责任查明原因，并追回被骗钱款

郭某根（参赌人之一，与楚某和吴某均为亲戚关系，卷二第60页）证明："过了几十分钟，平某某带着麻将牌回来，说麻将牌有问题，要楚某来赔钱"。"这时才发现好妞一起的五人不见了。楚某就要求在场的人一起去找好妞五人来赔钱。"

郭某涛（参赌人之一，卷二第67页）证明："赌场输钱的人对楚某不满意。楚某发现吴某带人来赌博使诈后，就让在场的人一起去找吴某等人来赔钱。"

平某某（参赌人之一，卷二第83页）证明："问：是谁找楚某的？答：我不知道，当时我在门口堵住，要求把楚某找过来，具体我向谁说的我没记清了，我也不知道是谁把楚某喊过来的。""楚某说，这事你别管，有你哥我来处理这事。""这是楚某的酒店，我一直把楚某当成哥看，所以我就找他来解决。"

屈某春（参赌人之一，卷三第120页）证明："问：吴某为什么被带到水泥厂？答：赌博输的人不愿意了，开始找楚某说这事了，……"

上述证据证明，当参赌人发现麻将牌有诈时，首先找酒店负责人楚某说事，楚某有责任说明原因，而只有找到吴某等人才能查明原因，排除他人怀疑，有个交代。这是符合常理的。

2. 从现有证据来看，楚某等人当时的目的有两个：一是找来吴某说清事儿；二是退回被骗的钱款

寻找之前，楚某等人是基于上述两个目的。

屈某春（参赌人之一，卷三第115页）证明："问：你们为什么要去找好妞？答：想找好妞谈，因为他赌博赢我的钱了，我们想找他们要回来点钱。"

李某新（卷二第39页）证明："问：这些人为什么去找吴某？答：因为地动（即屈某春）和平某某赌博输钱，怀疑吴某在赌博的麻将牌上动手脚，他们找吴某来退钱。"

张某利（参赌人肖某明的朋友，又名"二瘸"。卷二第51页）证明："问：你们找好妞等人的目的是什么？答：杨某君对我车上的人说：好妞刚赌博时抽老千，把好妞找了让他赔钱。"

郭某根（参赌人之一，卷二第60页）证明："平某某发现麻将牌有问题后提出，在场人都不能走。楚某要求找好妞，来问清情况。所以，我就一直跟着楚某、平某某他们。"

郭某涛（参赌人之一，卷二第67页）证明："楚某发现吴某带人来赌博使诈后，就让在场的人一起去找吴某等人来赔钱。"

找到吴某等人之后，楚某等人仍然是基于上述两个目的。

赵某某（卷二第 26 页）证明："楚某一进门就说有点事，走吧，输家都来了，到 H 再说"。

吴某（卷三第 172 页）证明："在我和小磊被殴打期间，楚某问我怎么办？我问他想怎么办？楚某的人提出要我退钱。"（卷三第 175 页）"楚某要我交出那两个外地人，说赌场输钱的人不愿意。我说那两个外地人走了，我也联系不上了，我可以把他俩赢的钱退出来。"

3. 从现有证据来看，楚某没有动手打人，而是主动询问情况，听取吴某的退赔意见

赵某某（卷二第 26 页）证明："楚某一进门就说有点事，走吧，输家都来了，到 H 再说。然后，楚某等十几个人就强行带着我们三个人走出了酒店，这时天刚亮"。（卷二第 27 页）"楚某对吴某说：你看吧，弟兄们都输钱了，你看怎么办吧，等等这些话。"

李某新（卷二第 40 页）证明："不久，进来一男子冲进来打了吴某几巴掌，吴某对门外的楚某说：有事说事，不要打我。楚某让他到门口来说事。"

上述证据证明，楚某没有打人。

李某新（卷二第 40 页）证明："楚某问好妞吴某：你怎么会这么干？输家不愿意，要求退钱。好妞不承认赌博使诈，但他愿把两外地人赢得钱退出来。旁边的人乱起哄，说只退赢的不行，要退就将所有输家的钱都退出来。"

赵某某（卷二第 17 页）证明："当时李某新也对吴某说：好妞哥，他们啥都知道了，我啥都给他们说了，你也说喽吧。吴某一看，就说这样吧，我出 30 万元，这事了喽中不中？这时有人就说：30 万元？你出 100 万元也不行，另外有人又说可以先拿一部分。"

李某新（卷二第 40 页）证明："吴某和楚某在门外商量一会，不久楚某、地动、杨某君、程某星、平某某一起进屋，楚某进来对我们说：因为你们赌博出老千，现在你们要将输家的钱抬出来，吴某拿出 15 万元、小磊拿出 10 万元、李某新拿出 5 万元。小磊听后说：他也是输家，他不愿拿钱。这时程某星上前用消防斧斧背向小磊身上猛砸几下，小磊倒在地上。""这时，吴某说：别打了，所有的钱他拿。于是吴某开始打电话联系借钱，还安排赵某某出来拿钱。"

上述证据证明，楚某在主动询问情况，听取吴某的退赔意见，并指明了

让其退赔的原因。

4. 从现有证据来看，吴某愿意拿出30万元进行退赔，是在李某新已经说出诈赌骗钱事实真相之后的真实意愿。小磊被殴打，发生在确定退赔数额之后，与之前吴某自愿退赔没有因果关系

赵某某（卷二第17页）证明："当时李某新也对吴某说：好妞哥，他们啥都知道了，我啥都给他们说了，你也说喽吧。吴某一看，就说这样吧，我出30万元，这事了喽中不中？"这是吴某当时司机赵某某的证言，真实可信，应予采纳。

李某新（卷二第40页）证明："吴某和楚某在门外商量一会，不久楚某、地动、杨某君、程某星、平某某一起进屋，楚某进来对我们说：因为你们赌博出老千，现在你们要将输家的钱抬出来，吴某拿出15万元、小磊拿出10万元、李某新拿出5万元。小磊听后说：他也是输家，他不愿拿钱。这时程某星上前用消防斧斧背向小磊身上猛砸几下，小磊倒在地上。""这时，吴某说：别打了，所有的钱他拿。于是吴某开始打电话联系借钱，还安排赵某某出来拿钱。"

5. 从现有证据来看，楚某等人事后退回被扣车辆和5万元钱，是诈赌退赔调解过程中的重要部分，也是该事件的完结

据本律师2013年10月15日会见材料楚某供述："这事太亏了，我从中调解，都知道。吴某托公安政法部门的领导给我说，（让我）一定处理到底。我没办法，对方的弟弟吴某某提的条件，我只有答应了。这钱实实在在是我自己的。这是面子呀，领导的面子，吃亏就吃亏了吧。"

本案中，吴某等人的诈赌骗钱，就是通过在赌博过程中使诈的方式骗取钱款。严格地讲，这是一种诈骗犯罪行为。由于这种行为和赌博行为联系在一起，往往使受骗者羞于启齿或不敢启齿。但是，追回被骗钱款、要求给予赔偿仍然是受骗者合法正当的民事权利。民事权利是可以自由处分的，本案中，楚某等人事后退回被扣车辆和5万元钱，表明了已与对方形成了合意，就此了结纠纷。这是民事纠纷的范畴。

综上，在诈赌骗钱真相被揭露后，被骗人讨个说法和要求退赔，符合情理。诈赌者在确信同伙已经供述、被骗者已经知悉的情况下，主动提出退赔数额是悔过表现，真实自愿。即使被骗者事后采取了过激的行为（当然，构

成其他犯罪的，另当别论），也是事出有因，其退赔要求和数额不构成敲诈勒索罪。因为其主观上不是以非法占有为目的，获取退赔是其应有的合法权益。楚某作为居中调解者，更不能以犯罪论。

（三）受害人吴某轿车里的13万元不能认定

1. 后备厢里的钱款数额不清

吴某（卷三第105页）证明："直到近中午，楚某将我的轿车扣下，车里的十几万元（应该有13万左右）搜走，才放我们出来，让我们回去给他凑钱"。"问：楚某等人当时从你轿车里搜走有多少钱？答：应该有十二三万元，因为当时我好赌博，平时轿车里就放有大量现金，七八万很正常"。（卷三第112页）"问：你这些钱的特征？答：都是红色100元面值的，其中后备厢里的钱放在一黑色金利来包里，包留下，钱不见。""从我轿车里拿走13万元，……"（卷三第175页）"我就从李某新手里拿回那包10万元钱放进我轿车后备厢和赵某某一起离开赌场"。"我轿车后备厢里放钱的黑包还在，包里的十万元现金不见，驾驶室里的3万元现金和一部诺基亚手机不见，……""问：你轿车里有多少钱？答：13万元。其中后备厢黑包里有10万，赌博散场时，我从吧台拿回黑色钱包，包里有十万元钱很多人就知道，我拿回钱就放进我轿车后备厢。"

赵某某（卷二第28页）证明："当时皮包里有十几万块钱，具体是十几万我记不清了，但是我知道这钱是吴某放到后备厢里的，好像是刚赌完吴某上车前放进去的。"（卷二第34页）"将吴某黑包里的10多万元拿走，还让吴某把车留下。"（卷二第37页）"离开水泥厂时，好妞告诉我黑皮包里有14万元。"

李某新（卷二第38页）证明："吴某离开赌场时，将他那包10万元钱从吧台取回拿走。""吴某告诉我：楚某要他拿30万元。其中他轿车后备厢里有十万，驾驶室前面还有几万，都拿走，随后他又从罗胜利手里借来12万给楚某。""我能证明：事先吴某在酒店吧台存放的包里有10万元钱，赌博结束时，吴某从吧台将这包钱取走。"（卷二第47页）"他轿车后备厢里有十几万，驾驶室前排放了几万元。"

这是关于吴某轿车里包括后备厢里钱款数额的全部陈述和证言。经分析发现存在两个问题：

（1）后备厢黑包里的钱款数额是明显不一致的。吴某对轿车里钱款总数先是 13 万元左右，再是十二三万元，最后是 13 万元，其中后备厢黑包里是 10 万元；赵某某证言先是黑包里"十几万""十多万"，最后听吴某说黑包里有 14 万元；李某新证言先是 10 万元，最后说后备厢里是"十几万"。显然，公安直属分局没有查清后备厢和驾驶室分别多少钱，对车内（包括后备厢和驾驶室）钱款总额直接认定为 13 万元，这是不准确的。

（2）吴某陈述与司机赵某某证言存在重大差异，吴某和赵某某不是一起离开赌场的，而是相差 20 分钟。这一情况，将有可能影响后备厢钱款数额的有无和多少。

吴某（卷三第 175 页）："我就从李某新手里拿回那包 10 万元钱放进我轿车后备厢和赵某某一起离开赌场。""赌博散场时，我从吧台拿回黑色钱包，包里有 10 万元钱很多人就知道，我拿回钱就放进我轿车后备厢"。

赵某某（卷二第 26 页）证明："我在场上待到大约 10 点我就去酒店大厅了，在大厅待了有半个小时，然后吴某给我打电话让我把车往西面开过路口等他，大概 20 分钟后，吴某来到车旁，说我们走吧。当时车上就我们两人，我问他们三个人去哪儿了，吴某说他们走了"。并没有谈及打开后备厢存放钱包的事实。

2. 驾驶室里的钱款数额不清

吴某（卷三第 175 页）证明："我轿车后备厢里放钱的黑包还在，包里的 10 万元现金不见了，驾驶室里的 3 万元现金和一部诺基亚手机不见了，……"

这是吴某关于驾驶室里钱款的具体陈述，其他证人证言均没有详细、准确的说明，且均为道听途说，为传来证据。显然，这是孤证，不足为证。

3. 后备厢里的钱款被谁拿走不清

赵某某（卷二第 28 页）证明："小磊走后没有多大会儿他们让我和吴某走了。走之前，我和吴某都在院子里站着，楚某叫人把吴某的马自达后备厢打开，从后备厢里收出来一个黑色的皮包……"（卷二第 33 页）"小磊走过以后，我看到有人把吴某的车后备厢打开了拿出来一个黑皮包，里面应该有十几万块钱，具体多少记不清楚了。之后楚某把吴某的车扣下，我和吴某坐了一辆三轮车就去了 HX 市水利医院。"（卷三第 37 页）"我记得在小磊挨打后，楚某让我和好妞一起出来，他安排两三个人来好妞的轿车跟前，让我俩看着他们打开好妞轿车的后备厢，他们将好妞轿车后备厢里的钱拿走。我和好妞当时离轿车有五六米远，我看见他们将好妞轿车后备厢放钱的黑色皮包打开，当时好像还清点了一下钱数，十几万元。因为钱数不够 30 万元，好妞又电话联系筹钱，没有打通，就让我去找他弟弟吴某某借钱，也没有见到人。最后，楚某让好妞将轿车留下，拿钱来领车。"

这是赵某某关于吴某轿车后备厢黑色皮包被搜走的证言。该证言至少存在两点疑问：

第一，前两份证言说明后备厢里黑色皮包被搜走是在赵某某外出借钱回来，小磊走后发生的。而第三份证言说明后备厢里黑色皮包被搜走是在小磊挨打后，外出借钱前发生的。"黑色皮包被搜走"这一个事实，赵某某竟在时间上出现矛盾，是值得怀疑的。

第二，三份证言显示，后备厢里黑色皮包被搜走时吴某与赵某某均在现场，而且两个人均熟知楚某等人，但却未能准确指认，其证言真实性也是值得怀疑的。

综上，关于后备厢皮包里的钱款数额多份证言内容不一致，吴某与司机赵某某离开酒店时间间隔有 20 分钟，搜走的具体人员不明确，驾驶室里的钱款数额仅凭受害人一面之词，也没有证据证明驾驶室被搜过。因此，直接认定吴某轿车里的全部钱款为 13 万元，显然是不当的。

（四）受害人吴某事后通过赵某某送交的 12 万元不能认定

1. 赵某某证言与吴某陈述不一致

赵某某（卷二第 28 页）证明："在吴某被打的第二天或是第三天，他给一个叫罗某利的打电话借钱，说好后让我去拿的钱，我去罗某利那拿过钱之后在 HX 市电业局门口将钱交给了楚某。""我记不清了，不是 8 万就是 10 万。当时楚某开了一辆丰田霸道车正好在 H 电业局门口停着，我送过去的时候车上还有两个人，我给楚某之后，楚某就让我走了。"（卷二第 34 页）"过了两天左右，吴某让我从他朋友罗某利手中拿走了 10 来万块钱，由我送给楚某，当时楚某接过钱什么也没说，就让我走了。"（卷二第 37 页）"第二天或第三天上午，好妞让我到他朋友罗胜利手里拿来 12 万元钱，在 HX 市电业局门口交给楚某。"

吴某（卷三第 166 页）证明："次日上午我还在酒店，就和朋友罗胜利联系借钱，我安排赵某某去罗胜利手里拿走 12 万元钱直接送给楚某。赵某某送过钱后回来对我说楚某不愿意，还要剩余的钱。"

从上述证言和陈述来看，两人是不一致的。

第一，赵某某三次证言关于数额分别是"不是 8 万元就是 10 万元""十来万元""12 万元"，三次不一样，到底是多少，为什么变化？吴某说是 12 万元。

第二，赵某某证明"当时楚某接过钱什么也没说，就让我走了"，而吴某却说，"赵某某送过钱后回来对我说楚某不愿意，还要剩余的钱"，谁在撒谎？为什么要撒谎？

2. 赵某某与吴某存在借贷关系和雇佣关系

赵某某（卷二第 25 页）证明："因为早几年我曾弄过大车，借了吴某十几万块钱一直也没有还，那一段时间我单位没有啥事，我就没事给吴某开开车，也不要工资，混个吃喝。就这样过了一个多月吧，……"

3. 赵某某与吴某存在不法的合作关系

赵某某（卷二第 25 页）证明："去楚某的酒店打牌的前一两天，吴某突然就问起了我，说我不是认识俩打牌包赢的人吗，让我给那俩人联系联系，说是有个牌场，想让那两人上去赢钱，说赢了钱也不会亏了我，说给我免一部分债，我当时就愿意了，找出了那两个人的电话，……反正就是约那两个南方人来新乡，说有个牌场让他们过来玩，我们出赌资，赢钱喽大家伙分。我和吴某还有一个朋友小磊三个人当时就在 HX 市城北街东段的华艺宾馆住着，在电话里我们就叫那俩南方人到 HX 市后直接来宾馆找我们，那两个人我记不清是当天下午还是晚上就到了华艺宾馆了，当晚吴某又开了间房让他们在宾馆住下。""到了第二天下午，我开着吴某的马自达轿车，吴某、我、小磊和那两个南方人就去了楚某的达利酒店，……去的路上在车上吴某给了那两个南方人 3 万元或是 4 万元钱，说是让他俩上场赌，赢钱大家分，具体怎样分吴某没说，估计之前吴某已经和那两个人都说好了。"

综上，在楚某否认收到 12 万元的情况下，赵某某证言与楚某形成一比一，且该证言中数额多次反复不确定，并与吴某存在着足以影响公正的多种关系。因此，该证言不能作为定案的依据。至于其他言辞证据，均系传来证据，无法对该证据的证明力起到补强作用。

三、辩护意见

这是一起公安机关高度重视的普通刑事案件，但本案均为言辞证据，现有证据无法证明楚某等人构成非法拘禁罪和敲诈勒索罪。

在涉嫌的非法拘禁案中，楚某等人酒后殴打赵某某，其主观目的是因为赵某某"不说实话"而泄愤解气。置身于公共场所，且有双方朋友始终在场的情况下，楚某不是也不可能是为了拘禁他人，涉嫌非法拘禁的罪名不能成立。

在涉嫌的敲诈勒索案中，现有证据不能证明退赔数额超过了参赌输家所输数额，且关于实际收到退赔款数额的证据明显不足，因此，犯罪嫌疑人不具备非法占有他人财物的主观故意，因而认定其构成敲诈勒索罪，属于定性不准，证据不足。另外，本案事实发生在六年前，当时涉嫌的非法拘禁罪和赌博罪均已超过了刑事追诉时效，侦查机关对相关事实的调查因可能涉嫌非法取证而存在客观障碍。

在本案审理过程中，两起案件的受害人赵某某、吴某均出具了刑事谅解书。

综上所述，我们建议：尽快对楚某案件作出不起诉决定，终结本案的刑事诉讼程序。

辩护人：刘建民

2013 年 12 月 20 日

附件 5：情况反映：即不补查又不核查，证据明显不足

HQ 区检察院：

在楚某等涉嫌非法拘禁、敲诈勒索一案中，现将主要问题反映如下，敬请关注。

在侦查卷中多次出现的董某某、董某某的朋友（都某某）、高庄小刘（牛某某）、肖某明，都是事发当晚的赌博输家，而且一直在现场。但公安机关两次补充侦查，均未调查。

据本律师调查，除肖某明外，上述三人所输赌资已达 18 万元。加上平某某、屈某春等人现有供述，总数额已超过 30 万元。

对于这些应当调查而未调查人员及其所输数额，直接关系到所谓"敲诈勒索罪"犯罪数额的确定，明显属于证据不足，应当作出（存疑）不起诉决定。如果对这些人员进行调查，上述数额属实的话，公安机关则应当及时撤销案件，检察机关也应当作出（绝对）不起诉决定。

辩护人：刘建民

2014 年 4 月 16 日

09
雪场老板的罪与非罪：是林地，还是非林地

多年未通过验收的退耕还林地，不是林地
——燕某某涉嫌非法占用农用地不起诉案

【核心提示】

这是一起普通刑事案件。案件辩护成功在于，通过还原客观事实，证伪了侦查认定的事实，颠覆了案件定性。当土地规划与土地现状不一致时，应当以客观事实为准。对于非法占用农用地罪而言，由于其不是林区，自然不存在毁坏林地的说法。所以，辩护律师要敢于怀疑，勇于求证，善于沟通，方能使案件绝处逢生，出人意料。

因控告案发

景区投资人燕某某是我的朋友。

2017 年 7 月份的一天，燕某某对我说，他和几个朋友在景区内投资建设的滑雪场项目被人举报了，涉嫌非法占用农用地。森林公安分局立案侦查后，他便和景区负责人主动到侦查机关说明了情况。看样子，这事儿还没完。他们正在申请取保候审。

我问他的看法。他说，不应该呀，那个地方乱石间杂草丛生，应该属于荒山荒坡。不是耕地，也不是林地。

我倒觉得，侦查机关既然立案侦查，基本事实应该是有的。森林公安是专门机关，隶属于公安机关，有可能被认定为毁坏林地了。

7月21日，森林公安决定对燕某某取保候审，送达了决定书。该决定书载明：滑雪场占用林地案件。

果然是林地。

是林地吗

收到取保候审决定书后，燕某某带着疑惑，陪同我们勘查了现场。

滑雪场面积不小，南高北低，倾斜状，土地被平整。南边最高处有一排两层建筑，为收费大厅和办公用房。西边有较大面积的停车场，车位之间新栽了很多树木作为分界线。在该区域的东边仍然保持了原来的面貌，正如燕某某所言，有乱石、有杂草、有荆棘，有开凿石料废弃的沟壑。

滑雪场原来的土地状况是可以一目了然的，绝对不是林区。

那为什么被认定为毁坏林地呢？

侦查思路

取保候审期限为1年，案件侦查显得不再那么紧迫。但对涉案当事人来讲，等待也是痛苦的。

2018年3月8日，森林公安机关向人民检察院移送审查起诉，认定燕某某等人毁坏林地48.23亩。

我建议燕某某尽快聘请律师介入，复制侦查卷宗和技术资料，全面了解案情，搞清侦查思路。

侦查卷中两份材料说明了一切。

一是原国土管理局的一份证明材料。该材料证明，土地利用规划图中划定该区域为林地，修编时又调整为一般耕地。

二是原国家林业局森林公安分局司法鉴定中心的物证鉴定书。该鉴定书对"地类"有一个说明，占用地类为退耕还林的林地。

从这些证据材料上来看，森林公安机关侦查认定是有道理的。退耕还林的林地，也是林地。土地总体规划中曾划定为林地，修编时调整为一般耕地。不管是林地，还是一般耕地，只要违法占用，情节严重的，便构成非法占用农用地罪。

但是，这是一起刑事案件，涉及定罪和处罚，事关自由和声誉。有三个基本事实还是不清楚的：

第一，涉案土地到底是林地，还是耕地？总体规划已然修编，以哪个为准？

第二，土地规划为退耕还林的林地，实施了没有？落实效果如何？

第三，规划修编时调整为一般耕地，是否符合耕种条件？耕种了没有？

规划和现实冲突

对于上述三个问题，现有在案证据是不充分的。检察院审查后，也发现了这些问题，果断地退回森林公安补充侦查。同时，我们也展开了调查。

5月25日，森林公安仅仅补充了几个讯问笔录，便重报了。

我们的调查则是深入具体的。

关于是否属于退耕还林。在2014年、2015年、2016年退耕还林工程验收表中，该村共有退耕还林土地32亩，但在2015年表中注明"益丰阳生态农业公司征用32亩""暂缓郭某某32亩""拟调整"的字样。经了解发现，该村是共有32亩退耕还林的土地，后来被益丰阳生态农业公司征用，不再发放退耕还林款，而这些土地在该村北环路北桥沟附近，不是滑雪场的位置。

关于是否属于耕地。滑雪场所占土地，也曾是郭某某承包，该村地亩账显示，该区域有72片小片荒地，很早以前也曾列入退耕还林范围，弃耕后种植了花椒树，后因干旱枯死，停止了退耕还林补偿。2008年6月2日，流转给景区，但景区撂荒多年。

关于土地规划和修编。2016年，该镇域乡村旅游规划修编通过。在该规划中，这些土地均被调整为风景名胜用地。2017年1月4日，该市政府市长办公会纪要中要求该镇积极与土地、规划、建设、林业、财政、旅游等部门进行衔接，尽快完善相关手续。随后，燕某某等人投资建设滑雪场。

显然，国土资源管理部门关于"土地总体规划中曾划定为林地，修编时调整为一般耕地"的表述是不完整的，因忽略了该镇域乡村旅游规划修编的事实，显得极不严谨。森林公安认定该区域系退耕还林的林地，没有事实依据。

这些客观存在的事实，是胜于雄辩的。

下自成蹊，桃李何须言语？

二次补查

规划是人为划定的，而现状则是客观存在的。如果不是林地，则不存在毁坏林地的问题。如果违反了土地规划，那是另一回事儿，但绝不是非法占有农用地罪。

当土地规划与土地现状不一致时，应以什么为准？这是考验司法人员执法水平的一道命题。

律师法律意见提交后，严肃认真的起诉审查人员毫不含糊，第二次将案件退回森林公安补充侦查。

是否对错，事实就放在那里。

侦查认定的事实被证伪。

一般情况下，侦查认定的事实一旦被证伪，侦查人员一般是不会主动还原的。一则如果查清了，不打自招，自寻其辱，这是面子问题。二则如果查清了，需要自行撤案，自担后果。

于是，森林公安又是象征性补了一些讯问笔录，于 7 月 24 日再次重报。

终于不起诉

又是一个月时间。

8 月 23 日，检察院审查认为，燕某某的行为情节显著轻微，危害不大，不构成犯罪。据此，作出了不起诉决定。

尽管我们对起诉审查的认定意见持有异议，但对不起诉的结果还是认可的。毕竟刑事程序已终结，燕某某悬着的心可以放下了。

【专业阅读】

关键词： 非法占用农用地　土地规划　土地现状

辩　点： 事实·证伪辩　事实·还原辩　法理·无罪辩

技战法： 投石问路　釜底抽薪

律师感言

本案辩护是成功的。通过还原客观事实，来证伪侦查机关认定的事实，是颠覆案件定性的关键。当然，律师调查是至关重要的。从质疑处入手，查看现场，形成内心确信。然后，走访调查，查阅资料，咨询专家，做到有理有据。最后，出具法律意见书，采取多种途径进行交流，说服起诉审查人员，达到终结刑事诉讼的目的。国家行政管理机关的公文表述未必都是客观准确的，辩护律师要敢于怀疑，勇于求证，善于沟通，方能使案件绝处逢生，出人意料。

执法理念应当重塑。侦查与公诉、审判一样，都是刑事司法行为。刑事案件要重事实、重证据、不轻信口供。书证是证据之王，但必须与客观事实一致。对于土地规划和证明材料，应当调查核实。现代刑事模式是公平的，抗辩公开，才有结果公正。然而仅有结果公正也是不够的，程序公正意义重大。侦查机关明知认定的事实被证伪，应当及时撤销案件，自行纠正。执意重报，则有推卸责任之嫌。刑事诉讼进程的无故拉长，对涉案人员是一种伤害。

接受控告应当慎重。据说，本案引发是因为有关人员的控告。对于这种案件来源，侦查机关应当全面分析控告人的真实意图和所陈事实的真实性。如果侦查人员了解了该镇域乡村旅游规划修编的事实，知悉了滑雪场项目系镇政府主导的工程，考察了滑雪场区域原有土地的状况，其结果将不是这样。尽管控告是公民的权利，但恶意控告是存在的，而且影响恶劣，刑事司法应当慎重。

法言法语

法律意见书：本案认定的事实是错误的

附件：法律意见书：本案认定的事实是错误的

1. 认定滑雪场项目占地属于退耕还林范围，证据不足

（1）2003年3月，郭某三与常北村签订退耕还林管理承包协议书，退耕还林承包面积为65.6亩。这65.6亩林地的位置在哪里？

（2）2008 年 6 月 2 日，凤凰山生态园与常北村签订土地流转协议书，流转农户承包地 139 亩。这 139 亩土地的位置在哪里？

（3）2008 年 11 月 23 日，镇政府向退耕办出具证明，证明郭某三大户承包，实施退耕还林 78 亩。这 78 亩林地的位置在哪里？

（4）2014 年、2015 年、2016 年退耕还林工程检查验收表中，常北村退耕还林亩数为 32 亩。这 32 亩林地的位置在哪里？

上述证据未能证明滑雪场项目占地属于退耕还林用地的范围。

2. 滑雪场项目占地不属于退耕还林地

2014 年、2015 年、2016 年退耕还林工程检查验收表中，常北村退耕还林亩数为 32 亩。在 2015 年表中载明："易丰阳生态农业公司征用 32 亩""暂缓郭某三 32 亩""拟调整"。

经了解，常北村郭某三大户承包的退耕还林地原来共有 78 亩。2011 年左右，丹江口移民迁移常村镇，镇里将一部分土地划拨给移民村。常北村列入退耕还林范围的土地仅剩 32 亩，2015 年退耕还林工程检查验收表显示，该 32 亩土地被易丰阳生态农业公司征（占）用。易丰阳生态农业公司以种植蔬菜为主，其征（占）用的 32 亩退耕还林地，不在滑雪场所在的凤凰山，而是在常村镇区北环路北桥沟附近。

需要说明的是，凤凰山北坡有 19.89 亩小片荒地曾被列入退耕还林范围，村民弃耕后种植了花椒树，后因干旱枯死。2008 年 6 月 2 日，常北村将包括这些土地在内的 139 亩土地协议流转给了凤凰山生态园。从此，由生态园管理。但是，生态园未实施过退耕还林，也未领取过退耕还林补助。

3. 常村镇总体规划中，滑雪场项目占地系文化娱乐用地

2013 年，《常村镇总体规划（2013—2020）》获批。在此规划中，滑雪场项目占地系文化娱乐用地。2016 年，常村镇镇域乡村旅游总体规划（2015—2030）在全省率先完成修编。在此规划中，凤凰山被界定为名人文化山地公园。2017 年 1 月 4 日，（2017）3 号 HX 市人民政府市长办公会议纪要记载："副市长李某某在市政府第一会议室主持召开会议，就促进常村镇乡村旅游业健康发展事宜进行了研究""在全省率先完成了镇域整体乡村旅游发展规划""要求常村镇要积极与土地、规划、建设、林业、财政、旅游等部门进行对接，尽快完善相关手续"。因此，在镇政府主导实施的滑雪场项目建设中，相

关人员对占地性质不存在认识过错。

4. 国土局认定与客观事实明显不符

HX 市国土资源管理局按照 HX 市土地利用总体规划现状图认定滑雪场项目占地的地类为林地。经查，土地利用总体规划图中曾划定为林地，修编时又调整为一般耕地，现已批复。事实上，由于该土地早在 2008 年已流转给凤凰山生态园，由凤凰山生态园管理，弃耕多年，未曾开发，系荒山荒坡。项目占地的实际状况与土地利用总体规划出入较大，故该认定依据与客观事实明显不符。

5. 退一步讲，即便是凤凰山北坡 19.89 亩属于退耕还林地，也不应按犯罪处理

即便是凤凰山北坡的 19.89 亩属于退耕还林地，被滑雪场项目中停车场、临时用房、滑雪场和游客中心占用，由于停车场 9.89 亩和临时用房 0.37 亩未改变林地用途，也应从 19.89 亩中扣除。这样一来，滑雪场项目占用的退耕还林面积也不足 10 亩。

因此，我们的意见是：滑雪场项目占地不应作为犯罪处理。

10
典当老板的罪与非罪：扫黑除恶中刑事政策的变化

司法解释下来了，扫黑除恶不能扩大化
——张某涉嫌非法拘禁、寻衅滋事不起诉案

【核心提示】

对于员工的行为，经理不在场，不能推定为组织者。"贴身跟随"到外地讨债，与"贴身跟随"式逼债是有区别的，前者是保护人身，后者是限制自由。公司有内部分工，追要合法债务，经理未必知道细节。为强索不受法律保护的债务或者因其他非法目的，实施"软暴力"的，构成犯罪。而对于合法债务，只要没有严重后果的，一般不作为犯罪处理。新的司法解释规定了合法债权的维权界限，一概予以打击是不对的。

扫黑正当时

2018 年 1 月 24 日，中共中央决定在全国范围内实施扫黑除恶专项斗争。文件下发后，各地积极响应，公安机关摸底排查，主动出击，一场净化社会环境的人民战争拉开了序幕。

宣传工作在不断深入，督办力度在日益强化。随之而来的，便是大量的

涉嫌黑恶的人员被绳之以法。从公开的新闻媒体上可以看到，人民群众是拥护的。

社会管控与人权保障，向来都是一对矛盾。有效的社会管控是必需的，但管控行为和措施毕竟要以牺牲一部分人的自由为代价。作为律师，我们衷心拥护中央决定，期望实现依法治理。

委托无法拒绝

2019年1月1日，新年元旦。我的一位多年好友来见我，说是他的弟弟被刑事拘留了。

我大惊。他的弟弟张某是一个低调的小伙子，腼腆、谨慎，怎么会犯罪呢？他说，涉嫌非法拘禁。他弟弟是公司经理，被认为是组织者。

我问他原因，他说，听说是有一个人以借为名骗了他们公司员工的钱，他们当时报了案。为了能追回被骗款项，那个被骗员工还向公安机关求情，不要拘留那个骗钱的人，说是可以让他们一起联合去要账还钱。之后，他们和那个骗钱的人同住在酒店，一起到外地催要其他欠款，来归还这些骗走的钱。

我知道他的弟弟长期在上海，便问他："你弟弟当时在河南吗？"

"绝对没有。那年临近五一，他在上海家里，五一过后才回来的。"

我接着问道："那个骗钱的人当时是借公司钱，还是借公司员工钱？"

他说："听说是那人给公司员工打的借条。钱一到账，他就通知外面的人转走了。"

一起住酒店？哦，涉嫌软暴力讨债！我这样分析。一旦成立，这将是当前的打击重点。

我说："你弟弟撞到枪口上了。"

他很无奈。

目前来看，侦查机关肯定是这样认定的。唯一的希望，就是这不属于"软暴力讨债"，但要靠证据说话，必须有事实依据。这要等到审查起诉阶段，看到卷宗材料后，才能准确判断。

朋友想马上委托我。我谈了谈当前的形势，认为辩护意义不大，于是建议他考虑。

三天后，朋友再次要见我。因为 1 月 2 日案件移送审查起诉了。他说无法面对八十多岁的父母，也无法面对他弟弟的妻儿，压力很大。他请求我尽快介入，起码能给全家人一些安慰。骨肉相连，同胞兄弟，我非常理解，也责无旁贷。

确定辩护策略

受人之托，自当忠人之事，何况是多年好友。自然，压力被分解到了我的肩上，吃不好、睡不着的时候开始了。

涉黑涉恶案件的辩护实行"双备案"和"无罪意见集体研究"。律所所在地司法机关和案件所在地司法机关，都要进行管理。凡提出无罪辩护意见的，要提前集体研究，律所主任或者部门负责人签字。由此可见，这类案件在律师行业属于敏感案件。

我们决定拉长诉讼时间，主要是出于对案件辩护效果的考虑。因为，一是案件没有经过两次退补，作出不起诉的可能性是很小的；二是扫黑除恶正值风口，各种宣传铺天盖地，而最高检察机关有关负责人清醒理智的声音已经发出，但没有相关文件予以规范。

拉长时间，才有可能查明案件事实真相。等待坚持，才有可能出现政策转机。这叫"以时间换空间"。当然，当事人家属也非常理解。

看到了起诉意见书

1 月 4 日，接受委托后，我们及时向检察机关提交了辩护手续，复制了卷宗材料。阅卷时，我们惊讶地发现，罪名竟有两个，一是非法拘禁，二是寻衅滋事。辩护难度大了很多，公安机关显然是以"黑恶势力"为名侦查的。

1. 关于非法拘禁

2014 年 5 月份，赵某轩以办理承兑保证金为由向国元典当行借款 350 万元，国元典当行会计赵某霞将 350 万元打到赵某轩账户后，赵某轩随即将 350 万元还了他人的借款，并将这一情况告知国元典当行，国元典当行老板张某得知后与赵某泉、赵某霞、梁某商量，安排张某播、朱某江、赵某刚、马某乐、王某飞全程跟随赵某轩，非法拘禁于宾馆数月。

2. 关于寻衅滋事

2011 年 HX 市百泉镇南关村村民朱某香以房产作为抵押向国元典当行借款 50 万元，实际借款 43.4 万元，后陆续偿还利息 47 万元后无力偿还。2014 年期间，国元典当行老板张某指使赵某泉、梁某多次带领张某播、马某乐等人去朱某香家，实施侮辱、滋扰，并对其家门、车库门进行破坏，焊死门锁，更换门锁，并将朱某香家人拖出家中，强行占其住宅，严重扰乱朱某香及其家人的日常生活。

退回补充侦查

1 月 10 日，我们依据卷宗材料和走访调查，及时出具了法律意见书。

关于非法拘禁，事发当日，张某是否在现场、是否参加了商议；被害人同意拿出要账期间的开支，涉案人员负责支付陪同人员工资，是否属实、如何定性；"跟""看"是什么意思、什么目的，是限制人身自由、还是保护其安全，是逼其还账、还是协助其要账；事发时间是 2014 年，报案时间是 2018 年，被害人为什么没有及时报案；被害人当时为什么要借款，怎么转走的，有无偿债能力，属于何种行为等。

关于寻衅滋事，典当行催要借款是否合法正当；张某是否指示过工作人员，内部如何分工；对于工作人员行为细节，张某是否应当知道；催债过程中双方争执的原因是什么；工作人员自证其罪的背景是什么，为什么投案了却未被认定为自首等等。

这些问题是至关重要的，检察机关审查后，2 月 1 日将案件退回补充侦查。

2 月 4 日，我们才会见了张某，精神安抚也很重要。张某陈述的事实与我们的调查是一致的，我们对案件充满了信心。

事后，侦查机关并未对上述事实予以调查，便匆匆重报。

3 月 24 日，我们再次出具法律意见书，一是要求对涉及"组织犯"和"行为犯"的关键事实证据进行调查，二是要求对受害人涉嫌的诈骗罪重启追诉程序。当然，理由非常充分。检察机关毫不含糊，第二次将案件退回补充侦查。

新司法解释出台

4月9日，最高人民法院、最高人民检察院、司法部、公安部出台了新的司法解释，以解决司法实践中存在的"软暴力"定性问题，明确界定了合法债权的维权界限。幸运的是，本案的基本事实正好与该司法解释规定的情形相符合。

但侦查机关不仅没有对补查内容进行调查，而且对新司法解释的规定没有理解，更没有落实，便于4月30日将案件重报。

在这种情况下，我们及时出具了第三份法律意见书，紧扣司法解释的规定，坚持认为张某涉嫌的两个罪名均不成立。

为确保把事说清，将理说透，我们还对关键的事实证据进行了全面分析，递交了第四份法律意见书。

本案虽然没有被定性为黑恶势力，但案件来源是由"扫黑办"指挥部转来的。因此，检察机关高度重视。据说，他们多次开会讨论，请示汇报，而且决定延长了审查起诉期限。

我始终认为，只要辩护意见有理有据，是无须过分担忧的。当事人家属的心情可以理解，惊恐不安、夜不成寐。我们唯一要做的，就是陪伴。

回家了

6月12日，检察机关终于作出了《不起诉决定书》。

那天，我看到了那个清瘦白净小伙惨淡的笑脸，看到了他那八旬老人蹒跚的脚步。他们没有语言，没有眼泪，相互搀扶着，踏上了回家的路。

家，是他们温暖的港湾。

我沉思良久。小时候学校放假时父亲接我的情景、长大后春节回家时母亲村头等待的眼神，浮现在眼前。骨肉亲情呀！这是人间最伟大的爱。

应当说，在扫黑除恶的大形势下，检察机关以实际行动切实履行了法律监督职责。不拔高，不降格，实事求是，确保了案件的公正处理。

这仅仅是一个案子吗？不，这是一个人的人生。

【专业阅读】

关键词： 非法拘禁　贴身跟随　软暴力　寻衅滋事　合法债权

辩　点：事实·证伪辩　证据·链条辩　法理·无罪辩
技战法：避其锋芒　以逸待劳　拨云见日　条分缕析

律师感言

国家大势不可挡。面对国内外严峻形势，政府实施有效的社会管控，是推进改革，扩大开放的重大决策。以人权保障为业的刑辩律师，应当提升认识高度。没有稳定的社会环境，人民群众就不可能安居乐业，基本人权无法得到保障。惩治腐败、扫黑除恶是大势所趋，人心所向，要予以理解和拥护。关注应当提倡，观望可以理解。不当言行，却是不可取的。

高层表态有深意。任何一项国家决策的推行，必然有一个宣传发动、组织落实的过程。轻则无效，重则过头，分寸把控很重要。当地方出现扫黑除恶扩大化倾向后，最高检察机关相关负责人多次表态，不定指标、不拔高、不降格，要严格执行法定标准。这些言论旨在把专项斗争纳入法治轨道，辩护律师要坚信执法标准会尽快规范，并采取相应辩护策略。

事实证据要清晰。刑事案件的基本要求，是事实清楚、证据确实充分。在任何情况下，辩护律师都要坚持用事实和证据说话。说理始终是第一位的，这是律师的看家本领和立身之功。如果心有顾虑，不如辞去委托。既然选择参与，就要尽心履职。事实搞清了，道理说明了，有何风险？事实上，辩护律师有理有据的陈述，非但不会被限制，反而能够受尊重。

司法公正要信仰。法律是评判是非的唯一标准，应当尊重和信赖。司法人员是社会公正的践行者，应当尊敬和信任。对于执法者，要真诚友好，以理服人。辩护律师只是私权的代表，代表一方或者个案中少数人的利益，而执法者则要兼顾各方，会考量很多因素，履行很多程序。如果不相信执法者，不相信司法公正，又何必参与其中？信仰，才有动力；信任，才会如愿。

法言法语

1. 法律意见书：需要查清的问题
2. 法律意见书：仍需查清的问题
3. 法律意见书：案件的定性问题
4. 法律意见书：相关证据的分析

附件1：法律意见书：需要查清的问题

HX 市人民检察院：

北京市鑫诺律师事务所接受张某家属的委托，指派本律师担任张某涉嫌非法拘禁、寻衅滋事案件中张某的辩护人。在接受委托后，通过查阅案件卷宗资料，我们认为，本案中的相关事实仍需要进一步调查核实。

一、关于非法拘禁

（1）2014 年 5 月 4 日当日，张某是否在现场？是否参加了商议？

张某供述：出差在外，一周后听说了。赵某轩陈述：赵某霞打电话向典当行老板汇报。而梁某供述：当天张某在现场，并参加了商议。显然，上述证据材料相互矛盾，需要核实。

据张某家属回忆，2014 年 4 月 30 日张某从郑州乘 D288 去上海出差，5 月 6 日 13：44 从上海乘 K1102 返回新乡，到站时间是 5 月 7 日 5：44。请依职权调查。

（2）"赵某轩同意拿出要账期间的开支，赵某霞负责每人支付 200 元工资"是否属实？这是什么性质？

梁某针对"赵某轩与赵某霞二人就要账事宜具体分工"作了上述供述，赵某轩也承认要账期间的住宿、吃饭费用由他自己支付，四季洗浴工作人员郎某证明，戴眼镜男的（即赵某轩）结账，其他人叫他老板。需要核实双方要账分工的真实情况，并确定该行为的性质。

（3）"跟""看"是什么意思？什么目的？是限制其自由，还是保护其安全？是逼其还账，还是协助其要账？

需要核查商议时的真实意图，核查此过程中赵某轩、张某播等人的具体行为表现。

（4）事发时间是 2014 年，报案时间是 2018 年，赵某轩为什么没有及时报案？

（5）赵某轩陈述的借款背景是否真实？赵某轩行为的性质是什么？是否对本案发生存在过错？

诈骗卷 2014 年 5 月 5 日赵某轩第一次讯问笔录供述的借款背景是否真实？借款对象、方法是否提前告知了靳某？是否将 U 盾和密码提前给了靳某的老婆？先用1元、2元钱进行试验是谁在操作？

（6）赵某轩陈述的当时公司资产负债情况是否真实？为什么不一致？该公司有无偿债能力？

（7）梁某供述是否真实？为什么其在距离侦查机关抓捕张某到案不足1小时后"自动投案"？为什么在到案后坚称张某当天在现场并参与了商议？

二、关于寻衅滋事

（1）典当行催要典当借款是否具有正当性？

典当纠纷不同于民间借贷纠纷。本案典当纠纷经一审、二审法院判决确认，该典权合法、有效，值得保护，并以生效判决确认了典权。在本案案发前，朱某香是否存在当期届满既不付息，又不续当的行为？在此情形下，典当行的催要行为是否具有正当性？

（2）张某是否指示过赵某泉负责催要工作？他们的工作是如何分工的？张某是否知道赵某泉对该笔典当借款的具体安排？

（3）赵某泉等人实施的行为细节，张某是否事前知道？是否事后知道？

（4）梁某所说的"双方争执"的具体原因是什么？

（5）梁某所说的"焊门""换锁"是否存在，当时朱某香家中是否有人？

（6）是否存在控告书中所说的"把朱某香家人拖出家中"的事实？当时的背景是什么？朱某香儿子与梁某之间发生的受伤事件经公安处理过，处理过程和结果有无记载？

（7）梁某自证其罪的背景是什么？为什么认定"投案"却未认定"自首"？需要查清其陈述是否合理、真实？

辩护人：刘建民

2019年1月10日

附件2：法律意见书：仍需查清的问题

HX市人民检察院：

查阅第一次补充侦查材料后，结合案件事实，我们认为有三个问题仍需查清。

一、事发当天，张某是否在现场？是主动安排的工作，还是同意他们的工作安排，事关张某"组织者"身份的认定

1. 为什么查？

第一，基本事实供述不一致。张某供述不在现场，事后听说的；赵某霞供述电话请示了张某；赵某泉供述当时没见到张某；而梁某供述张某后来到了办公室。显然，对于这一基本事实，供述矛盾，起码是不一致的。

第二，"在不在现场"直接影响到"组织"行为的认定。现有证据无法证明张某说了什么，是主动安排他们这样做，还是对他们这样做没有意见，这两者是明显不同的。尤其是，如果张某不在现场，但推定其具有"组织"行为，不仅没有证据支持，而且逻辑上也是错误的。

2. 怎么查？

据了解，张某当时在上海，不在 HX 市。请依职权调取张某 2014 年 4 月 30 日至 5 月 7 日的出行记录，便可一目了然。

二、具体行为人张某播等人的证据材料应当一并调取，作为本案的指控证据，事关本案"组织犯"的认定

1. 为什么？

第一，事关组织犯是否成立。从现有证据材料来看，本案涉嫌非法拘禁罪的行为人包括两类：组织犯和实行犯。而根据刑法理论，非法拘禁罪的组织犯是否成立，取决了具体行为人的行为是否构成犯罪。通俗地讲，只有具体行为人的行为构成了非法拘禁罪，组织者才有可能构成犯罪（注：实行犯过限也不构成犯罪）；如果具体行为人的行为不符合非法拘禁罪的构成要件，则组织者犯罪无从谈起。

第二，具体行为人的供述也可印证组织者的犯意。不再赘述。

2. 怎么办？

据说，除张某播以外，其他具体行为人已经到案。请依职权调取其证据材料，合并审查。

三、本案受害人赵某轩诈骗行为的定性应当重新审查并作出追诉决定，事关本案罪与非罪的认定

1. 赵某轩诈骗事实的认定

专项论证，在此不再赘述。

2. 赵某轩诈骗与本案的关系

（1）本案证据材料显示，赵某轩供述前后不一，隐瞒了众多事实，相关人员也未调查。

（2）赵某轩的不实供述和其家属的举报，客观上夸大了本案社会危险性和行为人主观恶性，进而使侦查人员产生了"有罪推定"意识。

（3）赵某轩不实供述和多年后的举报，客观上使刑事司法疏于了债权保护，使逃债行为和诈骗犯罪行为合法化，将产生不良的社会效果。

（4）罪归罪，错归错，是非分明，才是刑事诉讼的目的。合法债权和依法维权都要支持，恶意逃债和非法讨债均要打击。

本案涉及债权保护和维权界限问题，注定是一起经典案件。该案件的依法审查和公正处理，将会为债权保护提供一个可资借鉴的有效路径，也将为维权方式划定一条法律红线。对此，我们是坚信的。

3. 意见和建议

从本案证据材料来看，赵某轩涉嫌了诈骗犯罪。请依职权责令侦查机关补充侦查，补强证据，并作出追诉决定。

辩护人：刘建民

2019 年 3 月 24 日

附件 3：法律意见书：案件的定性问题

鉴于本案是由赵某轩家属的控告引发，且由中央督导组交办线索，因此属于当地重大案件。为保证案件质量，准确适用法律，做到不枉不纵，在两次退回补充侦查后，特提出如下法律意见：

一、起诉意见书的主要内容

1. 关于非法拘禁

2014 年 5 月份，赵某轩以办理承兑保证金为由向国元典当行借款 350 万元，国元典当行会计赵某霞将 350 万元打到赵某轩账户后，赵某轩随即将 350 万元还于他人借款，并将这一情况告知国元典当行，国元典当行老板张某得知后与赵某泉、赵某霞、梁某商量后安排张某播、朱某江、赵某刚、马某乐、王某飞全程跟随赵某轩，并非法拘禁于宾馆数月。

2. 关于寻衅滋事

2011 年 HX 市百泉镇南关村村民朱某香以房产作为抵押向国元典当行借款 50 万元，实际借款 43.4 万元，后陆续偿还利息 47 万元后无力偿还。2014 年期间，国元典当行老板张某指使赵某泉、梁某多次带领张某播、马某乐等人去朱某香家，实施侮辱、滋扰，并对其家门、车库门进行破坏，焊死门锁，更换门锁，并将朱某香家人拖出家中，强行占其住宅，严重扰乱朱某香及其家人的日常生活。

二、两起事实均不构成犯罪的法律分析

1. 不构成非法拘禁罪的理由

（1）张某当时不在事发现场，没有参与事件的安排。

（2）其他人员没有对赵某轩实施殴打、捆绑、限制人身自由的非法拘禁行为。

（3）有证据证明，名义上是赵某霞出借了 350 万元，实际上是张某控制的公司借给赵某霞的，张某、赵某霞和赵某轩之间存在合法的债权关系；双方之间有"梁某出钱找人，赵某轩管吃住"共同去要账来归还这 350 万元借款的约定和事实，赵某轩在此期间也是自愿的，人身自由没有受到限制。

（4）"全程跟随"认定是不准确的，且有歧义。一则不是所谓的"全程"，赵某轩可以独自回家，可以独自回厂；二则不是所谓的"跟随"，这是双方约定的共同去要账，其性质是陪同、保护、监督，相处中他们共同吃饭、喝酒、唱歌、游玩，这些绝不是限制其人身自由。由于双方存在"共同向别人要账"的目的，且必须通过积极的努力才能实现这个目的，因而明显不符合"贴身跟随"这一"软暴力"特征，没有也不可能使赵某轩产生恐惧心理。

（5）退一步讲，即便是这种方式有些不妥，容易产生认定分歧，但按照 2019 年 4 月 9 日起实施的《关于办理实施"软暴力"的刑事案件若干问题的意见》中"因本人及近亲属合法债务、婚恋、家庭、邻里纠纷等民间矛盾而

雇佣、指使，没有造成严重后果的，一般不作为犯罪处理"的规定，也不应作为犯罪处理。

2. 不构成寻衅滋事罪的理由

（1）双方之间存在合法的债权关系，且经过了 HX 市人民法院和 X 市中级人民法院两级依法审理，且判决书已经生效。不是侦查报告描述的"借了 43.4 万元，还了 47 万元，仍不到底"那么贪得无厌，该债权不是"高利贷"，也不存在非法。

（2）张某作为典当行的老板，下属工作是有分工的，催要到期债权是公司员工的工作责任，现有证据不能证明张某要求员工采取非法方式行使债权，也不能证明张某明知员工采取了非法方式。

（3）本案债权的最终实现是 HX 市法院的强制拍卖，可见债务人（即本案控告人）对该债权的态度是极其对抗的。典当行员工催要借款时，与债务人的对立应当予以理解，控告人所说的财产损失，不仅属于一面之词，而且经评估也未达到毁财犯罪的入刑标准，显然也不属于严重后果。

（4）按照 2019 年 4 月 9 日起实施的《关于办理实施"软暴力"的刑事案件若干问题的意见》中"为强索不受法律保护的债务或者因其他非法目的，雇佣、指使他人采用'软暴力'手段非法剥夺他人人身自由构成非法拘禁罪，或者非法侵入他人住宅、寻衅滋事，构成非法侵入住宅罪、寻衅滋事罪的，对雇佣者、指使者，一般应当以共同犯罪中的主犯论处"的规定，按照罪刑法定的要求，因为本案中合法债务的存在，也不应当对张某等人进行刑事追究。

三、"两高两部"司法解释的立法背景

1. 在"扫黑除恶"进程中，为避免打击范围扩大化，防止冤假错案发生，该司法解释旨在规范执法尺度，明确刑罚界限。

2. 在债权保护和维权界限问题上，"两高两部"（最高人民法院、最高人民检察院、公安部、司法部，下同）明确了两个概念，一是"非法债权"，二是"严重后果"。具体而言，对于"软暴力"讨债行为，只要是"非法债务和非法目的"，一律予以打击；而对于合法债权，即便是采取了"软暴力"讨债行为，只要没有"严重后果"，一般也不作为犯罪处理。可见，最高司法机关的立法意图是：非法债务非法索要，要坚决打击；维权可以理解，但不能

超过限度。

四、意见和建议

（1）本案由 X 市公安局扫黑办转来，中央督导组督办，应当予以高度重视。前期直接立案查处是正确的，更是可以理解的。由于案件事实已经基本查清，加之司法解释的出台，本案的定性发生了重大变化，应当依法作出不起诉决定。这种法律界限的明确，认定依据的变化，属于法律调整，不是办案人员的责任。

（2）本案两起刑事追诉，均系所谓受害人告发。对于第一起非法拘禁，被害人赵某轩曾涉嫌诈骗，侦查未终结，从本案证据来看，其明显属于恶意控告，意图逃避还款责任，建议对其加大侦查力度。对于第二起寻衅滋事，被害人朱某香房产被拍卖，抵触情绪很大，其控告明显属于泄愤报复，应当甄别其证言真实性，对其进行批评教育。

综上所述，我们的意见是：对张某涉嫌非法拘禁、寻衅滋事案件，依法作出不起诉决定。

辩护人：刘建民

2019 年 5 月 14 日

附件 4：法律意见书：相关证据的分析

赵某轩关于"在四季洗浴不准外出，长达半个月"的控告和供述，相互矛盾；其所称的证明人司机王某某不仅没有证明其控告、陈述事实，而且证明其"能自由出入"。本案两名犯罪嫌疑人对其控告内容也没有印证。洗浴中心前台服务人员证言中虽有"过了十几天我又见那个戴眼镜的男的出现了"，但该证言取得是在立案前城关派出所调查时，明显受到了控告材料的诱导，且其证明十几天未在洗浴中心见到赵某轩。因此，赵某轩关于"在四季洗浴不准外出，长达半个月"的控告、陈述，没有证据支持，缺乏事实依据。

一、赵某轩：卷三第 104 页赵某轩的《关于在国元典当行借款情况说明》

之后，四人轮流守着我不准外出，时间长达半月之久，直到最终我把前妻名下的一套 110 平方米的房子过户给他们，才允许外出，前提依然是去哪里需要向他们请示，经老板同意后才可以。之后陆陆续续还款 20 万元。

分析：拘禁半个月，房产过户后才允许外出。

二、赵某轩：卷二第 60 页赵某轩的《讯问笔录》

随后秋波等人将我拘禁在四季洗浴长达十几天，期间连房间的门都不让我出，吃饭都是打电话叫的外卖，我付钱；我司机王某某可以证实这件事，当时因为我无法离开四季洗浴，王某某多次来四季洗浴找我。

国元典当行的梁某在我被长期拘禁的十几天里几乎每天都去四季洗浴做我的工作，让我把资产转让协议签了，他说只要签了这个资产转让协议就自由了，但是我当时并没有签，所以我就一直没有离开过四季洗浴。

分析：拘禁半个月，司机王某某能证实；半个月内，梁某几乎天天过来做工作；拘禁目的是让签订资产转让协议。

三、王某某：卷二第 82 页王某某的《询问笔录》

问：你把赵某轩被限制人身自由的情况讲一下。

答：我原先是赵某轩的司机，2014 年那一段时间，每天我不管开车带赵某轩去哪，车上总坐着一两个我不认识的人看着赵某轩，晚上在 HX 市东新庄那的四季洗浴的客房住，还有几个人跟赵某轩一起住，有时候在一个房间，有时候分开住。具体是不是赵某轩自愿住在那的，是谁开的房我不清楚，从四季洗浴出去总有一两个人跟着我们。

问：赵某轩在四季洗浴那住能不能自由出入？

答：能自由出入，但是出去的时候，他们总有一两个人跟着赵某轩。

分析：其司机王某某证明赵某轩"能自由外出"，"在四季洗浴不准外出，长达半个月"未能证实。

四、梁某：卷二第 39~40 页梁某的《讯问笔录》

问：期间有十几天不让赵某轩出门你是否清楚？
答：我不知道。

分析：赵某轩的控告、陈述事实，未得到梁某的印证。

五、张某播：卷二第 28 页张某播的《讯问笔录》

梁某说你要是这两天真能还点钱的话，我就给公司汇报一下，咱就返回。梁某给公司打了电话，打过电话后，梁某就开着车带着我们返回了，他把我们送到四季洗浴，然后一个人开车离开。我 10 月份左右离开四季洗浴就没有再看管赵某轩，而是去外边打工。我安排朱某江、马某乐、赵某刚继续看管赵某轩。后来的事我就不清楚了。

分析：赵某轩的控告、陈述事实，未得到张某播的印证。

六、郎某：卷二第90页郎某的《询问笔录》

询问时间：2018 年 9 月 11 日 17：22 ～ 19：10

询问地点：城关派出所询问室

问：他们这五个男的在四季洗浴住宿期间有什么异常行为？

答：中间有一段时间我没见戴眼镜的男的，我就问那个黑黑的瘦瘦的男的：我说你们老板最近咋没来了？他说：他被弄进去了。过了大概十几天我又见那个戴眼镜的男的出现了。

问：那个黑黑瘦瘦的男的说戴眼镜男的被弄进去了，你感觉是什么意思？

答：我也不知道，但是我也不敢问。

问：他们吃饭是怎么解决的？

答：白天在我们这住宿的话就是叫外卖，晚上回来的话就不叫外卖了。

问：接着讲？

答：他们刚来的时候每次戴眼镜的男的出去都会有两个人跟着，后来戴眼镜男子消失十来天之后，每次出去看他的人就没有那么紧了。

分析：赵某轩控告材料落款时间是 8 月 29 日，详见卷三第 104 页。本案立案时间是 9 月 26 日，详见卷一第 2 页。这份询问笔录时间是 9 月 11 日，显然是控告后立案前的调查。

从四季洗浴服务人员证言内容可以看出：第一，她问你们的老板"最近咋没来""戴眼镜男子消失十来天后"，表明赵某轩这"十来天"不在四季洗浴。第二，按照洗浴中心日常管理，每天需打扫房间，更换床上用品，如果拘禁赵某轩在洗浴中心内不准出门，服务人员应当是清楚的，也应当报警。因此，四季洗浴服务人员证言存在两种情况：一是该证言是真实的，表明赵某轩不在洗浴中心，那么，赵某轩关于"在四季洗浴不准外出，长达半个月"的控告则不能成立；二是如果证言是虚假的，则更证明不了"在四季洗浴不准外出，长达半个月"的事实。

显然，四季洗浴服务人员的证言，是在控告后立案前制作时受到了赵某轩控告材料内容的诱导。但是，不管证言是否真实，均无法证明赵某轩关于

"在四季洗浴不准外出，长达半个月"的事实，无法印证赵某轩控告、陈述的真实性。

七、结语：赵某轩控告和陈述的综合分析

赵某轩的《关于在国元典当行借款情况说明》，详见卷三第104页；赵某轩的《讯问笔录》，详见卷二第60页。

分析：赵某轩控告的目的是掩盖其诈骗350万元事实，企图逃避刑事打击，明显属于泄愤报复。表现在：一是赵某轩诈骗已由公安机关立案受理。二是该案曾被提请逮捕，因事实不清，尚在侦查中。三是取保后变本加厉，改变口供，详见本案赵某轩六次口供的变化。四是把"合作要账"说成是"非法拘禁"。五是控告中假话连篇，如称拘禁行为"导致妻离子散"，事实上赵某轩早已离婚，合作要账期间还一起给现任妻子过生日、唱歌跳舞；如称这几个人"生活糜烂"，事实上，赵某轩在合作要账期间多次外出玩乐。

综上，赵某轩关于"在四季洗浴不准外出，长达半个月"的控告，纯属谎言，没有证据支撑，也没有得到印证。敬请全面分析，综合判断。

辩护律师：刘建民

2019年6月2日

11

古稀老人的罪与非罪：刑事追诉时效的理解与适用

十九年前已受理，如今岂能再立案

——郝某涉嫌故意伤害不起诉案

【核心提示】

追诉时效制度，是为了限制国家刑罚权而设立的。不受追诉时效限制有两种情形：一是侦查立案或者人民法院受理后，逃避侦查、审判的；二是被害人控告，但公安机关应当立案而不予立案的。除此之外，任何经过法定期限没有被追诉的行为人，依法不再追究。本案发生在 2001 年，当时侦查已立案，且移送到了法院，因各种原因不了了之。信访不应当催生司法重启，好在当事人愿意"花钱买平安"，最终公诉机关以不起诉终结了刑事程序，也算是一个不错的结局。

咨询

认识郝先生，是在为一位艺术家提供家庭法律服务过程中。郝先生已是 75 岁高龄，早年毕业于科班院校，后为杂志社文字编辑，学养深厚，思路清晰。岁月沧桑，但依然性情耿直，坚持真理。交往中，其独到的分析问题能力，精辟的语言表达能力，着实让人敬佩。因此，我一直称他为"郝老师"。

2020年1月1日，郝老师来电话，说是内蒙古某市有一个刑事案件没有了结，将近20年了，现在派出所来找他。我说，不要着急，既然来了，就要面对。并提示他，见面时要向他们说清楚自己的身体状况。

随后，听说他们见了面。

1月9日，郝老师电话说，派出所的干警回去了，却寄过来一份监视居住决定书，让签字后寄回去。由于没有人身强制风险，我便让他回忆一下当年的事实经过。

在多次交流之后，我才知道：原来他们一家曾在内蒙古工作，2001年12月份，他与楼下邻居发生了争执，还到派出所进行了处理。后来，邻居被鉴定为轻伤，便控告他。派出所负责处理，后来没有消息了。而起因是，这个邻居的丈夫和同事在办公室打架，他的妻子做了证人，于是这个邻居就对他家很仇视，常常无事生非。

当时，我的第一感觉就是追诉时效问题。但郝老师对是否立案问题，是说不清楚的。由于案件正处在侦查阶段，律师很难了解到案件的具体情况，于是我建议他了解一下派出所掌握了哪些事实，再作判断。

等待

疫情期间，驻足家中，但我和郝老师的联络没有停止。

刑案在身，没有人能安静下来，我理解他。在此期间，他找到了当年写的一份材料《一个证人的遭遇》，还有当年邻居破坏他家里的照片。他起草了一份情况说明、申诉书，想听听我的意见，我不建议他发出去。因为我最想了解的是侦查机关掌握了什么、下一步要干什么。侦查机关一向是就案办案，不会轻易考虑其他问题的。

后来，他打听到2006年5月份曾有一个监视居住决定书，是他亲戚签的字，他没有印象了。还听说当年12月份XC区人民法院有一个退卷函。

这样，问题就清楚了。当年立案了，显然远远超过了追诉时效。那么，为什么立案呢？我同意了他寄出申诉材料的想法。

调解

4月24日，郝老师电话告诉我，说是派出所要移送案件了，但检察院要求人必须到案，随卷一起移送。还说派出所表示很为难，因为这是上级督办的信访案件。4 月 26 日，郝老师再次打电话，说是派出所表达了对方想调解的愿望，对方提出把呼市的那套房子给她就行，被他断然拒绝了。

至此，真相大白。原来，这起伤害案件因为证据不足，确实没有处理到底。被害人看到当前形势有利，便信访了。一是控告公安机关不作为；二是控告郝老师伤害罪，要求赔偿损失。这样看来，让郝老师寄出控告材料是正确的。

在随后的日子里，侦查人员顺延了强制措施手续，我也保持了与郝老师女儿的沟通联系。

对于这类案件，调解是有可能彻底解决问题的。但是，作为好朋友，我是他非常信任的人，我不能坚持让郝老师接受调解，因为他是一个是非分明的人，且与被害人积怨较深。我也不能让郝老师因追诉时效问题坚持无罪，因为侦查机关会出于信访压力而长期拖延下去，这对他的身心健康极为不利。于是，我只有劝他咨询一下其他律师，也劝他让他的女儿多方问询一下，看看有没有其他更好的解决办法。

结案

女儿是父母的贴心人、小棉袄。真的！

11 月 30 日，郝老师发来一份息诉罢访书，让我看看行不行。原来，他的女儿担心他的身体，同意调解了。当然，不是那么大的数额。

12 月 17 日，他又发来一份谅解书。说是近期女儿要到内蒙古，代表他处理这些问题。我当然认为这样很好。

按照以前的规定，轻伤害案件是可以调解的。为消除郝老师顾虑，防止相关机关言而无信，我代为起草了一份申请书，从专业的角度，论证了及时终结刑事诉讼的理由。以此让检察官知道，依法依理依情，都应当作出不起诉决定。他们同意调解，是想案结事了。作为备用材料，可以备而不用，也算有备无患。

2021 年 1 月 23 日，案件不起诉了。

我很高兴。因为好朋友的心终于可以平静了，这比什么都好。

【专业阅读】

关键词： 轻伤害　调解　追诉时效
辩　点： 法理·时效辩
技战法： 釜底抽薪

律师感悟

咨询业务既要分析走向，又要精神安抚。一旦涉及刑案，任何人都会惶恐。既然事情发生了，逃避是没有用的。律师接受咨询，不仅要分析案情，告知程序，预测风险，还要鼓励其积极面对。精神上的安抚很重要，人不能在心理煎熬下度日，那会有害身心。再难的事情终将过去，日子还是要过下去的。律师要做当事人的思想引导者、话语倾听者、生活陪伴者。

分析判断问题要立足于案件事实。刑事立案要靠事实和证据，而侦查活动又是不公开的，因此，律师要善于倾听当事人的诉说，从其言谈中了解案件情况。同时，还要通过侦查人员的问讯内容，分析侦查方向和认定逻辑。认知是一个渐进的过程，要有耐心。随着时间推移，很多问题会清晰起来，分析问题才能更准确，解决方法才会更有针对性。

纠纷的处理要尊重当事人选择。当信访因素叠加于伤害案件处理时，当事人的选择就变得非常重要。律师应当谨慎表态，我们不能因为坚持调解，让当事人委曲求全，也不能因为坚持无罪，让案件久拖不决。对于人生波折，宽容或者对立应当由其自行选择。作为执业律师，我还是希望一了百了，再无波澜。祝愿我的好朋友心无忧，人康健！

法言法语

1. 关于及时作出不起诉决定的申请书
2. 最高人民法院指导性案例

附件1：关于及时作出不起诉决定的申请书

H市XC区人民检察院：

现请求贵院依法作出不起诉决定书，及时终结本案刑事诉讼程序。理由如下：

1. 双方已达成赔偿协议，被害人予以谅解，适用当时法律终结刑事程序符合法律规定

据悉，本案发生在2001年，当时公安机关已经立案。检察院不予逮捕后，该案直诉到法院，法院又将卷宗退回。2019年被害人再次信访后，公安机关重新立案。2020年12月份，在XC区公安分局海东路派出所和XC区检察院综合业务部的主持下，双方达成了赔偿协议，被害人予以谅解，表示不再要求刑事追究，并息诉罢访。按照当时的法律规定，轻伤害案件可以调解结案。因此，根据"从旧兼从轻"原则以不起诉方式终结本案刑事诉讼，是符合法律规定的。

2. 本案发生至今已经19年，远远超过刑法规定的追诉时效，终结刑事程序符合法律规定

从司法鉴定书的内容可以看出，本案发生在2001年10月22日，至今已经19年了。当时公安机关已立案受理，据说还采取了监视居住措施，而且曾移交过法院，不存在"不予立案，但被害人控告"的情形。在此期间，被害人曾向委托人新的工作单位反映过情况、委托人的手机号码自始至终未作更换、公安机关也未实施过任何通知和传唤，根本不存在"逃避侦查、审判"的情形。显然，轻伤害最高法定刑3年，追诉时效为5年，该案远远超过了法定的追诉时效期限。因此，以不起诉方式终结本案刑事诉讼，是符合法律规定的。

3. 委托人现年75岁，体弱多病，对陈年往事的刑事追究给其身心造成了极大的伤害

委托人出生于1935年，现年75岁，身患多种疾病，独立生活已显得非常困难。公安机关重新立案后，委托人每遇问讯和通知，常常心神不宁，多次旧病复发，身心健康受到极大危害。公安、检察主持调解时，其家属本着"花钱买平安""花钱买健康"的心理，积极劝说其了结案件。委托人对公

安、检察人员不予刑事追究的承诺，给予极大的信任。因此，以不起诉方式及时终结本案刑事诉讼，是合乎天理人情的。

申请人：郝某某

2020 年 12 月 21 日

附件 2：最高人民法院指导性案例

孙全昌、孙惠昌被控故意伤害
因超过追诉期限终止审理案

《人民法院案例选》2006 年第 1 辑（总第 55 辑）

【要点提示】

不属于《中华人民共和国刑法》第 88 条规定的不受追诉期限限制的情形的，人民法院审查追诉期限是否届满，应当以法院立案审查或者审理的时间是否超过追诉时效为准。

【案例索引】

一审：江苏省无锡市北塘区人民法院（2005）北刑初字第 220 号（2005 年 12 月 8 日）（未上诉、抗诉）

【案情】

公诉机关江苏省无锡市北塘区人民检察院。

被告人孙全昌。

被告人孙惠昌。

1998 年 11 月 15 日下午 5 时许，被告人孙全昌在无锡市黄巷街道高某某 28 号门口与邻居孙某某发生争执，后以其在场的母亲孙阿菊额部被砖块砸伤为由，与弟弟即被告人孙惠昌及其父母一起闯入 29 号孙某某家中，与孙某某、孙某某 1 夫妇发生揪打。期间，孙全昌将孙某某左手环指扳伤，孙惠昌将孙某某 1 嘴部打伤。无锡市公安局于 1999 年 5 月 24 日出具法医鉴定结论，认定孙某某左环指远侧指间关节活动不能，呈屈位；孙某某 1 左上第一、右

上第一牙缺失，牙龈红肿，活动性出血，左上第二牙牙折。孙某某、孙某某1
所受的损伤均已构成轻伤。

1999 年 9 月 14 日，无锡市公安局原郊区分局立案侦查，1999 年 10 月 30
日以被告人孙惠昌涉嫌犯故意伤害罪向原无锡市郊区人民检察院提请逮捕。
同年 11 月 5 日，原无锡市郊区人民检察院以该案事实不清为由出具了不批准
逮捕、补充侦查决定书。

2002 年 7 月 2 日，无锡市公安局北塘分局（黄巷街道划归北塘区管辖）
又以被告人孙惠昌涉嫌犯故意伤害罪提请无锡市北塘区人民检察院提起公诉。
同年 10 月 14 日，无锡市北塘区人民检察院以该案事实不清、证据不足为由，
出具了补充侦查决定书。

2003 年 3 月 16 日，无锡市公安局北塘分局又以群众电话报警为案件来
源，对该案被告人孙全昌并案立案侦查，并于同年 3 月 20 日分别对被告人孙
全昌、孙惠昌进行了传唤。2005 年 8 月 12 日，无锡市公安局北塘分局对被告
人孙全昌、孙惠昌采取了取保候审的措施。同年 8 月 16 日，无锡市公安局北
塘分局以被告人孙全昌、孙惠昌涉嫌犯故意伤害罪提请无锡市北塘区人民检
察院提起公诉，无锡市北塘区人民检察院于 2005 年 9 月 29 日向无锡市北塘区
人民法院提起公诉，该院于同日经立案审查受理了本案。

【审判】

无锡市北塘区人民检察院以被告人孙全昌、孙惠昌犯故意伤害罪，向无
锡市北塘区人民法院提起公诉。

无锡市北塘区人民法院经审查认为，本案已经超过追诉期限，应当终止
审理。主要理由是，被告人孙全昌、孙惠昌所犯故意伤害罪的法定最高刑为
有期徒刑 3 年，追诉时效为 5 年，本案发生于 1998 年 11 月 15 日，至法院受
理时已经超过 5 年。而且，被告人孙全昌、孙惠昌在公安机关立案后对其多
次传唤和讯问时，没有任何规避的行为，法院受理以后的所有诉讼活动也能
准时参加，不存在《中华人民共和国刑法》（以下简称《刑法》）第 88 条规
定"逃避侦查或者审判"的情形。依照《中华人民共和国刑事诉讼法》（以
下简称《刑事诉讼法》）第 15 条及第 2 项之规定，犯罪已过追诉时效期限
的，不追究刑事责任，已经追究的，应当撤销案件，或者不起诉，或者终止

审理，或者宣告无罪。《最高人民法院关于执行〈中华人民共和国刑事诉讼法〉若干问题的解释》第117条第5项规定，对于符合《刑事诉讼法》第15条第2至第6项规定的情形的，应当裁定终止审理或决定不予受理。既然本院已经受理，应当作出终止审理的裁定。

据此，依照《刑事诉讼法》第15条第2项、《最高人民法院关于执行〈中华人民共和国刑事诉讼法〉若干问题的解释》第117条第5项的规定，于2005年12月8日作出裁定：

本案终止审理。

一审裁定送达后，公诉机关在法定期间内未提出抗诉。

【评析】

我国刑法确立追诉时效制度，其目的是限制国家的刑罚权，使那些犯罪后经过一定的时间没有再次犯罪的行为人，避免受到国家刑罚权的无限期的追究，从而使这些行为人经过法定期限没有受到追诉而成为法律上的自由的人。据此，《刑法》第87条根据不同的法定刑格和刑种，分别确定了不等的追诉期限。

一、如何理解和适用《刑法》第88条规定的不受追诉期限限制的情形

为了防止那些规避追诉期限的行为人或者因司法机关的原因未能及时查处的行为人逃避法律的制裁、破坏法律的严肃性，《刑法》第88条规定了两种"不受追诉期限的限制"的情形：第一种是"在人民检察院、公安机关、国家安全机关立案侦查或者在人民法院受理案件以后，逃避侦查或者审判的"；第二种是"被害人在追诉期限内提出控告，人民法院、人民检察院、公安机关应当立案而不予立案的"。其中的"逃避侦查或者审判"，一般是指行为人故意不接受讯问和审判，意图逃避法律的制裁，并不包括行为人进行合理的辩解和因故暂时无法接受讯问或者审判的情形。

本案中，被告人孙全昌、孙惠昌涉嫌犯故意伤害罪的具体日期为1998年11月15日，公安机关对被告人孙惠昌立案侦查的日期为1999年9月14日，对被告人孙全昌立案侦查的时间为2005年3月16日。案件发生以后，被告人孙全昌六次接受公安机关的讯问，其中属于立案以后接受讯问三次；被告人孙惠昌七次接受公安机关的讯问，其中属于立案以后接受讯问五次。人民法院送达起诉书副本时，被告人孙全昌、孙惠昌均能如期到案。从诉讼材料可以证实，被告人孙全昌、孙惠昌在公安机关立案侦查和人民法院受理该案以后，没有任何规避接受讯问和审判的行为。因此，被告人孙全昌、孙惠昌的行为不符合《刑法》第88条规定的第一种情形。

案件发生后，被害人之一孙某某于事发当日即1998年11月15日即向公安机关作了被害的陈述，可以视为"控告"行为。公安机关虽然于1999年9月14日仅对被告人之一孙惠昌进行立案侦查，但由于该案系共同犯罪，公安机关立案之初囿于证据收集上的原因仅对其中一名被告人立案侦查，应当视为对全案的立案侦查，至于2005年3月16日对被告人孙全昌的立案侦查，应当属于对共同犯罪的部分被告人在查证属实以后的补充性追诉活动，并不属于严格意义上的"原创性"立案侦查。被害人孙某某在5年的追诉期限内提出了控告，公安机关也进行了立案侦查。因此，对被告人孙全昌、孙惠昌亦不能适用《刑法》第88条规定的第二种情形。

二、追诉期限完成的时间应当如何确定

《刑法》第89条规定："追诉期限从犯罪之日起计算；犯罪行为有连续或者继续状态的，从犯罪行为终了之日起计算。在追诉期限以内又犯罪的，前罪追诉的期限从犯后罪之日起计算。"该条规定对追诉期限的起算时间根据不同的情形作了不同的界定。至于追诉期限的完成时间，法律对此没有具体的规定。其实，尽管法律对此没有具体的规定，根据《刑法》第87条不等的追诉期限和第89条的起算时间，可以确定：追诉期限应从犯罪之日起至法律规定的追诉时效届满之日为止。也即，追诉时效届满之日即为追诉期限完成的时间。

本案中，被告人孙全昌、孙惠昌实施故意伤害行为的时间为1998年11月15日，且造成被害人孙某某、孙某某1轻伤的结果也出现在当日，事后又未发现被告人孙全昌、孙惠昌有再次实施犯罪的事实。同时，本案又不存在前述的《刑法》第88条规定的情形。因此，对被告人孙全昌、孙惠昌追诉期限的起算时间应当为1998年11月15日。被告人孙全昌、孙惠昌实施故意伤害行为造成被害人孙某某、孙某某1的损伤程度均仅为轻伤，依照《刑法》第134条第1款规定，法定最高刑为有期徒刑3年。依照《刑法》第87条之规定，法定最高刑不满5年有期徒刑的，追诉期限为5年。因此，对被告孙全昌、孙惠昌追诉期限的完成时间应当为 2003 年 11 月 14 日。

三、对于超过追诉期限的案件应当如何处理

我国《刑事诉讼法》第 15 条规定，犯罪已过追诉时效期限的，不追究刑事责任，已经追究的，应当撤销案件，或者不起诉，或者终止审理，或者宣告无罪。《最高人民法院关于执行〈中华人民共和国刑事诉讼法〉若干问题的解释》第 117 条规定，对于符合上述情形的，应当裁定终止审理或者决定不予受理。

司法实践中，在超过追诉期限以后才开始立案侦查、审查起诉和交付审判等整体性诉讼活动的情形非常少见。一般出现超过追诉期限的情形往往出现在立案侦查以后的审查起诉、交付审判阶段，其中比较常见的原因是证据的收集不充分导致无法及时起诉和审判。如果在审查起诉或者交付审判阶段出现了超过诉讼期限的情形，应当根据各自的职责权限依照上述规定作出决定或者裁定。其中，法院在立案审查时发现案件已过追诉期限的，应当作出不予受理的决定；在审理时已过追诉期限的，应当作出终止审理的裁定。

就本案而言，应该说，自 2003 年 11 月 14 日以后，公安机关的侦查、人民检察院的审查起诉和人民法院的受理均属于不合法的行为。依照《刑事诉讼法》第 15 条的规定，无锡市公安局北塘分局应当于 2003 年 11 月 14 日作出撤销案件的决定。在没有撤销案件的情况下，2005 年 8 月 16 日提请无锡市北塘区人民检察院提起公诉时，该区人民检察院应当作出不起诉的决定。无锡市北塘区人民检察院于 2005 年 9 月 29 日向无锡市北塘区人民法院提起公诉以后，法院在立案审查时应当作出不予受理的决定。当然，在未经开庭审理的前提下，无锡市北塘区人民法院于 2005 年 12 月 8 日作出终止审理的裁定，是符合法律规定的。

（编写人：江苏省无锡市北塘区人民法院

徐振华　杨建忠　责任编辑：杜　强）

卷三

免予刑事处罚案件

03

12

涉嫌玩忽职守的国土官员：国有与集体
建设用地的不同

"招拍挂"不是使用集体建设用地的必经程序
——赵某涉嫌玩忽职守免刑案

【核心提示】

服务区项目用地未必是国有建设用地，乡（镇）村公共设施依法可以使用集体建设用地，而"招拍挂"不是使用集体建设用地前置程序。法无禁止即可为之，行政相对人没有行政违法行为，行政机关便无权对其处罚。玩忽职守的损害后果是"不可挽回"，即便是建筑物应当没收而没有没收，完全可以补救，不存在国家经济损失。渎职犯罪涉及诸多行政法律、法规规定，行政执法人员有权辩解。司法人员应当耐心听取，做到执法有据，有错必纠。

背景

这是一起由检察院自侦的玩忽职守案件，案发时间是 2014 年下半年，涉案当事人是一名土地监察大队副大队长。

接受咨询时，该案已侦查终结，准备移送起诉审查部门。当事人投案了，强制措施变更为取保候审。据说，检察院高度重视该案，虽经多方协调，但程序是必须走下去的，而且不可能被判处缓刑。牢门就在眼前，取保候审的当事人惊恐度日。

通常情况下，渎职案件的立案侦查是慎重的。一旦立案侦查，检察机关就不会轻易撤案。

介入

对公职人员来讲，刑事处罚直接关系到饭碗问题，人生理想更无从谈起了。此时，当事人已没有退路，律师是唯一的希望。

经了解，原来是一个服务区（加油站）项目，早在2012年完成了规划定点，但未进行公开招投标程序便进行了建设。案发时，该项目已竣工。检察院认为，犯罪嫌疑人赵某不认真履行职责，在巡查发现该服务区用地项目施工时，未落实该宗占地的用地手续，未向领导请示予以立案查处，未对非法占用的土地上建设的建筑物和其他设施予以没收，致使国家利益遭受重大损失，建议在3年以上7年以下有期徒刑范围内从轻或减轻处罚。

据说，当事人找过一些律师咨询，但没有人对检察院的侦查逻辑和案件认定提出异议。用地程序违法了，却没有立案处罚，难道不是渎职吗？检察院自侦案件，辩护的胜诉率有多大？律师为难止步了，他们只有沮丧。

我却不是这样认为。"招拍挂"是国有建设用地出让的法定程序，而服务区项目建设用地必须是国有建设用地吗？常见的服务区在高速公路旁边，乡村居民区附近不能有服务区吗？两者有什么区别？

当事人是土地行政执法人员，对于土地相关法律知识，他是非常了解的，但没有能够说清楚。听到我的分析后，他终于有了笑脸，一改往日的愁容。

第二天，他们夫妻两人一起来见我，毕竟这是家里的大事儿。他的妻子也很真诚，问我："能无罪吗？"律师是不会承诺的，我只是说道："希望在，梦想在，一切皆有可能。"看得出，他俩是充满希望的，但要求也不高，只要无缘牢狱，工作也是次要的。

临别时，他俩催促我起草合同，请求尽快介入案件。我向赵某提出一个要求，希望他来我工作室办公三天，我要向他学习。

他腼腆地笑着离开了。

2014 年 10 月 29 日，案件移送起诉审查。

11 月 6 日，法律服务协议签订了。

法律意见

本案探讨主要是在律师与当事人之间。整整三天，我们一直在一起，理思路，找依据，彻夜长谈。

在本案中，玩忽职守罪成立取决于两点：一是常村镇服务区项目用地应当履行"招拍挂"程序；二是当事人的不作为行为造成了国家利益重大损失。

随着讨论研究的深入，两个问题逐渐清晰了。

关于涉案服务区项目用地。这是为了建设常春社区的配套公共设施申请的，而乡（镇）村公共设施依法可以使用集体建设用地；河南省原国土资源厅曾在批复中要求"对于一个月内没有组织开工建设的，省厅将收回挂钩周转指标"，而如果认定该宗土地应当转为国有建设用地，通过"招拍挂"形式进行出让的话，那么就需要履行公告、听证等一系列征收程序，这是一个月时间绝对无法完成的。这也表明涉案服务区项目用地是集体建设用地，而不是国有建设用地。土地性质搞清了，是否应当履行"招拍挂"程序的问题也就迎刃而解了。

关于国家利益损失。这是在假定玩忽职守成立的情况下的分析论证，算是第二道防线。玩忽职守罪刑法意义上的损失是"不可挽回"，而应当没收，却没有及时没收，不会造成实际财产损失；行政执法人员的不作为行为没有导致已建成的建筑物灭失，而且新启动的执法行为完全可以补救不作为的行为后果，以已建成的建筑物评估价格作为损失数额，显然是不妥的。

刑事案件没有那么高深，只要思路清晰，理由充分，很多问题是可以说清楚的，至少是可以听明白的。

最后，我问赵某："你犯罪了吗?"他看着我，却极不自信。

11 月 12 日，《法律意见书》正式定稿完成。

沟通

渎职犯罪属于检察院的自侦案件，公诉和侦查又属于同一个单位的两个部门，自行纠错概率很低。

律师是公民权利的维护者，面对困难也要迎难而上。我一向注重起诉审查阶段的沟通，尤其是在涉及罪与非罪的问题上。对当事人来讲，案件每推进一步，风险将增加一分，毕竟无罪判决是极为少见的。也许公诉部门会基于各种原因，最终将案件移交法院，但只要真诚地沟通，还是可以引起公诉人员对案件质量的重视。至少可以阻止公诉人员对侦查结论的轻信，进而防止侦控一体，增加日后审判的压力。每一个公诉人员都是有理想的，没人愿意掩盖侦查错误，更不会愿意为错案买单。

正是基于这样的认识，律师必须采取灵活的沟通方式，确保沟通效果。事已至此，与侦查人员沟通是没有用的。于是，我便与检察院主要领导进行了联系和交流。这位飒爽英姿，聪颖干练的检察长是值得称道的，见面效果很好。交流的次日，侦查人员主动和我联系，听取了律师意见。与公诉人员的沟通，主要是书面的。高手过招，自然是点到为止。

11 月 27 日，案件还是起诉到了法院。我明白检察院的意思，认识上存在分歧，让法院依法处理吧。

免刑判决

一审期间，我建议赵某另行委托一名律师，出庭辩护。新任律师李艳鹏与我的观点一样，他在庭审中提出了独立的无罪辩护意见。

庭审当天，我旁听了案件，一切规范有序。

12 月 12 日，一审宣判：免予刑事处罚。

在当时背景下，这是最好的结局了，当事人非常感激。

【延伸阅读】

关键词：玩忽职守　招拍挂　集体建设用地　国家损失

辩　点：法理·无罪辩　事实·还原辩

技战法：釜底抽薪　提纲挈领

律师感言

说理很重要。刑事案件冤不冤，当事人最有感受。要认真听取当事人诉说，从中分析判断。不公平的事儿，总会有解决办法。刑事辩护其实就是一个辨法析理的过程。事实为基础，证据是关键。本案中，项目用地的性质是必须说清的，国有建设用地应当"招拍挂"，集体建设用地则无此规定。事实还原辩必须以充分证据作支撑，事情说清楚了，有理有据，问题才有可能被解决。

沟通有重点。刑事辩护过程中，要尊重侦查人员，但无须与其过多沟通。立场不一样，看法就不同。没有人愿意在其领导面前承认自己的错误，主动请求撤案。反映问题是讲案件存在的问题，绝不是告状。在罪与非罪问题上，应当向领导讲明白，领导也不愿意错案的发生。只要讲得有道理，任何领导都会重视，领导的办法比想象得多。政法领导都是精英，只要关注了，事情也就有了希望。

维权要理性。刑事追诉是国家行为，任何人都抗拒不了强制措施。被追诉，一定是有理由的。侦查中的有罪推定思维没有错，关键是当事人能不能有效辩解。事实说不清，道理讲不明，就不要谈无辜和冤屈。聘请律师是代为陈述和维权，凡事都要理性克制。点到为止，见好就收是明智之举。职业报复不仅会发生，而且很可怕。

司法要改革。在依法治国背景下，任何部门的强势都是不正常的，其根源在于制度层面出了问题，权力必须被约束。刑罚应当有预期，有罪不判、无罪蒙冤都是不应该的。司法人员要有良知，量化考核中加分和扣分只是自己工作的一部分，而对当事人来讲，那将是他们的一生荣辱。司法改革是要解决现行体制和制度中存在的问题，根本目的是司法公正，基本底线则是引导人们要行善，不作恶。

法言法语

法律意见书

附件：法律意见书

兹受赵某的委托，在审查起诉阶段，就其涉嫌玩忽职守罪进行法律分析，并出具如下法律意见书。

本法律分析基于以下书面材料：

（1）起诉意见书及相关案卷材料；

（2）河南省人民政府豫政办（2009）124 号关于印发《河南省城乡建设用地增减挂钩试点暂行办法》的通知及暂行办法全文；

（3）河南省国土资源厅豫国土函（2009）813 号关于 2009 年第二批城乡建设用地增减挂钩项目区实施规划的批复及附件、HX 市国土资源局辉国土资（2009）22 号关于上报审批 HX 市 2009 年第二批城乡建设用地增减挂钩试点项目的请示及附件；

（4）河南省国土资源厅豫国土函（2010）725 号关于 HX 市 2010 年第二批城乡建设用地增减挂钩项目区实施规划及建新拆旧的批复及附件；

（5）河南省国土资源厅豫国土函（2011）138 号关于 HX 市 2011 年第一批城乡建设用地增减挂钩项目区实施规划及建新拆旧的批复；

（6）河南省国土资源厅豫国土函（2012）1080 号关于 HX 市 2012 年第一批城乡建设用地增减挂钩项目区实施规划及建新拆旧的批复及附件；

（7）河南省国土资源厅豫国土资发（2013）13 号关于进一步严格规范城乡建设用地增减挂钩试点工作的通知；

（8）HX 市城市规划委员会（2012）5 号会议纪要；

（9）HX 市城市规划委员会（2014）1 号会议纪要；

（10）《中华人民共和国土地管理法》（以下简称《土地管理法》）及有关条文释义。

一、本案涉及的当事人

赵某，男，1987 年 5 月 14 日出生，汉族，大专文化，HX 市国土资源局监察大队副大队长，现取保候审。

二、起诉意见书的主要内容

经依法侦查查明：HX 市国土资源局工作流程：用地单位申请—规划选址预审（规划科）—根据规划设计条件开展土地征收工作（征地所）—组卷上报审批（用地科）—经营性和工业用地进入招拍挂程序（土地收购储备中心）—出让成交后，签订出让合同，全额交纳土地出让金及契税后，由政府下发供地文件（利用科）—持用地批文、出让合同和缴款票据，由国土部门报政府确权登记发证（地籍科）。

三原线常村镇服务区项目拟用地选址位于常村镇常东村南部、三原线以东，拟用地总面积 42.31 亩，占地类型为耕地、建设用地，集加油站、加水洗车、公共卫生、餐饮住宿、汽车维修等综合服务于一体。2011 年 3 月 1 日，常村镇政府向 HX 市规划局提出三原线常村镇服务区用地项目建设申请。2012 年 9 月 25 日，HX 市规划委员会会议通过该用地项目定点及规划方案，并要求土地竞得人严格按照规划方案实施建设。2013 年 4 月，在未按照规定进行招拍挂程序的情况下，中州建筑有限公司开始修建服务区内的车辆维修区。2013 年 6 月份，赵某担任负责常村镇土地巡查工作的 HX 市国土资源局监察大队副大队长，其带领分管中队巡查时发现三原线常村服务区项目正在建设，通过询问中队人员听说该项目有手续，在未进行调查核实的情况下，未采取任何措施制止建设施工，致使该项目建设继续进行。2014 年 1 月，该服务区主体工程建设完工。经鉴定，该项目已建成的房屋建筑物价格为 7 601 399 元。

据此，检察院侦查部门认为，犯罪嫌疑人赵某不认真履行职责，在巡查发现常村服务区用地项目施工时，未落实该宗占地的用地手续，未向领导请示予以立案查处，未对非法占用的土地上建设的建筑物和其他设施予以没收，致使国家利益遭受重大损失，其行为已涉嫌玩忽职守犯罪。同时，认定了赵某的自首情节，并建议在 3 年以上 7 年以下有期徒刑范围内从轻或减轻处罚。

三、法律分析

检察院侦查部门认定委托人构成玩忽职守罪的关键点是：常村镇服务区项目用地应当按照规定进行"招拍挂"程序而没有履行该程序，在项目建设施工过程中，委托人作为土地巡查的执法人员应当立案调查，并予以没收等处罚，却没有行使职权，致使国家利益遭受重大损失。

显然，本案的重点有两个：一是常村镇服务区项目用地是否应当履行"招拍挂"程序；二是委托人的行为是否造成了国家利益重大损失。

对此，我们根据上述书面材料和相关法律，作出如下法律分析：

（一）常村镇服务区项目用地为集体建设用地，不应也不能履行"招拍挂"程序

1. 常村镇服务区在河南省国土资源厅批复的 2009 年第二批城乡建设用地增减挂钩项目区实施规划范围之内，系常春社区的配套公共设施

2009 年 12 月 17 日，省国土资源厅批复了 2009 年第二批城乡建设用地增减挂钩项目区实施规划。在这次批复中，HX 市 160.583 公顷的土地性质为

"先建后拆"。常村镇服务区位居其中，其卫生医疗、生产服务功能符合 X 市新型农村住宅社区建设布局的要求，系常春社区的配套公共设施。

从常村镇服务区的实际运作程序来看，镇政府将加油站调整到现在的服务区后，"因镇里没有资金，镇政府于 2013 年在动工建设前研究决定，为支持新兴产业，对服务区按银行贷款利息进行贴息三年，安排常东村支部书记郭某牵头，吸收社会资金动工建设，三年后由郭某本人自主经营"（详见侦查卷第 24 页调查董某的笔录）。"三原线服务区元旦前投入使用，加油站、加气站可放在一起，修车现在可入住。"（详见侦查卷第 164 页常村镇党政会议纪要）这种因镇政府没有资金，让社区村民自筹资金，政府贴息，统一规划安排的服务区，显然是镇政府按照 X 市新型农村住宅社区建设工作部署和要求，为常春社区建设的配套公共设施，其主要功能是为规划人口 2 万人的常春社区提供生活与生产服务。

从项目备案情况来看，2012 年 6 月 27 日，HX 市发展与改革委员会作出了项目编号为豫新 HX 服（2012）00098 号《河南省企业投资项目备案确认书》。"你单位申请备案的 HX 市三原线常村服务中心项目符合规定，准予备案。""该项目是为常春社区和农民创业园建设配套服务设施。"（详见侦查卷第 114 页）备案机关也确认了常村镇服务区为常春社区的建设配套服务设施。

从全省新农村建设的情况来看，所有农村社区及其配套设施建设的用地均系集体建设用地。

2. 常村镇服务区属于乡（镇）村公共设施范畴，可以使用集体建设用地

常村镇服务区项目有四个：卫生院、汽修站、加油站、餐饮住宿服务综合楼，具有农村社区卫生医疗、生产服务等公共服务功能，符合《土地管理法》第 61 条释义 "乡（镇）村公共设施和公益事业主要指乡村行政办公、文化科学、医疗卫生、教育设施、生产服务和公用事业等，如乡（镇）政府、村民委员会办公、公安、税务、邮电所、学校、幼儿园、托儿所、医院、农技推广站、敬老院以及乡村道路、供水、排水、电力、电讯、公共厕所等用地。按本法规定，乡村公共设施、公益事业符合土地利用总体规划，经过批准可以使用农村集体的土地"的意思。

《土地管理法》第 43 条规定："任何单位和个人进行建设，需要使用土地的，必须依法申请使用国有土地；但是，兴办乡镇企业和村民建设住宅经依

法批准使用本集体经济组织农民集体所有的土地的，或者乡（镇）村公共设施和公益事业建设经依法批准使用农村集体所有的土地的除外"。第59条规定："乡镇企业、乡（镇）村公共设施、公益事业、农村村民住宅等乡（镇）村建设，应当按照村庄和集镇规划，合理布局，综合开发，配套建设；建设用地，应当符合乡（镇）土地利用总体规划和土地利用年度计划，并依照本法第四十四条、第六十条、第六十一条、第六十二条的规定办理审批手续。"《河南省城乡建设用地增减挂钩试点暂行办法》第14条第1款规定："省国土资源厅根据审核后的挂钩试点工作总体方案，对项目区实施规划和建新拆旧进行整体审批，并下达试点省辖市执行，不再单独办理农用地转用审批手续"。

由此可以看出，法律明确规定，乡镇企业、乡（镇）村公共设施、公益事业、农村村民住宅等乡（镇）村建设，可以使用集体建设用地。河南省增减挂钩试点用地政策规定了整体审批制度，不再单独办理农用地转用审批手续。因此，常村镇服务区，无须农用地转用审批，可以直接使用集体建设用地。

3. 河南省国土资源厅批复"对于一个月内没有组织开工建设的，省厅将收回挂钩周转指标"的要求，也表明常村镇服务区项目用地为集体建设用地

《河南省城乡建设用地增减挂钩试点暂行办法》第13条规定："建立挂钩试点工作总体方案联合审查制度。省政府组织国土资源、发展改革、住房城乡建设、环保等部门对挂钩试点工作总体方案进行联合审查，由国土资源厅组织实施。"该批复是经过省级各职能部门的联合审查后，国土资源厅直接批准实施的。对于开工时间的要求表明，该批复范围内的土地为集体建设用地。因为如果该宗土地应当转为国有建设用地，通过招拍挂形式进行出让的话，则必须履行公告、听证等一系列征收程序，这是一个月时间绝对无法完成的。

综上，河南省国土资源厅关于2009年第二批"增减挂钩"试点项目实施规划批复后，常村镇服务区项目用地转为集体建设用地。由于集体建设用地建设主体、建设类型的特殊性，与国有建设用地性质存在重大区别，不应也不能通过招拍挂形式进入土地交易市场。

（二）委托人的行为没有造成国家利益重大损失

首先说明，对于这一命题的分析，是以委托人的行为系玩忽职守为假定前提的，因为该罪的构成以渎职和损失为必要条件。我们的结论是，委托人

的行为没有造成国家利益重大损失。理由如下：

1. 应当没收，而没有及时没收，不会造成实际财产损失，不属于渎职犯罪刑法意义上的无法挽回的损失，且数额无法确定

常村镇服务区是符合土地利用总体规划的。在这种情况下，如果上述假定成立，用地单位和个人就是在非法占用的土地上新建建筑物和其他设施，那么，对其处罚的上限应当是没收。"没收"是财产所有权的变更，应当没收，而没有及时没收，只是没有发生财产所有权变更的事实，而不存在所谓"损失"之说。即使从财产所有权主体（即国家）角度来看，这种所谓"损失"，可以通过重新启动的执法行为得以弥补，因而不是渎职犯罪刑法意义上的"不可挽回"。实际上，应当没收，而没有及时没收，这种国家利益受损的数额，只是因为没有及时"没收"而产生了孳息损失，当然，这也会因时间节点和孳息计算标准的难以把握而无法准确认定。

还有一种假定，如果检察院侦查部门认为，委托人的不作为行为导致本应停止建设的项目得以顺利完工，而事后的"没收"处罚将给用地单位和个人造成巨额损失的话，那么，这显然不是起诉意见书中所说的"国家利益遭受重大损失"。需要说明的是，用地单位和个人的这种巨额损失引发的前提是其违法占地，刑事司法也不会认定这种非法的利益损失。当然，这种假定，是穷尽损失数额认定的所有可能，不是对本案的针对性分析。

2. 以已建成的建筑物评估价格作为损失数额，这种损失与委托人的行为没有刑法意义上的因果关系

如前所述，假定委托人渎职行为成立，那么，委托人的不作为行为导致的后果是，应当没收而没有及时没收。这种国家利益的受损数额，只能是因为没有及时没收而产生的孳息，而不是已建成的建筑物本身的价值（价格）。因为，委托人的不作为行为没有导致已建成的建筑物灭失，而且新启动的执法行为完全可以补救委托人不作为的行为后果。

因此，检察院侦查部门关于国家利益重大损失的认定是没有依据的。

四、需要说明的几个问题

1. 关于在"增减挂钩"试点工作中河南省国土资源厅及各级国土资源管理部门的地位和文件效力问题

《河南省城乡建设用地增减挂钩试点暂行办法》第13条规定："建立挂钩

试点工作总体方案联合审查制度。省政府组织国土资源、发展改革、住房城乡建设、环保等部门对挂钩试点工作总体方案进行联合审查，由国土资源厅组织实施。"第 24 条规定："省辖市国土资源部门是挂钩试点工作日常监管的主体，试点县（市、区）国土资源管理部门每月要向省辖市国土资源管理部门报告项目区实施情况；省辖市国土资源管理部门要加大对试点县（市、区）的日常监管力度，每季度末向省国土资源厅书面报告挂钩周转指标使用情况。省国土资源厅不定期对全省挂钩试点工作进行抽查，并定期组织开展考核，考核情况报国土资源部备案。"

由此看来，河南省国土资源厅及各级国土资源管理部门是挂钩试点工作的组织实施者和监督管理者。河南省国土资源厅批复文件下发，表明相关工作总体方案已经进行了联合审查，得到了省级职能部门的认同，各级职能部门有义务积极配合，全力推进。

本案中的 2009 年第二批"增减挂钩"项目（2009 年 12 月 17 日），是河南省城乡建设用地增减挂钩试点暂行办法（2009 年 7 月 22 日）下发后不到五个月时间内的第二次试点。河南省国土资源厅作为省政府授权"增减挂钩"试点工作的组织实施者，其文件在河南省范围内是具有法律效力的。关于"对于一个月内没有组织开工建设的，省厅将收回挂钩周转指标"的要求，县（市）、区国土资源管理部门以及用地单位和个人必须遵照执行。同时，该文件关于时限的要求也表明，该批试点项目建新区用地应当是集体建设用地。因此，HX 市国土资源管理局对常村镇服务区用地没有立案调查，不存在理解和执行省厅文件有误的情况。

2. 关于 HX 市城市规划委员会（2012）5 号会议纪要中"土地竞得人"的表述问题

2012 年 9 月 25 日下午，HX 市城市规划委员会通过了常村镇卫生院、常村镇服务区用地项目的选址定点审定。该会议纪要表述为："会议通过该项目定点及规划方案，同时要求常村镇服务区项目由土地竞得人严格按照通过的规划方案实施建设。"

这是一种错误的表述。一是在拍卖中有"竞得人"，而没有"竞得人"。二是土地的招标，或拍卖，或挂牌，或其他方式，是国土资源管理部门的职权，规划部门直接表述为一种交易方式，不仅不准确，而且超越职权。三是极易产生误导，让人感觉到这块土地应当通过招拍挂形式进行，而事实上，常村镇服务区作为社区配套的公共设施，是可以使用集体建设用地，不用"招拍挂"的。

3. 关于规划效力与建筑物合法性问题

在城乡规划范围内，所有建设应当符合规划。项目定点和规划方案的审定是城市规划部门的法定职权，也是建筑物合法性的标志。

在 2009 年第二批"增减挂钩"试点中，河南省国土资源厅要求项目批复后一个月组织开工建设。很明显，这是得到了省住房和城乡建设（规划）部门认同的，地方各级规划部门应当予以积极配合。2012 年 9 月 25 日项目定点和规划方案的审定、2014 年 1 月 26 日规划方案的调整，是 HX 市规划局积极配合"增减挂钩"试点项目而补办的。但是，该项目规划内容的通过，使常村镇服务区内的建筑物具有了合法性。

4. 关于豫国土资发（2013）13 号《河南省国土资源厅关于进一步严格规范城乡建设用地增减挂钩试点工作的通知》中"对涉及的经营类、工业类等建设项目，要按招拍挂方式供地"的表述问题

该通知中的这种表述，极易让人将常村镇服务区归为经营类建设项目。

如果在此通知下发之前，河南省"增减挂钩"试点 HX 市项目只有 2009 年这一批，这种理解也属正常。但是，该批试点项目批复后，在 2010-2012 三个年度内，HX 市多批次项目得到了审批。在这些批复中，却没有"一个月内开工建设"的要求。

因此，该通知中"对涉及的经营类、工业类等建设项目，要按'招拍挂'方式供地"的表述，对全省来说，是另有所指的。不是针对要求"一个月内开工建设"的 2009 年第二批项目，也不是针对农村社区建设中含有经营性质的公共设施建设项目。HX 市国土资源管理局对含有经营性质的公共设施建设项目和经营类建设项目的用地管理，具有行政管理裁量权。

5. 关于公共设施中具有经营性质的建设项目和经营类建设项目的用地管理问题

如前所述，《土地管理法》第 61 条释义中，对"公共设施"进行了释名和列举，公共设施的特征有公共性、共用性、服务性。随着公共服务的市场化，投资主体的多元化，很多公共设施具有了经营的性质。但是，不能因为

乡村幼儿园的承包经营、农技推广的有偿服务、影院剧场的收费管理而否认其公共服务职能。同样道理，不能因为加油站的市场化而否认其紧邻社区的"三农"服务职能。

对公共设施中具有经营性质的项目和经营类项目的判断，应当立足于经营服务的主要对象和区域来分析其功能。以加油站为例，如果主要服务于过境车辆，则为经营类；如果主要服务于农村社区居民，则属于为"三农"服务的乡（镇）村公共设施。

国土资源部官方网站部长信箱中"光伏发电项目是否可以按设施农用地管理"的答复，对上述判断分析的思路作出了肯定的结论。"光伏发电是新生事物，利用大棚光伏发电更是新的用地类型。目前，《土地利用现状分类》上尚无明确分类，意见也不统一。个人建议按照以下原则判定，首先根据主要功能判断，如果主要是生产农产品，顺便利用棚顶发电用于温室的照明和加温等，可以判断为设施农用地；如果主要是用于经营性的光伏发电，甚至并网，顺便从事种植、养殖，可以断定为建设用地"。

就常村镇服务区内的加油站而言，该加油站紧邻规划人口达 2 万人的常春社区，镇政府因没有资金，便责成社区居民筹资建设，政府贴息补助。从镇政府意图来看，显而易见，这是为农村社区公共设施配套，让其主要服务于社区居民的生产生活，实现公共服务职能。因此，HX 市国土资源管理局根据省厅"增减挂钩"试点项目批文，结合常村镇服务区的实际情况，对其按集体建设用地管理，并无不当。

五、小结

综上所述，常村镇服务区作为农村社区的配套建设项目，被列为 2009 年第二批"增减挂钩"试点项目，其功能属于乡（镇）村公共设施，符合法律规定的使用农村集体用地范围。集体建设用地因建设主体、建设类型的特殊性，与国有建设用地是不同的，不能也无法通过"招拍挂"形式进入土地交易市场。因此，该宗土地不应也不能履行"招拍挂"程序，用地单位和个人有权按照河南省国土资源厅的批复进行建设，无须重新办理农用地转用审批。委托人在履行土地巡查工作时，无权对用地单位和个人进行处罚，其行为不属于玩忽职守。退一万步讲，即便是委托人存在失职行为，但将已建成的建筑物评估价格认定为损失数额，一则法律上的因果关系不清，二则因没有及时没收而使国家利益受损的只能是建筑物价值所产生的孳息损失，该损失数额难以确定而使该罪的构成缺乏必要条件。

六、建议

（1）建议委托人要全面提供相关文件资料和相关法律依据，积极主动向检察院公诉部门进行汇报、沟通。

（2）建议检察院公诉部门全面审查，依法办案，主动退回侦查部门撤销案件，或依法作出不起诉决定。

七、声明

本法律意见书仅供委托人和检察院公诉部门办案人员参考。未经本律师同意，不得向第三人出示，且不得作为任何证据材料使用。

辩护人：刘建民

2014 年 11 月 12 日

涉嫌滥用职权的教育官员：全供事业编制的审批主体

教育行政人员能否解决全供事业编制
——牛某涉嫌滥用职权免刑案

【核心提示】

滥用职权的行为方式有两个：一是逾越职权处理公务；二是违反规定处理公务，即有权却滥权。全供事业编制的审批权是政府首长，入编通知书发放是政府人事主管部门。在无共犯的情况下，教育行政机关工作人员不是该罪的犯罪主体。滥用职权罪属于结果犯，必须有重大利益损失。网络媒体报道应当实事求是，对于虚假报道的点击率，则不能判定为恶劣社会影响。

同学来访

2014 年 10 月 17 日晚上，我的一个大学同学打来电话，说是他的本家嫂子被刑拘了，家属想见一面，咨询一下。我匆忙下楼。

在小区门口见面时，我看得出当事人家属很着急。他谢绝了到茶馆坐一坐的邀请，只好现场办公了。

原来，当事人牛某是当地教育局主管人事工作的副职领导。因教育局局长涉嫌犯罪，被牵涉进去了。一个星期前，也就是 10 月 11 日，被刑事拘留了，涉嫌罪名是滥用职权。

我问他具体细节。他倒是比较清楚，"说是教育局有八名工作人员的全供事业编制是她办的，被查出来了，涉嫌滥用职权"。

我问他："你爱人有这权力？"

他说："她负责报送材料。"

我追问："政府主要领导被抓了没有？"

"没有，只有教育局的人员涉案。"

"有没有共犯？"

"没有。"

"案件有什么特殊背景？"

"教育局局长出事儿了，牵涉了教育局内部人员，没有其他单位的。"

我明白了，便给他讲了讲刑事案件的程序，分析了各种可能，并建议他聘请当地律师介入，全面了解情况。哪知道，他早有准备，说是了解我的情况，非常信任我，想让我作为辩护人参加诉讼。我的同学也在帮腔，劝说我抓紧起草合同，尽快介入案件。

我需要处理一下手头紧急事务，争取一周内介入。他理解，高兴地同意了。

面见侦查人员

接受咨询时，刑拘已经 7 天了。对于检察院自侦案件，捕不捕，律师几乎是无能为力的。当时，我只是交代家属，可申请取保，但要做好长期被羁押的心理准备。

三天后，我面见了侦查人员，也是该检察院的反渎局局长。这位局长科班出身，精明强干，直言快语。递交手续后，局长给我介绍了案情。沟通得知，该案中没有共犯。他们认为，八名教育局工作人员的全供事业编制办理是不合法的，牛某构成了滥用职权。我与该局长就刑法中的因果关系问题进行了交流，我认为"条件"未必是"结果"的"原因"，当然我们是不一致的。

10 月 24 日，刑拘后的第 13 天，牛某被取保候审了。

走访调查

好在侦查人员介绍了案情，牛某也取保出狱了。

我见到了牛某，一个聪颖干练的女人。她早年考上了小中专，毕业后投身教育，仕途通达。如今遭此打击，颇为委屈。细问得知，我们曾是一届初中毕业生，当年小中专的成绩是高于重点高中的，看来是一位学霸，顿生敬仰之情。

我了解了一些细节，证明了我的判断。案涉的八名工作人员都有入编手续，否则人事局不会定级，财政局也不会核拨经费。这些人员中有的是局长司机、有的是同事亲戚、也有她的亲戚和孩子，虽然这事儿的影响不好，但入编手续的办理跟她没有关系。

由于涉及人事和财政政策，我走访了编办和财政专业人员，进一步了解了办事流程和相关规定。

2015 年 4 月 22 日案件侦查终结，移送起诉审查。我们及时复制了卷宗，对证据材料进行针对性分析研究。

八人变四人

在审查起诉阶段，由于基本证据材料已经完备，加上走访调查了解的信息，我们提交了正式的法律意见，并与公诉人员进行了沟通。

我们的意见是：建议对牛某作出（存疑）不起诉处理。

在论证上，针对起诉意见书的认定逻辑，我们分五个层次展开：公开招录（聘）是 2007 年以后入编事业单位的主要途径，但不是唯一途径。领导签批入编的事实是一直存在的，且未被人事政策所禁止；现有证据能够证明涉案八人具备了"入编"事实，符合办理人事工资定级和财政供养人员增减审批的条件；牛某报请人事工资定级审批，以及完善定级审批所需的基本资料，是用人单位人事科工作人员的基本职责；牛某参加人事调整工作会议、调配学校间教职员工、出具调令和相关通知、报备学校编制台账等，均属于教育局人事科的工作职责范围；赵某青以"赵某峰"名义领取全供事业费开支，不属于"冒名顶替"。整个论证体系环环相扣，有理有据。

通俗地讲，领导签批的入编手续是取得全供事业编制的前置条件，而且有证据证明入编手续是存在的，而这些显然不是牛某的职权所及。在没有共犯的情况下，追究牛某刑事责任，没有事实和法律依据。对此观点，我们是充满信心的。

沟通是通畅的，但结果不如意。

7月28日，检察院将该案移送了法院。唯一令人欣慰的是，涉案八名工作人员减少至四名。检察院认为，在这四人手续办理过程中，牛某存在"弄虚作假"行为。

免予处罚

令人不可理解的是，公诉机关移送起诉前，对牛某采取了收监羁押措施。或许是牛某性格刚强，自始至终不认罪，或许是牛某因立功未认定而举报了检察院，至今我们不得而知。

辩护律师应当及时行动，缓解这种对立。

9月2日，我到看守所会见了牛某，告知其庭审注意事项，并建议她正确对待庭审，对法官和公诉人一定要尊重。当庭可以辩解，但一定要语气平和，态度诚恳。她接受我的建议，也同意我的独立辩护意见。

在9月8日的庭审中，围绕公诉机关的指控，我们进行了针对性的辩护，条分缕析，抽丝剥茧。我们还指出了侦查思路的逻辑错误，有礼有节。

我们认为，进入教育系统成为正式在编事业单位人员，是政府及其职能部门的行政审批职权。用人单位提供信息资料进行申报，并不必然导致获得审批的后果，因为行政审批中的领导签批和审查才是成为正式在编人员的无法替代的关键因素。从法律上来讲，用人单位提供基本信息资料与成为正式在编人员的结果之间，因政府及其职能部门的行政审批事实的存在，无法构成直接的因果关系，仅仅是成就结果的"条件"，而不是"原因"。因此，在无证据证明行政审批中存在滥用职权或者共同犯罪的情况下，将用人单位信息资料提供者的行为纳入刑事法律调整范围，是错误的，检察机关反渎部门的侦查思路存在严重问题。

话虽严厉，但确属事实。

该案引起了法院的高度重视，公诉机关庭后又对相关证据进行了调查核实。

11月18日，第二次开庭审理。控辩双方对补充核实的证据展开了质证和辩论，我们还对关于"媒体报道"与"社会影响"关系问题进行了详细阐述。

至此，控辩双方的意见已充分表达，等待着法院一锤定音。

12月11日，一审法院宣判：免予刑事处罚。

这是一起纪委督办、检察院侦控的滥用职权案件，在当时背景下，这样的判决结果是来之不易的。超出预期，当事人对此非常满意。

【延伸阅读】

关键词： 滥用职权　人事审批　入编通知书　弄虚作假

辩　点： 事实·证伪辩　证据·链条辩　法理·无罪辩　法理·因果辩

技战法： 梯次阻击　各个击破

律师感言

要尊重司法人员。立场不同，观点自然会存在差异。尊重是交流的基础，要善于倾听，平和沟通，不可有丝毫对立情绪。只有明白了对方的认定逻辑，才能有针对性的辩护。本案中，侦查人员主动介绍案情，公诉人员主动撤回四起事实，审判人员作出有利于当事人的判决，无一不是司法人员对律师认可的结果。律师还应当引导当事人消除对立，态度端正。尊重是相互的，百利而无一害。

要搞清侦控逻辑。控辩是相对的，只有搞清侦控逻辑，思路才会清晰，取证才有方向，所有的辩护手段才能有的放矢。本案中，侦查人员认为，八名教育局工作人员的全供事业编制办理是不合法的，当事人构成了滥用职权罪。这种侦查逻辑一旦获悉，律师自然会考虑当事人有没有编制审批的职权、当事人的行为与违法结果之间是否存在因果关系等关键问题，辩护思路会及时形成。

要了解政策流程。凡渎职犯罪案件，都涉及部门法知识和相关政策规定。司法人员可以从犯罪构成等宏观方面去侦控和审判，律师则应当认真研读，并结合行政操作实务去发现问题，指出侦控的认识错误。本案中，人事工资定级和财政核拨资金都是以入编通知书为必备条件的，既然工资定级了，资金核拨了，入编通知书肯定是存在的。而签发入编通知书，绝对不是本案当事人的职权。

要重视细节问题。在刑事案件辩护中，围绕侦控逻辑确定辩护思路是首要的，但细节问题一定要重视。没有条分缕析，抽丝剥茧，论证就会显得单薄乏力，难以让法官形成内心确信。本案中，对于补充侦查的问题，诸如是否存在"弄虚作假"行为、两套档案的原因、"冒名顶替"是咋回事儿，等等，律师是下了工夫的。细节问题搞清了，论证就会充分，法官自然会认可，辩护也就成功了。

法言法语

1. 法律意见书
2. 辩护词
3. 补充辩护词

附件1：法律意见书

北京市鑫诺律师事务所依法接受牛某的委托，指派本律师在审查起诉阶段担任其辩护人。现根据本案事实和相关法律，出具如下法律意见。

本法律意见书基于以下陈述和材料：

（1）牛某的陈述。

（2）WH市人民检察院WH检反渎移诉（2015）1号起诉意见书。

（3）WH市人民检察院侦查卷宗12本。

一、犯罪嫌疑人的基本情况

牛某，女，回族，1967年4月15日出生，中共党员，大学本科学历。历任中学教师、教育局人事科科员、副科长、科长，现任教育局副主任科员，协助主管局长分管人事工作。非人大代表或政协委员。无前科。

2014年8月21日，WH市纪委将其涉嫌滥用职权犯罪一案移交检察院。10月10日，WH市检察院立案侦查。10月11日，对其采取刑事拘留强制措施。10月24日，变更为取保候审强制措施。

二、起诉意见书的主要内容及认定逻辑

WH市检察院反渎职侵权局经依法侦查查明：牛某在负责WH市教育局

人事工作期间，利用职务之便，不正确行使职责，在明知不符合入编规定的情况下，采用冒名顶替、弄虚作假的手段，违规办理人事手续，先后为靖某国、胡某英、张某宇、尚某琦、王某阁、陈某枝、赵某青、靖某阁等人办理财政全供事业经费开支的手续，致使上述人员以财政全供事业身份违规入编WH市教育系统工作，在社会上造成恶劣影响。据此，移送审查起诉，并建议判处 3 年以下有期徒刑。

起诉意见书的认定逻辑包括：

（1）牛某明知上述八人未经公开招录（聘）程序，不符合入编规定。

（2）牛某采取了冒名顶替、弄虚作假的手段。

（3）网络媒体多家转载，造成了恶劣的社会影响。

三、法律分析

（一）公开招录（聘）是 2007 年以后入编事业单位的主要途径，但不是唯一途径。领导签批入编的事实是一直存在的，且未被人事政策所禁止

（1）WH市编办证明（卷七第 4 页）："主管机构编制工作的领导'一支笔'审批或经市政府有关部门招录（聘）的人员，市编办核发入编通知书，……"该证据证明，市编办核发入编通知书的人员有两种：一是领导"一支笔"签批的人员；二是经市政府有关部门招录（聘）的人员。

（2）豫人（2007）55 号中共河南省委组织部、河南省人事厅、河南省机构编制委员会办公室、河南省财政厅关于事业单位新进人员实行公开招聘工作的意见（卷七第 35 页）："凡经机构编制部门批准设立的事业单位，新进人员一律采取面向社会公开招聘的方法进行。政策性安置人员、按干部人事管理权限由上级任命人员，涉密岗位人员等确需使用其他方法选拔任用人员，按有关政策规定办理"。该证据证明，2007 年以前没有公开招录（聘）的制度规定，2007 年以后公开招录（聘）也不是入编事业单位的唯一途径。

（3）WH市编委电子政务中心主任张某某证明（卷五第 80 页）："问：你讲一下WH市教育局增加编制的渠道是什么？答：教育系统公开招聘人员，人事局给我们提供名单，名单上有人事局公章、教育局公章、纪检委公章和市长签字，我们看见公章和签字手续齐全，经我单位领导同意，然后开具编制信；还有一些是政策性安置领导签字，包括退伍兵、三支一扶，类似这些情况只要有领导的批示，我们就开具编制信。"该证据证明，教育局增加编制

并非都是通过公开招录（聘），也有领导批示直接进入教育局的。

（4）据牛某陈述，在其担任教育局人事科科长的 1999 年至 2010 年间，未经公开招录（聘）进入教育局工作，且具有全供事业费编制的人员不低于 120 人，这些人员均属领导"一支笔"签批，由市编办核发了入编通知书。

综上，起诉书认定涉案八人不符合入编事业单位的条件，是因为这八个人没有履行公开招录（聘）程序。但由于现行人事政策没有堵死领导"一支笔"签批入编的进人途径，因此，以涉案八人没有履行公开招录（聘）程序来认定其不符合事业单位进人条件，并据此认定牛某主观上存在过错，是不周延的。该认定不能排除在领导"一支笔"签批情况下牛某配合办理审批系合规、正当行为的合理怀疑。

（二）现有证据可以证明涉案八人具备了"入编"事实，符合办理人事工资定级和财政供养人员增减审批的条件

（1）WH 市编办证明（卷七第 4 页）："市人力资源和社会保障局凭入编通知书办理人员录用、聘用、调配、调任、政策性安置、工资核定、社会保障手续。市财政局凭入编通知书和市人力资源和社会保障局的录用、聘用、调配、调任手续办理经费核拨和工资统发。"该证据证明，入编通知书是市人力资源和社会保障局办理工资核定的依据，也是市财政局办理工资统发审批的依据。同时表明，入编通知书是人社局办理工资定级手续的前置条件，入编通知书和工资定级手续又是财政局办理工资统发审批的前置条件，这是环环相扣的程序。

（2）WH 市人力资源和社会保障局工资福利科科长陈某某证明（卷三第 131 页）："陈某枝、张某宇、尚某琦、王某阁、胡某英、靖某国六人是牛某来找我办手续，说市编委已经为他们办理了编制手续，但没有见到编制信，我去找过市编委的郭某某，我找到郭某某，在编委看到了他们六人的在编底册后，就为他们办理了工资手续。"在靖某阁的工资手续办理时，陈某某证明（卷三第 131 页）："牛某说靖某阁已经在编了，是她自己的孩子，在编办有手续，还没有拿到编制信，我就去找编委负责管理底册的人，印象中找到的是张某某，查看了靖某阁是否在编制底册，在底册上有靖某阁这个名字，我确认后，为其办理了工资套改手续。"在赵某峰的入编材料是否合规上，陈某某证明（卷三第 122 页）："问：出示赵某峰入编材料，你看一下，赵某峰是否符合新入编人员的条件？答：从材料上看，符合新入编人员的条件，因为赵某峰的入编材料中国家机关事业单位工人定级审批表上有我的签字，凡是经过我签字的，都应该有编委的介绍信，赵某峰其他的入编材料也是齐全的"。这些证据虽与牛某"将入编通知书交给了陈某某"的陈述不一致，但上述八人在编办"在编底册"上是确有记载的，具备"入编"的基本事实与核发入编通知书的条件。

（3）WH市财政局预算科科长赵某某证明（卷四第133页）：在谈到靖某阁材料中缺少入编通知书的问题时，"我当时就提出异议，但焦某某说：尚某某局长已经批过了，让你先行办理，我也见到了尚某某局长的签字，我拿着相关手续向尚局长作了汇报，尚局长说，工资审批表已经批过了，编办的手续随后我给你，然后我就在财政供养人员调整增减变动审批表上加盖了预算科的公章，让焦某某拿走了"。由于时任财政局局长现已病故，不能排除靖某阁的入编通知书已补办递交或在局长处存放的可能。结合陈某某已核实入编的证言，可以证明靖某阁符合办理人事和财政审批的条件。对于其余七人的财政审批，赵某某等财政局相关人员明知入编通知书是办理财政供养人员调整增减变动审批的前提条件，而卷宗中未见他们提出任何异议，且已办理完毕，这些说明该七人是符合财政审批条件的，同时也印证了七人具备"入编"事实。

综上，现有证据证明涉案八人在市编办的编制底册上是有记载的，符合核发入编通知书的条件。人事、财政经办人员的证言虽与牛某"已将入编通知书交给（人社局）陈某某（办理工资定级手续）""已将入编通知书交给教育局财务科、由财务科人员到财政局办理（工资统发审批）手续"的证言不一致，但由于人事、财政手续已办理完结，而入编通知书又是其办理这些手续的前置条件，因此，人事、财政部门对入编通知书的存放负有法定义务。侦查部门以人事、财政部门查不到入编通知书为由，认定牛某负有过错，未排除人事、财政部门基于种种原因故意隐瞒入编通知书事实的合理怀疑。

（三）牛某报请人事工资定级审批，以及完善定级审批所需的基本资料，是用人单位人事科工作人员的基本职责

（1）卫政办（2002）20号WH市人民政府办公室关于印发《WH市教育局职能配置、内设机构和人员编制规定》的通知证明（卷七第12页）："二、

内设机构（二）人事股：负责局机关及局属单位的人事和机构编制管理工作；负责局机关及局属单位的工资审核工作……"该证据证明，作为人事科工作人员负有局机关及局属单位人员工资审核的工作职责。

（2）局长、主管局长、人事局科长证言均证明了牛某及人事科工作人员负责本单位人员的工资定级审批等人事工作。

（3）牛某陈述：新增人员的工资定级审批，需要先持入编通知书到人社局领取审批表，返回单位填写完成后，请示局长加盖单位公章，并经局长签字后报送人社局审批。招工手续可以先于编制办理，也可同时办理，还可以取得编制后再办理。招工手续中的材料可由招工者自己填写，也可代为填写，但签名是招工者自己签的，也可以经其同意后让别人代签。但工资定级表一般都是人事科工作人员填写的，因为这是单位报送的，而且具有专业性。

（4）另外，牛某陈述：赵某峰（即赵某青）招工手续中个人信息是她代为填写的，是时任局长王某某的安排，也是局长给的个人信息资料，包括身份证信息，因为当时她对赵某峰（即赵某青）不熟悉，只知道他叫"彦青"，是局长的司机。但填表时，确实没有填写时间，可以鉴定判别。至于局长如何办理入编通知书，她不清楚。赵某峰（即赵某青）的招工手续也不是她去办理的。

综上，牛某作为人事科工作人员，报请人事工资定级审批，以及完善定级审批所需的基本资料，是其工作范围。定级审批表的填报，是正常工作。招工手续中招工者个人信息的代为填写，也是常见的。代为填写者，如同电脑的操作者，仅仅是形式要件的审查，招工者本人应对其提供个人信息的真实性负责。

（四）牛某参加人事调整工作会议、调配学校间教职员工、出具调令和相关通知、报备学校编制台账等，均属于教育局人事科的工作职责范围

（1）卫政办（2002）20 号 WH 市人民政府办公室关于印发《WH 市教育局职能配置、内设机构和人员编制规定》的通知证明（卷七第 12 页）："二、内设机构（二）人事股：负责局机关及局属单位的人事和机构编制管理工作；配合有关部门研究提出各级各类学校的编制标准；指导各级各类学校内部人事和分配制度改革；负责人事档案管理；负责局机关及局属单位的工资审核工作；负责年度考核等工作。"这些证据明确了牛某作为人事科负责人的工作

职责范围。

（2）局属学校多名校长、会计也证明了牛某参加学校人事调整会议、调配教职员工、人事科开具调令和发出相关通知的事实，表明其负有上述事项的工作职责。

（3）WH市编办行政科原科长郭某某证明（卷五第60页）："问：各个单位报你们编办（台账）你们是如何审核的？答：根据我们老编制台账（手写的）进行核对，老编制台账上没有的，依据编制信存根进行核对。"（卷五第61页）"问：2005年编制台账建立以后，教育系统之后如有调动或新增加人员，编制台账怎么办？答：如有新增加人员或调动人员，由教育局将最后一页名单重新打印添加新增人员，新打印的表盖教育局人事科章和局长章后交到编办，经编办审核盖章加入编制台账。"这些证据证明，编办管理的2005年（教育局）台账的形成过程。

（4）WH市编委电子政务中心主任张某某证明（卷五第78页）："我印象是2010年9月份，原编办主任郭某民安排我又重新审核了一份由WH市教育局制作的编制台账。当时是我自己去教育局找到人事科的牛某，牛某安排的杨某跟我一起，在牛某的办公室进行名单对比，我当时拿着郭某某移交给我的台账对比教育局人事科电脑上的人员名单，出现人员所在部门不符的情况，多是教育局内部调整不向我们做出申报的结果，因为我们领导有交代：趁着这次机会就把这个事给处理了，所以就按教育局当时出具的这份名单建立了新的台账，随后由教育局将其打印出来盖上教育局的公章，交给我回编办进行审核后形成新的教育编制台账。"该证据证明，编办管理的2010年（教育局）台账的形成过程。

（5）WH市编办事业科科长王某某证明（卷五第5页）："问：机构编制台账是什么，是什么时间建立的？答：根据上级要求，2005年和2010年两次建立了各行政事业单位编制台账，政府机构编制台账由各行政事业单位自行填写报编办，经编办审核盖章后保存在编办。"该证据证明，2005年和2010年台账的形成过程，经编办审核盖章后作为管理依据。

（6）WH市教育局人事科科长杨某证明（卷二第174页）："问：WH市教育系统内部人员调动是否需要调整编制手续？答：按照规定，教育系统内部人员调动需要向WH市编办交一张教育系统内部调编备案表。由编办调编，具体工作是编办办理的。我在任科员期间，帮牛科长打过几回调编备案表，之后有一段时间，虽然我们内部人员进行了调整，但是并没有向 WH 市编办进行备案。"该证据证明，台账形成之后的教育局内部调整，应当向编办进行调编备案。

综上，参加人事调整工作会议、调配学校间教职员工、出具调令和相关通知、报备学校编制台账等等均属于教育局人事科的工作范围。牛某对涉案八人在学校内部进行调动和备案是其履行工作职责，并无不当。

（五）赵某青以"赵某峰"名义领取全供事业费开支，不属于"冒名顶替"

赵某青办理的"赵某峰"身份证上的赵某峰，与原大学毕业生分配到学校，后离职的赵某峰不是同一个人。赵某青以"赵某峰"名义领取的全供事业费开支与后者存在实质性不同，不属于"冒名顶替"。

（1）赵某峰（即赵某青）与离职的赵某峰身份证号码不同，前者是410781×××××××2113，后者是 410781×××××××0458。

（2）赵某峰（即赵某青）与离职的赵某峰其他个人信息不同，前者是工人，后者是干部。

（3）赵某峰（即赵某青）与离职的赵某峰工资标准不同，前者是工人工资标准，后者是公务员工资标准。

（4）WH 市人力资源和社会保障局工资福利科科长陈某某（卷三第 122页）证明："问：出示赵某峰入编材料，你看一下，赵某峰是否符合新入编人员的条件？答：从材料上看，符合新入编人员的条件，因为赵某峰的入编材料中国家机关事业单位工人定级审批表上有我的签字，凡是经过我签字的，都应该有编委的介绍信，赵某峰其他的入编材料也是齐全的。"该证据证明赵某峰（即赵某青）有入编通知书，其他材料均符合入编工资定级的条件。

综上，赵某青办理了"赵某峰"的身份证，系一人两号。赵某青以"赵某峰"名义办理了招工手续，确定了工人工资级别，通过了财政供养人员调整增减变动审批，领取了事业费开支，这是一个独立完整的行为。与离职的赵某峰的全供事业费开支，没有任何关系。

四、结语

涉案八人进入教育系统，有编办管理的编制底册记载，符合核发入编通知书的条件。人事工资定级审批和财政工资统发审核的事实，表明入编通知书是存在的。公开招录（聘）并非入编事业单位唯一途径，现有证据无法排除涉案八人进入教育局系领导"一支笔"审批入编的合理怀疑。牛某报请人事工资定级审批、完善定级审批所需的基本资料、调配学校间教职员工，属于其工作职责范围。受领导之托代招工者填写个人信息，进行形式审查并无不当，招工者应对本人信息的真伪负责。赵某青以赵某峰名义重新办理了一个身份证，系一人两号，应予行政处罚，但与同名同姓的原中学教师赵某峰在身份证号码、个人身份、工资级别方面都存在显著不同，不属于"冒名顶替"。

因此，本案应作（存疑）不起诉处理。

五、声明

本法律意见书系根据委托人陈述和现有材料作出的研究论证，可供委托人自行辩护时参考，也可提交检察院公诉部门参阅。未经本律师同意，不得作为其他任何证据使用，尤其不得作为信访资料使用。

北京市鑫诺律师事务所律师：刘建民

2015 年 6 月 19 日

附件 2：辩护词

审判长、审判员：

北京市鑫诺律师事务所依法接受牛某亲属的委托，指派本律师担任牛某涉嫌滥用职权案件中牛某的一审阶段辩护人，出席今天的庭审活动。庭审前，本律师查阅了卷宗，会见了被告人，并对相关问题进行了调查了解和研究论证。

现根据本案事实和法律规定，围绕三个方面，发表独立的辩护意见。

我们的意见是：检察机关指控犯罪证据不足，应宣告牛某无罪。

一、检察机关认定牛某在靖某阁、王某阁、尚某琦、赵某青四人的人事手续办理时滥用职权，与客观事实不符

（一）关于靖某阁

1. 靖某阁的基本情况

靖某阁，牛某的儿子。1993 年 3 月出生，2010 年 9 月至 2014 年 6 月在西北农林科技大学本科就读，现在中国农业科学院攻读硕士研究生。

2010年7月份，牛某在其高中毕业后为其完成了人事工资定级审批。2012年2月份教育局财务科负责通过了财政供养人员调整增减变动审批，6月份开始由狮豹头中心校发工资，工资册在学校存放。2013年6月份河南省核查编制时，牛某主动将靖某阁的编制注销。9月份工资停发。期间，靖某阁未在该校工作。12月4日狮豹头中心校会计张某某将工资册上的全部工资取出，共26 100元，上缴纪检委，纪检委出具了罚没收入票据。

2. 阅卷和调查的事实

狮豹头中心校会计张某某证明（卷四第105页）："靖某阁的工资册就一直在我那放着，我也没有去过上面的工资，直到2013年9月份，WH市纪检委的人通知我们学校的校长霍某某要将靖某阁的工资上缴，我就按照现任校长霍某某的要求将靖某阁的工资取出来，交到纪检委信访室了，当时具体交给谁我记不清楚了，但是给我开具的有河南省罚没收入统一票据。"

牛某陈述：2013年6月河南省核查编制时，靖某阁的编制已注销；工资从来没有领过；WH市纪检委已将全部工资没收了，让我和当时局长王某某写了检查。

3. 辩护人意见

牛某的儿子靖某阁在高中毕业后通过了人事工资定级审批，随后的财政拨付审核是教育局财务科焦某某负责的，牛某未参与财政拨付审核前的申报工作，具体审核通过的时间她是不清楚的。因此，不能认定牛某利用职务之便，办理完成了靖某阁正式入编手续。

事后，在省编制审核时牛某能够及时将靖某阁的编制注销，靖某阁也始终未领取工资，不属于"吃空饷"人员，没有造成损失和重大影响，纪检委对相关人员按违纪处理是适当的。牛某的行为，不构成滥用职权罪。

（二）关于尚某琦

1. 尚某琦的基本情况

尚某琦，教育局原局长王某某的外甥女。

2007年10月招收合同制工人审批表中的出生时间是1989年6月。2010年7月WH市财政局财政供养人员调整增减变动审批表中的出生时间是1989年6月。2012年8月WH市人社局新录（聘）人员定级工资审批表中的出生时间是 1989 年 6 月。

2. 阅卷和调查的事实

人社局焦某秀证明（卷三第 136 页）："用人单位如果需招收合同制工人，先到我这里领招工表及花名册、劳动合同书。他们自己回单位填写盖公章后，然后持户口本或身份证复印件到我这里备案，我经过审核名字无误后，盖章，我将花名册留下作为备案使用。"

安都中心校会计李某某证明（卷四第 153 页）："问：尚某琦的身份证复印件你是否见过？答：……我找牛某一共拿过两次尚某琦的身份证复印件，这两次的身份证号不一样，因为中间变动尚某琦的身份证号是牛某让我变动的，所以我知道这两个身份证上的尚某琦是同一个人。"

牛某陈述："尚某琦是局长的外甥女。记得是在局长办公室，局长让我给尚某琦填写招工手续，局长递给我一张写着尚某琦简历、家庭成员情况的纸，还有尚某琦的身份证原件，我按照身份证上的信息和局长提供的个人简历、家庭成员情况进行了填写。不然的话，我不可能知道他父母的情况。后来，到劳动局办理招工审批，我记不清是不是我去的。但我知道，劳动局焦某秀审批招工手续时，也要求带户口本和身份证进行核实，防止用人单位招收童工等违法行为。"

3. 辩护人意见

牛某为尚某琦填写招工表，并无不当。按照尚某琦的身份证和局长提供的个人信息进行填写，符合工作要求。劳动局招工审批时，也要求提供身份证和户口本进行核对，因此，牛某填写的"1989 年 6 月出生"，不是弄虚作假，自己杜撰。安都中心校会计也证明尚某琦有两个身份证复印件，说明局长提供的"1989 年 6 月出生"的身份证原件是存在的。现有证据不能证明牛某"弄虚作假"，本案不排除尚某琦的利害关系人王某某局长提供假身份证信息、学习履历、社会关系等信息让牛某填写的合理怀疑，牛某对局长当时提供的身份证原件进行形式审查，不存在失职。

需要说明的是，尚某琦有两个人事档案，一个是工人身份，一个是干部身份。在办理其工人身份的招工、定级中，牛某对其身份信息进行形式审查，并无不当。关于其干部身份档案，系以大学生身份进行的工资定级调整，但不能否认之前曾以工人身份入编的既成事实。

另外，鉴于尚某琦有两个人事档案，一是工人身份，二是干部身份。尚某琦分别以这两种身份领取过工资，而财政增减人员审核和工资册发放时均要求提供身份证复印件，并存放在财政局。为查清案件事实，现申请依职权尚某琦在财政局存放的两个身份证复印，以证明牛某在为其办理工人工资定级审批前，尚某琦提供了1989年出生的身份证；该身份证在工人工资定级审批时是存在的，系尚某琦提供，而非牛某滥用职权、弄虚作假；尚某琦的户籍存在一人两户的情况，因为领取工资时伪造的身份证是无法通过银行系统审验的。

（三）关于王某阁

1. 王某阁的基本情况

王某阁，牛某的外甥。

2008年6月毕业于郑州工业安全职业学院安全管理专业，9月在河南金源黄金矿业公司工作，10月开始领取工资，2011年2月23日递交了辞职报告。

2009年9月WH市人社局新录（聘）人员定级工资审批，2010年7月2日WH市财政局财政供养人员调整增减变动审批。

2. 阅卷和调查发现的事实

2008年9月，王某阁毕业后被河南金源黄金矿业公司招录。由于自身原因，2009年6、7月份，向领导提出了辞职申请，带着人事档案离开了河南金源黄金矿业公司。之后几个月时间内，他还到郑州、北京等地找工作。2010年初，王某阁到WH市倪湾中心校报到上班，7月份领取了工资。2010年底，河南金源黄金矿业公司电话通知王某阁，让其来公司一趟，公司领导一再挽留，但王某阁还是又一次出具了辞职报告，与公司正式脱离了关系。领导表示，多打了几个月工资，算是公司对他的照顾。

2009年6、7月份，王某阁带着人事档案回到WH后，一再恳求其三姨牛某给他找份正式工作，并将档案交给了她。

3. 辩护人的意见

王某阁将人事档案交给牛某，让其帮助找工作，并称已经辞职。作为人事干部，看到王某阁带回的人事档案，对其已经辞职的事实是确信的。事后，按照人事档案的信息内容，为其申报了人事定级审批，没有"弄虚作假"的行为。

王某阁离开河南金源黄金矿业公司时，公司同意其取走人事档案，表明劳资双方确认了离职行为。事后，再次补写辞职报告，不能否认之前离职的事实。至于离职后，公司继续发了几个月的工资问题，从劳动合同法的角度来看，可以是用人单位对劳动者的经济补偿，也可以是用人单位对劳动者的照顾，均不能纳入刑事法律调整的范围。牛某作为人事干部，看到王某阁带回的人事档案，确认其已经辞职，是符合情理的，不存在为正在他人公司工作的王某阁办理入编手续的主观故意。

（四）关于赵某青

1. 赵某青的基本情况

赵某青，系原教育局局长王某某的司机，身份证号是401781××××××××1254其办理的"赵某峰"身份证号是410781××××××××2113。（卷三第149页）1995年至2003年在HX部队服役；2004年至2007年在WH太公泉乡开车；2007年至2013年在WH市教育局开车；2013年元月至12月在教育局体卫科工作，之后在行政服务科工作（2010年11月领取正式在编人员工资）。

2. 赵某青办理的"赵某峰"身份证上的赵某峰，与原大学毕业分配到学校，后离职的赵某峰不是同一个人。赵某青以"赵某峰"名义领取的全供事业费开支与后者存在实质性不同，不属于"冒名顶替"。

（1）赵某峰（即赵某青）与离职的赵某峰身份证号码不同，前者是410781××××××××2113，后者是410781××××××××0458。

（2）赵某峰（即赵某青）与离职的赵某峰其他个人信息不同，前者是工人，后者是干部。

（3）赵某峰（即赵某青）与离职的赵某峰工资标准不同，前者是工人工资标准，后者是公务员工资标准。

（4）WH市人力资源和社会保障局工资福利科科长陈某某（卷三第122页）证明："问：出示赵某峰（即赵某青）入编材料，你看一下，赵某峰是否符合新入编人员的条件？答：从材料上看，符合新入编人员的条件，因为赵某峰的入编材料中国家机关事业单位工人定级审批表上有我的签字，凡是经过我签字的，都应该有编委的介绍信，赵某峰其他的入编材料也是齐全的。"该证据证明赵某峰（即赵某青）有入编通知书，其他材料均符合入编工资定级的条件。

3. 辩护人意见

赵某青办理了"赵某峰"的身份证，系一人两号。赵某青以"赵某峰"名义办理了招工手续，确定了工人工资级别，通过了财政供养人员调整增减变动审批，领取了事业费开支，这是一个独立完整的行为。与离职的赵某峰的全供事业费开支，没有任何关系。

需要特别说明的是，赵某青因涉嫌诈骗曾被公安机关立案，其在本案中的证人证言，因与自己存在利害关系，且目的是为了摆脱诈骗刑事追究，故在本案中不足为证。为查明案件事实，再次请求依职权调查两个事实。

1. 请调取 WH 市公安局关于赵某青涉嫌诈骗的侦查卷宗中相关当事人陈述和证人证言

赵某青涉嫌诈骗罪已由 WH 市公安局立案侦查，目前被采取了取保候审措施。公安局在对牛某进行调查时，曾让牛某对赵某青和"赵某峰"的两个身份信息进行过比对，当时公安户籍网信息中是存在赵某青一人两个身份信息的。

2. 请调查 WH 市纪检委关于唐庄派出所内勤段某芳违法办理身份证案件中相关当事人陈述和证人证言

赵某青指认段某芳为其办理了"赵某峰"身份证，纪检委对段某芳实行了双规措施，段某芳主动承认了办理"赵某峰"身份证的事实，并得到了从轻处理。

上述两个事实的调查目的，是要证明赵某青在公安机关办理了"赵某峰"的身份证，是典型的一人两证；该行为是赵某青自己所为，牛某没有弄虚作假、冒名顶替。

二、检察机关认为牛某的行为被举报，且在多家媒体曝光，被广泛点击浏览，在社会上造成恶劣影响，与事实不符

1. 网络媒体报道的仅仅是靖某阁"吃空饷"问题，是否属于"吃空饷"尚存争议，且已处理到位

WH 市人民检察院的补充侦查卷宗显示，2013 年 11 月 21 日"WH 市教育局牛局长真牛"一文被网络媒体报道。文中提到"靖某阁目前在上大三，其母亲牛某作为教育局副局长利用手中权力，把一个正在上学的学生安排在

WH 市狮豹头乡中心小学，成为一名正式在编教师，没上过一天班，却领取国家工资，这是一个严重吃空饷人员……"

事实上，该报道的关键事实是错误的。对照 2013 年 9 月 1 日印发的中共 WH 市纪委卫纪发（2013）15 号文件，所谓"吃空饷"人员，是指占编制、不上班、吃空饷的人员，也就是占编制、不上班、却领取财政工资的人员。而早在文件出台之前的 2013 年 6 月，靖某阁的编制已被注销，其工资册一直在学校存放，后被纪检委收缴，靖某阁没有领取过工资。因此，靖某阁不属于纪委确定的"吃空饷"人员，且该问题已经得到了纠正。

2. 王某阁、尚某琦、赵某青的问题虽有举报，但未见媒体曝光

3. 辩护人意见

对此，我们认为：对于网络媒体报道内容与社会危害性的认定，第一，必须确定报道内容是真实的，本案中靖某阁不属于纪委确定的"吃空饷"人员，且已经得到了纠正，该报道内容是不真实的。第二，网络媒体报道内容浏览量的确定必须客观实际，控方并无相关证据，且对于已经纠正的问题，多大的点击率也毫无意义。第三，本案涉及的其他三人的问题虽有举报，但未见媒体曝光，其社会危害性无从谈起。

综上，检察机关以网络媒体报道为由认定牛某行为属于"影响恶劣"，缺乏证据，无法让人信服。

三、需要说明的三个问题

1. 本案中四人的入编通知书是存在的，符合办理人事工资定级和财政供养人员增减审批的条件

现有证据证明涉案四人在市编办的编制底册上是有记载的，符合核发入编通知书的条件。由于人事、财政手续已办理完结，而入编通知书又是其办理这些手续的前置条件，因此，人事、财政部门对入编通知书的存放负有法定义务。侦查部门以人事、财政部门查不到入编通知书为由，认定牛某负有过错，未排除人事、财政部门基于种种原因故意隐瞒入编通知书事实的合理怀疑。

需要说明的是，据牛某陈述，在其担任教育局人事科科长的 1999 年至 2010 年间，未经公开招录（聘）进入教育局工作，且具有全供事业费编制的人员不低于 120 人，这些人员均属领导"一支笔"签批，由市编办核发了入

编通知书。补充侦查卷宗中 2 份《行政机关、事业单位增加（调整）人员通知》样式也表明，WH 市编办是根据"领导批示"开具入编通知书的。显然，"领导批示"是公开招录之外的另一种进人途径。我们可以假设一下，如果对上述 120 多人的进人条件进行复查，人事、财政部门同样会隐瞒入编通知书的存在，市编办同样也不会找到入编通知书的存根。但这些都是客观存在的，因为没有入编通知书，就不会有人事工资定级审批，也不会有财政拨付审核，事实上，这些审批和审核都已经完成了。

2. 检察机关反渎部门的侦查思路是错误的

进入教育系统成为正式在编事业单位人员，属于政府及其职能部门的行政审批职权。用人单位提供信息资料进行申报，并不必然导致获得审批的后果，因为行政审批中的领导签批和审查才是成为正式在编人员的无法替代的关键因素。从法律上来讲，用人单位提供基本信息资料与成为正式在编人员的结果之间，因政府及其职能部门的行政审批事实的存在，无法构成直接的因果关系，仅仅是成就结果的"条件"，而不是"原因"。因此，在无证据证明行政审批中存在滥用职权或共同犯罪的情况下，将用人单位信息资料提供者的行为纳入刑事法律调整范围，是不当的，检察机关反渎部门的侦查思路存在严重问题。

3. 被告人虽然对案件性质无法做出判断，但只要对案件事实能够作了详尽陈述的，应当在案件处理时予以从宽照顾。也希望法庭能够理性地对待本辩护人的独立辩护意见，不可因辩护人的无罪辩解而加重对被告的处罚。

辩护人：刘建民

2015 年 9 月 8 日

附件3：补充辩护词

审判长、审判员：

现针对公诉机关的补充侦查意见书，提出如下辩护意见：

一、关于 WH 市财政局存档的尚某琦个人的两个身份证复印件问题

公诉机关意见是：WH 市财政局保存的是已经财政开支人员的底册，尚某琦的档案中虽有工人身份的档案，也有干部身份的档案，两套人事手续，但其实现的财政开支只有一份，故身份证无法取得。

辩护人认为：现有证据证明尚某琦先后有两套档案，一是工人身份，二是干部身份。尚某琦分别以两种身份领取过（全供事业费）工资，而财政局委托银行代发工资时，必须有真实的而非虚假的身份证备案，否则无法通过银行核验设备的通过。这就表明，尚某琦在财政局和银行分别存在两份真实身份信息的。本案中，尚某琦的工人档案和干部档案身份信息有差异，是"一人两户"户籍现象。而这种"一人两户"的户籍现象是其本人造成的，现有证据不能证明牛某实施了"弄虚作假"行为。

二、关于赵某青在公安、纪检部门的陈述材料问题

公诉机关已调取。

辩护人意见：

公安询问时，赵某青说：（补查卷第 142 页）"今年的 5、6 月份（注：2014 年），我听说国家查处多户口时，就到唐庄派出所办理注销了，假身份证、户口本也上交了"。（补查卷第 146 页）"当时因我的实际年龄不符，我在唐庄派出数又下了一个户口，就是赵某峰这个年龄。"

纪委谈话时，赵某青说：（补查卷第 161 页）"（我有）两个户口，分别是在 2004 年 4 月以退伍方式入户 WH 市汲水镇德北街，姓名赵某青，身份证号为 401781×××××××××，后四位记不清了，因为我入伍时将年龄改大了，也改不回来了。还有一个假户口叫赵某峰，身份证号为 410781×××××××××2113。"

在纪委谈话时，纪检工作人员还向赵某青出示了"赵某峰，曾用名赵某青"的户籍信息（补查卷第 104 页）。

这些陈述材料和户籍信息表明，赵某青办理的"赵某峰"身份证和户口本，是真实存在的，而且通过了公安派出所，是"一人两户"。这种"一人两户"户籍现象是其本人造成的，现有证据不能证明牛某实施了"弄虚作假"行为。

三、关于王某阁、靖某阁、尚某琦的入编通知单问题

公诉机关意见是：在侦查阶段，上述人员均无入编通知单，现经进一步落实仍然没有该三人入编通知书，故无法提供。

辩护人认为：在办理全供事业费开支手续过程中，其先后顺序是：入编

通知书、工资定级审批、财政供养人员增减审核，而且后两项均以入编通知书为依据。上述三人现已完成工资定级审批和财政供养人员增减审核，显然，人事和财政的经办人员有义务提供办理审批、审核的依据。相关事实的举证责任在于审批、审核人员，而不是牛某。况且，人事定级审批人员陈某某证言显示，"她见到了市编办的底册，有上述三人的名字"。这些表明，上述三人有入编通知书或者说入编的基本条件是具备的。在办理全供事业费开支过程中，牛某仅仅是呈报相关材料的工作人员，没有审批、审核职权，不存在滥用职权行为。

四、关于河南金源黄金矿业有限公司的性质及档案管理制度；落实王某阁情况说明中 2009 年 6、7 月份离职的情况是否属实的问题

公诉机关的意见：王某阁情况说明中 2009 年 6、7 月份离职情况非真实情况，详见该公司及人才公共服务中心提供的证据及证明。

辩护人认为：我们对这些证明材料中的工资表、辞职报告、资料转移登记表均没有异议。但据王某阁陈述，他确实是 2009 年 6、7 月份离职的，而且还带走了人事档案。辞职报告、提档签字都是事后补写的，之前向领导也提交过辞职报告。他亲戚的朋友在公司，多发了几个月工资，是领导对他的照顾。其陈述的合理性在于：（1）2009 年 6、7 月份离职后，王某阁到外地打工，同行的朋友可以调查。（2）2009 年 9 月份工资定级时，没有人事档案是无法按大学毕业生的相应级别进行录用和审批的。

五、关于凤凰网、新乡网的媒体级别及点击、浏览量的真实性（是否出了恶意点击、重复点击提升点击量的情形）问题

公诉机关的意见是：因互联网是网络资源共享的信息源，具有开放性、不特定性，社会影响巨大且持续，造成点击人数不特定，无法控制影响面，故无法核实是否存在恶意点击和重复点击的问题。至今为止，互联网上仍能查到。如：中华网河南《WH 市教育局牛某副局长滥用职权你真牛》、新乡论坛《WH 市教育局牛局长真牛》。牛某的违法信息还在上述网页挂网，造成的社会危害仍存在持续，是否存在恶意点击，因互联网的特点，点击人不特定，无法核实是否存在恶意点击和重复点击的问题。

辩护人意见：中华网、新乡论坛上的文章，反映了牛某安排儿子靖某阁

工作的事儿。文章说："靖某阁目前在上大三，其母亲牛某作为教育局副局长利用权力把一个正在上学的学生安排在 WH 市狮豹头乡中心小学，成为一个正式在编教师，没上过一天班，却领取国家工资，这是一个严重吃空饷人员。"

对于这些网络媒体报道，第一，报道不实。根据卫纪发（2013）15 号中共 WH 市纪委文件规定，"吃空饷"是指财政供养人员"占编制、不上班"、领取工资和津贴补助的情况。事实上，靖某阁虽有编制，不上班，但没有领取过工资和津贴补助，显然不属于纪委确认的"吃空饷"人员。第二，已经纠正。网络媒体报道时间是 2013 年 11 月 21 日，而在此之前的 6 月份，靖某阁的编制已被主动注销。第三，与事实明显不符的媒体报道，不能认定该行为产生了严重的社会危害性。第四，也是特别需要说明的，本案中涉及四个人的四起事实，其中一个人的一起事实被网络媒体报道，不能据此认定所有的行为都具有严重的社会危害性。

六、关于靖某阁入编时的招收合同制工人审批表及劳动合同等材料问题

公诉机关的意见是：因 WH 市教育局保管教育系统人员档案，靖某阁的档案在案发前，已被牛某私下取走，且拒绝提供，我们未能取得靖某阁招工合同制工人及劳动合同等材料，但靖某阁在牛某办理手续后，成为财政供养人员的事实存在，卷宗已有证据证明。

辩护人意见：靖某阁 2010 年高中毕业后不久，牛某担心儿子日后的工作问题，便请求当时的王某某局长为其办理入编手续。拿到入编通知书后，牛某为靖某阁办理了招工及劳动合同手续，并到人事局进行了工资定级审批，之后将工资定级审批表等材料交到了教育局财务科。直到 2012 年 2 月 10 日，教育局财务科完成了财政供养人员增减审核。2013 年 6 月，牛某主动将靖某阁编制注销，一直在学校存放的工资册由学校上缴。期间，靖某阁未见过工资册，当然也未支取分文。

公诉机关认为"靖某阁在牛某办理手续后，成为财政供养人员的事实存在"，在没有查清相关事实的情况下，据此认定牛某滥用职权是不严肃的。

对于这样的事实，阻却犯罪的事由是清晰的。第一，靖某阁高中毕业后符合劳动就业的条件，在拿到入编通知书后，牛某为其办理招工及劳动合同手续是正当的。第二，人事局工资定级审批时，经办人员核查了市编办的底

册，确认了入编的事实，牛某提交相关手续并无过错。第三，事后的财政供养人员增减审核由教育局财务科工作人员完成，牛某没有参与。第四，2013年6月牛某主动注销了靖某阁的编制，避免了不良影响。牛某和局长王某某也接受了组织处理，写了检查。第五，靖某阁没有领取分文工资和津贴补助，没有造成损失。第六，网络媒体报道与事实不符，且报道前编制已经注销，该行为已经得到了纠正。

七、综合辩护意见

就履行职责而言，在涉案4人办理全供事业费开支过程中，牛某没有人事审批和财政审核职权，其提交基础性材料没有过错。靖某阁的人事定级审批是在其高中毕业后待业期间，不是在校学校学习期间，财政审核虽发生在上大学期间，但不是牛某送审办理。事后牛某主动注销了编制，且已接受了组织处理。尚某琦上学前以工人身份办理手续时，牛某没有弄虚作假。尚某琦进修学习结束后，其干部身份的手续是其他人办理的，与牛某无关。王某阁将人事档案交给牛某时，牛某对王某阁已经辞职的判断合乎情理，按大学毕业后待遇进行工资定级的依据是人事档案，牛某对此没有过错。赵某青提供"赵某峰"身份信息属于赵某青本人责任，人事局经办人证言也证明赵某青的手续符合要求，牛某没有伪造人事档案的客观事实。

就社会危害性而言，网络媒体报道了牛某利用职务之便让其子成为一个"吃空饷"人员，但该报道与客观事实不符，靖某阁不属于纪委文件确定的"吃空饷"人员，且在该报道公开之前，该问题已经得到纠正。本案案发前，相关人员已被组织处理。尤其需要说明的是，本案涉及四个人四件事，其中一人的一件事被网络媒体报道，绝不能认定本案具有严重的社会危害性。

因此，辩护人的独立辩护意见是：公诉机关的证据不足，事实不清，指控的罪名不能成立，应宣告牛某无罪。

请合议庭慎重考虑，并望采纳。

辩护人：刘建民

2015 年 11 月 18 日

14

涉嫌滥用职权的财政官员：资金损失认定中的因果关系

巨款被挪用，谁的错

——邹某某涉嫌滥用职权免刑案

【核心提示】

国库科负责直管账户，其他科室负责代管账户。国库科工作人员将直管账户资金拨付到代管账户是其工作职责。事后领导签字确认，表明其正当履职。代管账户中资金被挪用，应由该代管账户的负责人承担罪责。国库科人员的拨款行为与代管账户资金被挪用结果之间，没有法律上的因果关系。滥用职权罪认定有两点：一是滥权；二是损失。不能因为有损失，便作出滥用职权的推定，而应当是滥用职权行为造成了损失的结果发生，因果关系很重要。

十万火急

涉案当事人邹某某是财政局国库科科长，也是一个好朋友的妹妹。我对她早有耳闻，科班出身，低调谦和，兢兢业业，任劳任怨，常常为人称道。

2014 年 12 月中旬的一天，他们兄妹两人突然来到我的工作室，说是一个重大挪用公款案件牵涉了她，需要咨询一下。她说，前段时间，检察院讯问了她多次，立案了，认为她涉嫌滥用职权，而且损失特别巨大。

对财政行政人员来说，这可是天大的事儿。一旦入刑，开除公职事小，高墙电网足以让人名誉尽毁，人生无望，没有人不胆战心惊。

原来，她曾按照财政局局长指示，划转了 2000 万元，从财政局账户到财政局代管账户上。哪知道这个代管账户的部门负责人将该款挪用了，无法收回。据说，市人民检察院在审理该挪用公款案件过程中，要求基层人民检察院责任倒查，从严处理。她便涉案了。

三个问题

我问了她三个问题：

一是划转 2000 万元资金，领导是否同意？她说，是领导在电话里安排划转的，当天领导也补签了字。

二是那个代管账户由谁负责？她说，财政局会计核算中心主任潘某负责。

三是资金划转时是否知道这些资金有划出的意图？她说，根本不知道，只知道是完成一下"协储"任务，所以当时还让会计核算中心出具了第二天划转的支票，国库科进行了背书。

无罪意见

这个案件的诉讼推进得太快了。

12 月 16 日侦查终结，移送审查起诉。两天后，12 月 18 日便起诉到了法院。

我不认为这是犯罪！

我的话，确实增强了邹某某的信心，但上级检察机关的督办，加上如此高效地推进案件，使她和她的家属真的自信不起来。

我一直认为，被冤枉了，是因为道理没有讲透。上级强力推进案件进程，是因为他们认为证据确凿了。凡事总有一个是非标准，只要事实说清了，法理说透了，就会有转机。

我安慰她，要相信法律，相信司法机关。

我也答应她，尽快出具一份法律意见书，把问题讲透。

法律论证

法律意见的论证逻辑是这样的：

（1）财政局国库科工作人员没有超越职权。将 2000 万元财政资金从财政直管账户拨付到财政代管的土地收购储备中心账户中，财政局局长指示后又补签确认。该拨款行为是在履行职责，且符合工作程序的要求。

（2）资金被挪用是土地收购储备中心负责人的故意犯罪行为。挪用公款行为致使其本人经管的 2000 万元资金流失，无法收回，应罪责自负。该资金损失是土地收购储备中心账户内的资金损失，资金风险应由其独立承担，与国库科工作人员无关。

（3）国库科工作人员的资金拨付行为与土地收购储备中心资金被挪用后果之间不存在因果关系。

（4）资金拨付当天在资金回转支票上背书，以及事后追款时多次被骗的事实证明，国库科工作人员主观上没有过错。

法律是符合天理人情的。一般人会觉得深奥，无法表达出来，但一定可以看得懂。透彻的说理能力，是每一个刑辩律师的基本功。这一点，我一直很自信。

读完法律意见书，我看到了她久违的笑容。

多方沟通

有理可以走遍天下。

作为政府法律顾问和专职律师，我有义务建议政府领导对职能部门及其工作人员负责。

事关财政部门形象和工作人员自由，该局局长高度重视。谈现象，讲流程，问进展，抓防范，显然也不为过。

家属亲友的影响力不可低估。咨询请教，探讨交流，很多时候是可以起到巨大作用的。

免予处罚

庭审如期进行。

一审辩护工作由万耀律师担纲主持，我们的意见是一致的。庭审策略也很到位，当事人真情述说，律师独立辩护。事实讲清了，法理说明了，真相大白于法庭。

2015 年 9 月 28 日，一审法院认为，邹某某的转款行为发生在财政局账户和财政局代管账户之间，虽然存在违规转款行为，但本案造成的经济损失系他人的犯罪行为直接导致，邹某某犯罪情节轻微，可以免予刑事处罚。

终于，有惊无险。

邹某某和她的亲人们是高兴的，美好的生活就在眼前。

【延伸阅读】

关键词： 滥用职权　主观心理　客观行为　因果关系
辩　点： 事实·还原辩　证据·链条辩　法理·无罪辩
技战法： 抽丝剥茧，条分缕析　巧借外援，全面阻击

律师感言

要善于安抚。律师如同医者，对每一个来访咨询者要真诚相待，倾听心声。寻求帮助之人，必然有难在身。不管事大事小，总是心中郁结，无法释怀。因此，精神安抚是第一位的。设身处地，为其着想，让其尽情述说。适时引领，增强信心，给其勇气力量。是非对错、罪与非罪自有标准，但基于善良的人性，任何人都有权享受社会公正，感受人间温暖。

要敢于说不。求助者中有犯错了请求获得宽恕之法的，也有冤屈了请求法律帮助之意的。对于后者，律师要敢于站出来，理清思路，据理力争。这种反对的声音，对当事人是一种力量和鼓舞，对国家机关是一种监督和提醒。勇气来自学识，胆量源自责任，这是律师实力的体现。

要精于论理。一旦作出确定性的判断，要全面论证，不留死角。法律意见书是说法论理的主要载体，也是律师功力的完美展现。从纷繁复杂的案件资料中理出头绪，化繁为简，是不容易的。但唯有如此，才能打动人，说服

人。律师职业属于法律服务行业，品质源自专业，没有无缘无故的成功。因此，律师要勤学苦练，不断总结提升。

要善于交流。观点提出很重要，但解决问题才是目的。对于司法人员来讲，任何案件都是坐堂问案的一项工作，而律师肩负的却是当事人的人生。要想说服司法人员，让其认可赞同，必须具有主动性。交流可以借助各种力量进行，饱和攻击，全方位覆盖，让反对的声音形成声浪，造成气势。重视才有关注，关注才能改变，改变意味着成功。

法言法语

法律意见书

附件：法律意见书

兹受邹某某的委托，现对市财政局国库科两名工作人员涉嫌滥用职权一案的犯罪与刑罚问题进行法律分析。本法律分析仅限于以下陈述和材料：

（1）HX 市人民检察院新辉检公诉刑诉（2014）391 号起诉书复印件（未阅卷）；

（2）邹某某的陈述；

（3）2012 年 1 月 9 日国库科开具、局领导签字"同意"的预算拨款凭证（回单）一份；

（4）2012 年 1 月 9 日土地收购储备中心开具的 2000 万元转账支票（01258982）存根一份；

（5）2012 年 3 月 14 日（01258989）、3 月 30 日（02739151）、未注明日期（02739152）共三张土地收购储备中心作废的 2000 万元转账支票及存根；

（6）2012 年 9 月 19 日 HX 市财政局（土地专户）2000 万元记账凭证一份、中国邮政储蓄银行 2000 万元进账单一份。

一、涉案当事人的基本情况

（1）邹某某，女，HX 市财政局国库科科长，现取保候审。

（2）李某某，男，HX 市财政局国库科负责土地专户的工作人员，现取保候审。

二、检察院侦查部门意见

HX 市人民检察院经依法审查查明：

2012 年 1 月 9 日，原 HX 市农村商业银行营业部主任张某某（另案处理）为偿还个人借款，以完成储蓄任务的名义，找到被告人（HX 市财政局国库科科长）邹某某，让国库科向 HX 市土地收购储备中心转账 2000 万元。邹某某违反规定，安排负责土地专户的被告人李某某，从 HX 市财政局农村商业银行的账户向 HX 市土地收购储备中心农村商业银行的账户转账 2000 万元。李某某明知财政局有"未经局长签字不能拨款"的规定，仍按照邹某某的要求，开具了 HX 市财政局向 HX 市土地收购储备中心拨款 2000 万元的预算拨款凭证，交给了张某某。潘某琴（另案处理）按照张某某的要求，给张某某开具了未填写收款人、金额 2000 万元的转账支票，张某某当日将钱转走，用于偿还个人借款。该款至今未追回。

据此，HX 市人民检察院认为，被告人邹某某、李某某身为国家机关工作人员，滥用职权，致使国家利益遭受重大损失，情节特别严重，应当以滥用职权罪追究其刑事责任。

三、涉及本案的几个事实问题的法律分析

（一）关于"协储"的问题

所谓"协储"，是指金融部门工作人员为完成内部管理目标，使自己经管负责的账户中存款余额增加，请求相关人员在该账户中增加存款额度，而相关人员给予协助的行为。对金融部门工作人员来讲，是"揽储"。

目前，金融部门为增加存款余额，普遍实行内部目标管理，制定奖惩措施，于是，其工作人员发动亲朋好友、街坊邻居，采取各种方式"揽储"。金融部门之间恶意竞争，已成为金融界一大乱象。

对金融部门班子领导来讲，本单位内已有账户存款余额的等额增减，没有增加本单位的存款余额，不算完成储蓄任务。但对于金融部门中层干部及以下普通职工来讲，只要自己经管负责的账户存款余额增加，则为完成储蓄任务，并按内部目标管理规定获得奖励。

本案中，HX 市财政局和 HX 市土地收购储备中心，同在农村商业银行开户，财政局账户减少 2000 万元，土地收购储备中心账户增加 2000 万元。对农村商业银行班子领导来讲，本单位的银行存款余额没有增加，对上级行无

法申报完成储蓄任务的数据。但对营业部或者经管负责土地收购储备中心的工作人员来说，显然是完成了储蓄任务 2000 万元。

（二）国库科工作人员是否超越了职权

1. 职责是什么

根据市编办和法制办核定的 HX 市财政局内设机构工作职责规定，国库科工作人员职责是调拨国库资金。"协储"，或"完成储蓄任务"是俗语，对国库科来讲，该行为的本质是从一个账户向另一个账户调拨财政资金。因此，调拨财政资金是国库科的工作职责。

2. 是否履行了拨款程序

调拨财政资金需要领导签字。从预算拨款凭证（回单）上看，财政局负责人在当天签字"同意"。从法律上讲，签字是一种职权确认行为，事前签字为同意，事后签字为认可。只要有签字确认行为，那么，拨款行为就是履行职责程序的正当行为。

3. 是否确保了资金安全

国库科工作人员将资金调拨到土地收购储备中心账户的当天，同时要求土地收购储备中心开具了转回的转账支票，国库科进行了背书。这些表明，国库科工作人员和土地收购储备中心的潘某琴（另案处理）对"协储"行为是有共识的，也就是说，该资金拨付是为了"完成储蓄任务"，仅限于两个财政账户（注：土地收购储备中心账户为财政代管账户，其资金的管理使用由财政局负责人签署意见）上的往来，主观上防范了该资金的外部流失。

需要说明的是，"协储"是一个助人行为，同时又与国库科工作人员职责相关。不违反职责的助人行为，并不为法律所禁止。

（三）巨额资金损失与国库科工作人员的关系

（1）2000 万元资金流失的责任。其他刑事案件的提起公诉和开庭审判证明，另案处理的土地收购储备中心的潘某琴构成了挪用公款罪。这种故意犯罪行为，不仅违反了与国库科工作人员约定的事后转款的承诺，而且超出了国库科工作人员的主观认知范围，应当独立承担罪责，与国库科工作人员无关。

（2）事后国库科工作人员的表现。由于该项拨款未转回，国库科工作人员便主动催促，土地收购储备中心亦多次开具转账支票，共同到银行进行转账，由于账户中余额不足而无法办理，于是便多次将转账支票作废。这些事实表明，土地收购储备中心一直在隐瞒挪用公款的事实，也一直在欺骗国库科工作人员。

（四）国库科工作人员拨款行为的后果及损失计算

1. 拨款行为的后果

本案的拨款行为，是国库科从财政直管账户中将2000万元财政资金拨付到财政代管账户中。由于该项资金系无具体用途的账户往来，因此，从财务记账角度，国库科列为"暂付款"，土地收购储备中心列为"暂存款"。也就是说，该项资金是要归还的，归还的主体则是土地收购储备中心。2012年9月19日，土地收购储备中心将2000万元转入国库科，国库科对2000万元"暂付款"作了平账处理，土地收购储备中心亦将2000万元"暂存款"作了平账处理。至此，国库科拨付的2000万元被收回。

需要说明的是，国库科拨款是通过银行账户进行的，但收款方是土地收购储备中心，而不是其账户本身。土地收购储备中心账户内的资金损失，与国库科无关，其归还主体仍是土地收购储备中心。因此，国库科的拨款行为，因当年9月份土地收购储备中心的转账还款得以收回平账，没有产生所谓的"2000万元资金损失"。

2. 损失计算方法

如上所述，"2000万元资金损失"不应作为国库科工作人员拨款行为的后果。但是，由于其所拨款项未及时收回，时间长达9个月，9个月利息损失应作为其行为的后果。由于财政资金的银行存款无息和低息的政策要求，使得该损失无法计算，或额度远未达到刑法规定的标准。

四、小结

为协助农村商业银行营业部主任张某某"完成储蓄任务"，市财政局国库科工作人员将2000万元财政资金从财政直管账户拨付到财政代管的土地收购储备中心账户中，该项资金拨付得到了财政局负责人的签字确认。国库科工作人员的拨款行为是履行职责行为，且符合工作程序的要求。因此，没有超越职责权限。

财政资金拨付后，国库科和土地收购储备中心分别以"暂付款"和"暂存款"记账，土地收购储备中心负有管理和归还义务。土地收购储备中心负责人挪用公款行为致使其经管的2000万元资金流失，无法收回，应罪责自负。该资金损失是土地收购储备中心账户内的资金损失，资金风险应由其独立承担，与国库科工作人员无关。

事后土地收购储备中心将 2000 万元资金归还国库科，双方对"暂付款"和"暂存款"作平账处理，符合财务记账要求，该项拨款已被收回。国库科工作人员对长达 9 个月的财政资金占用负有责任，但因财政资金银行存款无息和低息的政策要求，使得该项资金的利息损失无法计算。严格地讲，财政局负责人签字"同意"的财政资金拨付行为，其利息损失是无从谈起的。

综上所述，财政局国库科工作人员的拨款行为不属于滥用职权行为，不应由刑法调整和规制。

五、意见和建议

对于进入刑事诉讼程序的案件，一定要尊重司法行为，要采取适当的方式进行沟通和联系。

（1）司法必须得到尊重。人民检察院负责渎职犯罪案件侦查起诉，人民法院负责渎职犯罪案件的审判，这是法律的明确规定。所有刑事诉讼参与人都应当尊重检法两家的工作，尊重国家法律。

（2）渎职犯罪案件因涉及行政管理的内容广、专业强，沟通和联系是重要的。本案涉及金融部门内部目标管理制度、行业术语、财政资金管理政策、调拨资金工作职责、财务记账规定、转账支票签发和办理、银行上门服务承诺规定、账户存款与财务记账关系、财政资金管理及风险主体等，司法审查和判断有可能出现表面化和片面性，从而使罪与非罪不清，刑罚范围扩大。因此，沟通和联系就显得非常重要。

六、声明

本法律意见书供委托人自行辩护时参考，也可在聘请辩护律师，并与其交流探讨时使用。未经本律师同意，不得向第三人出示，亦不得作为任何证据使用。

北京市鑫诺律师事务所律师：刘建民

2014 年 12 月 20 日

涉嫌玩忽职守的税务官员：税务稽查措施的适用边界

税务行政处罚与涉税企业偷税，有关系吗

——汪某某涉嫌玩忽职守免刑案

【核心提示】

税务稽查与税务行政处罚是不同的。在例行税务稽查过程中，对于涉税企业丢失公司账簿的行为，直接实施税务行政处罚并无不当。在非工作场所，税务人员没有搜查职权，"其他稽查手段"更无必要。事后公安机关在该企业负责人亲戚家中查获了丢失的公司账簿，发现了该企业偷税行为。这种已经发生的偷税结果，与当时税务人员未采取"其他稽查手段"没有因果关系。玩忽职守罪应当有损害后果，履职行为与损害后果是否具有因果关系才是定性的关键。

见了当事人

2016年秋的一天，妻的朋友联系我。说是她在税务局工作的丈夫刚刚被取保候审，想咨询一下，问一问下一步该怎么办。

对于涉刑案件，当事人家属总是很急迫的。妻的朋友之约，更是不敢怠

慢，我按时前往。

这是一对恩爱夫妻。看得出来，妻的朋友很揪心，款款爱意。她的丈夫不善言谈，但满脸真诚。

他俩很急迫地见我，还有一个原因。他们咨询了很多人，尤其是从事政法的朋友给他们说，肯定是犯罪了，而且要判 3 年至 7 年有期徒刑，不要到处跑关系了，没用的。

显然，他们有些绝望，但心有不甘，不应该这么重吧。

他们想听听我的意见。当然，是抱着希望来的。

案情始末

当事人叫汪某某，在税务稽查分局工作，副主任科员。

2014 年 3 月份，市税务稽查局采取"人机结合"分析筛选方法选定了一个涉税企业，移交该分局立案检查。汪某某和他的同事负责承办这个案件。在检查过程中，该企业负责人声称，公司的账目丢失了。于是，他们履行了内部审批程序，直接对该公司罚款 5000 元，以行政处罚的方式结案。

后来，公安机关对该公司立案侦查，从该公司负责人的亲戚家里找到了丢失的账册。经审计发现，该公司两个年度内少缴税金 200 多万元。

检察院认为，汪某某等人在涉案企业负责人报失账簿资料的情况下，没有采取其他稽查手段进行检查。因为没有采取其他稽查手段，致使涉案企业少交税金，造成损失且损失巨大，涉嫌玩忽职守罪。

直观判断

我不认为这是犯罪。话一出口，汪某某满脸惊讶。

他说："你不用安慰我，我还接受过人家两次吃请，确实俺错了。"诚实的汪某某，什么都说了。

这就是侦查部门立案的原因。吃请了，报失账册后直接行政处罚，没有采取其他稽查手段，致使偷税行为未得到查处，税金损失巨大。

这种侦查逻辑是存在问题的：

一是对于涉税企业账册丢失行为能否直接行政处罚。

二是通过税务稽查手段能否找到偷税证据。

三是未采取其他稽查手段跟该企业偷税结果有无因果关系。

这是我的初步判断。但税务是一个专业性很强的学科，要想有理有据说服司法人员，不仅需要刑法知识和逻辑，还要有税务理论和实务作为基础。于是，我一方面多次与汪某某交流，并向税务机关咨询请教，了解掌握税务稽查工作流程和税务行政处罚程序，另一方面针对性地研究了税务基础理论和相关法律规定。

不到十天时间，我对案件的论证形成了文字。

疑案评析

律师辩护是一个说服司法人员的过程，文字材料是基本载体。法律意见书是常见的律师文书，但对于本案，采取疑案评析方式直接亮明观点，并加以论证，我认为更加直观清晰。目标确定之后，形式可以多样化，不应拘泥于通行的文体。

本案的无罪论证，以汪某某的职责定位为突破点，分为三部分：

一是从犯罪构成入手，通过否认因果关系，来论证无罪观点。

公司账册丢失是一种"未按规定保管会计账簿"的明显税务违法行为，税务处理职责转化为税务处罚后，无须采取其他稽查手段即可实施行政处罚，显然，正当履职行为排除了行为违法性，且该公司逃税结果已经发生，与是否采取了其他稽查手段不存在因果关系。

二是从案件细节入手，通过稽查职责的排除，来阐述侦控的错误。

三是从社会效果入手，通过假定有罪的危害，来分析无罪的正确。

这种论证方式是有说服力的，我很自信。

研讨与交流

由于汪某某的行为在税务稽查局内部具有普遍性，因此该局高度重视。为此，召集了多位律师对该案件进行了分析研判，我被邀请参加了会议。

我的无罪思路被认可，相关事实也被确认，论证方式无可挑剔。

接下来，便是与侦控人员交流沟通了。

侦控一体化的客观现实，再一次将案件推向了法院审判。因为检察院公诉部门是不会轻易否认侦查部门意见的。一则系统内部的量化考核是要扣分的；二则撤销或者不起诉等于自我认错。

一审宣判

案件进入审判阶段，通常是不可能判无罪的。

公诉机关的量刑建议是 3 年至 7 年有期徒刑。更为要命的是，汪某某等人被收监羁押，再次自由受限。汪某某和他的家属彻底绝望了。

我一向相信法律，相信法院。我也曾多次安慰家属，增强其信心。一方面要申请取保，一方面积极准备庭审。

汪某某所在的税务稽查局通过组织程序向有关部门进行了情况反映。

博弈之后，最终的结果是令人满意的。汪某某在庭审前再次被取保候审。一审开庭审理后不久，法院公开宣判，对汪某某免予刑事处罚。

为人诚实的汪某某终于露出了笑脸。

他很感激我，我说这是好人有好报呀！不久之后，他的孩子成家了，我去喝喜酒，给了他诚挚的祝福。

【延伸阅读】

关键词： 玩忽职守罪　例行税务稽查　税务行政处罚　因果关系　社会效果

辩　点： 事实·还原辩　证据·链条辩　法理·定性辩

技战法： 巧借外援，对冲压力　充分论证，彻底否定

律师感言

指控未必都是正确的。案件定性时，需要无罪推定。当事人陈述和行业习惯都要综合分析，不公平结果必然是案件定性出了问题。律师要善于听其言，观其行，分析其委屈的原因，找出解决问题的办法。律师的直观判断很重要，当然，这需要知识和阅历，更需要勇气。刑辩律师要敢于质疑，敢于说不。

定性关键是因果关系。在渎职犯罪中，行为与结果应当具有因果关系。涉案企业偷税结果已经发生，不是因为"未采取其他稽查手段"而导致。事后侦查结果表明丢失的账簿存放在其亲戚家中，税务机关没有搜查职权，"其

他稽查手段"也不可能起获账簿，即便是采取了"其他稽查手段"又有何用？很多时候，案件定性错误是一目了然的，这就需要抓住关键问题，说深说透。

部门法知识要精读细研。渎职犯罪中行为职责涉及部门法知识和国家政策，精读细研是必要的。税务处理中的税务稽查，与税务行政处罚存在区别，程序要求也不同。丢失账簿是"未按规定保管公司账簿"的典型税务违法行为，直接实施行政处罚并无不当，没有采取其他稽查手段调取证据的必要性。正当履职行为不具有违法性，不应受到刑罚处罚。部门法知识说清了，问题也就解决了。

刑事辩护是说理的过程。侦控是主动的，注重大局和宏观，而辩护是被动的，则要从细微处入手，娓娓道来。律师文书不管是千字还是万言，一定要逻辑清晰，说理透彻，环环相扣。司法人员公职在身，坐堂问案，是要尊重的。不要祈求他们点赞称道，但有理有据的分析完全可以触动其心灵。无罪判决是刑辩律师的追求，但撤销案件、不起诉，甚至免刑也应当算成功。理解万岁，理解就是尊重。

法言法语

疑案评析：例行税务稽查中玩忽职守的无罪论

附件：疑案评析：例行税务稽查中玩忽职守的无罪论——以汪某某案中行为人的职责定位为突破点

一、案情简介

2014年3月，X市地税稽查局采用"人机结合"分析筛选方法选定，对存在税收违法嫌疑的X市恒源建筑施工图审查有限公司（以下简称"恒源公司"）立案检查，被告人X市地税稽查局牧野分局副主任科员汪某某、科员张某某负责承办案件。

2014年3月14日，X市地税局稽查局下达《税务稽查任务通知书》，要求对恒源公司2002年~2013年的税务情况进行稽查。2014年5月12日二被告人以企业负责人去国外探亲为由，申请延长检查时限至2014年6月30日。稽查过程中，被告人汪某某两次接受恒源公司请托人吃请。在恒源公司谎称账目丢失后，2014年6月19日被告人汪某某、张某某向恒源公司送达告知文书，让恒源公司提交了一份丢失账目证明，并对法定代表人高某生进行一次询问，即认定账目丢失，于 2014 年 6 月 25 日提交稽查报告，建议罚款 5000 元。2014 年 9 月 2 日该案以罚款 5000 元结案。稽查中，二被告人未对证据逐一核实，排除不具有真实性的证据，也未询问公司财务负责人或采取其他稽查手段，违反了《税务稽查调查取证管理暂行办法》等规定。案发后经河南正源会计师事务所有限责任公司司法会计鉴定：恒源公司 2012 年、2013 年少交税金，税收经济损失达 2 230 280.77 元。

公诉机关建议在 3 年至 7 年幅度内量刑。

二、有罪指控逻辑

（1）被告人汪某某等人具有税务稽查职责，稽查手段包括实地检查、调取账簿资料、询问、查询存款账户或者储蓄存款、异地协查等。

（2）被告人汪某某等人在涉案企业负责人报失账簿资料的情况下，没有采取其他稽查手段进行检查。

（3）被告人汪某某等人没有采取其他稽查手段，致使涉案企业少交税金，造成损失且损失巨大。

（4）被告人汪某某在税务稽查中接受了请托人的吃请。

三、无罪三论

（一）因果关系否定论

汪某某在例行税务稽查的检查环节工作中因涉案企业负责人接受询问时报失了会计账簿资料，其稽查工作性质由税务处理转变为对该企业未按规定保管会计账簿的查处。税务稽查工作流程中的其他检查手段，为并列关系，且服务于税务处理，因会计账簿丢失无法调取而使以税务处理为目的的税务稽查工作无法进行。这些未实施的其他稽查手段不仅对于查处涉案企业未按规定保管会计账簿的违法行为没有意义，而且与涉案企业少报、少交应纳税款没有因果关系。

（1）工作任务发生了转变。本案的税务稽查对象是 X 市地税局稽查局采用"人机结合"分析筛选方法选定的涉税企业，故为日常（例行）税务稽查，而非由举报引发的专项税务稽查。汪某某作为税务稽查"选案—检查—审理—执行"流程中检查环节的工作人员，最初的任务是对该企业进行全面的税务稽查，即税务处理。稽查手段包括实地检查、调取账簿资料、询问、查询存款账户或者储蓄存款、异地协查等方法。在询问企业负责人时，该企业负责人陈述，2012年至2013年会计资料在库房搬迁时已全部丢失，致使汪某某以税务处理为目的的税务稽查任务发生了根本性改变。汪某某在通过税务局内网征管系统查询该单位2012年至2013年地方各税申报缴纳情况并得到该企业负责人确认后，开始了对该企业未按规定保管会计账簿这一具体违法行为的查处。

（2）税务稽查的其他手段亦无采取的必要。税务稽查中的稽查手段如上所述，主要有实地检查、调取账簿资料、询问、查询存款账户或者储蓄存款、异地协查等。这些都是服务于以税务处理为目的的税务稽查工作的，且是并列关系。在涉案企业报失会计账簿资料致使无法调取，且无其他举报线索的情况下，其他稽查手段因无法与会计账簿核对，客观上已无法完成税务处理的任务。此时稽查人员的工作任务已转变为对企业未按规定保管会计账簿这一具体税务违法行为的查处。而对该企业未按规定保管会计账簿的具体违法行为查处，无须采取其他税务稽查手段。

（3）未采取其他税务稽查手段取证的事实得到了税务稽查流程中审理环节审理人员的审查同意，并由所属税务机关作出了行政处罚决定，且执行完毕。按照《税务稽查工作流程》第48条规定，审理人员有权要求检查人员补充调查。但审理人员未要求汪某某继续采取其他税务稽查手段，进行补充调查，并作出了行政处罚决定。这些表明，在对涉案企业未按规定保管会计账簿这一违法行为的处罚时，诸如询问财务负责人、调取银行对账单或者采取其他稽查手段，是没有必要的。因为企业负责人报失会计账簿资料，明显属于未按规定保管会计账簿的违法行为，无须证据证明。

（4）未按规定保管会计账簿属于明显的具体税务违法行为，应由该企业及其相关人员负责。如果故意隐匿会计账簿或者涉嫌偷税构成犯罪的，应当罪责自负。而这一切，与税务稽查流程中检查环节的工作人员没有关系。从该企业负责人故意隐匿会计账簿罪一案中可以看出，报失的会计账簿资料隐藏在其岳母家，而对这种私人生活场所，税务人员没有法定的检查职责。汪某某对具体税务违法行为的查处是正当合法的，至于是否采取相关手段，取决于违法行为的事实是否清楚，证据是否充分，与该企业少报、少交应纳税款没有因果关系。

需要说明的是，起诉书认定的错误在于，忽略了汪某某履职行为内容和性质的转变。当初他接到《稽查任务通知书》时，其工作内容是对涉案公司2012年至2013年纳税情况进行稽查，履行的是以税务处理为目的的税务稽查职责。当然税务稽查中这些并列的稽查手段应当采取，包括调取账簿资料在内的多种稽查手段。当该企业负责人报失会计账簿资料，致使会计账簿资料无法调取时，以税务处理为目的的例行税务稽查工作客观上已无法进行。汪某某此时的工作任务转变为对该企业未按规定保管会计账簿这一具体违法行为的查处，而对上述明显的违法行为提出处罚建议，无须采取其他稽查手段，即可事实清楚，证据充分。

综上，汪某某对涉案企业的处罚建议是基于该企业未按规定保管会计账簿这一具体税务违法行为，所属税务机关作出的行政处罚也是单一的行为罚。当初以税务处理为目的的例行税务稽查任务因涉案企业负责人报失会计账簿而转变为对该企业未按规定保管会计账簿这一明显税务违法行为的查处，通过其他稽查手段收集"违法行为"证据亦无必要。不仅如此，该违法行为引起的少报、少交应纳税款和刑事责任后果应由企业及其相关人员独立承担，与税务稽查流程中检查人员的查处行为以及是否采取其他稽查手段没有因果关系。

（二）稽查职责排除论

汪某某税务稽查任务为2012年至2013年，司法会计鉴定报告认定的是企业相关人员2012年和2013年长期借款应交纳的个人所得税额，而2013年长期借款按照相关规定应当列入2014年度计征应纳税款，不属于汪某某的税务稽查职责范围。

（1）起诉书称，2014年3月14日，X市地税局稽查局下达《税务稽查任务通知书》，要求对恒源公司2012年至2013年的税务情况进行稽查。显然，2012年至2013年为纳税所属期。

（2）司法会计鉴定报告中对公司相关人员长期借款按分红来计税，以此作出结论，2012年至2013年少交税款223万余元。而事实上，2012年和2013年均有借款，根据国家税务总局《关于印发〈个人所得税管理办法〉的通知》（国税发〔2005〕120号）"加强个人投资者从其投资企业借款的管理，对期限超过一年又未用于企业生产经营的借款，严格按照有关规定征税"的规定，个人借款未用于公司生产经营，满一年的，应当征缴个人所得税。本案中，2012 年度内的借款，应当列入 2013 年度计征应纳税款；2013 年度内的借款，应当列入 2014 年度计征应纳税款。显然，2013 年度内借款应当列入 2014 年度计征，不属于汪某某的税务稽查职责范围，相应额度应予扣除。

综上，汪某某税务稽查的范围是 2012 年至 2013 年，司法会计鉴定报告认定的少报、少交税款额中，包括了 2013 年度相关人员的借款应列入 2014 年度计征的应纳税额，故应当予以扣除。

需要说明的是，本节论证的是稽查职责，意为即便是汪某某一直在履行以税务处理为目的税务稽查职责，那么，本应纳入 2014 年度计征范围的应纳税款也应当予以扣除。事实上，由于会计账簿资料不能提供，以税务处理为目的例行税务稽查工作客观上已无法进行，本案汪某某履行的是对具体税务违法行为查处（税务行政处罚）职责。其对涉案企业未按规定保管会计账簿这一具体税务违法行为的处罚建议，做到了案件事实清楚，证据充分，没有失职渎职行为，涉案企业少报、少交应纳税款与其没有关系。

（三）有罪判决危害论

如果把对具体税务违法行为的税务行政处罚职责理解为以税务处理为目的的税务稽查职责，且认为查处违法行为时没有采取其他税务稽查手段，进而推定未采取税务稽查手段，致使涉案企业少报、少交应纳税款，造成国家财产损失，这样的有罪判决会使税务行政执法人员人人自危，税务工作无法开展。

（1）税务稽查包括税务处理和税务行政处罚。税务稽查是指依法对纳税人、扣缴义务人和其他涉税当事人履行纳税义务、扣缴义务情况及涉税事项进行检查处理，以及围绕检查处理开展的其他相关工作。税务稽查中税务处理是重点，税务行政处罚是补充。当涉税对象的具体违法行为致使税务处理工作无法进行时，则应当对具体税务违法行为进行行政处罚，而税务行政处罚的依据是行政诉讼法和行政处罚法。

（2）对相关企业的税务稽查包括日常（例行）税务稽查和专项税务稽查。税务稽查主要侧重于税务处理，可以采取部门规章和规范性文件规定的稽查手段。税务行政处罚则主要针对税务稽查中发现的具体税务违法事实，要求事实清楚，证据充分，适用法律法规正确。对情节严重的行政违法行为，应当移交司法机关作为犯罪处理。

（3）本案汪某某正是在没有举报线索的例行税务稽查过程中，发现了涉案企业未按规定保管会计账簿的违法事实。因为该企业负责人的报失行为，属于典型的企业"未按规定保管会计账簿"违法行为，该违法行为仅凭询问便可取得，无须另行查证，即事实清楚、证据充分。会计账簿资料作为税务稽查的主要对象和依据，它的丢失，使以税务处理为目的的税务稽查工作无法进行，其他稽查手段亦无采取的必要。

（4）在对本案被告人汪某某的履职行为审查时，应重点考察其行使职责的内容，进而分析其行使了职权是否适当。显然，汪某某履行的是对具体税务违法行为的查处职责，且被本局审理人员审查通过，并由所属机关作出了行政处罚。这些表明，汪某某对具体税务违法行为查处建议，做到了事实清楚、证据充分、适用法律法规正确，无失职渎职行为。

（5）公诉机关的有罪指控，一则混淆了例行税务稽查和专项税务稽查的区别，在没有举报线索的例行税务稽查中，如果无法调取会计账簿资料，税务处理工作如同大海捞针，毫无意义。二则混淆了税务处理和税务行政处罚的区别，并将两种税务稽查行为的证据收集和审查判断张冠李戴，混为一谈。如果此案作出有罪判决，税务行政执法人员将人人自危，税务稽查工作将无法开展，其危害性是极其严重的。

综上，公诉机关的犯罪指控是由于税务理论和管理实务欠缺造成的。显然，这种错误是低级的。审判机关应当立足当事人的职责定位，结合行业管理特点，全面审查本案证据，实现刑事审判法律效果和社会效果的有机统一。

宣告无罪和数罪中的
无罪案件

04

16

一个外经贸老板的 614 天：诈骗罪
主客观方面的有效辩护

变造翻译费发票与国家资金获批有关系吗
——王某某涉嫌诈骗罪宣告无罪案

【核心提示】

外经贸发展专项资金，是完善国家外经贸促进政策，构建开放型经济新体制，培育国际经济合作竞争新优势的重要举措。国家实行外经贸项目备案制，因而对于项目事后奖补具有主动性和决定权。通常情况下，拨付对象和数额都是基本确定好的，申报只是一种形式。因此，对于项目资金是否涉嫌诈骗问题的处理，应当慎之又慎。申报者的造假程度、是否误导了审批人员，造假与拨付资金有无直接因果关系等，都是需要重点考察的。

律所举荐

北京的冬天真的很冷。

我有读帖的习惯，证道歌的书体太美了。据说是唐代高僧永嘉玄觉大师开悟后心得精华，明代憨山大师在行舟途中写就。读来如行云流水，既有古意又有时趣。如此精妙之作，自然是可以愉悦人心，驱走寒意。

2020年1月4日，沙志勇律师来电话，说是吉林有一个刑事案子，一审判了10年，看看有无胜算可能，建议给出咨询意见。对于总所高级合伙人的信任，我心存感激，当然不敢怠慢。

随后，我收到了一审判决书电子版。

两次电话沟通后，我拿出了咨询意见：一是在法律适用上，单位实施诈骗而追究个人，是有2014年4月人大解释作为依据的。但实务中，也有不追究的。对于按自然人犯罪量刑明显过重的问题，很难突破。二是事实证据上，翻译费票据造假与专项资金获批有无直接因果关系应是审查重点，初步感觉第一笔可以打掉。

1月9日，该案的电子卷宗传了过来，卷宗材料证明了我的判断。我及时面见了沙律师。

第一笔可以打掉，第二笔有望打掉，本案指控难以成立！

1月11日，沙律师来电，说是当事人家属认可律师观点，同意法律服务方案。同时，也转达了家属希望我们尽快到吉林见面的愿望。

紧急会见

刑事案件一般都是比较紧急的。对于不服一审判决的案件，首先要落实好上诉问题，其次要对在押当事人进行法律辅导，让其明确案件的辩点和逻辑。二审法院的审理方式不能确定，但对法院提审应当足够重视，在押当事人应当准确表述上诉意见和理由。

事不宜迟。1月14日中午12：55，我和沙律师团队的孙鹏律师飞赴吉林。

大东北冰天雪地，吉林一片雾凇奇观，别有一番意境。

1月15日上午，我们向家属了解情况后，13：35便赶赴JL市看守所，会见了王某某。

会见进行了两个半小时，一直按照我们的阅卷思路进行。

王某某是华峰能源公司的实际投资人，在俄罗斯有一个大型煤矿，被列为吉林省煤炭回运项目、省重点项目。他们的公司曾在2016年和2017年两个年度申报了国家外经贸引导资金。

在谈到一审开庭时，他说开庭时间很短，法官没怎么让他说话就结束了。我们问他，第一笔书面申报的是什么钱、翻译费申报了没有、最后获批的是什么钱，他如实回答了，也好像明白了。对于第二笔资金，他对这次翻译费申报的基本事实无法解释。我们问他，是不是同时还申报了俄罗斯煤矿项目、其中是不是有可行性报告，他的回答很肯定。我们又问他，在这次评审过程中是否知道有专家评审、专家评比打分是什么意思、最后获批资金是什么钱。王某某对这些事实好像不是太清楚，但对我们提问的逻辑关系是彻底明白了。他真的很聪明。

临走时，我们告诉他，二审法院可能会开庭审理，也可能会书面审理，但都会过来提审他。我们让他做好被提审的准备，一定要给二审法官讲清楚、说明白。他点了点头。

他最后问：还会判十年吗？我们反问他：俄罗斯好玩吗？

王某某很坚强，也很乐观。他笑了，我们走了。

疫情来了

会见结束后，我们与家属作了沟通。家属不易呀，他的夫人从长春赶来，他的哥哥从内蒙古赶来，一路风尘，满脸沧桑。在王某某被关押的一年多时间里，他们经历了太多太多，再也没有乐观的想法了。我们则不然。

1 月 16 日，孙鹏律师直飞北京，我则取道郑州，转飞深圳。

1 月 20 日腊月二十六，结束了全年公务，到老家陪父母过年。

1 月 23 日腊月二十九，疫情肆虐，武汉封城，全国各地纷纷上调防控级别。一时间，三军驰援武汉，共同抗击疫情。在随后的日子里，全国人民积极响应党中央号召，禁足家中，不添乱、不传谣。

案件的研讨并没有停止。

书面沟通

疫情期间，视频会议成为我和我的团队律师的重要沟通方式。直到 4 月 13 日得知二审承办法官确定时，我们已经做足了功课。律所网站上以疑案评析为名的署名文章，算是汇报，也是检阅。

我们知道，面见法官是不可能的了。于是，我们决定通过邮政快递向主审法官报送材料。

4月20日，在电话沟通后，我们将辩护手续、四份依职权调查申请书、辩护词、一册证据材料邮寄给了法官。

考虑到案件的特殊性和重大影响，4月26日，我以辩护律师的名义向吉林省委、吉林省高级人民法院主要领导提交了情况反映。紧扣法律和政策，情真意切，催人泪下。

5月9日，主审法官电话确认材料已经收到，并表示正在请示网络开庭的事情。我及时联系华峰能源公司，建议其做好证据材料核对的准备。

6月初，我们听到了二审法院全面核查案件相关事实的信息。

6月13日，主审法官来电话：案件发回重审了。疫情期间，这是最好的结果了，我对二审法官表达了谢意。

人出来了

案件发回到一审法院重审。

7月17日星期五15：44，王某某夫人电话：一审法院有一个法官打来电话，说是一会儿院长要与她通话，并说王某某这几天就可以取保了。显然，幸福来得太快，王夫人不太相信。17：07王夫人再次来电话：说好了，下周一上午办取保手续，法院让他们到看守所门口接人。听得出，她很高兴。

7月20日星期一上午11：00，王某某出来了！整整关押了614天。

我们通了电话，他难掩兴奋之情，一再表示谢意。

十年重刑获释。没有人相信这是真的，但人确实出来了。王夫人问我为什么呀，我说道：感谢党！感谢政府吧！

善后工作

7月27日，我赶到长春，见到王某某。晚上，他悄悄问我，为什么能出来？我说你无罪呀，他还是满脸疑问。

路还是要一步一步地走下去，重审准备工作不可放松。

11月5日，我和当地的辛律师一同面见了重审程序中的主审法官。法官建议我们抓紧写一份《核查证据申请书》，以便催促公诉机关核查证据。我们及时提交了。

11 月 29 日，由于公诉机关迟迟没有到华峰能源公司核查证据，我又起草了一份申请书，请求法院敦促公诉机关立即撤回起诉。只要理由充分，言语强烈一些应该也不为过吧，我可是一直相信法律的呀。

宣告无罪

面朝大海，静待花开。

2021 年 1 月 5 日，王某某打来电话，说是案件退回公安机关了。公安机关通知他要核实资金用途，我建议他积极配合调查。

3 月 15 日，王某某打来电话，说是公安机关要求他找一家会计师事务所，审计一下 250 万元的资金用途。我认为第三方机构对资金用途进行司法鉴定更好，该路径可行。

5 月 12 日，重审法院开庭审理，主要核实了 250 万元的资金用途。公诉机关认可，我们当然没有意见。王某某坚持无罪，我们较为详细地阐述了无罪的理由。

6 月 1 日，重审法院宣判：王某某无罪！他难掩兴奋，我们通了很长时间电话。

感谢党，感谢政府，感谢这个时代。我一再叮嘱王某某。他是一个很乐观的人，我相信他，也期望他能够继续做好人，走好路。

【专业阅读】

关键词：诈骗罪　因果关系
辩　点：事实·还原辩　证据·链条辩　法理·无罪辩
技战法：以其之矛，攻其之盾　草船借箭　利用外援，提升高度

律师感言

与重特大事件关联的案件，应当谨慎小心，不要超越雷池。一审法院科以刑罚，于法有据，细节问题却值得考量。大面积撒网，容易伤及无辜，这是我接受本案委托的动力所在。立足法律，莫论政治，是律师参与该类案件必须做到的。

外经贸引导资金问题涉及国家宏观调控，政府主动性很强。通常来讲，国家对社会经济管理的重要方式，就是行政许可和项目备案制度，这便使得政府扶持和鼓励政策有了更强的针对性。在资金获批的范围、对象、数额上，也是有计划有标准的。因此，在对犯罪构成要件分析论证时，应当充分考虑申报单位为满足申报条件的这种被动性。

对于群体性犯罪中的个案，适时的情况反映也是一种担当。当然，要紧扣法律和政策，明法析理，以情动人。上下级法院虽是监督与被监督关系，但由于上级院对下级院具有院长提名权，使得法院系统内的关系更为紧密。省级法院负责全省范围内各类案件审判的业务指导，因而省级法院关注可以确保案件质量。党委是地方稳定的责任主体，省委关注类案也是有法可依的。

案件裁判由法院负责，但检法关系也要充分考虑。一般来讲，检察院的公诉案件被宣告无罪是非常少见的，主要在于当前案件质量考核制度和错案责任追究制度。因此，案件发回重审后，我们的预期是检察院撤回起诉，作不起诉处理。由于当地相同境遇的涉案企业较多，省法院高度重视，为此进行了定调分类。检察机关继续坚持有罪，法院只能宣告无罪了。当然，这是我们求之不得的。

法言法语

1. 依职权调查申请书
2. 二审辩护词
3. 证据材料目录
4. 给省高院的信
5. 给省委的信
6. 关于补充证据的说明
7. 关于核查涉案资金用途的申请书
8. 关于敦促公诉机关撤诉的申请书
9. 重审辩护词

附件 1：依职权调查申请书

JL 市中级人民法院：

王某某涉嫌诈骗案件（二审）已由贵院受理，现申请贵院依职权调查。

一、调取该项目的全部申报和审批材料

理由如下：

（1）在本律师会见过程中，被告人一再陈述："两次申报都是商务厅人员多次催促，碍于面子才申报的。改变翻译费票据数额，夸大事实，目的就是不想获批。申报材料中有翻译费用的真实数据，夸大的数额明显与真实数据不一致，审批部门能够非常清楚地看出来，应当直接否定，不予审批"，而在侦查卷内的公司审计报告财务报表附注中，两个年度的"办公费"分别显示为 455 228.67 元（侦查卷三第 41 页）、652 052.81 元（侦查卷三第 182 页），均不超过 100 万元，确实与夸大的翻译费票据（复印件）上千万元、几百万元数额明显不一致。如果被告人陈述属实，那么，他就不具有非法占有的故意。

（2）一审法院审理过程中，原辩护律师曾于 2019 年 8 月 17 日向法院提出了延期审理和依职权调取的申请，但一审法院仅仅延期审理了，却没有依职权调取上述资料，也未予回复。

二、调取侦查机关对王某某讯问的同步录像

理由如下：

（1）在本律师会见过程中，被告人一再陈述："这次申报前他的公司曾申报过风险勘探资金，获批了，但政府没有支付给他的公司，而是被挪用了。所以，他不愿意申报这些引导资金。迫于商务厅人员的多次催促，才故意夸大翻译费票据（复印件）数额，明显与真实数据不一致，目的是想让审批时被否定，也不伤商务厅人员的面子。"他还说："当时这些都跟侦查人员说了，核对笔录时没有细看就签字了。"但是，讯问笔录中却没有这样的内容。如果被告人陈述属实，那么，就能够证明其没有非法占有的故意。

（2）本案属于重大案件，侦查机关在讯问时应当同步录像。

三、调查商务厅负责该项目审批的经办人员

调查内容及理由如下：

1. 查清专项审计结果是否向申报单位反馈？

侦查卷三第 156 页审定汇总中记载，运输设备费 263.72 万元被核减。其理由是："263.72 万元设备款，其合同为华峰能源公司与东方公司签订，其中三笔的付款单位分别为卡马斯保养工作有限公司、普照卢姆特拉克有限公司、东方—乌阿斯有限公司，与华峰能源公司无关。"事实上，按照 2016 年度商务厅文件中附加 2 的规定，"对企业境外项目于国内外购买（租赁）的机械设备……组织生产运营发生的相关费用给予补助"（详见侦查卷 3 第 126 页第 8~11 行），申报设备费补助是符合要求的。从法律上讲，委托第三方付款也是允许的。如果这一核减结果向被告人反馈了，被告人肯定能够作出合理解释，核减就不会发生。如果商务厅人员没有反馈，那么，被告人把这次获批的 160 万元奖补资金理解为这是设备款的奖补，便是正常合理的。因此，这笔 2016 年度获批资金，因被告人公司的书面申请中没有涉及翻译费，故与翻译费票据（复印件）没有关系。

2. 查清商务厅内部请示厅长审定前的制表依据是什么？

侦查卷三第 162 页资金分配表中显示：华峰能源公司申请资助金额是"5000 万元"，序号后栏目中有"重点支持"字样，备注的是"煤炭资源回运项目、省政府重点推动项目"，最终被厅长审定支持金额为"160 万元"。事实上，被告人公司申请的金额是 600 万元（详见侦查卷四第 3 页），绝对不是"5000 万元"。应当查清商务厅经办人员制表的依据是什么？如果商务厅经办人员将申请金额实事求是地写成 600 万元，厅长会不会最终审定 160 万元的支持金额。如果商务厅人员擅自将申请资助金额扩大到"5000 万元"，进而让厅长审定为"160 万元"，那么，对于 160 万元内部审定结果让被告人承担刑事责任，显然是不公平的。

3. 查清专家评审打分的目的是什么

侦查卷三第 52~54 页附有三张专家评审表，三个专家对项目可行性、项目作用及意义、项目发展前景分别进行了打分确认。侦查卷三第 78 页在商务厅对财政厅的致函文件中，写道：在各地申报把关的基础上，省商务厅对各地申报的项目进行了审核，邀请有关专家对"走出去"对外经济合作项目进行了评审，聘请第三方中介机构对外贸稳增长项目和"走出去"对外经济合作项目审定相关票据金额，并出具了审计报告。这些证据材料表明，对于

"走出去"对外经济合作项目 2017 年度的审批流程至少包括四部分：一是地方把关；二是商务厅审核；三是专家评审；四是第三方审计。那么，在商务厅审批阶段，专家评审的对象是什么？为什么要打分？其目的是什么？60 分以下和 60 分以上有什么区别？涉案项目三个专家分别打分 79 分、85 分、90 分，这意味着什么？毫无疑问，专家评审的是项目，第三方审计的是票据。

既然 2017 年度与上年度明显不同，增加了专家评审环节，那么，就必然意味着 2017 年度引导资金是由项目评审后的奖励、票据审计后的补贴两项内容来确定的。如果认为 2017 年度获批的 90 万元奖补资金是由于变造翻译费发票（复印件）造成的，那么专家评审打分该怎么解释？显然，2017 年度获批奖补资金的 90 万元数额，不是翻译费票据这一个因素决定的。从法律上来讲，翻译费票据（复印件）造假行为与奖补资金 90 万元损失之间，存在因果关系，但不是法律上必然的因果关系。因此，本案损失数额因无法量化而不能确定。

四、调查商务厅工作人员是否存在因挪用风险勘探资金而被查处的事实

理由如下：

（1）在本律师会见过程中，被告人一再陈述："这次申报前他的公司曾申报过风险勘探资金，获批了，但政府没有支付给他的公司，而是被挪用了。"这也是他不愿申报，不愿获批的辩解理由。这一事实涉及被告人犯罪主观方面的认定。鉴于省商务厅多名工作人员因涉嫌违法违纪被追究，且相关犯罪均在贵院所属的两级法院审理，贵院有条件依职权调查。

（2）商务厅工作人员是否存在因滥用职权、挪用资金而被查处的事实，涉及被告人是否立功等从轻、减轻问题。

为准确查明案件事实，确保公正处理本案，故申请贵院依职权调查。

辩护人：刘建民

2020 年 4 月 15 日

附件 2：二审辩护词

审判长、审判员：

北京市鑫诺律师事务所接受王某某家属的委托，指派本律师担任王某某的辩护人参加二审诉讼活动。

我们的二审辩护意见是：改判被告人王某某无罪。

现根据本案基本事实和相关法律规定，提出书面辩护意见，并请公开开庭审理。

一、关于第一笔 160 万元：被告人公司申请的是设备费奖补，翻译费票据真实与否不属于政府审核的范围。被告人对翻译费奖补是没有主观期待的，不具有犯罪故意，不是犯罪

1. 事实证据

（1）被告人公司申请的是设备款奖补，不是翻译费奖补。2015 年 11 月 5 日，被告人公司在《申报 2016 年度省级外经贸发展引导资金项目书》中的"请示"内容是：即以"2014 年 10 月 29 日至 2015 年 10 月 29 日共投入用于勘（察）、道路及桥梁修复、场地平整、机械购置等各项费用 400 万元，投入较大，整体效果不错"为名，申请引导资金 600 万元。该项目书封面和请示文件上加盖了公司印章，申请表中有被告人的签字。详见侦查卷四第 1~4 页。

（2）在此之后，没有证据证明被告人增加了其他事项的申请内容。

（3）虽然翻译费票据（复印件）按照有关通知要求的格式提交了，但被告人公司没有此项请求。

（4）最终拨付 160 万元，是引导资金，并未载明是翻译费的奖补资金。

2. 无罪理由

（1）从申请与获批的对应关系来讲，该笔资金申报的是设备费用的奖补。如果设备费用的申报材料不符合要求，应当不予审批；如果翻译费的申报材料符合要求，则应当通知被告人追加或者变更申请。在没有让被告人追加或者变更申请的情况下获批的资金，对被告人来讲，只能是业已申请的设备费用奖补资金。

（2）从被告人的主观意图来讲，在其盖章签字确认的申报材料中，目的是想获得设备费用的奖补。翻译费虽然也是前期费用，但被告人没有作为请求内容。行政职能部门应当在其请求范围内进行审查，超出其请求范围的内部签批，不可归责于被告人。在这次申报中，被告人对翻译费的奖补没有主观期待。

（3）从国家专项资金报批流程来看，申报是公开的，审批是不公开的。

申报时，被告人有明确的请求。在审批过程中，行政职能部门会考量多种因素，但超出被告人申请范围的奖补事项和数额，如在商务厅内部请示表中擅自提高申请资助额度（详见侦查卷三第 162 页，在提请厅长审批表中将"申请资助额度"写为 5000 万元）进行汇报等，被告人绝不应对这一明显夸大的数字负责，商务厅工作人员的不当请示、不当审批的结果不应由被告人担责。究其原因，审核审批程序是行政职能部门内部进行的，被告人的真实意愿是获取设备费的奖补，而对于翻译费的奖补，被告人不仅无法预料更不可能"意欲骗取"。

综上，犯罪的主观故意体现在客观行为中。如果认为案涉 160 万元奖补资金与变造的翻译费发票有关，那么，该笔资金的拨付明显超出了被告人的申请范围。从在案书证来看，被告人对翻译费奖补没有主观期待，对翻译费奖补的审批拨付这一结果也无主观认识。被告人这一显而易见的客观事实，构成了阻却犯罪的重要事由。

二、关于第二笔 90 万元：翻译费票据不是奖补资金获批的唯一依据。变造翻译费票据，虽然夸大了实际发生的事实，但不是"虚构事实"，且在获批的奖补资金中，无法量化奖励和补助（补贴）的数额与比例，指控犯罪的证据明显不足

1. 事实证据

（1）这是本案第二次年度申报。申请奖补 471.48 万元，最终获批 90 万元。

（2）被告人公司既对翻译费投入进行了申报，又对煤矿项目进行了申报。2016 年 9 月 28 日，该公司以翻译费投入为名提交了申请引导资金的请示（详见侦查卷四第 146 页），与此同时，该公司对投资俄罗斯的煤矿项目进行了申报（详见侦查卷四第 195~204 页）。

（3）与上年度审批程序不同。既有第三方审计机构的票据审计，又有相关专家的项目评审打分。在这次内部审批过程中，行政职能部门除对票据进行专项审计外，还就申报的俄罗斯煤矿项目进行了专家评审，三位受聘专家分别就煤矿项目的可行性、作用及意义、发展前景进行打分评定（详见侦查卷三第 52~53 页）。

（4）申报的项目是存在的，而且投资是巨大的，符合对外经贸发展引导资金的申报条件。现有财务记账凭证（详见二审证据二）证实，申报项目是客观存在的，且投资额巨大。现有照片和新闻报道（详见二审证据三）证明，开工典礼时省委书记视察指导。现有在案的备案审批文件和报批文件（详见侦查卷四第 9~14 页和侦查卷三第 162 页）证明，该项目是煤炭资源回运项目，省政府重点推动项目，满足了商务厅文件要求的所有申报条件（详见侦查卷三第 119~120 页、第 126 页），符合申报政策，具有申报资格。

（5）翻译费发生的事实也是客观存在的。现有账务记账凭证（详见二审证据一）证明，该公司三年内实际发生翻译费共计 481 231.61 元。被告人提交的翻译费票据（复印件）是在真实票据的基础上，加大了额度，夸大了翻译费实际发生的事实。

2. 无罪理由

（1）从国家设立引导资金的相关规定来看，是鼓励对外经贸合作，审查对象是对外经贸项目。从引导资金的性质和分类来看，本案的引导资金是奖补资金。从审批拨付流程来看，奖励和补贴的数额很难量化，审批不公开且具有较强的主观性。

（2）被告人提交的翻译费发票（复印件），形式上是虚假票据，但该项目前期实际投入则远远超过了该虚假票据显示的数额。该项目总投资 5.3 亿美元，前期实际投入数额也是巨大的，按照文件规定，对该项目应当奖补。因此，没有让政府审批人员产生错误认识。

（3）发票虽系"变造"，夸大了翻译费实际发生的数额，但翻译费用确实已经发生了，因而不属于"虚构事实"，不符合诈骗罪的客观构成要件。

（4）获批的 90 万元奖补资金，是有关专家项目评审打分和审计机构票据专项审计后对该煤矿项目前期费用综合考量的结果，奖励和补贴两种性质同时具备。项目评审侧重于奖励，票据审计侧重于补贴。翻译费票据数额虽然对最终获批资金数额具有一定影响，但该项目本身及其他前期费用，同样也对最终获批资金数额具有一定影响。因此，"变造"翻译费发票这一夸大事实的行为，对于最终获批的资金数额无法准确量化。

综上，政府奖补资金 90 万元的拨付，是基于煤矿项目及其前期投入这些客观存在的事实，而不是单纯根据"变造"的翻译费发票。从法律上来讲，煤矿项目及其前期投入客观存在，政府理应予以奖补，变造的发票仅仅是夸大了事实，没有"虚构事实"，不符合诈骗犯罪的客观构成要件。况且，奖励了多少、补贴多少，无法量化，损失数额不能准确认定，按照"疑罪从无"原则，也不应作为犯罪处理。

三、地方司法指导文件和无罪判例应当借鉴

1. 地方司法文件

2014 年 11 月份，河南省人民检察院为规范全省检察机关套取国家专项资金案件的侦查、审查逮捕、审查起诉工作，统一执法标准，确保案件质量，制定并发布了河南省人民检察院《关于规范办理套取国家专项资金案件的指导意见》（豫检文［2014］73 号）。详见二审证据四。

现将该指导意见第 3 条全文摘录如下：

"套取国家专项资金使用人的申报项目符合国家专项资金政策的基本条件，但在申报过程中夸大实际情况，伪造或提供了个别非关键性虚假申报材料，套取的国家专项资金部分被用于企业弥补损失，或者用于转产、更新设备、生产经营的，对使用人一般不宜按诈骗罪定罪处罚。

符合国家专项资金政策的基本条件是指申报的项目真实合法存在，类别、性质、科目符合国家专项资金政策的基本要求，但在数量规模和时间等要求上存在有不完全真实的成分和情形。"

可见，河南省司法机关在办理套取国家专项资金案件时是非常慎重的。

对照该司法文件，本案完全符合"对使用人一般不宜按诈骗罪定罪处罚"的情形。具体来看，有三个方面：

第一，申报项目是真实的，符合国家专项资金政策。这一点没有争议，在案证据能够证明。

第二，虽然"夸大实际情况，伪造或提供了个别非关键性虚假申报材料"，但基本事实存在。本案中，翻译费的"变造"是在真实票据的基础上通过电脑修图进行的，夸大了实际发生的数额，但翻译费发生的事实是存在的，其他前期投入也是巨大的。

第三，"套取的国家专项资金部分被用于企业弥补损失，或者用于转产、更新设备、生产经营"，而不是"个人挥霍，或者占为己有"。这一点，一审判决已经明确确认。

对于这一司法文件，河南省人民检察院已与省高级法院沟通，在河南省

范围内广泛适用。鉴于省级司法机关的文件需报经国家最高司法机关备案的惯例，该文件的法理要义应当适用于全国。因此，本案应当参考借鉴。

2. 无罪判例

（1）陈某影、王某京涉嫌职务侵占、诈骗案件。

河南省焦作市中级人民法院（2017）豫08刑终346号刑事裁定书，北大法宝案例检索。详见二审证据五。

一审法院认为，案件中的二被告人虽然伪造了部分申报资料，但有半数设备存在，而且申报项目符合国家淘汰落后产能的政策，应当适用河南省人民检察院《关于规范办理套取国家专项资金案件的指导意见》。

对于抗诉机关的意见，二审法院认为，如按诈骗罪处理，有违规定精神。一审法院在说理部分参考了有关政策文件和有关部门的答复等意见，最后引用《中华人民共和国刑事诉讼法》第195条第3项的规定，在适用法律上并无错误。据此，驳回抗诉，维持原判。

（2）张某等伪造国家机关印章、伪造公司、人民团体印章案件。

湖南省衡阳市石鼓区人民法院（2016）湘0407刑初字19号刑事判决书，北大法宝案件检索。详见二审证据六。

辩护人提出，申报项目符合政策规定的条件；用地规模和投资额没有达到可研要求是因为政策的原因、市场变化所致；已退回资金；河南省检察院的指导意见等，以证明被告人不构成诈骗罪。

法院认为，被告人构成伪造国家机关印章罪，但指控的诈骗罪名不能成立，实质性地参考借鉴了河南省检察院指导文件的法律要义。

四、全国典型的无罪化处理案例应当参阅

全国同类案（事）件很多，最为典型的无罪化处理有两起：

1. 张某中诈骗再审改判案件

详见二审证据七。

2018年5月30日，最高人民法院对张某中诈骗、单位行贿、挪用资金案件提审并作出（2018）最高法刑再3号刑事判决书。针对该起诈骗罪，最高人民法院认为：第一，物美集团作为民营企业具有申报国债技改项目的资格，其以诚通公司下属企业名义申报，并未使负责审批的主管部门产生错误认识。第二，物美集团申报的物流项目和信息化项目并非虚构。第三，物美集团违规使用 3190 万元国债技改贴息资金不属于诈骗行为。据此，最高人民法院作出了无罪判决。

2. 金龙汽车新能源骗补行政处罚案件

详见二审证据八。

2016 年 9 月，财政部、工信部、发改委联合对 93 家车企展开为期 9 个月的调查发现，其中涉及新能源骗补的车企高达 72 家，金龙汽车子公司苏州金龙充当"龙"首。苏州金龙骗补的形式属于"有牌无车"。在申请 2015 年度中央财政补助资金时，苏州金龙还有 1683 辆车截止到 2015 年底仍未完工，却提前办理了 2015 年度机动车行驶证。这 1683 辆车的补助金额，高达 52 亿元。最终，苏州金龙公司被认定为骗取补助资金，补助款项被追回，并按补助金额 50% 予以罚款。同时，从当年起被取消补贴资格，直到核查验收合格后才能恢复。

这两起案（事）件的共同之处在于：一是均有夸大事实的成分，但都具有申报资格。二是均作了无罪化处理，前者改判无罪，后者直接行政处理，没有移交司法。

这种无罪化处理是符合刑法理论的。因为申报单位具备申报资格，应当获得专项资金。而最终获得的专项资金，并非全由夸大事实引起，至少对于骗取的补助金额多少是无法量化和确定的。犯罪数额的不确定性造成了立案数额、量刑档次无法认定，因而作出无罪化处理是正当的。另外，从处理时间看，这两起案（事）件的最终处理，均在 2014 年 11 月份之后，应当说，这两起案（事）件的处理结果正好契合了河南省这一司法指导文件的法理要义。

五、辩护意见综述

综上所述，我们认为：

被告人担任华峰能源公司董事长期间，该公司在俄罗斯投资建设了一座大型煤矿，经过了省政府职能部门的立项、备案和审批。作为省政府重点推动的煤炭资源回运项目，具有申报外经贸发展引导资金的资格和条件，理应得到奖补资金。虽然在申报过程中，被告人"变造"了翻译费发票数额，夸大了翻译费实际发生的事实，但该项目及其发生翻译费的事实是存在的，且实际投入远远超过了"变造"的翻译费票据数额，没有也不可能致使政府职能部门产生错误认识。

具体来讲，就第一笔奖补资金而言，该公司书面申请的内容是设备费用的奖补，根本没有申请翻译费用，对翻译费的事后奖补没有主观期待，因而被告人没有也不可能存在诈骗故意，实质性阻却了犯罪。就第二笔奖补资金而言，被告人虽夸大了事实但不是"虚构事实"，不具有诈骗犯罪的客观要件。加之，奖补资金的获批并非完全依赖于翻译费票据这一项内容，奖励和补助数额因审批不公开和主观性较强等客观因素而无法量化，且该资金全部用于公司经营，故指控诈骗罪的证据明显不足。

在同类行为的处理上，地方司法机关均不作为犯罪处理，地方行政机关也不移交司法。最高人民法院对张某中案件无罪的再审（提审）结果，进一步表明该行为不构成犯罪。因此，本案二审应改判被告人无罪，确保全国司法标准统一，使民营企业家权益得到保护。

辩护人：刘建民

2020 年 4 月 15 日

附件 3：证据材料目录

一、项目前期实际发生的翻译费（2014 年 5 月至 2017 年 10 月）财务记账凭证

证明目的：

1. 该项目前期实际发生了翻译费用，数额达 481 231.61 元。

2. 翻译费发生事实是客观存在的，本案被告人提交的翻译费复印件是在真实票据基础上的"变造"行为，虽夸大了事实，但不是"伪造"，没有虚构事实。

二、项目前期实际发生的费用（2014 年 5 月至 2017 年 10 月）财务记账凭证

证明目的：

1. 项目前期对俄投资是客观存在的。

2. 截至 2017 年 10 月份，投资额度为 3831.391 891 万元。截至 2020 年 2

月份，累计投资额度高达 4727.546 891 万元。

三、俄罗斯煤矿开工时省委书记到现场视察指导的新闻报道

证明目的：

（1）申报的项目是客观存在的，结合卷宗中的立项、备案、审批文件，充分证明该项目是省政府重点项目。

（2）侦查卷三第 162 页资金分配表"备注"栏目中，注明："煤炭资源回运项目、省政府重点推动项目"，并经过了厅长的审定。这些证据也同时证明，该项目符合申报省级外经贸发展引导资金的条件。

四、地方司法文件参考：河南省人民检察院《关于规范办理套取国家专项资金案件的指导意见》（豫检文〔2014〕73 号）

证明目的：

（1）该指导意见第 3 条第 1 款规定："套取国家专项资金使用人的申报项目符合国家专项资金政策的基本条件，但在申报过程中夸大实际情况，伪造或提供了个别非关键性虚假申报材料，套取的国家专项资金部分被用于企业弥补损失，或者用于转产、更新设备、生产经营的，对使用人一般不宜按诈骗罪定罪处罚"。

（2）在同类行为的处理上，地方司法机关一般不宜作为犯罪处理。

五、无罪判决案例：河南省焦作市中级人民法院（2017）豫 08 刑终 346 号刑事裁定书

证明目的：

（1）一审法院认为，案件中的陈某影、王某京二被告人虽然伪造了部分申报资料，但有半数设备存在，而且申报项目符合国家淘汰落后产能的政策，应当适用河南省人民检察院《关于规范办理套取国家专项资金案件的指导意见》。

（2）对于抗诉机关的意见，二审法院认为，如按诈骗罪处理，有违规定精神。一审法院在说理部分参考了有关政策文件和有关部门的答复等意见，最后引用《中华人民共和国刑事诉讼法》第 195 条第 3 项的规定，在适用法律上并无错误。据此，驳回抗诉，维持原判。

六、无罪认定案例：湖南省衡阳市石鼓区人民法院（2016）湘 0407 刑初字第 19 号刑事判决书

证明目的：

（1）辩护人提出，申报项目符合政策规定的条件；用地规模和投资额没有达到可研要求是因为政策的原因、市场变化所致；已退回资金；河南省高级人民检察院的指导意见等，以证明被告人不构成诈骗罪。

（2）法院认为，四个被告人在申报过程中伪造印章，构成伪造印章罪，但公诉机关指控的诈骗罪名不能成立，实质性参考了河南省检察院指导意见的法律要义。

七、再审无罪判例：最高人民法院（2018）最高法刑再 3 号刑事判决书

证明目的：

（1）2018 年 5 月 30 日，最高人民法院对张某中诈骗、单位行贿、挪用资金案件提审并作出了再审判决。针对该起诈骗罪，最高人民法院认为：第一，物美集团作为民营企业具有申报国债技改项目的资格，其以诚通公司下属企业名义申报，并未使负责审批的主管部门产生错误认识；第二，物美集团申报的物流项目和信息化项目并非虚构；第三，物美集团违规使用 3190 万元国债技改贴息资金不属于诈骗行为。据此，最高人民法院作出了无罪判决。

（2）在同类问题的处理上，最高法院认为不构成犯罪。

八、行政处罚未移交司法案例：新能源汽车骗补事件的新闻报道

证明目的：

（1）2016 年 9 月，财政部、工信部、发改委联合对 93 家车企展开为期 9 个月的调查发现，其中涉及新能源骗补的车企高达 72 家，金龙汽车子公司苏州金龙充当"龙"首。苏州金龙骗补的形式属于"有牌无车"。在申请 2015 年度中央财政补助资金时，苏州金龙还有 1683 辆车截止到 2015 年底仍未完工，却提前办理了 2015 年度机动车行驶证。这 1683 辆车的补助金额，高达 52 亿元。最终，苏州金龙公司被认定为骗取补助资金，补助款项被追回，并按补助金额 50% 予以罚款。同时，从当年起取消补贴资格，直到核查验收合格后才能恢复。

（2）在同类问题的处理上，地方行政机关仅作出行政处罚，而没有移交司法。

二审辩护人：刘建民

2020 年 4 月 15 日

附件 4：给省高院的信（略）

附件 5：给省委的信（略）

附件 6：关于补充证据的说明

一、160 万元和 90 万元资金到账后的公司账目明细表及相关记账凭证

1. 补充提交原因

DA 市公安局的《情况说明》（详见补查卷第 1 页）显示：由于当时华峰能源公司财务负责人丁某在俄罗斯境内，无法提供账目，侦查机关依据了被告人王某某的供述"此两笔钱款已经冲到公司日常消费中，没有单独列账（有账目传票为证）"。可见，侦查机关未能调取这两笔款项到账后的公司账目明细。

据丁某讲，她从俄罗斯返还后，便及时向审查起诉阶段的案件承办人员提交了明细表及相关记账凭证。不知何故，该材料没有入卷。现提交法院。

2. 相关问题的说明

（1）2016 年 4 月 15 日 160 万元到账当天，华峰能源公司将该款转入晟枫公司（注：晟枫公司是华峰能源公司的关联公司，股东均为王某某和丁某，负责华峰能源公司的国内事务，详见开支明细和记账凭证），用于华峰能源公司人员工资、费用报销、银行还贷等。

（2）2017 年 4 月 27 日 90 万元到账当天，华峰能源公司将该款转入华峰物流公司（注：华峰物流公司也是华峰能源公司的关联公司，股东均为王某某和丁某），由于华峰能源公司欠王某君的借款本息需要归还，华峰物流公司于 5 月 22 日又将该款转入华峰能源公司，由华峰能源公司直接向王某君转账支付了利息 108 万元，其中包括转回的 90 万元。直到 9 月 13 日，华峰能源公

司结清了王某君借款本息共计 668.4 万元。

3. 证明目的

（1）两笔资金到账后，确实用于公司的生产经营。

（2）一审法院"……共计人民币 250 万元，用于该公司的生产经营"的认定结论是正确的。

二、关于被告人王某某供述"第二笔 90 万元被我用于在工农大路附近的红旗 4S 店提了两台红旗 H7，每台 20 多万元吧，剩余的钱也用于公司开销"（详见诉讼卷第 27 页）的说明

这是王某某 2018 年 8 月 7 日第一次讯问时的供述，在 8 月 8 日询问丁某时也有相同的陈述内容（详见诉讼卷第 37 页）。

据丁某讲，90 万元到账时间和买车时间差不多，她记错了。她在审查起诉阶段及时告诉了案件承办人员，进行了纠正，并提交了 90 万元到账后华峰能源公司归还王某君借款利息的记账凭证。办案人员对此认可，但未向法院转交相关证据资料。一审法院庭审时，王某某也对 90 万元到账后买车的供述进行了纠正，表示记错了，应以财务记账为准。

本律师对此进行了调查。我们发现，90 万元到账时间是 2017 年 4 月 27 日，而该红旗 H7 注册登记发证日期是 2016 年 9 月 2 日（详见车辆注册登记证）。这些说明，90 万元到账时，该车辆已经购买 8 个月了。显然，王某某、丁某确实是记错了。且 90 万元到账后，华峰能源公司归还王某君借款利息的事实，账目清晰，有据可查，足以认定"用于公司的生产经营"。

辩护人：刘建民

2020 年 6 月 4 日

附件 7：关于核查涉案资金用途的申请书

JL 市昌邑区人民法院：

王某某涉嫌诈骗案件已由贵院重审立案。现有证据证明，涉案资金（第一笔 160 万元，第二笔 90 万元）到账后，确实用于公司经营，相关票据复印件附后。而这一客观事实表明，王某某既没有个人非法占有的目的，也没有个人非法占有的结果。根据最高人民法院、最高人民检察院关于保护民营企业规范性文件和相关司法解释的精神，这些涉案资金的实际用途直接关系到本案定性。

为准确查明案件事实，现请求贵院依法核查。

辩护人：刘建民

2020 年 11 月 10 日

附件 8：关于敦促公诉机关撤诉的申请书

主审法官：

王某某涉嫌诈骗案件已发回贵院重审。由于该案中的事实证据足以否定有罪指控，故请求一审法院敦促公诉机关撤回起诉，及时终结刑事诉讼程序。理由如下：

1. 涉案资金到账后，全部用于公司经营，王某某没有诈骗的主观故意

本案二审期间，JL 市中院已责成昌邑区法院核查，上述情况是完全属实的。重审期间，我们通过贵院申请公诉机关再次核查，并提交了相关账册票据复印件，以此证明王某某没有占为己有的犯罪故意，公诉机关应当实事求是作出认定。

2. 2016 年度王某某公司申报的是设备款奖补，拨付 160 万元资金与翻译费票据数额夸大行为没有因果关系

侦查卷四第 1~4 页显示，该年度申报设备款奖补 600 万元，王某某公司书面请示报告中根本没有提及翻译费奖补问题。显然，最终拨付资金 160 万元跟翻译费票据是没有关系的。

3. 2016 年度商务厅工作人员在内部请示资料中数据造假，跟王某某公司没有关系

侦查卷三第 162 页显示，在商务厅报请厅长内部审批的列表中，该厅工作人员将王某某公司申请资助资金 600 万元的数额擅自写成"5000 万元"，对厅长决策起到了关键作用。显然，最终获批 160 万元跟王某某公司的行为没有关系。

4. 2017 年度在专项审计之外增加了专家评审程序，专家评审的对象是项目，最终获批资金 90 万元跟该项目的真实性和可行性具有直接因果关系

侦查卷四第 195~204 页显示，王某某公司就俄罗斯亚当斯煤矿项目进行

了申报。侦查卷三第 52~53 页显示，商贸厅聘请了三位专家，就该项目进行了评定打分，分别为 90 分、85 分、77 分。显然，最终获批 90 万元资金是对该项目的奖补，跟翻译费没有关系。

5. 俄罗斯亚当斯煤矿项目是真实的，前期投入也是客观存在的，王某某公司符合申报国家引导资金的条件

现有财务记账凭证（详见一审证据二，已提交）证实，申报项目是客观存在的，且投资额巨大。现有照片和新闻报道（详见二审证据三，已提交）证明，开工典礼时省委书记视察指导。现有在案的备案审批文件和报批文件（详见侦查卷四第 9~14 页和侦查卷三第 162 页）证明，该项目是煤炭资源回运项目、省政府重点推动项目，满足了商务厅文件要求的所有申报条件（详见侦查卷三第 119~120 页、第 126 页），符合申报政策，具有申报资格。显然，王某某公司理应得到奖补，没有使商务厅工作人员产生错误认识。

综上，这些都是书面证据，有据可查，客观真实，足以证明王某某涉嫌诈骗的指控不能成立。因此，我们请求贵院建议公诉机关撤回起诉。如果公诉机关坚持起诉意见，敬请及时组织开庭审理，依法宣告王某某无罪，以便全面贯彻中央精神，切实保护企业家权益。

辩护人：刘建民
2020 年 11 月 30 日

附件 9：重审辩护词

尊敬的合议庭法官：

北京市鑫诺律师事务所接受王某某家属的委托，指派本律师担任王某某诈骗案件的辩护人。现发表如下辩护意见：

一、涉案资金到账后全部用于公司生产经营，案发后全部追缴到位，该案不应作为犯罪处理

（1）在本案重审期间，侦查机关委托第三方机构对涉案资金的用途进行了审计鉴定，公诉机关对相关问题进行了核查。审计鉴定和核查结果是，两笔涉案资金到账后确实全部用于了公司生产经营。这些表明，王某某没有非法占为己有的主观故意。

（2）在本案侦查期间，2018 年 8 月 8 日 DA 市公安机关对王某某 2 万元现金进行了扣押，8 月 21 日对 248 万元（注：以转账形式转入该公安局账户）进行了扣押。详见诉讼文书卷第 39~44 页。这些表明，涉案款项全部追缴到位，王某某的行为没有社会危害性。

二、在案的其他案件事实，也表明该案不应作为犯罪处理

（1）第一笔即 2016 年度王某某公司申报的是设备款奖补，拨付 160 万元资金与翻译费票据数额夸大行为没有因果关系。

侦查卷四第 1~4 页显示，该年度申报设备款奖补 600 万元，王某某公司书面请示报告中根本没有提及翻译费奖补问题。显然，最终拨付资金 160 万元与翻译费票据是没有关系的。

（2）第一笔申报时商务厅工作人员在内部请示资料中将实际申报数额 600 万元擅自写成 5000 万元，显属数据造假，与王某某公司没有关系。

侦查卷三第 162 页显示，在商务厅报请厅长内部审批的列表中，该厅工作人员将王某某公司申请资助资金 600 万元的数额擅自写成"5000 万元"，对厅长决策起到了关键作用。显然，最终获批 160 万元与王某某公司的行为没有关系。

（3）第二笔即 2017 年度在专项审计之外增加了专家评审程序，专家评审的对象是项目，最终获批资金 90 万元与该项目的真实性和可行性是密切相关的。

侦查卷四第 195~204 页显示，王某某公司就俄罗斯亚当斯煤矿项目进行了申报。侦查卷三第 52~53 页显示，商贸厅聘请了三位专家，就该项目进行了评定打分，分别为 90 分、85 分、77 分。显然，最终获批 90 万元资金是对该项目的奖补，与翻译费没有关系。

（4）俄罗斯亚当斯煤矿项目是真实的，前期投入也是客观存在的，王某某公司符合申报国家引导资金的条件。

现有财务记账凭证（详见一审证据二，已提交）证实，申报项目是客观存在的，且投资额巨大。现有照片和新闻报道（详见二审证据三，已提交）证明，开工典礼时省委书记视察指导。现有在案的备案审批文件和报批文件（详见侦查卷四第 9~14 页和侦查卷三第 162 页）证明，该项目是煤炭资源回运项目、省政府重点推动项目，满足了商务厅文件要求的所有申报条件（详见侦查卷三第 119~120 页、第 126 页），符合申报政策，具有申报资格。显然，王某某公司理应得到奖补，没有使商务厅工作人员产生错误认识。

综上，我们认为，王某某虽有票据造假事实，但与涉案两笔资金拨付没有必然因果关系。涉案项目是真实的，前期投入也是客观存在的，王某某公司符合申报国家引导资金的条件，没有使商务厅工作人员产生错误认识。且涉案资金到账后全部用于公司生产经营，案发后也全部追缴到位，没有主观犯罪故意，也没有社会危害性，应当依法宣告王某某无罪，全面贯彻中央精神，切实保护企业家权益。

辩护人：刘建民

2021 年 5 月 12 日

17

一个县委书记的罪与罚："以借为名"型受贿罪的有效辩护

安某不是"以借为名"型受贿罪中的索要对象
——崔某某受贿数额中两笔脱罪案

【核心提示】

"以借为名"型受贿是司法解释规定的一种犯罪情形，司法认定时要结合案件事实至少从七个方面综合分析判断。顾名思义，该罪是以借的名义，行收受贿赂或者索取贿赂之实。双方存在借贷关系，是该罪构成的前提和基础。A 把钱借给 B，B 把钱借给 C，在 A 不知情的背景下，并不意味着 A 与 C 存在借贷关系。如果认定 C 索要了 A，构成"以借为名"型受贿罪，不仅要有充分的证据支持，而且要符合基本的民法理论。

案件背景

这是国家开展反腐倡廉活动初期的一起特大受贿案。当事人崔某某官至厅局级，由省纪委调查，而本案主要事实发生在其任县委书记期间，因此在当地引起较大反响。

崔某某是一位真抓实干的领导干部。上任之初，便提出了"五年三大步"的宏大目标。任职期间，大刀阔斧，锐意改革，该县财政收入增长 7 倍，城市建设突飞猛进。古城 HX 市改天换地，一片欣欣向荣的景象。其工作业绩受到了人民群众的称颂，得到了上级领导的肯定。任职期满，即被提拔为副厅级领导干部，兼任 HX 市市委书记，后被任命为 X 政府副市长。

崔某某被调查后，由于其干事创业的知名度，一度成为当地群众街头巷尾的议论对象，更多的还是惋惜和痛心。善良的 HX 人民期望对其从宽处理，将功赎罪。但法律是无情的，巨大的受贿额度足以成为他的灭顶之灾。

匆匆接招

我曾倾听过街头热议，也关注过本案的进展，但律师职业告诉我，道听途说是不足为证的，更无法评说。

2017 年 8 月 28 日，我在北京接到了友人的电话，说是崔某某在狱中指名要聘请我为辩护律师，家属希望能见上一面。工作安排妥当后，我便及时返回了河南。

第二天，我见到了崔某某的家属。原来，这个案件在 2016 年 11 月 29 日移送了 AY 市中级人民法院，法院已经审理八九个月了。在第二次庭前会议上，由于崔某某坚持"排非"，语言激烈，且当庭辞去了原任律师，致使庭审活动无法进行。法庭责令其 3 日内重新聘请律师，否则将指定律师强行推进庭审。在听取崔某某意见时，崔某某提出了由我为其出庭辩护。于是，便有了其家属的约见。

说实话，临阵换将，对于如此重大案件我是不愿接手的。一则时间仓促，阅卷工作量太大；二是案件重大，辩护空间太小；三是关系不错，担心其期望值过高。但看到家属哀求的目光，我实在无法拒绝。只好答应他们，合同可以先签订，待会见崔某某结束后，再确定下来。

协调沟通

9 月 1 日，我向 AY 中级人民法院递交了辩护手续，预约了复制卷宗材料的时间，便前往 TY 县看守所会见崔某某。首次会见，主要是听取他的想法，他对非法取证是有意见的。我建议他调整一下思路，不要对抗，争议问题由律师独立辩护时提出。他非常理智，同意了。随后的庭前九次会见，我们都是围绕事实和证据问题展开，最终将罪轻辩护的方案确定了下来。

会见后的第二天，是约定的复制卷宗时间。43 本呀，超出了想象。太多了，只有拍照了。好在法院安排两名法官助理协助，加上我的两名助理，临近下班时间总算结束了。

法官们是友好的。约好的 20 天阅卷时间，又增加了 10 天，不至于过度劳累，我感谢他们。在这一个月时间内，我与主审法官沟通了 3 次，递交了 5 份律师意见，并与庭长两次见面。为确保庭审程序顺利进行，他们同意我的辩护思路：当事人陈述事实，律师独立辩护。

不再"排非"

对于是否再次召开庭前会议及其会议秩序如何，法官们非常担心，毕竟前车之鉴，闹庭的影响不好。由于多次与主审法官书面沟通，我的基本观点已全面表述，法官也悉数尽知。于是，我建议取消庭前会议，开庭前宣布以前所提出的"排非"事项结合本次庭审综合考虑，被告人的供述以当庭供述为准。

这样便消除了法官的顾虑，他们很高兴。

崔某某一直担心他的有些供述是不利的，因此对我的协调意见，自然也非常赞同。

很多时候，友好善意的沟通交流是可以解决问题的。

庭审详陈

由于案件重大复杂，庭前我请求河南佑祥律师事务所合伙人靳万保律师增援，靳律师也做了很多工作。

庭审如期进行，原定的四天庭审，两天就结束了。

本案辩护运用的是罪轻辩护策略，通过对部分指控事实的质疑，来降低涉案数额，进而达到从轻量刑的目的。我们对七起指控中的四起事实进行了重点分析论证，提出无罪意见，控方也进行了答辩回复。经过两轮辩论，相关问题已经清楚明了了。

整个庭审活动是顺利的。在庭审现场的 AY 中级人民法院的领导表达了对我们辩护律师的感谢，同时一再表示，他们会充分考虑律师意见。

到底是他们认可我们的观点，还是我们的努力确保了庭审有序，我无法知道。但有一点是肯定的，尊重法庭永远是正确的。

脱罪两起

庭审后，AY 中级人民法院极为慎重。经过 1 年 7 个月的合议、研究、上报，2019 年 4 月 28 日送达了一审判决书。判决书 150 页，近 10 万字，全文结构严谨，论证充分，尤其是对律师辩护意见进行了全面阐述，体现了法官对案件的高度负责。

对于上述 1100 万元的定性问题，法院判决认为："经查，在案证据证实，崔某某通过李某民之手两次共向安某的公司借款 1100 万元，李某民与安某的公司之间签订有借款合同，借款到期后，安某知道是崔某某用款后，仍通过崔某某向李某民催要借款，安某没有放弃对自己享有债权的催要，没有放弃自己的债权，与崔某某向其索要钱款没有达成合意，故该起事实崔某某不构成受贿。被告人及其辩护人所提该起事实不构成受贿的辩解和辩护意见成立，本院予以采纳。"

与此同时，法院还采纳了另一起 600 万元不构成受贿的辩护意见。

在全案 7 起受贿指控中，其中两起共计 1700 万元被辩掉，对崔某某的最终量刑起到了重大作用。

2019 年 7 月 11 日终审后，我第 25 次会见崔某某时，他对判决结果很满意，并表达了真诚的感谢。

再说两句

司法应当得到尊重。对于终审判决，我不会作任何否定性评论。

作为律师，我热衷于探讨各类疑难法律问题，期望运用法律手段予以解决。在受贿案件中，受贿情形纷繁复杂，类型众多，本篇附件中另外增加了两篇疑案评析，旨在借此机会讨论一下其他受贿情形的罪与非罪。文中观点是否有理有据，是否论证充分，也请专家给予评价和指导。

至于案例中所涉何人，可以联想，但千万不要对号入座。

【专业阅读】

关键词： 以借为名型受贿

辩　点： 事实·还原辩　法理·无罪辩

技战法： 攻心为上　分头出击

律师感言

秩序要维护。重特大案件注重法律效果和社会效果，法律效果主要是指案件质量，而社会效果主要体现在法庭秩序上。当事人对庭审的态度很关键，闹庭是绝对不允许的。尽管法律有制裁的办法，但极端的处理，效果会适得其反。法官主持庭审活动，不仅要保证诉讼程序的合法完整，还要让当事人通过公开庭审，心悦诚服，认罪伏法。辩护律师有义务协助法官顺利完成庭审，实现诉讼目的。

渐进式沟通。律师为保证诉讼程序的进行，积极协助配合法官，可以赢得法官的信任，为有效沟通打下基础。对于重特大案件，专业沟通不能仅仅在庭审辩论中，要抓住一切机会，提前交流渗透。理解、接受、认可是一个过程，因此应当循序渐进。要留意法官关注什么、顾及什么，及时了然于胸。要理解法官，更要支持帮助法官解决程序中的实际问题。只有出手相助，方可以心交心。

大案大手笔。对于重特大案件，律师要有大胸怀。不要情绪化，不要追究细枝末节，更不要言语对抗，大格局才能赢得法官尊重。律师要注重专业的深度和高度。出人意料的观点、言之有据的理由，才能引起法官的重视。行为的惊喜、心灵的触动，是可以打动人的。没有人会拒绝有理有据的劝说，没有人会拒绝方案周全的意见。因此，律师要立志于高起点、大才华。

要有正能量。刑事个案审判具有特殊预防和一般预防的双重功效，重特大案件的社会影响力不可低估。公开审判前，律师应当保守案件秘密，恪守执业纪律，不要信口开河，人云亦云。公开宣判后，律师应当尊重生效的判决结果，不要妄加评论，指责诋毁。社会需要真善美和正能量，律师有义务倡导正确的价值观，抵制各种不正之风。人人为我，我为人人，风清气正需要大家共同营造。

法言法语

1. 法律意见书
2. 疑案评析（一）
3. 疑案评析（二）

附件1：法律意见书

AY 市中级人民法院：

起诉书认定：2009 年至 2012 年，被告人崔某某利用其担任 HX 市市委书记的职务便利，多次帮助 X 天福置业有限公司的橡树湾小区项目协调借款和贷款。2010 年 2 月、4 月，崔某某事先让其朋友李某民以生意短缺为由向 X 天福置业有限公司股东安某借款，并要求李某民在借得钱款后，把钱给崔某某。李某民因崔某某是 HX 市委书记，以后自己的生意需要崔某某的帮助，便同意崔某某提议向安某借款。安某亦因崔某某曾提供帮助，以后想继续得到崔某某的帮助，便同意将 1100 万元分两次借给了李某民并订立了借款协议。李某民得到款项后，按照崔某某的指示，将该笔 1100 万元汇给了其情妇李某。借款到期后，李某民不堪安某公司会计的催要，称"钱自己没有用，而是让领导用了"，安某即不再找李某民要钱，而是多次找到崔某某，让崔某某催促李某民还钱，崔某某即以李某民生意资金短缺为由推脱，没有归还该笔借款。

据此，公诉机关认为，崔某某系向天福置业公司股东安某索要人民币 1100 万元。

会见崔某某时，崔某某对该认定持有异议。那么，安某是否被"索要"、是否属于"以借为名"型受贿罪中的被"索要"呢？

本律师结合案卷材料，进行研究分析和法律论证，出具本法律意见：

一、案件事实归纳：安某两次共将 1100 万元借给了李某民，李某民将该款支付给了李某，但在李某民借款到期之前，安某并不知道该款的真实用途，且自始至终未放弃该债权

1. 2005 年，安某经崔某某介绍认识李某民。2010 年两次共将 1100 万元借给李某民的事情，也是崔某某介绍的。与李某民之间签订了借款协议，约

定了利息和期限，履行了转款手续

在第 28 卷 2015 年 8 月 29 日 17：00~17：41 询问安某的笔录中记载："我认识李某民是通过崔某某的介绍认识的，2005 年有一次我和崔某某一起去看李某民的企业，李某民的企业在现在的小店工业园区，当时他的企业正在准备生产施工用的模板，崔某某给我介绍李某民是和他从小玩到大的朋友，这样我认识了李某民，但我和他只是认识，没有打过什么交道。"

"2010 年春季的一天，崔某某给我打电话说，他朋友李某民资金紧张，想让我借给他 500 万元，我听后觉得虽然我和李某民只是认识，但他和崔某某是从小玩到大的朋友，而崔某某和我也是多年的朋友，崔某某也曾多次帮过我的忙，我就同意了。过了几天，李某民就来找我说借 500 万元的事情，经过和他商量，我们签订了借款 500 万元的合同，约定借款期限为一年，利息为月息 1.2 分，签订完借款合同之后，我就安排 X 天福置业公司财务人员和李某民一起去办理 500 万元的转账手续，具体他们是怎么办理的我不清楚。"

"又过了一两个月，崔某某给我打电话说，李某民的资金还不够，让我再借给李某民 600 万元，我就问崔某某李某民有没有归还的能力，崔某某说：没事，你把钱先借给他。虽然我觉得这事有风险，但崔某某都这样说了，我也不想因为这事影响我和崔某某之间的关系，他当时是 HX 市市委书记，我今后还需要他的帮助和支持，我就答应再借李某民 600 万元。过了一两天后，李某民就来找我办理借款的事情了，因为他之前已经有一笔借款了，我们就还按照那笔借款的约定签订了借款合同，然后我就安排 X 天福置业公司的财务人员和李某民去办理 600 万元的转账手续了。"

2. 安某认为李某民资金紧张，借款用途是模板厂生产所需

在第 28 卷 2015 年 8 月 29 日 17：00~17：41 询问安某的笔录中记载："问：李某民来找你借钱时，是否告诉过你他借款干什么？答：他当时说是他的那个生产模板的厂要使用，因为崔某某之前给我联系过，我也答应了，我也就没有具体问。"

3. 借款到期后，安某公司多次催要

在第 28 卷 2015 年 8 月 29 日 17：00~17：41 询问安某的笔录中，安某说："我把这两笔合计 1100 万元的钱借给李某民的一年后，因为合同到期了，X天福置业公司的会计和我都给李某民打电话催要借款，李某民说他现在资金

紧张，让我先等等。我也就没有再说什么，可之后我多次给他打电话催要借款，他还是以资金紧张的理由拖着不还我借款，我就给崔某某打电话，问他李某民是怎么回事，一直不还钱，因为当时我之所以把钱借款给李某民是我看在崔某某的面子上才把钱借给李某民的……"

4. 听说该款被领导所用后，安某一直催促崔某某协调追款，未放弃该债权

在第 28 卷 2015 年 8 月 29 日 17：00 ~ 17：41 询问安某的笔录中记载："问：你是否知道李某民从你公司借走的这笔 1100 万元借款的用途？答：开始的时候我不知道。在 X 天福置业公司会计给李某民打电话联系催要借款时，李某民说这笔钱不是他使用的，是领导用的钱。会计就把李某民的话告诉了我，我听后就知道李某民指的'领导'就是崔某某，但我还是不确定。之后，我就开始找崔某某去催李某民还款，可崔某某一直以李某民资金紧张等理由推脱，我也没办法，这件事情就一直拖着。"

安某是否被"索要"，关键要判断其主观态度。上述关于借款过程的证言是比较客观的，该证据材料证明了这样的事实：安某与李某民之间的两笔共计 1100 万元借款，虽系崔某某介绍，但是双方借款手续完备，安某借款时是自愿的，不知道该款的真实用途，借款到期后自始至终未放弃该债权。

二、行为定性分析：崔某某与安某之间没有借贷关系，安某没有被"索要"，也不是"以借为名"型受贿（索贿）罪中的被"索要"的对象

（1）安某借款给李某民，经过了崔某某的介绍。但崔某某没有利用职务之便，强迫或者威胁安某向李某民出借。

（2）该款借给李某民时，安某是真心自愿的，有借款协议，且约定了期限和利息。对于这种大额借款，安某知道李某民是一个企业家，不是毫无经济实力的个人，对其还款能力有基本的判断。安某向李某民的出借行为，符合常理。

（3）三人之间因关系结构不同而产生不同的法律关系。第一个关系结构是：该款由安某借给李某民。这时，安某是"出借人"、债权人，李某民是"借款人"、债务人，崔某某只是介绍人。第二个关系结构是：李某民借到款后，按崔某某的指示，将款转账给了李某。这时，李某民是债权人，崔某某是债务人。李某民自签订借款协议之日起，应当清楚对安某的还款义务；李

某民自按崔某某指示支付给李娟之日起，也应当清楚将独立承担崔某某不能清偿的风险。

（4）至于崔某某与李某民之间是否串通，对安某来说，由于其确实不知情，真实的借款事实是无法否定的，且安某自始至终未放弃该债权；对李某民来说，串通与否，其向安某的归还义务是不能免除的。

（5）崔某某没有直接向安某借款，双方没有形成债权债务关系。在他们之间，安某不是"出借人"，崔某某不是"借款人"，因此，安某不是"以借为名"型受贿罪中的被"索要"对象。

三、特别说明："以借为名"型受贿（索贿）罪的司法解释不适用于本案

在"以借为名"受贿罪的司法解释中，收受贿赂认定的立法意图，是双方虽以借为名，但对行、受贿是有共识的，其目的是掩人耳目；而索贿认定的立法意图，是索贿人虽以借为名，但被索贿者明知其不愿、不会、不能归还而被迫出借。

以借为名，意味着双方存在借贷关系，这是该司法解释适用的前提。本案中，崔某某的该行为不能适用该司法解释。具体理由是：

（1）安某与崔某某没有形成借贷关系，双方之间没有"以借为名"。

（2）在借款发生前和发生时，安某认为该款系李某民的企业使用是符合常理的，没有也不可能想到该款系崔某某所用。

（3）借款到期后，安某未放弃该债权，该债权是可以得到有效保护的。

（4）如果认定安某构成行贿，由于其不知道该款系崔某某所用，因而是没有依据的；如果认定安某被索贿，由于他与崔某某没有借贷关系，且刑事追赃的财产风险要远远大于向李某民主张民事权利的财产风险，因而对安某来讲，是不公平的。

四、起诉书认定事实的逻辑错误

（1）起诉书认定的"崔某某多次帮助 X 天福置业公司协调借款和贷款"，是安某看在崔某某面子借款给李某民的原因。而"李某民因崔某某是 HX 市委书记，以后自己的生意需要崔某某的帮助"则属于主观猜测。这些证据不能证明，安某被"索要"。

（2）起诉书认定的"借款到期后，李某民不堪安某公司会计的催要，称钱自己没有用，而是让领导用了，安某即不再找李某民要钱，而是多次找到崔某某，让崔某某催促李某民还钱……"这一事实认定恰恰表明，安某在借款给李某民时，是真心自愿的，确实不知道该款的真实用途，因而不是被"索要"。

（3）从起诉书认定的整个事实来看，也无法推断出安某被"索要"的结论。

五、小结

安某两次共将1100万元借给李某民，双方履行了借款手续和款项支付。对安某来讲，借款之前，崔某某是介绍人角色。直到借款到期后安某公司多次催要时，安某才知道了该款项的真实用途，但仍未放弃该债权。因此，对于该笔借款，安某不是被崔某某"索要"。由于在这笔借款中，出借人是安某，借款人是李某民，介绍人是崔某某，崔某某与安某之间没有借款关系，因而安某不是"以借为名"型受贿（索贿）罪司法解释中的被"索要"对象。

六、声明

（1）本法律意见系对在押被告人的咨询意见，主要用于与主审法官沟通。

（2）本法律意见中的证据材料未经庭审质证，属于案件秘密，须严格保密。

（3）本法律意见中的法律分析可供学术研讨，但须经辩护律师书面同意。

辩护律师：刘建民

2017年9月10日

附件2：疑案评析（一）

金某出面调解并为崔某垫付分手费
后女方反悔，崔某是否构成受贿罪

【案情】

2012年5月份的一天，某县领导崔某与情人李某发生激烈争执时，其多年好友金某出面调解，崔某离开。李某以控告和自杀相威胁，索要抚养费

5000 万元，从此分手。金某转告了崔某，崔某请求金某帮忙处理。

金某谈起公司资金紧张，崔某答应为该公司介绍融资借款，高达 5000 万元。在此之前，金某知道李某在其公司存放了 4000 万元吃高息。在随后的半年时间里，金某多次转款给李某，支付了商定的分手费 5000 万元。但不久李某反悔，继续纠缠崔某。一年后，崔某违法违纪被调查，案发。

【分歧】

本案存在两种观点：

第一种观点认为：崔某利用职务便利为金某谋取利益，索要 5000 万元，构成受贿罪。

第二种观点认为：金某出面调解并为崔某垫付了分手费，女方反悔后，金某应当也能够采取停止支付其存放的资金等措施主张权利，弥补损失。因此，金某主观上没有行贿的故意，崔某也不构成受贿罪。

【评析】

本案涉及金某的主观心理、"背靠背"调解方式的责任和风险、相关司法解释的适用以及受贿罪立法意图等问题。

（1）金某的主观心理。行贿人的主观心理是为谋取利益而送人钱物。本案中，金某出面调解是基于朋友情谊，其目的是帮忙处理私事。由于金某明知李某在其公司存放有资金，垫付分手费后若李某反悔，便可以直接扣除或停止支付，不会造成公司的资金损失。因此，其主观上不是要将款项送与他人，而是应急垫付，没有对垫付款项失去控制的心理特征。从李某让崔某介绍融资借款的事实来看，李某虽垫付了款项，但没有实际动用其公司资金。由于外借款是有期限的，故而金某垫付款的"临时"性也是明显的。简而言之，金某的主观心理是：临时垫付可以，但不会送钱。

（2）"背靠背"调解方式的责任和风险。本案的特殊性在于，金某采取了"背靠背"方式进行调解，在分手条件和分手费数额上，崔某和李某没有面对面协商，而是通过金某转达。在这种情况下，金某便负有两种义务：一是作为居中调解人，有义务监督双方履行约定事项；二是作为临时"垫付"人，一旦李某反悔，其有义务独自追回垫付款项。这是一种具有道德风险的调解方式，金某明知李某在其公司存放资金且能够控制的情况下出面调解的事实，也表明其主观上不是行贿。

（3）金某有无实际损失。本案中，李某在足额收到商定的分手费后，反悔了。此时，金某有责任向李某追要已垫付的款项，而不能向崔某要求支付。这种基于道德责任而产生的民事权利是金某所享有的。金某行使权利的方式很多，如直接扣除李某存放在其公司的资金，或停止向李某支付该资金，或以不当得利为由向李某主张权利，金某是不会造成实际损失的。至于金某在李某反悔后是否及时行使权利，取决于金某的意愿。如果金某能够行使权利而没有及时、完全地行使权利，致使垫付款暂时没有全部追回的，其责任后果应由金某承担，与崔某是无关的。

（4）金某的行为是否符合"以借为名"型受贿罪司法解释的情形。本案中，在"背靠背"调解之后金某临时"垫付"款项时，居中商定事项的履行存在不确定性，事实上李某确实反悔了，当时金某与崔某没有也不可能就归还问题作出约定，因而金某的行为不具有"出借"的特征。刑事司法解释是最高司法机关针对相关犯罪的扩张解释，对于犯罪认定的情形作了明确规定，地方司法机关不应再作扩大理解和变通。本案中金某的行为不是"以借为名"，明显不符合"以借为名"型受贿罪司法解释规定的情形。

（5）受贿罪的立法意图。受贿罪立法和"以受贿论处"的司法解释是为了遏制"权钱交易"行为。按照罪行法定的要求，刑事司法虽然不能将全部"权钱交易"行为纳入规制范围，但在受贿罪认定时，首先应当考量的是该行为是否属于"权钱交易"。本案中，金某出面调解朋友私事，是符合情理的。采取"背靠背"方式进行调解并"垫付"款项，是因为其明知李某在其公司存放有资金且能够控制。事后李某反悔时，有权主张权利来弥补"垫付"款项的实际损失。从整个案件事实来看，双方不是"权钱交易"，李某主观上没有行贿的故意，客观上也没有行贿的事实。

综上，笔者同意第二种观点，崔某不构成受贿罪。

附件3：疑案评析（二）

崔某介绍居间服务后挪用了中介费，是否构成受贿罪

【案情】

2012年初，房地产开发商刘某因开发资金问题，与县领导崔某谈起了转让地产项目的想法，请求崔某帮忙联系。崔某得知刘某的转让底价后，曾联系了一家公司，因该公司无意受让未果。后见到其朋友李某，李某正好谈起深圳一家公司欲在当地开发，崔某便让李某居中撮合该地产项目。

在李某提供居间服务过程中，委托人刘某同意事后将成交价与底价的差价部分共计2600万元作为中介费交给崔某"支配"。李某经过交流沟通，最终促成了该地产项目转让合同的签订。

刘某同意履行承诺，支付中介费由崔某支配。后崔某因个人原因，使用了该款项，未全部支付给李某。案发后，崔某被调查。

【分歧】

本案存在两种观点：

第一种观点认为：崔某在该地产项目转让过程中，利用职务便利为刘某谋取利益，索要刘某巨额款项，构成受贿（索贿）罪。

第二种观点认为：刘某与李某的居间合同有效，刘某应当支付中介费。崔某为居间合同的介绍人，刘某同意事后将中介费交给其支配。崔某占用中介费属于与居间服务提供者李某之间的民事问题，与其职权职务没有关系。

【评析】

本案涉及崔某的角色定位、居间合同的效力、中介费支配权的理解以及职务犯罪的认定逻辑等问题。

（1）崔某的角色定位。本案中，崔某知悉刘某的转让底价后，曾联系一家公司未果，其充当角色的是协调人。之后，见到其朋友李某，听说深圳一家公司欲在当地开发，便让李某居中撮合。此时，崔某充当的角色是介绍人。

当李某完成居间服务事项时，不管是法律上还是道义上，崔某都有义务和责任催促刘某履行承诺，支付中介费。

（2）居间合同的效力。居间，是指居间人提供交易信息，促成交易合同订立，由委托人支付约定报酬的行为。居间合同始于介绍联络，终于交易合同订立。交易合同一旦签订，居间服务义务即告完成，居间人便有权取得中介费。本案中，李某的居间服务已经结束，其取得约定的中介费是合法正当的。至于事后交易合同涉及的地产项目运作如何，与居间人及其应收取费用的数额无关。

（3）中介费支配权的理解。在李某提供居间服务过程中，刘某同意事后将成交价与底价的差价部分作为中介费，交由崔某"支配"。这种约定包括两层含义：一是中介费计算方法，即差价部分作为中介费，该计算方式并无不当。二是中介费支付方式，即通过授权支配的形式，转交居间服务提供者。交其"支配"而不是归其"所有"，该支付方式，也无违法之处。实践中，委托人通过介绍人承诺服务报酬计算方式和支付方式的情况是常见的。

（4）李某居间服务与崔某职权职务的关系。本案中，李某经过努力，最终促成了该地产项目转让合同的签订。在提供居间服务过程中，崔某虽有居间服务的介绍推荐、中介费计算方式的知悉、支付方式的确认，但其职权职务行为没有影响李某履行合同的独立性，也没有影响交易双方商定价格的自愿性。至于该地产转让合同签订后履行过程中，崔某是否存在职务不当行为，与李某完成居间服务的既成事实以及收取中介费的权利是没有关系的。

（5）职务犯罪的认定逻辑。在受贿等职务犯罪认定中，既要判断行为本身的违法性和危害性，也要判断该行为与职权职务行为的关联性。实践中，要结合案件事实进行综合分析，不能从行为违法来推定履职不当，也不能从履职不当来推定行为违法。本案中，李某是居间合同的适格主体，且促成了交易合同的订立；崔某是居间服务的介绍人，中介费计算和支付方式是委托人刘某同意的；崔某因个人原因使用了"由其支配"的中介费，实质上是挪用了李某应得的中介费。这些事实是客观存在的。惩治犯罪是刑事司法的目的，但对于居间服务提供者的合法民事权益也应当予以保护。本案定性关乎李某的民事权益，应当慎之又慎。

综上，笔者同意第二种观点，崔某不构成受贿罪。

18

一个讨债主犯的罪与罚：民刑交叉中
基本法理的有效辩护

非法讨债法不容，刑事处罚要慎重
——吕某某涉嫌恶势力讨债变更起诉案

【核心提示】

强迫交易是指交易过程中的强迫行为。以房抵债，房屋买卖协议签订后，交易就完成了。至于过户时的争执，显然不属于交易过程。公诉机关变更起诉表明了其对案件质量的重视。让借款人重写欠条，是债务确认行为；重新找保证人，是债务加入，均不构成"虚增债务"。寻衅滋事罪侵犯的是社会公共秩序，不当讨债行为不应认定为寻衅滋事。虚假诉讼入罪的条件很严格，"无中生有型"是其特征，"部分篡改型"则不是。这些都是案件控辩焦点，考量着法官的智慧。强迫交易罪、敲诈勒索罪先后被辩掉，综合刑期大幅下降，在"扫黑除恶"的背景下，该案应该算是成功的。

协办请求

2020年6月4日，北京总所孙鹏律师来电话，说他的一个案件当事人在

AY 市看守所关押，其出京不便，请求我协助复制卷宗和会见当事人。

由于疫情的原因，我留守河南新乡家中已经半年了。纸上谈兵，会腰酸腿疼。于是，我欣然接受了请求。

首次会见

6月11日一大早，我和助理驱车百里，赶往 AY 市林州，面见了原案件承办律师。路律师很爽快，介绍了案件背景和相关情况，移交了电子卷宗材料。

上午11：30，我们约见了 AY 市文峰区法院主审法官，递交了辩护手续，复制了案卷补充材料。随后，打印成册，一共16本。

6月12日14：30，我们按照预约时间准时赶到 AY 市看守所。会见很顺利，与家属沟通后，便返回新乡。

6月16日，承办法官来电：月底在看守所开庭。

两地备案

这是一起非法讨债引发的刑事案件，被定性为"恶势力"犯罪团伙。涉案当事人系 AY 市林州人，该案由 AY 市公安局专案组侦办，指定文峰区人民法院管辖。

依照规定，对于涉黑涉恶案件，辩护律师是需要在北京和 AY 两地备案的。孙律师及时在北京履行了备案手续后，6月28日晚上赶到 AY，我们一起沟通了辩护意见，确定了辩护思路。次日，一同到 AY 市司法局备案。

6月29日，我们想在庭审前会见一次当事人，提示一下庭审程序中注意事项。可看守所的疫情管控非常严格，接待人员告知：北京来的律师是不能进看守所的。看样子，会见是不可能了，就连孙律师明天能否出庭也成了问题。于是，我们立即请求法官协调。

临近下班时间，法官答复：沟通好了，明天准时开庭。顾虑消除了。

开庭审理

6月30日上午9：00，该案8名被告的十余名律师准时到达看守所门口，主审法官点名后，依次进入看守所大门。

看得出，当地对该案是重视的。法院主管副院长担任审判长，检察院主管副检察长出庭支持公诉。庭审中，涉案 8 名被告人中有 5 人罪名的示证、质证有序，辩论充分。庭审后，当地官方媒体进行了报道。

我们对一起非法拘禁事实提出了质疑，对敲诈勒索、寻衅滋事、强迫交易以及涉恶定性的指控发表了辩护意见。辩护词 1.4 万余字，围绕起诉书展开，结构严谨，有理有据，合议庭始终没有打断发言。

庭审持续了近 14 个小时，主审法官真辛苦。我们称赞她，她淡淡一笑，"经常是这样，习惯啦"，法官不易呀。

离开看守所时，已是 23：30。

起诉变更和追加

"扫黑除恶"是当前国家大局，涉黑涉恶案件也就成了刑事审判的重点工作。通常情况下，法院会被要求速战速决，限期结案。但公正的理念和思想已经扎根于每个法官心中，他们不会为职业冒险，而是愿意倾听各方意见。于是，我们认为，对于敏感案件主动向两级法院领导汇报就变得正当合理了。法理的沟通是没有界限的，其目的是审判的公正。

当然，庭审辩护效果是很好的。这不仅仅是本案被告人自行辩护时的感谢之言，也是我们的自信。

其突出表现还在于，庭审后不久，案件退回补充侦查了。

原本紧急通知开庭，是为了把涉黑涉恶案件尽快"收官"。可庭审中的有效质辩，让"收官"之案顺延了。我们是高兴的。

11 月 26 日上午 10：00，法官来电：公诉机关变更起诉了。

11 月 30 日，我们收到法院寄来的变更起诉决定书和追加起诉决定书。强迫交易罪被撤回，一起非法拘禁事实也被撤回，敲诈勒索指控数额减少了，但追加了虚假诉讼罪的指控。

追加起诉是非常严肃的事情。公诉机关是真的发现了有罪证据，还是想在辩护律师面前挽回面子。我们不得而知，只有好好准备了。

再次开庭

按照通知要求，12 月 6 日晚上，我和孙律师再次赶到 AY 市，确定辩护思路，明确庭审分工。孙律师负责对追加的虚假诉讼指控发表无罪意见，我则对原有辩护意见进行重申说明。

12月7日早晨7：00，主审法官通知来法院办公室阅卷。这是我们提前约好的，主审法官很负责，一直在等我们。除了感激，还有感动。

9：00的开庭很顺利，11：30就结束了。

虚假诉讼入罪是司法解释的规定，但其条件非常严格。"无中生有型"构成虚假诉讼，"部分篡改型"则不是。最高人民检察院法律政策研究室曾专门进行了解读，最高人民法院法官也曾在《人民法院报》上发表文章阐述了上述观点。对此辩点，孙律师准备得很充分，我们是充满信心的。

"虚增债务"是"扫黑除恶"期间相关部门对敲诈勒索罪客观行为的补充描述，我们始终认为本案中没有"虚增债务"的事实。

寻衅滋事罪侵害的法益是公共秩序，不当讨债行为不应当认定该罪。《中国刑事法律杂志》2020年第5期刊登了著名刑法学家张明楷教授的署名文章，对该问题进行了深度论证。在为期三年的"扫黑除恶"收官阶段，该文的发表是另有深意的，希望对本案的定罪量刑产生影响。

法官英明

离开AY市的一周后，孙律师主动联系了主审法官。随后，我们通了电话。孙律师感觉主审法官对这个案件有些犹豫。我笑言，年底会结案的。

律师与检察官、法官一样，师从同门，白纸黑字的东西，认识上不会存在差异。当确定的事情变得不再确定时，就需要法官的智慧了。

12月18日，主审法官办公室来电话，说是宣判了，问判决书是领取，还是邮寄。

吕某某是本案指控"涉恶"团伙的第一被告人，一审法院数罪并罚决定执行其有期徒刑6年半。效果很好，超出预期。强迫交易罪、敲诈勒索罪先后被辩掉，律师是欣慰的。但对于虚假诉讼罪、寻衅滋事罪的认定，还是心有不甘。

12月28日，最后一次会见被告人。被告人对结果很满意，千恩万谢，还承诺日后到北京请我们喝酒。我是高兴的，孙律师也一样，因为我们对未来充满希望，我们看好未来。

我们感谢法官，法官的睿智成就了辩者的满足和愉悦。

【专业阅读】

关键词： 强迫交易　虚增债务　不当维权　虚假诉讼
辩　点： 事实·还原辩　证据·三性辩　法理·无罪辩
技战法： 全面出击、重点突破、草船借箭、借力打力

律师感言

"涉恶"案件备案程序要坚守。律师执业是以律所名义进行的，要充分发挥平台作用，集众人智慧，提高刑事辩护质量。"扫黑除恶"是当前国家层面的重大举措，对于这类案件，应当严格执行律所内部讨论制度，按照司法行政部门和律师行业协会的要求贯彻落实"双备案"，主动接受监督和指导，确保案件辩护有据可查，避免执业风险。

"涉恶"案件说理论证要具体。说理论证时，要善于用卷宗中的证据材料说话，排列组合，简洁明了。切忌大话、套话、空话，要言之有物，有理有据。对于当事人不一致的供述，要分析原因，综合考虑。切忌断章取义，无理纠缠。确有调查取证必要的，要积极提供线索，主动申请核查，确保来源、程序合法。引用公开案例、专业文章佐证的，要直接附案备查。

"涉恶"案件技术沟通要公开。在审理过程中，要谨慎接触主审法官和其他合议庭成员，尽量做到沟通书面化，有文字记载，有邮寄回执。程序性沟通时，要拨打法官办公电话联系，减少猜疑，避免麻烦。向有关部门反映情况时，要注意措施用语，不套近乎、不寒暄。要说法理，讲大局，紧扣案件质量和办案效果。材料要复印，寄件留回执。

"涉恶"案件庭审庭后要慎言。开庭审理时，要服从法庭指挥，遵守开庭秩序。陈述问题要虔诚、简洁，慎用反问，不发感慨。法庭辩论要抓住重点，点到为止，少追问、不责难。在公职人员面前，不谈案、不议论。在旁听人员面前，不评说、不预测。法庭上可以唇枪舌剑，据理力争，法庭外一定要传达正能量，弘扬真善美。谨慎平和的辩护风格，更容易被人们接受，本案一审判决结果证明了这一点。

法言法语

1. 第一次庭审辩护词
2. 致一审法院院长的信
3. 致二审法院院长的信
4. 追加起诉庭审辩护词
5. 变更起诉庭审辩护词
6. 两篇论文和一篇解读

附件1：第一次庭审辩护词

审判长、审判员：

北京市鑫诺律师事务所接受被告人吕某某家属的委托，指派我和孙鹏律师担任吕某某案件的一审辩护人。根据本案事实证据和相关法律，现发表我们的独立辩护意见。

一、起诉书指控部分事实和罪名没有依据

（一）关于起诉书指控的第一起非法拘禁：吕某某不构成该罪

起诉书指控：2010年5月，被告人吕某某、马某强（另案处理）向曲某高利放贷3万元，为索要债务，吕某某、马某强等人将曲某带走，马某强伙同他人将曲某拘禁在林州七天酒店（原龙腾宾馆）等地，非法剥夺曲某人身自由7天。

我们认为该项指控不能成立。理由是：

（1）从证据上来看，本案中仅有被害人曲某的四份口供和两份辨认笔录，而吕某某不供。马某强虽有一份讯问笔录，但该指控事实却没有调查，详见证据卷二第83~87页。曲某所说的"马某强两个亲戚"也没有任何调查材料附卷。案卷中只有被害人（控告人）口供和指认，没有其他证据相印证，依法不应作出有罪认定。

（2）曲某证言中的基本事实出现重大矛盾。详见证据卷四第6页，曲某说："当时吕某某给我打电话，让我到村路口等他"，而在这次询问中（第7页），侦查人员问："吕某某和马某强开车来找你前是否联系过你？"曲某回答："没有，他们开车直接来的。"到底打电话了没有？基本事实陈述不一，

证言不具有可信性。

（3）曲某没有控告吕某某。详见证据卷四第9页，曲某说："这事一开始是河顺镇马家坡的一个姓马的来找我……姓马的说他们都打你了，你还不告。我说我不会写控告信……他替我写的控告信，随后我签字按手印。"侦查人员问："控告信上说的光头是谁，是不是马某强？"答："是马某强。"在这次询问中，卷四第7页，侦查人员问："谁把你带到宾馆的？"答："马某强一个车上的人把我带到了宾馆，吕某某没有去。""在宾馆他们都对你做了什么？""他们把我关在宾馆，不让我离开他们的视线，让我正常吃饭睡觉，中间马某强和他的亲戚打了我两三次，用鞋底抽我的肩背，用手打我的脸。"在第一次对其询问时，卷四第3页，问："带走你的人及看管你的人是吕某某吗？"答："不是，是大菜园村的那个人。"显然，曲某控告的是打人者马某强，而不是吕某某。

（4）从曲某陈述的事情经过来看，吕某某没有参与宾馆拘禁行为。整个过程分为两个阶段。第一个阶段，是从曲某村口上车到红旗渠渠边三个小时，主要是说事。第二个阶段是从红旗渠返还后到宾馆的七天时间，主要是逼债。证据卷四第22页，曲某说得很清楚，"从渠岸上下来，吕某某自己开车走了，马某强三人开车将我带到了县城，找了个宾馆把我关起来"。可见，吕某某没有实施拘禁行为。

（5）吕某某陪同马某强去找被害人曲某是合乎情理的。在第一次询问材料中，证据卷四第2页，曲某陈述："（我）借过吕某某三万块钱，记不清是月息五分还是一月一千块钱利息了，我用吕某某的钱用了一年多时间，吕某某不让我用钱了，但我当时又还不了他钱，他就又介绍土菜园的一个人借给我3万块钱，吕某某把钱取走后，吕某某把欠条给了我（卷四第6页），我当时就撕了（卷四第7页），我就欠下土菜园这个人钱了。"由此看来，吕某某是曲某向马某强借钱的介绍人。作为介绍人，吕某某陪同马某强去找曲某，即便是打电话让曲某到村口等他，这些也都是可以理解的。

综上案发时吕某某与曲某之间已经没有了债权债务关系，因此吕某某不存在非法拘禁曲某的主观意图，客观上也没有实施非法拘禁曲某的行为。本案指控其构成非法拘禁罪，证据明显不足，也不合情理。

（二）关于起诉书指控的两起敲诈勒索：均不能成立

第一起指控事实：2014年11月21日至23日期间，被告人吕某某、李某保、付某文、方某等人，经李某昌拘禁在林州市太行山水酒店，逼迫李某昌交付现金5万元后，随意为李某昌增设债务，强迫李某昌写下35万元的欠条，并要求李某昌提供担保人，李某昌丈叔马某贵在不明事由情形下成为担保人。

我们认为该起指控不成立。理由是：

（1）从证据上来看，吕某某供述是30万元的欠条，且证据卷一第46页，办案民警问：李某昌有没有用门面房抵押30万元借款，吕某某回答：有。证据卷五第56页李某昌的叔叔冯某昌说吕某某和李某昌写了一个30万元的还款协议。证据卷六第25页郭某林说：听李某昌打了有30万元的借条。这些与李某昌和相关证人证言是35万元的欠条，明显不一致。当庭出示的李某昌借条原件（详见我方证据一）证实是30万元。可见，李某昌的控告和相关证人证言是虚假的，吕某某供述可信。

（2）"强迫李某昌写下35万元（应为30万元）欠条"不是以非法占有为目的的增设债务，而是让李某昌履行连带责任保证人的清偿义务。根据担保法规定，出借人既可以要求借款人还款也可以要求担保人还款，也可以让借款人和担保人共同履行还款义务。即：该份借条的背景是以债权到期后郭某林未向吕某某清偿债务和李某昌未向吕某某全面履行担保义务为前提。

证据卷六第41页，李某昌说："2014年8月10日前后，在林州市，郭某林向吕某某借了一笔款，金额50万元，月利率1毛，按月支付利息……我感觉他生意不错，郭某林提出来让我给他担保，我也就稀里糊涂地为他该笔借款50万元做了担保，要承担连带责任。"证据卷六第3页，郭某林说："欠条上写有到期以后如果我还不了，由担保人李某昌负责把钱还给吕某某，写完以后我跟李某昌都在欠条上签了名字，按了手印，然后吕某某就通过手机银行把钱转到我的工商银行卡上。"可见，吕某某和郭某林之间存在真实的借贷法律关系，李某昌也是自愿作为该笔借款的担保人。该笔借款到期后，郭某林未清偿本金，作为担保人，李某昌应当承担连带偿还责任。这种要求担保人确认债务的行为，不管是35万元，还是30万元，只要没有超出未归还的借款本息，都是合理的，绝不是为其增设债务。

（3）吕某某没有非法占有的主观故意。如上所述，借款到期后，连带保证人李某昌便负有担保之债的偿还义务。吕某某让李某昌写下30万元欠条的行为，是在行使对担保之债的追索权和确认权。这种追索权和确认权的行使，排除了非法占有的故意，其主观目的是收回自己出借的本金和约定的利息。

（4）债权人在担保人确认和履行债务过程中，要求其另行指定保证人来保证债务的履行，并不违反法律的规定。人民法院在强制执行过程中，要求被执行人指定保证人，便是该行为合法性的典型例证。

（5）还有一点，李某昌和指定的担保人至今没有财产损失后果。根据证据卷五第50页冯某昌的陈述，证明李某昌写下30万元欠条时，冯某昌在场，且当时没有人殴打李某昌。李某昌的叔叔马某贵也证实搬运队办公室没有见到有人打李某昌。另外李某昌也曾经跟吴某波说他欠吕某某的钱。其丈叔马某贵担保签字后，在案证据尤其是马某贵的谅解书证明，详见本案被告人李某保提交的马某贵谅解书，该笔担保债务未被追要，李某昌也未履行，因此吕某某至今未实现该财产权益。这些需要提请法庭特别注意。

综上，吕某某自始没有虚增借贷金额、恶意制造违约、肆意认定违约、毁匿还款证据等方式形成虚假债权债务的行为，他始终以收回自己的出借本金以及约定的利息为目的（案发时本金未收回），积极地主张自己的债权。李某昌在吕某某和郭某林存在真实借贷法律关系且其是该笔借贷担保人的背景下，自愿签署的借条。

第二起指控事实：2015年9月，被告人吕某某、李某保、付某文等人，为索要高利贷，将被害人郭某林囚禁在林州市太行山水酒店、银都酒店，非法剥夺郭某林人身自由7天。期间……郭某林请求秦某丽帮忙筹钱，吕某某等人以让秦某丽和郭某林会见为由，两次强迫秦某丽交付现金共计4万元。……吕某某预谋、策划增高原来的债务，并让郭某林的妹夫王某兵、郭某林的弟弟郭某某等人做担保。……（随后）吕某某等人强迫郭某林写下15万元的欠条，让王某兵为该笔债务担保，威胁、恐吓强迫郭某林写下60万元的欠条，让郭某某为该笔债务做担保，造成郭某林精神遭受严重打击。

我们认为该起指控不成立。理由是：

（1）从证据上来看，吕某某否认 15 万元和 60 万元两张欠条，李某昌陈述中说存在两张欠条，王某兵、郭某某虽描述了签字经过但均不知道签字的内容，事后也未被追要。如果没有相关书证印证，该数额是不能认定的。

（2）起诉书中所说的"郭某林请求秦某丽帮忙筹钱"，是委托行为，这是秦某丽代为交付现金的前提。秦某丽筹钱 4 万元钱转交给吕某某，属于郭某林的债务清偿行为。在此之前，秦某丽还曾有过代偿行为。至于是什么理由，均不改变其受委托代为还款的性质，代为支付是受托而不是所谓"强迫"所致。

（3）即便是 2015 年 9 月吕某某让郭某林写下了 15 万元和 60 万元两张欠条，这也是 2014 年 8 月份借款 50 万元的事实在一年后对该笔借款本息的再次确认行为，按照双方私下的利息约定，也没有明显超出借款本息总额，因此吕某某不具有非法占有的主观意图。况且，对于两张欠条数额和担保数额，担保签字人也无法说清，事后也未被追要。显然，认定其构成敲诈勒索罪明显证据不足。

（4）指控其构成敲诈勒索罪的逻辑是错误的。假如让郭某林写下 15 万元的行为构成敲诈勒索罪，那就意味着该款项应当责令返还被害人，而秦某丽代郭某林偿还，郭某林又确实负有归还义务，这样的结果显然是不合理的。同样的道理，假如认定吕某某让郭某林写下 60 万元的行为构成敲诈勒索罪，那么这 60 万元应当责令返还被害人，但被害人确实应付借款本息在 60 万元以上，这样的结果也是明显不妥的。造成这样的结果，其根本原因在于案件定性错误，因为债权人让债务人确认债务的行为，只要没有超出约定的借款本息数额，便没有非法占有的故意，不应确定有罪。

（三）关于起诉书指控的非法侵入住宅：确系违法，但犯罪存疑

起诉书指控：2014 年 10 月，被告人吕某某向被害人李某杰高利放贷 40 万元，因李某杰未及时偿还本息，2017 年 5 月 10 日前后，吕某某纠集吕某强、李某青、郭某生等人以要债为由侵入林州市红旗渠大道 4 号院中房印象×× 号楼×单元×××室李某杰家中，时间长达 3 天 2 夜，严重影响了李某杰的家庭生活。

我们认为该起指控不能成立。理由如下：

（1）吕某某与李某杰之间确实存在债权债务关系，且债务已经逾期，催

要欠款具有合理性。补充证据卷二第 2~6 页，李某杰陈述：2014 年 10 月，"他同意借给我 40 万元，月息 5 分。挂了电话，不出两天，吕某某把 40 万元打到我银行卡上"，"2014 年年底我回到林州市，吕某某让我给他补了一张借款 40 万元的手续，我给吕某某利息都是银行转账，2016 年底我回到林州给吕某某算利息，因钱不凑手，还欠一两个月利息"。可见，直到 2017 年 5 月 10 日事发当日，借款早已逾期。

（2）吕某某的人员敲门后进入，其家人在得知要账后也没有责令退出，没有报警求助，并且又为他们做饭，不应当认定为"非法侵入"。补充证据卷二第 9~11 页，李某杰妻子黄某某陈述："2017 年 6、7 月份的时候，有一天上午 10 点左右我和两个孩子在家，听到有人敲门，我通过猫眼看到有三四个男子站在门外，我开始没有说话，他们一直敲，我当时很害怕没有吱声，他们不走还在敲门，我就问找谁，他们问是不是李某杰家，我说是，我就壮着胆子把门开了，进来了四个男子，其中一个男子说李某杰欠他们钱，他们是来要钱的，然后就坐在沙发上不走了。"

（3）在此期间，双方一直处于协商、筹款的过程中，最终通过门面房抵债形式解决了双方的债务问题。详见李某杰证言。吕某某人员活动范围局限在客厅，没有其他行为，李某杰家人的生活起居没有受到严重影响。

（4）该事件对孩子及其家庭虽有一定影响，但相关人员滞留住宅不是唯一的原因。补充证据卷二第 15~16 页，李某杰女儿李某瑜陈述："最后他们离开后，我慢慢知道是因为我爸爸欠他们钱，他们是找我爸爸要钱的。这件事后，我一直害怕，学习成绩也受到了影响，成绩一直下滑，同时害怕一个人在家，也有一段时间不敢出门，有时候夜里想起这件事我就失眠了，整夜睡不着觉。"显然，该事件对孩子的影响是客观存在的。但是，其家长拖欠借款，长期不还，致使出现债权人上门要账的结果，年幼的孩子对其家长的行为首先会给予不良评价。以房抵债是该事件的最终处理结果，而该事件的引发原因和过错责任是一目了然的，李某杰存在重大过错。

综上，李某杰欠款事实确实存在，吕某某人员登门要账不是强行进入。逗留场所也局限在客厅范围，期间双方实施了协商、筹款、抵账等行为。虽然该事件对李某杰家庭生活造成了影响，但事出有因，李某杰借款逾期拖欠的客观事实，确实违反了双方的约定。按照 2019 年 4 月 9 日的《关于办理实施"软暴力"的刑事案件若干问题的意见》规定："因本人及近亲属合法债务、婚恋、家庭、邻里纠纷等民间矛盾而雇佣、指使，没有造成严重后果的，一般不作为犯罪处理，……"因此，建议法庭综合考虑各种因素，不按犯罪处理为好。

（四）关于起诉书指控的两起寻衅滋事：均不能成立

起诉书指控：2013年1月5日，被告人吕某某与徐某军签订60万元高利贷借款合同，吕某某与徐某军到北京外国语学院建筑工地上找到徐某军妹夫李某某，吕某某故意隐瞒徐某军已无偿还能力的事实，欺骗李某某为该笔债务提供担保。在李某某提供担保，吕某某向李某某要求承担担保责任期间，吕某某在李某某办公室强拿硬要李某某一部全新苹果手机。

2013年1月26日吕某某纠集马某强（另案处理）等人要挟徐某军再次到北京找到李某某，要求李某某承担担保义务替徐某军偿还债务，在未找到钱的情况下，吕某某为了占有李某某的帕萨特轿车，利用徐某军的二儿子徐某松给李某某当司机开车的便利条件，强迫徐某松将李某某的帕萨特轿车开回林州市，将车抵押得现金5万元。

我们认为该起指控不成立。理由是：

（1）徐某军控告和陈述的借款数额多次反复，且有欺骗担保人、欺骗法庭的事实，其证言不可信。

证据卷八第2页，徐某军陈述："2010年6月份，我向他（吕某某）借20万元用于工地施工，约定利息3分，借期一个月，吕某某就把钱转账给我了。""……吕某某给我算了算账，本金20万元，利息30万元，这几年找我及准备到北京找担保人李某某的费用10万元，就让我打了60万元的借据。"而证据卷八第11页，当侦查人员出示的"徐某军自述"显示：事实上，我只收到吕某某的30万元现金和10万元电汇，另外那20万是吕某某提出来让我多写的。对此，徐某军解释道：（第12页），吕某某让我给他打60万元欠条的时候，他已经知道我的经济情况已经到了山穷水尽，吕某某让李某某担保就是最终让李某某偿还这60万元，并且答应我，如果将来李某某还了这60万元，可以分给我20万元，这就是我后来配合吕某某去北京找李某某签字担保的原因。更为严重的是，在法院审理该民间借贷纠纷过程中，有一份徐某军与吕某某的通话录音。（第14页），徐某军解释道："因为开庭前，吕某某给我打过电话，就开庭的时候他会给我打电话问我是否借过他60万元，他叫我承认借过他60万元，我同意了，因为我还想着李某某如果还了这60万元，我还能分20万元，说实话，我是作了伪证，亏了良心。"显然，徐某军三次陈述中借款数额是不同的：向公安陈述是20万元，向李某某陈述是40万元，向法庭陈述是60万元，到底是多少？结合其2018年11月份涉嫌组织、领导传销活动被刑事追诉的事实，我们认为，该被害人的控告和陈述不可信，不能作为定罪依据。

（2）关于强拿硬要苹果手机的证据明显不足。

首先，被害人李某某陈述的时间不一致。证据卷八第55页，李某某控告信中说，2013年1月5日，吕某某第一次到京让他签订担保书。当天上午在他的办公室拿走了苹果手机。而第61页，在第二次询问笔录中，李某某说：2013年1月25日，吕某某给他打了电话，追要担保的60万元，他很生气。两三天后的一个下午，吕某某一个人来到我的办公室。他们理论了一会儿，吕某某看到他的办公桌上有一部新的苹果手机，拿着就走了，他"追也没追上"，正好有事儿要出去，就没有管这件事了。这次陈述的是吕某某的第二次来京要账。那么，到底是什么时间强拿硬要手机了？

其次，被害人李某某陈述的细节不一致。第50页，在第一次询问笔录中，李某某说，他的手机坏了，刚买了一部新苹果手机没有拆封，放在办公桌上，当时工地有人找他说事，出去了。回到办公室发现手机不见了，就问："我的手机呢？"徐某军指着吕某某说："他的手机坏了，现在借人家钱，新手机让他用了吧？"李某某说，不行。徐某军说："让他用了吧，我借人家这么多钱了。"当时考虑到和徐某军这层关系，李某某就没有再多说什么。而第二次询问笔录中，第61页，李某某竟说成是吕某某第二次来京一个人找他时发生的事情，说是李吕某某拿着就走，"追也追不上"。那么，拿走手机时的真实情况到底是什么？控告人李某某为什么前后不一？

对此，我们认为：如果是第一次到京时发生的事儿，徐某军在场帮腔，李某某默认，显然吕某某不构成强拿硬要。如果是第二次到京时发生的事儿，吕某某一人找李某某，不仅"拿着就走，追也追不上"无其他证据印证，而且因为担保签字已经发生，双方关系已不再单一，是送还是抢，很难说清，强拿硬要也不能成立。因此，吕某某当庭陈述的"李某某送给他的"内容是可信的。

（3）徐某军儿子徐某松控告材料和两次询问笔录中基本事实系虚假，有恶意控告之嫌，其证言不可信。

证据卷八中有徐某松的一份控告信和两份询问笔录。主要内容有两部分：一是开车回林州前一天吕某某要求用车抵账的威胁；二是返还林州途中车上的6名人员，有开车的张某、副驾驶位置的吕某某、他和徐某军、另外两个不认识的人。事实上，关于威胁问题，如徐某军陈述"为了分得20万元，他是在配合吕某某到北京找李某某签字担保"，还有第33页，当侦查人员问起为什么没有阻止吕某某等人开走李某某的轿车时，徐某军回答："我没有报警，因为吕某某答应回去将这辆车抵押了给我顶欠他的账呢"，在这种"合作"背景下，怎么会有"威胁"？关于车上人员，补充证据卷一第73页，王某海陈述："……买了二锅头酒，我和张某就乘徐某军儿子的车会AY市了。"第80页，"徐某军儿子开车过来时，有徐某军、徐某军儿子，还有吕某某，从超市离开时有我、张某和徐某军儿子，徐某军儿子开的车。"第127页，侦查人员问张某："吕某某让你和王某海坐帕萨特会林州时是怎么给你们俩说的？"张某回答："我印象中在北京就没有和吕某某说话，是马某强让我们坐车回来的。""问：回林州路上你开车没？""没有。"可见，车上人员只有3个人，不是6人。徐某松陈述的基本事实是虚假的，其目的是什么？这种证人证言是不可信的。

（4）关于强迫徐某松将帕萨特轿车开回，并占有抵押款5万元的性质。

这里有两个问题需要搞清楚。

第一个问题：关于吕某某是否存在强迫开回的问题。证据卷八第31页，徐某军陈述："2019年12月20日……吕某某以前就知道我家二孩子徐某松在北京给李某某开车，他让我通知徐某松把车开到宾馆，他的意思是不能白来，以让徐某松开车把咱们送到西客站的名义一会儿见了车，把车开回林州给抵押了，顶了我欠他的钱，我同意了吕某某的提议，于是我用我的手机跟徐某松联系。"第32页，"因为吕某某答应把李某某的车在林州抵押后，抵押款顶我欠他的钱，所以我同意给徐某松打电话"。可见，之前他们是商量好的。（徐某松来到宾馆门口后）"我先给徐某松说，我和吕某某来北京找李某某要钱也没有找到人，现在我们准备把车给开回家。徐某松不同意。吕某某给徐某松说，你爸欠我钱，车开回去准备顶他欠我的钱，你把车留下回去吧。我在旁边也叫徐某松把车留下赶快回去。"（僵持之后）徐某军对徐某松说："你把钥匙给吕某某吧，别在这儿耗时间了，你走吧。徐某松最后听了我的话，把车钥匙给了吕某某。"（决定让徐某松开车送走时）"徐某松不愿意这样做，吕某某又让我做徐某松的工作，徐某松同意了。从徐某军陈述的整个过程来看，把车开回去抵押顶账是徐某军和吕某某的一致意见，徐某军给儿子做工作，其儿子徐某松最终同意了。"显然，这不是吕某某一个人的意思，更不是吕某某的强迫行为。

第二个问题：关于谁抵押了车和抵押款干了什么的问题。经营二手车生意的杨某良证言能够说明问题。第68页杨某良说："吕某某和河顺的一个叫徐某军的人开着一辆老款帕萨特黑色轿车找到我，这辆车是北京牌照，具体车牌照记不清了。当时徐某军说想把车抵押给我，借我五万块钱，周转一个半月的时间，我们约定月息四分，因为我不认识徐某军，就让他留下了身份证复印件，还让吕某某作了担保。"接下来，问："抵押时来了几个人？"答："两个，就吕某某和徐某军。"问："5万块钱给谁了？"答："给了徐某军了。"可见，该车辆的抵押者是徐某军，抵押款的领取者也是徐某军。显然，因为之前双方约定用车辆抵押款冲抵徐某军的欠款，所以抵押时徐某军办理的手续，取钱的也是徐某军。

这样问题就清楚了。因为在北京返回河南之前吕某某和徐某军有"抵押顶账"的约定，徐某军便说服他的儿子徐某松将车开回。到林州后，徐某军把车抵押，领到了抵押款。从整个过程来看，吕某某没有强迫行为。结合全案证据，徐某军关于"等李某某担保归还60万元后获得回扣20万元"的考虑，使其配合了吕某某的两次北京之行。徐某军关于"抵押李某某轿车冲抵自己欠款"的约定，使其做通了其子徐某松的工作，将轿车开回并进行了抵押。这不是吕某某一个人的行为，徐某军的私欲和勾兑阻却了吕某某行为的强迫属性。在借款担保关系业已成立的情况下，出借人、借款人、担保人之间所有行为可能事出有因，不可轻易认定为寻衅滋事。这是需要提请法庭注意的。

起诉书指控：2014年7月，刘某昌向被告人吕某某借高利贷款20万元。2015年4月，在林州市二手车市场李某保办公室，吕某某和刘某昌之间因未结清债务，吕某某以要债为由，未经刘某昌同意，强行从刘某昌皮包内拿走现金1万元，将1万元据为已有，既不将该钱作偿还本金，又不算偿还利息，非法占有刘某昌现金1万元。

我们认为该指控不成立。理由是：

（1）吕某某与刘某昌之间当时存在尚未结清的债务，且当时利息已经停付。证据卷九第7页，刘某昌陈述："2015年2、3月份，我给李某增和吕某某打电话说分欠条的事……另外给吕某某打了一张20万元的欠条。""我和吕某某口头约定月息是1毛，每月利息2万元。""分欠条后我连续给吕某某上了两三个月的利息，此后，因资金周转不开，我就停了吕某某的利息。"这些陈述内容表明，2015年4、5月份，刘某昌确实存在欠款却停止了利息支付。第8页，刘某昌同时也陈述了1万元事件发生的时间和地点。他说："大概2015年4、5月份，我在李某保的二手车办公室闲聊。吕某某突然进来办公室……"正好时间是相符的。那就是，2015年4、5月份，刘某昌停止了利息支付，吕某某与其相见时催要利息、查看其钱包里有没有钱，便具有了合理性。

（2）刘某昌为吕某某出具借条，口头约定了利息，理应按照约定每月支付，吕某某催要利息是明确的。刘某昌陈述证明了吕某某的目的，证据卷第3页，刘某昌说："记不清准确时间了，当时在李某保的办公室碰见吕某某了，吕某某问我有没有钱，让我支付利息……"可见，吕某某催要利息是符合双方约定的，不管查看其钱包的方式妥当与否，但绝对不存在非法侵财的主观故意。

（3）吕某某查看其钱包、取走钱款时双方没有发生争抢打闹现象。补充证据卷一第69页，在场人魏某军说："我知道这事，当时我看见了，吕某某拿走刘某昌9000多元钱，说是给刘某昌先保管起来"。证据卷九第8~9页，侦查人员问刘某昌："吕某某查你钱包时，你为什么没有阻拦？"答："当时屋里都是吕某某认识的人，我害怕不敢拦"。问："吕某某是否打你？"答："没有。"可见，吕某某查看钱包、取证钱款时，双方没有发生争执，更没有争抢、打闹的情况。

（4）事后的换借条行为表明，涉案的1万元钱款已经冲抵了利息。据刘某昌讲，该事件发生在2015年4、5月份，当时已经停止了利息支付，和吕某某发生了这起事件。而当庭出示的王某青情况说明和刘某昌借条复印件证明了两个事实：一是刘某昌所说的"欠款 20 万元"虚假，吕某某供述"借款 50 万元"可信；二是在"搜包拿钱"事件发生四个月之后，即 2015 年 9 月 11 日刘某昌为吕某某出具了 60 万元借条，换回了以前的借条。显然，该事件发生后，刘某昌自愿出具新借条，必然将 1 万元钱款作为利息冲抵。

综上，寻衅滋事中的"强拿硬要"是指没有任何法律和道义上依据，夺人财物的行为。本案中该起指控事实的前提是，刘某昌没有按照双方约定按月支付利息。吕某某见到刘某昌后，在声明追要利息后，查看了他的钱包，取走了他的钱款，而且没有发生争抢打闹的情形。事后，刘某昌出具了新借条，换回了以前的借条。这种具有债权背景的取人钱财行为，明显不同于寻衅滋事中"强拿硬要"。两者的其根本区别在于，是否存在非法占有他人财物的主观意图。显然，该指控事实中吕某某追要约定利息是其目的，寻衅滋事不能成立。

（五）关于起诉书指控的强迫交易：不能成立

起诉书指控：2014 年 7 月，刘某昌向被告人吕某某借高利贷款 20 万元，月利率 1 角，按月支付利息，刘某昌以太原金威房地产开发有限公司名义向吕某某出具林州市东方雅居 2 套房的购房协议，约定该房屋作为抵押。2016 年年底，吕某某以索要债务为名，纠集吕某强等人到刘某昌公司闹事，干扰公司办公，施压要求刘某昌将 2 套房产过户。在刘某昌向吕某某借款 20 万元，已偿还 14 万元利息情形下，被迫将购房合同价 52 万元的 2 套房产过户到吕某某、吕某强名下，以还清 20 万元欠款。

我们认为指控的强迫交易罪不能成立。理由是：

（1）从证据上来看，刘某昌借款是 50 万元，不是 20 万元。受害人刘某昌说："（我）给了李某增 80 万元现金让他分给那几个债权人，另外给吕某某单独打了一张 20 万元的欠条……我和吕某某口头约定月息 1 毛，每月现金利息 2 万元"，详见证据卷九第 7 页。而吕某某说是 50 万元，通过工商银行卡转出，详见证据卷一第 60 页。李某增则证明："2014 年左右，我和吕某某一共借给刘某昌 100 万元，我记得是 50 万元，吕某某的也是 50 万元。后来我和吕某某的钱就分开了，谁要谁的利息。"详见证据卷二第 23 页。当庭出示的证人王某青的情况说明和吕某某家属提供的刘某昌借款复印件可以证明，2015 年 9 月 11 日刘某昌给吕某某出具了 60 万元借条，换回了以前的借条。

现有证据充分说明，刘某昌的控告和陈述是虚假的。借款金额是 50 万元，吕某某的供述和李某增的证言真实可信。

（2）当时以房抵债，对价公平，刘某昌是自愿的。刘某昌说当时月息我忘记是四分还是五分了，连本带利当时欠吕某某的钱就成了五六十万块钱（详见证据卷九第 2 页）。2015 年 9 月 11 日，刘某昌给吕某某出具了 60 余万元借条，详见我方提交的刘某昌借条复印件和王某青情况说明。而两套住宅的合同约定交付时间是 2017 年 10 月 31 日，详见证据卷九第 26 页商品房购房协议。在这段将近两年的时间里，刘某昌没有支付利息（详见证据卷九第 7 页，"我停了吕某某的利息有一年多，大概 2016 年底……"），刘某昌作为房地产开发商，对此是清楚的。显然，用总价 50 余万元"不怎么好销售"（详见证据卷九第 15 页销售经理田某某证言）两套住宅房来冲抵这 60 万元借款本息，刘某昌作为房地产经营者，是乐意的，当然也是自愿的，且有证人王某青的情况说明相佐证。

（3）起诉书上所说的"过户"，用词不对，那叫"初始登记"。涉案两套房产的初始登记是"以房抵债"完成后的法律手续，属于该公司应当履行的合同义务。本案中，社区主任杨某某、副镇长马某某的证言均不能证明吕某某及其家属采取了哄闹等非法行为。另外，据吕某某妻子李某香所说，一个小名叫"六只"的姓王的人，从中协调过，详见补充证据卷三第 2 页，侦查机关却没有调查。当庭出示的情况说明的出具人正是协调人王某青。王某青证实，刘某昌曾补写过借条，双方以房抵债是自愿协商的，不是强迫行为。即便是存在该公司副总田某某所说的"大吵大闹不让办公"的行为，也属于依照商品房买卖合同的维权行为，完全合法。以房抵债的交易已经完成，根本不是强迫交易。因为商品房买卖合同已经签订，按时交付房产、完成初始登记本身就是开发商的义务。

（4）该项指控属于常识性错误，两个认识误区需要纠正，有必要说明。

第一个误区是，在民间借贷纠纷的民事司法实务中，有两种情形：对于超过一定限度的利率约定，不予保护；对于已经按约定支付的利息，又以不当得利要求对方返还的，也不予支持。第一种情形在于防止高利贷，第二种情形在于维护交易秩序，这也是民事司法常识。本案中，刘某昌借款 50 万元，打借条 60 万元，假如 10 万元算成利息的话，从 2015 年 9 月 11 日至房产交付的 2017 年 10 月 31 日有将近两年时间，年利率也不到 24%，而且双方通过以房抵债形式已经履行完毕，受害人控告行为显然属于反悔，这是不能支持的。

第二个误区是，在房地产开发市场，开发商通常通过抵押房产的形式进行融资，常见做法是"名为买卖，实为抵押"。在房价上涨的情况下，借款人会主张买卖成立，便会出现开发商"一房两卖"的现象，这完全是开发商为了自身利益规避法律造成的，理应自担风险。同样的商品房买卖合同，开发商不能凭借内部记载信息，就说成抵押了。本案中，双方签订了商品房买卖合同是基本事实，该公司以内部票据上注明"抵押"，便拒绝交房，坚持还款的说法和做法，详见证据卷九第 15 页该公司副总田某某证言，都是错误的。从法律上来讲，商品买卖合同签订后，以房抵债行为即告完成，债务便抵销了。

综上，强迫交易罪主要表现在两个方面：一是交易不公平，二是行为不自愿。本案中，50 万元借款是真实的，利息约定并不违法，借款本息与房产价款对价基本相符，以房抵债是双方的真实自愿。本案商品房买卖合同是以房抵债的具体方式，合同生效则交易成立，初始登记只是事后履行的法律手续。初始登记前的认识分歧甚至争执，不能否认交易已经完成的事实，更不可能构成对前期交易行为的强迫。刘某昌的控告虚假，且属恶意，该起犯罪指控不能成立。

二、起诉书认定恶势力犯罪集团依据不足

1. 不符合"三名以上固定成员，三次以上犯罪活动"认定标准

2018 年 1 月 16 日《关于办理黑恶势力犯罪案件若干问题的指导意见》规定："恶势力犯罪集团是符合犯罪集团法定条件的恶势力犯罪组织，其特征表现为：有三名以上的组织成员，有明显的首要分子，重要成员较为固定，组织成员经常纠集在一起，共同故意实施三次以上恶势力惯常实施的犯罪活动或者其他犯罪活动。"从该司法解释的规定来看，认定恶势力犯罪集团，必须同时具备两个情形：一是 3 名以上组织成员，重要成员较为固定；二是实施 3 次以上犯罪活动。

从本案指控的 5 个罪名 11 起事实来看，参加人员分别是：

非法拘禁 1 为吕某某、马某强；

非法拘禁 2 为吕某某、李某保、李某青；

非法拘禁 3 为吕某某、李某保、李某青、魏某军；

非法拘禁 4 为吕某某、李某保、付某文、方某；

非法拘禁 5 为吕某某、吕某强、郭某生（当庭调查发现，吕某强没有参加）；

敲诈勒索 1 为吕某某、李某保、付某文、方某；

敲诈勒索 2 为吕某某、李某保、付某文；

非法侵入住宅为吕某某、吕某强、李某青、郭某生；

寻衅滋事 1 为吕某某；寻衅滋事 2 为吕某某；

强迫交易为吕某某、吕某强。

经统计，我们发现，参与指控事实超过 3 起的有：吕某某 11 起、李某保 5 起、吕某强 3 起、付某文 3 起、李某青 3 起。

由于非法拘禁 3（李某昌）和敲诈勒索 1、非法拘禁 4（郭某林）和敲诈勒索 2 分别属于一次行为的两次法律评价，参与次数应当扣除。在非法侵入住宅指控中，是否属于非法侵入和严重后果存疑，依法不应作为犯罪处理，相关人员参与次数应当扣除。在强迫交易指控中，吕某某、吕某强确实是商品房买卖合同（以房抵债）中的当事人，要求初始登记的行为不构成强买强卖，也应从参与次数中扣除。这样一来，超过 3 起犯罪活动的只有：吕某某 7 起、李某保 3 起。

需要特别说明的是，经过法庭调查，我们发现这些参与者对参加的活动并不认知，尤其是付某文只认识吕某某，方某只认识付某文，他们两人根本不认识其他人。

显然，本案将吕某某等人认定为恶势力犯罪集团，是不符合关于"三名以上固定成员、三次以上犯罪活动"认定标准的。

2. 不具有"为非作歹，欺压百姓"的本质特征

纵观全案，起诉指控事实中的被害人均为借款人和相关担保人，指控的行为全部属于"讨债行为"，发生在出借人与借款人及其担保人之间。而这些讨债行为均以借条，或欠条，或还款协议为依据，且被害人均供述了借款逾期、未能履行偿还义务，具有明过错的客观事实，应当认定为"事出有因"，不具有"为非作歹、欺压百姓"的本质特征。

"为非作歹、欺压百姓"，是"两高两部"（最高人民法院、最高人民检察院、公安部、司法部，下同）相关意见中关于恶势力犯罪和普通共同犯罪界限的划分标准。显然，本案中吕某某等人的行为不应认定为恶势力犯罪。

三、其他需要说明的问题

1. 非法讨债要依法惩处，合法债权也要依法保护

2018 年初开始的扫黑除恶专项斗争，是英明的，也富有成效。随着专项斗争的深入，为避免打击范围扩大化，防止冤假错案发生，2019 年 4 月 9 日，"两高两部"制定了《关于办理实施"软暴力"的刑事案件若干问题的意见》。

该意见旨在规范执法尺度，明确刑罚界限。在债权保护和维权界限问题上，两高和两部明确了两个概念：一是"非法债权"；二是"严重后果"。具体而言，对于"软暴力"讨债行为，只要是"非法债务和非法目的"，一律予以打击；而对于合法债权，即便是采取了"软暴力"讨债行为，只要没有"严重后果"，一般也不作为犯罪处理。可见，最高司法机关的立法意图是：非法债务非法索要，要坚决打击；维权可以理解，但不能超过限度。

本案中，吕某某与受害人之间确实存在着债权债务关系，这是一个基本事实，明显不同于"非法债务和非法目的"。而这些债务的形成，均是受害人经人介绍认识了吕某某，吕某某在他人资金紧张的情况下确实给人以帮助。尽管据部分借款人讲，约定的利率比较高，但确实是协商的结果。即便是超过法定标准部分不予保护，但借款本金还是应当归还的。敬请法庭予以考虑。

2. 受害人有逃废债务行为，明显存在违约和过错，也确有恶意控告现象

本案指控事实全部是讨债行为，涉及受害人主要有：借款人郭某林、担保人李某昌、借款人徐某军、担保人李某某（李某某）、借款人呼某秀、借款人李某杰、借款人刘某昌。

借款人郭某林，曾因信用卡诈骗罪被判刑四年。据其所言，证据卷六第 3 页，"借款 50 万元，期限 2~3 个月，月息 1 毛"。真敢借，就是还不了。至今也未能归还。

担保人李某昌，家境一般，却看在郭某林老战友的面子，为其借款 50 万元担保，竟敢用不是自己的门面房进行抵押，显然是"躲过一会儿，是一会儿"的推延心理。是不是恶意控告，值得怀疑。

借款人呼某秀，曾借款 30 万元，本金未还，又以新疆投标为名再借 20

万元，未能中标，却转用到内蒙古工地，长期拖欠，至今未还。

借款人徐某军，因涉嫌组织、领导传销活动罪被逮捕，现羁押。曾多次向吕某某借款。关于60万元借条的事儿，对侦查部门说是"20万本金"，对其担保人李某某（李某某）说是"收到30万元现金、10万元电汇"，在民事案件审理时的通话录音中承认"收到了60万元"，到底哪一次是真话？其自认与吕某某商量，等到李某某归还60万元后，返还他20万元，这种连妹妹夫都欺骗的人，其控告有什么可信度？其所称的"抢手机""抢车辆"是不是恶意控告，也是值得怀疑的。徐某军的儿子徐某松对返还林州同行的人员3人竟然说成6人，假话连篇，其控告实属恶意。

担保人李某某（即李某某），一次说"人不在时手机被拿走"，一次说"当场抢走，追也追不上"，到底哪次是真的？徐某军自认曾与吕某某约定，等到李某某归还60万元后吃回扣20万元，在这种"合作"背景下，吕某某怎么会在北京单独寻衅滋事？不是吕某某逼他，而是徐某军在骗他。

借款人李某杰，补充证据卷二第3页，说"2016年底的时候，因为工地用款，拖了吕某某四五个月利息，到了2017年3、4月份的时候，吕某某打电话，说他急用钱，叫我本息一起还清。事实上，我也清楚，吕某某嫌我利息还得不及时，怕我到时候还不了他本金，所以再催我还他钱"。显然，他是违约在先的。第5页，双方最终以房抵债，李某杰还补了吕某某大约3万元现金。对于这种违约行为，登门要账是应该能够得到理解和宽容的。

借款人刘某昌，涉嫌合同诈骗被追诉。一会儿真名，一会儿假名，到底惧怕什么？控告说是借款20万元，房价50万元，但对于亲笔签名的60万元借条怎么解释？商品房买卖合同签订了，竟说成是抵押。不愿初始登记，竟说出吕某某强迫交易。这是在欺骗谁？说是2015年3、4月份1万元被吕某某搜走，而9月11日亲手为吕某某写了新借条，1万元他怎么可能没有算进去？显然，这种控告和陈述，也是不可信的。

上述这些情况表明，本案来源系借款人和担保人的控告，而这些被害人的控告和陈述确实存在夸大和虚假成分。吕某某等人讨债行为确有不当，触犯了法律，但这些借款人和担保人也绝非良民，具有诬告陷害的恶意，故应当予以全面考虑。

最后，需要特别说明的是，这些年来，社会上确实存在一些不良心理，那就是："出借人追求着借款人的高息，借款人惦记着出借人的本金"，因而产生了"非法讨债"和"逃废债务"两种极端的丑恶现象。非法讨债应当受到惩处，采取刑事控告方式逃废债务也应当进行遏制。因此，刑事司法个案兼顾社会效果就显得尤为重要。我们期待着法官的智慧，相信本案能有一个公正的处理，给这个纷纷扰扰的社会一个良好的指引。

辩护律师：孙鹏　刘建民

2020 年 6 月 30 日

附件2：致一审法院院长的信（略）

附件3：致二审法院院长的信

尊敬的院长您好！

我是北京市鑫诺律师事务所律师刘建民，执业证号 11101×××0027。

文峰区法院受理的一起涉嫌非法讨债恶势力案件，我和我的同事是第一被告人吕某某的辩护律师。今天提笔给您写信，是期望引起您和中院对这一当地大案的重视。采取这种沟通方式，一是恪守执业纪律，保守案件秘密，服从国家大局；二是沟通个案法理，纠正侦控偏差，确保司法公正。

这是一起因讨债引起的刑事案件，公安、检察机关均以涉恶进行侦控。本案涉及对同一起犯罪事实二次评价、担保之债确认的合法性、强拿硬要的认定标准、商品房买卖和抵押的根本区别、非法讨债和债权保护等法律问题。这些问题的认识统一，对本案准确定性是有益的。

我用 1000 字来表述我们的意见，以便您能在较短时间内看透案件的相关法理，并予以宏观指导。

（1）非法讨债的直接表现是非法拘禁。在非法拘禁过程中，被告人会有多种行为，可能涉及敲诈勒索、寻衅滋事、非法侵入住宅、强迫交易等行为。如果这些行为被认定有罪，则属于对非法拘禁的二次法律评价。这些行为系牵连关系，通常情况下，刑事司法采取重罪吸收轻罪方式处理。在当前"扫黑除恶"专项斗争中，"两高两部"的指导意见和司法解释明显扩大了认定范围，体现了国家刑事政策变化和刑法惩处重点。但是，罪名认定的基本法理没有变化，那就是被告人行为应当符合犯罪的构成要件。在个罪认定中，相关法律问题的认识便显得特别重要。

（2）在非法拘禁过程中，原借条或因归还一部分，或因其他原因被收回，让借款人重新出具新借条（也称"换借条"），只要没有超过约定的剩余借款本息，则不属于"虚增债务"。

（3）在非法拘禁过程中，由于借款到期后借款人未能归还本息，让连带保证人确认担保金额，并让其出具欠条，只要没有超过约定的剩余借款本息，也不属于"虚增债务"。连带保证不同于一般保证，一般保证是在借款人没有偿还能力承担保证责任，而连带保证则是借款到期后即形成担保之债。

（4）借款逾期后出借人登门要账，滞留住宅，最终"以物抵债"，虽然客观上影响了借款人的家庭生活，但事出有因，且借款人有能力归还而不主动归还的过错是明显的，应当按照"两高两部"2019年4月9日《关于办理实施"软暴力"的刑事案件若干问题的意见》规定，"因本人及近亲属合法债务、婚恋、家庭、邻里纠纷等民间矛盾而雇佣、指使，没有造成严重后果的，一般不作为犯罪处理"定性。

（5）在借款人借款逾期未还，担保人未清偿担保之债的情况下，认定被告人对借款人或担保人"强拿硬要"应当慎重。控告人所说的"既不算本金，也不算利息"的证言，不能轻信。通过分析双方事发当时的行为表现和事后的交往、结算细节，便可作出判断。

（6）强迫交易的认定，应当是交易前或者交易时存在强迫行为。如果以房抵债行为已完成，在初始登记之前即便是有哄闹、威胁等行为，则不是对交易的强迫。双方约定"以房抵债"，签订了商品房买卖协议，原有债务即被抵销，交易已经完成。商品房买卖协议不同于抵押协议，抵押是债的担保形式，质押不能抵销债务。买卖协议是交易方式，合同成立，交易即完成。

（7）非法讨债应当打击，但合法债权也应当保护。本案被害人中有五个借款人，其中两个曾因犯罪被判刑，一个涉嫌合同诈骗正在被追诉，一个借款被私自挪走他用且长期外出逃债，一个有能力归还而不主动归还。这些受害人中，有的劣迹斑斑，假话连篇；有的骗取借款，长期逃债；有的故意拖延，过错明显。本案案发源自这些受害人的控告，而控告中的不实之词，显然有恶意逃废债务之嫌。刑事司法在打击非法讨债的同时，应当兼顾对合法债权的保护，要给予社会交易秩序一个正确的法律指引。

感谢院长读完这封信。

顺祝

大安！

北京鑫诺律师事务所律师：刘建民

2020 年 7 月 13 日

附件 4：追加起诉庭审辩护词

审判长、审判员：

北京市鑫诺律师事务所接受被告人吕某某家属的委托，指派刘建民、孙鹏律师担任吕某某案件的一审辩护人。根据本案事实证据和相关法律，现发表我们的独立辩护意见，恳请法院予以采纳。

吕某某行为不构成虚假诉讼罪

根据最高人民法院、最高人民检察院联合公布的《关于办理虚假诉讼刑事案件适用法律若干问题的解释》以及最高人民法院刑四庭负责人对该司法解释的解读，我们认为吕某某不构成虚假诉讼罪。具体理由如下：

一、吕某某向人民法院对徐某军发起诉讼的事实并非凭空捏造，他们之间存在客观真实的民间借贷法律关系

捏造民事法律关系，虚构民事纠纷，向人民法院提起民事诉讼的，属于刑法规定的虚假诉讼犯罪行为。虚假诉讼犯罪仅限于"无中生有型"行为，即凭空捏造根本不存在的民事法律关系和因该民事法律关系产生民事纠纷的情形。如果存在真实的民事法律关系，行为人采取伪造证据等手段篡改案件事实，向人民法院提起民事诉讼的，不能认定为虚假诉讼罪。

本案书证表明，徐某军和吕某某自 2006 年起即存在经济往来，徐某军多以资金周转为由向吕某某提出借款。就该起事实的借款金额而言，尽管徐某军向担保人李梅洲（李某某）的陈述、向侦查机关的陈述和向民事案件的法院陈述相互矛盾（"收到 30 万元现金、10 万元电汇""20 万元本金""收到了 60 万元"），但是可以确定的，吕某某实际向徐某军履行了出借人的出借义务，徐某军收到了吕某某的出借款。在吕某某向人民法院发起诉讼时乃至时至今日，徐某军仍然未向吕某某履行偿还借款本金的法定义务，他们之间存在的客观真实的民间借贷法律关系尚未消除，绝非凭空捏造事实无中生有地向人民法院发起民事诉讼。

显然，吕某某不具有刑法所规定的"捏造民事法律关系，虚构民事纠纷，向人民法院提起民事诉讼"的行为，也不存在《关于办理虚假诉讼刑事案件适用法律若干问题的解释》第 1 条所列的"行为"之一。

二、民事法律关系客观存在，行为人对具体的诉讼标的额事实做出夸大和隐瞒的行为，不属于刑法规定的虚假诉讼罪的范畴

吕某某出借给徐某军的具体金额假设是起诉书认定的 20 万元（实际到手 18 万元），但该笔借贷事实的时间发生于 2010 年 4 月，且徐某军陈述是月息 3 分，因在其失信未按期清偿债务的前提下，月利息才变更为 1 角，但徐某军始终未向吕某某清偿债务，将近三年以后吕某某才让徐某军签署了借条，徐某军陈述中表示借条中载明的借款金额跟吕某某之间对过账。吕某某向人民法院发起民事诉讼的时间是 2014 年 9 月，此时徐某军已经实际逾期清偿债务 4 年 5 个月，即便按照最初双方约定的月息 3 分计算，利息也已经达到近 30 万元，其中根据当时的司法解释，司法保护区间的利息也近 20 万元，即出借本金 18 万元和利息 20 万元受到法律保护，对于超出年息 24% 至 36% 的部分（9 万元）属于当事人之间的自然履行区，故吕某某有权利提起诉讼的金额将近 50 万余元。

时至今日，即便按照实际出借金额 18 万元，年息 24% 计算，借款期限将近 10 年，法律保护的利息就已经达到 43 万元。另外，根据当时的司法解释，超过 36% 部分的利息属于约定无效，法律不予保护，但是性质上仍然属于民事诉讼的调整范畴内。

三、徐某军向法院陈述的内容与人民法院作出涉案民事判决书之间具有直接的因果关系

根据《中华人民共和国民事诉讼法》和最高人民法院《关于民事诉讼证据的若干规定》，众所周知，当事人对自己提出的主张，有责任提供证据。一方当事人陈述的于己不利的事实，或者对于己不利的事实明确表示承认的，另一方当事人无须举证证明。人民法院审理民间借贷纠纷案件的审判实务中，采用民事证据规则的"高度盖然性"法则，在被告未出庭的情形下绝不可能

仅凭原告出具的一张大额现金借条就认定双方存在 60 万元借款本金的事实，因为无法排除合理性的怀疑，不可能还原法律事实，人民法院作出涉案民事判决书的直接原因是徐某军向法庭不附加条件或限制地表示借过吕某某 60 万元，如果徐某军在民事诉讼中依法出庭应诉和抗辩，人民法院不可能得出二人之间存在 60 万元借贷关系的结论。

最高人民法院的裁判要旨表明，在出借人仅依据借据、收据、欠条等债权凭证提起民间借贷诉讼情况下，若借款人抗辩不存在借贷事实并已合理说明，则法院将结合借贷金额、款项交付、当事人的经济能力、当地或者当事人之间的交易方式、交易习惯、当事人财产变动情况以及证人证言等事实和因素对借贷事实是否存在进行判断。所以我们认为，吕某某发起涉案的民事诉讼并不是导致人民法院作出涉案民事判决书的直接原因，因为其对于自己的主张需要提出证据予以证明，徐某军向法庭的个人陈述自认借款是 60 万元和躲债未依法出庭应诉的事实才是法院作出涉案民事判决书的核心原因。

四、涉案民事判决书并未实际得到执行

本案中，吕某某与徐某军之间确实存在着借贷法律关系，这是一个基本事实。如前所述，尽管人民法院依法作出了涉案民事判决书，但该判决书至今并未得到执行，且已经依法予以撤销。从结果上吕某某的出借资金并未得到清偿，尽管约定的利率比较高，但确实是徐某军逾期偿还借款后双方协商一致的结果，另外同意高利息的借款人往往就做好了不偿还本金准备。如果徐某军定义吕某某为职业放贷人，那其也应被定义为职业借款人，其陈述还欠其他人几百万的借款，在北京躲债。即便是超过法定标准部分不予保护，但借款本金和合法利息应然具有法律强制保护的效力，11 月 21 日国家金融委会议中也再次强调整治逃废债和打击"老赖"，最高人民法院今年也明确指出严厉打击恶意逃废债行为。

综上，吕某某自始没有捏造民事法律关系，虚构民事纠纷，他在履行完出借义务但长期无法得到徐某军清偿的情形下，积极地提起民事诉讼符合法律规定。涉案民事判决书的作出与吕某某提起民事诉讼之间没有直接的因果关系。

辩护律师：孙鹏

2020 年 12 月 6 日

附件5：变更起诉庭审辩护词

审判长、审判员：

这是本案第二次开庭审理。作为辩护人，我和孙鹏律师一起出席今天的法庭。现就公诉机关的变更起诉和追加起诉，发表辩护意见。

一、关于虚假诉讼

刚才孙鹏律师就公诉机关追加的虚假诉讼指控发表了辩护意见，我完全赞同。

从犯罪构成上来讲，吕某某与徐某军之间的借贷事实是真实存在的，不是"无中生有"，不属于"捏造"，而且林州市人民法院和 AY 市中级人民法院两审法院是基于徐某军的自认行为作出的结论。显然，按照"两高"司法解释的规定，虚假诉讼指控不能成立。

补充一点：

从诉讼程序上来讲，《关于办理虚假诉讼刑事案件适用法律若干问题的解释》第 10 条明确规定，"虚假诉讼刑事案件由虚假民事诉讼案件的受理法院所在地或者执行法院所在地人民法院管辖"。显然，本案的追加起诉和受理存在管辖上的问题。该司法解释虽然规定"有《中华人民共和国刑法》第 307 条第 4 款情形的，上级人民法院可以指定下级人民法院将案件移送其他人民法院审判"，但这是针对司法人员与当事人串通的情形，本案是不存在的。因此，诉讼程序上的管辖问题显而易见。

我们认为，针对司法解释犯罪化的规定，应当立足于实体和程序两个方面准确理解。案件质量是刑事司法的生命线。现提请法庭注意。

二、关于两起敲诈勒索

1. 让李某昌写下 30 万元（原来 35 万元变更起诉为 30 万元）欠条，不属于"随意增设债务"

第一起指控事实：2014 年 11 月 21 日至 23 日期间，被告人吕某某、李某保、付某文、方某等人，经李某昌拘禁在林州市太行山水酒店，逼迫李某昌交付现金 5 万元后，随意为李某昌增设债务，强迫李某昌写下 30 万元的欠条，并要求李某昌提供担保人，李某昌丈叔马某贵在不明事由情形下成为担保人。

理由如下：

（1）"让李某昌写下30万元欠条"是有事实背景的。证据卷六第41页，李某昌说："2014年8月10日前后，在林州市，郭某林向吕某某借了一笔款，金额50万元，月利率1毛，按月支付利息……我感觉他生意不错，郭某林提出来让我给他担保，我也就稀里糊涂地为他该笔借款50万元做了担保，要承担连带责任。"证据卷六第3页，郭某林说："欠条上写有到期以后如果我还不了，由担保人李某昌负责把钱还给吕某某，写完以后我跟李某昌都在欠条上签了名字，按了手印，然后吕某某就通过手机银行把钱转到我的工商银行卡上。"可见，吕某某和郭某林之间存在真实的借贷法律关系，李某昌也是自愿作为该笔借款的担保人。

（2）"让李某昌写下30万元欠条"的目的是明确的。让李某昌写欠条是让李某昌确认担保之债。根据担保法规定，出借人既可以要求借款人还款也可以要求担保人还款，还可以让借款人和担保人共同履行还款义务。因此，吕某某在借款人未归还的情况下让担保人确认并归还，并不违法。

（3）吕某某没有非法占有的主观故意。如上所述，借款到期后，连带保证人李某昌便负有担保之债的偿还义务。吕某某让李某昌写下30万元欠条的行为，是在行使对担保之债的追索权和确认权。这种追索权和确认权的行使，排除了非法占有的故意，其主观目的是收回自己出借的本金和约定的利息。

（4）债权人在担保人确认和履行债务过程中，要求其另行指定保证人来保证债务的履行，属于"债务加入"，并不违反法律的规定。人民法院在强制执行过程中，要求被执行人指定保证人，便是该行为合法性的典型例证。

（5）李某昌和指定的担保人至今没有财产损失后果，李某昌的丈叔马某贵担保签字后，在案证据尤其是马某贵的谅解书证明，该笔担保债务未被追要，李某昌也未履行，因此吕某某至今未实现该财产权益。这些需要提请法庭特别注意。

综上，吕某某始终以收回自己的出借本金以及约定的利息为目的（案发时本金未收回），主张自己的担保债权。李某昌在吕某某和郭某林存在真实借贷法律关系且未归还的背景下，签署的欠条属于对担保之债的确认。从本案事实来看，吕某某自始至终没有采取虚增借贷金额、恶意制造违约、肆意认定违约、毁匿还款证据等方式，进而形成虚假债权债务的行为，因此不属于"虚增债务"。

2. 秦某丽拿钱的性质、15 万元和 60 万元欠条及相关担保的事实

第二起指控事实：2015 年 9 月，被告人吕某某、李某保、付某文等人，为索要高利贷，将被害人郭某林囚禁在林州市太行山水酒店、银都酒店，非法剥夺郭某林人身自由 7 天。期间……郭某林请求秦某丽帮忙筹钱，吕某某等人以让秦某丽和郭某林会见为由，两次强迫秦某丽交付现金共计 4 万元。……吕某某预谋、策划增高原来的债务，并让郭某林的妹夫王某兵、郭某林的弟弟郭某某等人做担保。……（随后）吕某某等人强迫郭某林写下 15 万元的欠条，让王某兵为该笔债务担保，威胁、恐吓强迫郭某林写下 60 万元的欠条，让郭某某为该笔债务做担保，造成郭某林精神遭受严重打击。

（1）秦某丽拿钱是什么性质。"郭某林请求秦某丽帮忙筹钱"是起诉书中的原话。显然，这是委托行为，是秦某丽交付现金的前提。秦某丽筹 4 万元钱转交给吕某某，吕某某当庭仅承认一两万元，这应属于郭某林的债务清偿行为。当庭出示的李某林情况说明材料证明，秦某丽曾代偿过 10 多万元。至于什么理由，均不改变其受委托代为还款的性质。因此，这是秦某丽代为偿还借款，而不是对秦某丽的"敲诈"。

（2）15 万元和 60 万元欠条及相关担保的事实是否存在。从证据上来看，吕某某否认 15 万元和 60 万元两张欠条，李某昌陈述中说存在两张欠条，王某兵、郭某某虽描述了签字经过但均不知道签字的内容，事后也未被追要过。如果没有相关书证印证，该数额是不能认定的。

即便是 2015 年 9 月吕某某让郭某林写下了 15 万元和 60 万元两张欠条，这也是 2014 年 8 月份借款 50 万元的事实，在一年后对该笔借款本息的再次确认行为，按照双方私下的利息约定，也没有明显超出借款本息总额，因此吕某某不具有非法占有的主观意图。况且，对于两张欠条数额和担保数额，担保签字人也无法说清，事后也未被追要。显然，认定其构成敲诈勒索罪明显证据不足。

综上，债权人吕某某让债务人郭某林确认债务的行为，只要没有超出约定的借款本息数额，便没有非法占有的故意，不应当确定有罪。起诉书指控吕某某让王某兵、郭某某担保，因没有相关书证在案备查，也没有事后追要的事实证据，显然属于证据不足。

三、关于两次寻衅滋事

1. 借款担保事实的客观存在，阻却了吕某某"无事生非"和"强拿硬要"

起诉书指控：2013年1月5日，被告人吕某某与徐某军签订60万元高利贷借款合同，吕某某与徐某军到北京外国语学院建筑工地上找到徐某军妹夫李某某，吕某某故意隐瞒徐某军已无偿还能力的事实，欺骗李某某为该笔债务提供担保。在李某某提供担保，吕某某向李某某要求承担担保责任期间，吕某某在李某某办公室强拿硬要李某某一部全新苹果手机。

2013年1月26日吕某某纠集马某强（另案处理）等人要挟徐某军再次到北京找到李某某，要求李某某承担担保义务替徐某军偿还债务，在未找到钱的情况下，吕某某为了占有李某某的帕萨特轿车，利用徐某军的二儿子徐某松给李某某当司机开车的便利条件，强迫徐某松将李某某的帕萨特轿车开回林州，将车抵押得现金5万元。

（1）徐某军借款事实是存在的，担保签字也是真实的。尽管徐某军三次陈述中借款数额是不同的（向公安机关陈述是20万元，向李某某陈述是40万元，向法庭自认是60万元），但借款且未偿还是客观存在的事实。在案证据也证明，李某某担保签字也是真实自愿的。

（2）关于强拿硬要苹果手机的证据明显不足。第一次开庭时，我们对该事实提出质疑：一是被害人李某某陈述的时间不一致；二是被害人李某某陈述的细节不一致。这次庭审出示了李某某的情况说明材料，证明"手机事件"发生在第一次到京时。从在场人徐某军的陈述来看，徐某军在场帮腔，李某某默认，显然吕某某不构成强拿硬要。因此，吕某某当庭陈述的"李某某送给他的"内容是可信的。

（3）关于强迫徐某松将帕萨特轿车开回，并占有抵押款5万元的性质问题。第一次开庭时，我们对两个问题进行了分析：一是吕某某是否存在强迫开回；二是谁抵押了车和抵押款干了什么。我们认为，这些问题已经很清楚了。在借款担保关系业已成立的情况下，出借人、借款人、担保人之间所有行为可能事出有因，不可轻易认定为寻衅滋事。这是需要提请法庭注意的。

2. 认定吕某某对刘某昌寻衅滋事不符合情理

起诉书指控：2014年7月，刘某昌向被告人吕某某借高利贷款20万元。

2015年4月，在林州市二手车市场李某保办公室，吕某某和刘某昌之间因未结清债务，吕某某以要债为由，未经刘某昌同意，强行从刘某昌皮包内拿走现金1万元，将1万元据为己有，既不将该钱作偿还本金，又不算偿还利息，非法占有刘某昌现金1万元。

我们的事实理由是：

（1）吕某某与刘某昌之间当时存在尚未结清的债务，且当时利息已经停付。

（2）刘某昌为吕某某出具借条，口头约定了利息，理应按照约定每月支付，吕某某催要利息是明确的。

（3）吕某某查看其钱包、取走钱款时双方没有发生争抢打闹现象。

（4）特别需要说明的是，事后的换借条行为，表明涉案的1万元钱款已经冲抵了利息。

据刘某昌讲，该事件发生在2015年4、5月份，当时已经停止了利息支付，和吕某某发生了这起事件。而王某青的情况说明材料和刘某昌借条复印件证明了两个事实：一是刘某昌所说的"欠款20万元"虚假，吕某某供述"借款50万元"可信；二是在"搜包拿钱"事件发生4个月之后，即2015年9月11日刘某昌为吕某某出具了60万元借条，换回了以前的借条。显然，该事件发生后，刘某昌自愿出具新借条，必然将1万元钱款作为利息冲抵。

综上，我们认为，寻衅滋事中的"强拿硬要"是指没有任何法律和道义上依据，夺人财物的行为。本案中该起指控事实的前提是，刘某昌没有按照双方约定按月支付利息。吕某某见到刘某昌后，在声明追要利息后，查看了他的钱包，取走了他的钱款，而且没有发生争抢打闹的情形。事后，刘某昌出具了新借条，换回了以前的借条。这种具有债权背景的取人钱财行为，明显不同于寻衅滋事中"强拿硬要"。两者的根本区别在于，是否存在非法占有他人财物的主观意图。显然，该指控事实中吕某某追要约定利息是其目的，寻衅滋事不能成立。

四、定罪量刑中应当重视的几个问题

1. 非法侵入住宅指控中受害人李某杰的过错问题

李某杰借款事实确实存在，最终通过抵债方式完结了双方的债权债务。虽然吕某某的行为给李某杰家庭生活造成了影响，但事出有因，李某杰违反借款约定，有明显的过错。因此，请求法院依照"两高两部"的司法解释中"因本人及近亲属合法债务、婚恋、家庭、邻里纠纷等民间矛盾而雇佣、指使，没有造成严重后果的，一般不作为犯罪处理"的规定，不按犯罪处理。

2. 非法拘禁指控中受害人郭某林、李某昌、呼某秀的过错问题

在非法拘禁指控中，这三个受害人确实与吕某某存在真实的借款担保关系，而且至今本金也未能清偿，这种"真敢借，不愿还"行为是引发拘禁发生的根本原因，显然过错是明显的。因此，请求法院在对吕某某定罪量刑时予以充分考虑。

3. 敲诈勒索指控中"虚增债务"的认定问题

刑事司法应当注意与民事法律的衔接，担保债务也是债务，确认业已形成的担保之债，是债权人正当的民事权利，不是"虚增债务"，遑论"非法占有"。债权债务关系形成后，追加担保人，是"债务加入"，现行法律是允许的。日后没有向担保人主张权利，绝对构不成敲诈勒索。

4. 寻衅滋事指控中"无事生非""强拿硬要"的认定问题

寻衅滋事罪侵害的法益是公共秩序，而债权人的讨债行为合理性是基于债权，社会利益应当让位于个人法益。事出有因，且债权在先，阻却了寻衅滋事罪的成立。2020年第5期《中国刑事法杂志》刊发了著名刑法学家张明楷的《妥善对待维权行为　避免助长违法犯罪》一文，全面论证了将不当讨债行为认定为寻衅滋事的错误，明确指出其违反了罪刑法定、刑法的公平正义性和法秩序统一性。在"扫黑除恶"收官之际，权威专家公开撰文是另有深意的。刑事司法扩大化趋势应当遏制，以避免日后不必要的再审和改判。现提请法庭注意。

5. 打击违法讨债和整治逃废债务应当并重

本案发生在"扫黑除恶"期间，我们非常赞成对非法讨债行为的刑事处理，但对于逃废债务问题也期望一并关注。本案中的受害人分别是借款人、担保人，从卷宗材料可以看出，他们恶意逃废债务是明显的。因此，请求法院综合考虑各种因素，兼顾法律效果和社会效果，处理一案，教育一片，让人民群众由衷感受到司法的公正。

辩护律师：刘建民

2020 年 12 月 7 日

附件6：两篇论文和一篇解读

周峰、李加玺："虚假诉讼罪具体适用中的两个问题"（详见《人民法院报》2019年9月12日）。

缐杰、吴峤滨："《关于办理虚假诉讼刑事案件适用法律若干问题的解释》重点难点解读"（详见最高人民检察院官方网站）。

张明楷："妥善对待维权行为　避免助长违法犯罪"（详见《中国刑事法杂志》2020年第5期）。

19

一个纪检组长的罪与罚：职务犯罪中合理怀疑的有效辩护

仅凭指认，款物下落不明，贪污罪能成立吗？
——章某某涉嫌贪污 180 余万元不予认定案件

【核心提示】

在被告人不供认的情况下，仅有会计和出纳指认，没有客观证据相印证，是不能认定贪污的。本案中，会计和出纳根据记账凭证的内容，协商后分别作证，等同于一人作证。其中的加油卡交给被告人后，会计出纳多次圈存，加油卡也多次被使用，且使用频率高、数量大，显然不是一人可以做到的。其中的充值卡、加油费、印刷费、煤炭费、修理费等票据套现后交付的证人证言，因上述事项数额巨大，有用于支付不合理开支的先例，且指控部分也存在支付不合理开支的事实，故指控贪污的证据明显不足。

案件背景

章某某曾是 HX 市人民法院党组成员、纪检组长，因年龄关系案发前已离任。早在 18 年前，我们是同事关系，我曾是该法院办公室主任，他是行政科工作人员。他的后勤服务工作很出色，法院上下是有目共睹的。我离任到京后，很少有时间去看望他们，但偶尔的电话还是有的。情义永在，我时刻关注着他们的工作和生活，并默默地为他们祝福。

2019 年 11 月份，听说章某某涉案了，而且是受贿，我很震惊。他家做生意多年，经济条件很好，怎么会这样呢？后来，听说是让其指认领导，他的态度不端正，便复杂化了。

接受委托

2020 年 7 月份，他的儿子找到我，想让我为他的父亲辩护。当时，案件调查程序已经结束了，指定管辖移送到了 YJ 县人民检察院。他的孩子都已成家立业，我不禁感叹岁月无情和人生艰难。面对他的孩子无助的神情，我是无法拒绝的。但又担心期望值过高，便建议其再三考虑，我也好侧面了解案件情况，试探一下深浅。

国家监察体制改革后，监察委员会成立，负责公职人员职务违法犯罪案件的监察调查。对于移交起诉的刑事案件，则会跟踪判决。但"跟踪"无疑会对司法人员造成压力，律师辩护难度加大。

不几日，他们弟兄两个一同来到我的工作室，坚定了态度，请求我亲自为其父辩护。

律师思维是与众不同的。说实话，我不认为章某某有罪。

听说还有一位律师参加辩护，我很高兴，这有利于辩护策略的展开。

复制卷宗

接受委托后，我到检察院复制了卷宗材料，两次共计复制了 53 本，案件比想象要复杂得多。一看起诉意见书，涉嫌三个罪名，有这么严重吗？

承办案件的检察官很友好，想听听我的意见。没有 10 天的时间，我连卷宗也看不完。

时间紧迫，我决定阅卷和会见一并进行，尽快进入角色。

谨慎会见

对于职务犯罪案件，我一向很慎重。尤其是会见嫌疑人，我始终不相信会见室的录音是关着的。

会见正如我所料，章某某不承认有罪。三个罪名，一个也不认。

出了看守所大门不到半个小时，监察委来了电话。压力无处不在，当然，这是正常的工作交流。在嫌疑人不供的情况下，辩护律师只有两个选择：一是无罪辩护；二是退出辩护。律师没有别的办法，看看卷宗再说吧，相信办案人员都能理解。

案件辩护确实很难，我曾一度退出辩护。但经不住多方劝说，我又第二次介入。

从证据角度来讲，这个案件是存在问题的。我主动与承办检察官进行了沟通，但他们最终还是坚持三个罪名全部起诉。

第一次开庭

无罪辩护容易引发对立。庭前，我与河南良承律师事务所冯建新律师商定，他负责受贿罪的辩护，我负责贪污和滥权的辩护。两人分工明确，希望把相关问题讲清说透，力争在一审中辩掉一至两个罪名。

11月2日，庭审如期进行。

在贪污罪指控中，我认为：第一，会计、出纳在款物下落问题上与被告人存在利害关系，且两人协商后作出的证人证言不具有证据效力。第二，多张加油卡出现连续多次圈存、使用现象，绝对不是被告人占有，该下落未查明。第三，充值、购物、印刷、修理、煤炭等发票套现后的交付，均为"一对一"证据，且法院不合理开支客观存在。这些客观事实的存在，使贪污罪不能成立。

在滥用职权指控中，我认为，涉案工程是法院作为建设单位为满足"三通一平"进场条件、履行发包人义务而提前实施的"临时工程"，不是该中标项目中应由承包方实施的"临建工程"，相关费用应由法院单独支付，而不应包含在项目工程的安全文明施工费当中。发包方前期的"临时工程"与承包方的"临建工程"是性质截然不同的两种工程项目，不应混为一谈。本案不存在重复支付的问题，滥用职权也不能成立。

冯律师关于受贿罪辩护也非常到位。

第二次开庭

检察官和法官是认真的。对于庭审中辩护律师围绕贪污指控提出的疑点和问题，检察院要求监察委员会进行了补充调查，便有了 11 月 12 日的第二次开庭质证。

经过示证、质证和辩论，补充证据仍不能有效支撑其指控事实。

按照职务犯罪内审要求，相关问题呈报上级法院研究审查。

一审的有效辩护

经过了 5 个月的等待，2021 年 4 月 7 日，一审法院认为，关于贪污指控中 42 张加油卡，其中 39 张加油卡在 2010 年至 2015 年间是如何多次圈存并由谁具体使用的未确定，在仅有会计和出纳证明，缺乏客观证据印证的情况下，认定章某某占有使用该 39 张加油卡，证据不充分；关于贪污指控中充值、购物、印刷、修理、煤炭等发票套现，在案证据有会计和出纳证言指认章某某拿走套取的款项冲抵了其在行政科的借款，章某某予以否认，同时会计和出纳证言证实其在十八大前存在虚开发票冲抵不合理开支的情况，其他证人也证实指控中有 5 万元用于冲抵其个人经手的单位不合理开支，故不能完全排除涉案款项用于冲抵单位不合理开支的可能性，指控证据不充分。本案贪污指控数额共计 204 万元，其中 180 余万元数额被辩掉了。

最终，一审法院以章某某犯受贿罪，判处有期徒刑 11 年，并处罚金 80 万元；犯贪污罪，判处有期徒刑 2 年，并处罚金 20 万元；犯滥用职权罪，判处有权徒刑 6 个月。数罪并罚，决定执行有期徒刑 12 年 6 个月，并处罚金 100 万元。

贪污认定数额大幅减少，使得综合刑期明显低于量刑建议的 16 至 18 年，一审辩护略有成效。但由于章某某坚持否认受贿和滥用职权事实，二审程序还是启动了。

二审的无可奈何

一审判决后，在受贿指控疑点重重的基础上，章某的家属发现了新的证据，足以推翻一审法院受贿认定。为慎重起见，我们受聘到京邀请国内知名刑事法律专家进行了论证，意见得到了统一。我们及时将二审辩护词和专家论证意见书一并提交给了二审法院，期望予以纠正。

但是，二审法院不知何故，既没有派员核查，也未责令公诉和监察机关调查，径行作出了结论。

5月21日，二审裁定：驳回上诉，维持原判。

二审程序上的明显不当，不能使参与者心服口服。我们尊重终审判决，但难以说服所有人。这是辩护律师的无奈。

案件终审了，但没有案结事了。很多时候，正是这些程序上的问题，可能导致案件日后根本性逆转。我们会将持续关注，也许那时候我们不再是辩护人，但我们永远是律师。

【专业阅读】

关键词：贪污罪　证人证言效力　款物下落　合理怀疑
辩　点：证据·三性辩　证据·链条辩
技战法：梯次阻击，避免冲突　引入外援，对冲压力

律师感言

职务犯罪辩护难。国家监察体制改革后，反贪反渎人员转隶，公职人员职务犯罪由监察委员会调查，在移送起诉之前，律师的介入是受限的。检察院捕诉合一，犯罪嫌疑人一旦被决定逮捕，公诉人员必然全力以赴提起公诉。监察委会对案件结论持续跟踪，以确保办案效果。针对这一现象，辩护律师应当立足于客观证据的收集和分析，而不仅仅是主观认识方面的论证抗辩。

敏感关系要理顺。对公职人员行使监察调查权是监察委员会的法定职责，这种职权天然地与律师辩护形成对立关系。在政治性和法律性兼具的权利行使过程中，不可避免地使律师处于弱势。公权力行使过程中，相关人员会以法律之外的各种名义给予律师心理压力。因此，律师要善于处理各种敏感关系，以确保不负所托，依法维权。虔诚随和又不失原则，是律师处理各种关系的基本原则，也是有效辩护的基本方法。

辩护分工很重要。职务犯罪案件无罪辩护意见的提出，对调查和公诉人员来讲，是具有刺激性的。全盘否定案件，会激发对立情绪。辩护律师应当

合理分工，梯次阻击，避免正面冲突。每个合作律师就案件中的某个问题而不是全部问题讲深说透，不仅可以使相关问题更加专业化和精细化，而且可以有效地防止矛盾过于集中而使全案陷入被动。分工合作，是一种辩护策略，其终极目的是达到预期的辩护效果。

说透问题靠专家。明明白白的问题却没有明明白白的结果，甚至会出现超出预期无法接受的结果，这是常有的事儿。律师应当善于分析其中的原因，寻找解决问题的办法。重压之下会使动作变形，结果反常。在案件的处理上，要巧借外力，对冲压力，国内权威的学者专家论证可以很好地解决这一问题。专家学者作为第三方，其高屋建瓴的理论、严谨规范的逻辑，是能够让人信服的，对此我深信不疑，也充满信心。

法言法语

1. 辩护词
2. 补充辩护词——对补查材料的质证意见

附件 1：辩护词

审判长、审判员：

北京市鑫诺律师事务所接受章某某家属的委托，指派本律师担任章某某的辩护人，为其出庭辩护。

鉴于章某某一直坚持无罪辩解，本律师基于职业要求，出于维护其合法权益和国家法律正确实施之目的，现就本案的事实证据、认定规则和法律适用问题发表辩护意见。请予以理解，也望采纳。

一、关于受贿罪

刚才第一辩护人对受贿指控的疑点分析，立足逻辑，合情合理，我完全赞同。本律师将在第二轮辩护中，就控方回复，展开针对性辩护。

二、关于贪污罪

在贪污罪指控中，共有 10 起事实，我们将其分为三类，进行归类分析：

（一）加油卡

1. 2010 年 1 月至 2015 年 12 月期间，被告人章某某安排 HX 市法院行政科工作人员办理金额共计 39. 120 051 万元 42 张中石化加油卡。被告人将 42 张加油卡从行政科取走后据为己有。

在第一起"加油卡"贪污指控中，证人范某某、王某某证明上述42张加油卡由章某某取走，章某某对此否认。我们认为，指控其构成犯罪存在以下问题：

（1）证人证言不可信

卷二十九第11~18页，会计范某某讯问笔录，讯问人：张善芝、陈清林，讯问时间：2020年3月13日。范某某说："章某某在分管行政科期间，尤其是2010年之后到2013年之前，他安排我和出纳王某某到定点加油站办理许多卡，一次性充值的比较多，也有他多次安排充值的（3次左右），从1000元、2000元至5000元、10 000元不等，绝大多数是整数的，具体数字一下子说不准，几十万元肯定是有的。这些卡的金额与单位正常使用的加油卡有明显区别（正常使用的加油卡是以升为单位圈存的，由于汽油的单价存在几毛、几分，所以圈存的时候金额肯定都不是整数），卡办好之后，他就来行政科找我和王某某拿。"该卷第14页："像这42张加油卡都是章某某安排我和王某某给他办理的，这些卡号我前段时间与王某某对比了单位正常用卡记录。"

卷二十九第20~27页，出纳王某某讯问笔录，讯问人：张善芝、陈清林，讯问时间：2020年3月21日。王某某说："章某某在分管行政科期间，尤其是2010年之后到2013年之前，他安排我到定点加油站办理许多卡，办好卡章某某就拿走了，也不知道干什么用了。一次性充值的比较多，给老卡号圈存的比较少，从1000元、2000元、5000元、10 000元不等，具体数额需要通过计算才能说准，几十万元肯定是有的。""自2010年1月至2015年4月合计金额391 200.51元，这42张卡都是章某某从行政科拿走的。"该卷第23页："这42张加油卡都是章某某安排办理的，这些卡号我前段时间与范某某对比了单位使用的卡。"

由此可以看出，两人的表述内容存在惊人的相似。在本案中，对两人进行了多次个别询问，均存在雷同现象。

这些相同相似的证言，表明了两点：第一，两人在被询问前有协商作证的行为，不是证人自己直接感知的内容；如此这般，对证人的个别询问也就失去了意义。第二，两人是负责办卡的直接人员，是否交给了章某某，直接关系到责任归属问题，显然与本案有利害关系。因此，该证言不应作为定罪依据。

（2）证人列表不真实

29卷第43~44页，王某某提交了42张加油卡的列表，并作出了"经查我院未使用过上述加油卡"的备注说明。

我们对这42张中的前五张和后五张加油卡及其明细进行了抽样核对：

第一张805，比对补卷五第87~98页，该卡2005年9月1日开始圈存使用，到2009年底共圈存了21次。

第二张457，比对补卷五第84~86页，该卡2007年5月25日开始圈存使用，首次圈存金额2000元。

第三张361，比对补卷五第79~83页，该卡2007年8月3日开始圈存使用，到2009年底共圈存过11次。

第四张924，比对补卷五第56~78页，该卡2009年2月13日开始圈存使用，首次圈存金额3500元。

第五张411，比对补卷五第47~55页，该卡2009年5月25日开始圈存使用，到2009年底，已圈存了三次，每次10 000元。

显然，这五张加油卡绝对不是指控中所说的"2010年1月至2015年12月期间"章某某从行政科取走的，因为之前这些加油卡就已经存在了。到底是谁取走的，谁在使用，为什么一直圈存，这些都没有查清。

倒数第一张587，比对补卷五第128~129页，我们发现该卡的持卡人是马某某。庭审中提交的马某某情况说明，证明该卡是马某某亲自到加油站办理的。

倒数第四张177，比对补卷五第112~113页，我们发现该卡的持卡人是姚某某。庭审中提交的姚某某情况说明，证明该卡是姚某某自己办理的个人加油卡。

倒数第五张945，比对补卷五第111页，我们发现该卡的持卡人是刘某某。庭审中提交的刘某某情况说明，证明刘某某对该卡没有印象。

显然，这后五张加油卡中的三张持有人是明确的，而且都是法院行政科以外的其他工作人员。行政科直接列明持卡人姓名，怎么会交给章某某？

另外，从列表中，我们发现这42张加油卡中，有12张加油卡圈存次数在两次以上，最多圈存次数达到7次，一张加油卡累计圈存金额达到5.1万元。这里就存在一个问题，即便是章某某取走了这些首次圈存的加油卡，为什么之后还要圈存？谁让圈存的？没有卡号怎么圈存？

通过对 42 张加油卡的抽样核对，我们认为，指控章某某在 2010 年 1 月至 2015 年 12 月期间从行政科取走了 42 张加油卡占为己有，明显属于认定事实错误。现有证据无法证明章某某在这个时间段内占有并使用了这些加油卡。这一事实，也进一步证明关键证人的列表和备注说明，以及询问笔录中"章某某从行政科取走了这 42 张加油卡"的内容是虚假的，该证言不可信。

（3）闫某香所持的加油卡不在列表中

在本案对闫某香的询问中，闫某香证明章某某曾经给过她一张加油卡，她一直在使用。卷六第 108 页扣押清单显示，这张加油卡的是 10001××××8255。经与列表中的 42 张加油卡比对，我们发现，42 张加油卡列表中没有这张尾号 255 的加油卡。显然，章某某交给闫某香使用的加油卡，不是法院行政科办理的。因此，闫某香使用的这张加油卡，也无法证明章某某占有了 42 张加油卡的事实。庭审中控方说明扣押的加油卡，跟闫某香持有的加油卡，不是一张卡。那么，本案中扣押的加油卡是什么卡，为什么要入卷备查，入卷备查是什么目的。

（4）章某某家的工地上没有柴油车

案卷宗材料显示，在章某某家里，闫某香长期承揽建筑工程。据章某某陈述，他家里根本没有柴油车。而在这 42 张加油卡列表中，其中的尾号 711、294、295、962、963、002 六张加油卡圈存后，一直加注的是柴油。显然，不能因为其家庭中有建筑工程项目，便推定章某某占有并使用了这 42 张加油卡，这是没有事实依据和现实可能性的。

（5）42 张加油卡在五年内圈存上百次，加油数千次，至今去向不明，认定章某某占有不合情理

补卷五第 18~29 页，在这长达 111 页的分卡明细对账单里，圈存上百次，加油不少于 3000 次。具体来讲，如果这些加油卡首次圈存后交给了章某某，为什么还要多次圈存？是否都告知了章某某？章某某对每张加油卡多次圈存数额是否明知？第二，如果这些加油卡全部交给了章某某，由于每次加油都有具体时间，这就意味着章某某在五年内进行了不少于 3000 次的加油消费，每天两次，是否合理？而这些事实充分表明，42 张加油卡消费情况去向不明，

据以定罪的证据明显不足。在司法实践中，被告人即便供认杀了人，找不到尸体下落，也要保守处理。因为犯罪证据链不完整，案件定性存在重大疑点。

综上所述，对于42张加油卡贪污的指控，由于列表内容不真实，相关事实无法佐证，且这些加油卡以及相应消费去向不明，仅凭指认一方的两个内容完全相同且有利害关系的证人证言，是不能定罪的。

（二）不记名有价凭证交付、大额借款冲抵

（1）2010年至2015年期间，被告人章某某安排HX市人民法院行政科工作人员办理金额共计75.47万元的中石化充值卡。被告人将卡从行政科取走后据为己有。

（2）2012年5月、2012年9月、2012年10月、2012年11月，被告人章某某指使HX市人民法院行政科范某某、王某某以中东石油有限公司名义先后开具加油费发票17万元（虚开10万元）、16.28万元（虚开10万元）、17.834万元（虚开10万元）、22.42万元（虚开15万元），从中套取现金共计45万元，冲抵了其在行政科提前所借相应现金。被告人章某某将提前从行政科借的45万元现金占为己有。

（3）2011年12月份，被告人章某某指使HX市人民法院机关服务中心李某贵以新新汽车贸易有限公司名义开具车辆修理费发票8.1695万元（虚开5万元）。HX市人民法院与新新汽贸结账后，李某贵到新新汽贸将虚开的5万元现金取走交给了行政科王某某，冲抵了章某某在行政科提前所借现金5万元。章某某将提前从行政科借的5万元现金据为己有。

（4）2012年2月份，被告人章某某指使HX市人民法院行政科范某某、王某某以郭拥克名义虚开煤炭发票7.3593万元，从中套取现金7万元用于冲抵其在行政科提前所借现金。章某某将提前从行政科借的7万元现金据为己有。

（5）2012年11月份，被告人章某某指使HX市人民法院行政科范某某、王某某以城关黎明印刷厂名义开具印刷费发票13.56万元，从中套取现金10万元冲抵其在行政科提前所借现金。章某某将提前从行政科借的10万元现金据为己有。

（6）2012年，被告人章某某指使HX市法院行政科范某某、王某某多次使用公款购买河南华隆商贸有限公司和胖东来百货有限公司购物卡共计5.5

万元，后据为己有。

在上述指控中，第2起充值卡和第7起购物卡，属于不记名凭证的贪污指控；第3起加油费发票、第4起修理费发票、第5起煤炭费发票、第6起印刷费发票，属于冲抵借款的贪污指控。

对于充值卡和购物卡购买的相关证据，我们没有异议。对于加油费、修理费、煤炭费、印刷费发票虚开的相关证据，我们也没有异议。但是，对于充值卡和购物卡是否交给了章某某，对于虚开发票套现后是否进行了借款冲抵，章某某是否在行政科存在大额借款，依据关键证人的口供定罪是存在明显疑点的。主要表现在：

1. 关键证人的证言效力存疑

本案指控中的两个关键证人是范某某和王某某。在本案中的多次询问笔录，他们回答和陈述竟然出现惊人的相同。在他们自书的虚开加油费发票套现抵账的情况说明中，补卷一第48页王某某和第49~50页范某某更是几乎完全一致。另外，还有多份共同出具的情况说明，如补卷五第1页、第48页等等。显然，在接受询问前和情况说明书写时，他们由于核对材料进行了见面商量。针对这种情况，"询问证人应当个别进行"的法律规定，显然已没有意义。从另一个方面讲，这些证言效力也是大打折扣的。

2. 关键证人与本案存在重大利害关系

购买大额充值卡、购物卡，虚开大额发票，多次出借大额公款，这些都是违规的。如果占有和支配这些钱款有可能涉嫌违法犯罪，这也是众所周知的。在接受组织调查时，本案中关键证人对这些问题无法回避，违规、违纪、违法、犯罪的责任非此即彼，非己即人。在这种情况下，他们唯一的可选项只能是共同指认。但是，这种证言的真实性却是存在严重问题的。对此，最高人民法院《关于适用〈中华人民共和国刑事诉讼法〉的解释》（法释〔2012〕21号）第74条明确规定，对证人与案件当事人、案件处理结果有利害关系的，应当认真审查。因此，我们要提请法庭高度重视这一问题。

3. 两个关键证人证言雷同，共属指认一方，应适用"一对一"证据认定规则

即便是两个关键证人的证言可以采信，由于他们共同经手、共同操办，明显属于一个整体，构成指认一方。在章某某否认的情况下，则形成"一对

一"局面，应适用"一对一"证据认定规则，如果没有其他证据补强，则不能轻易认定。刑事司法要重证据，不轻信口供。因为采用口供定罪的风险太大了，教训也是深刻的。

4. 个人占有大额充值卡不合情理，且去向不明，而行政机关不合理开支却客观存在

仅就充值卡而言，卷二十第3页，充值卡系不记名有价凭证，在3年至5年有效期内使用，其功能是对加油卡进行充值。而中石化没有套现业务，本案中也没有套现或出售等下落的有关证据。在这种情况下，认定章某某五年内占有75万元中石化充值卡不合情理。因为这75万元加油卡，按92号汽油每公升6元计算为12.5万公升，90吨，相当于每年加油2.5万公升，每月加油2000公升，1吨多，这是绝对不可能的。唯一的可能是，把充值卡作为现金使用，为了一个或几个目的。如果是这样的话，本案中75万多元充值卡，从数量上看，如果按1000元一张计算，有750张；如果按500元一张计算，高达1500张，这么多充值卡的占有和使用，绝对不应该是个人行为。

对行政机关来讲，尽管各级政府一直在规范财务管理，审计力度也在不断强化，但是，不合理开支却是客观存在的。就法院来讲，上级的量化考核、位次排名、指导检查、中央和地方财政资金分批次拨付等，不可避免地增加了费用开支。尤其是南太行景色精美之处就在HX市，且当地英模群体辈出，爱国主义基地星罗棋布，于是，观光学习、培训考察的接待和陪同便成了重要工作。大吃大喝虽被明令禁止，但粗茶淡饭、以茶代酒、礼节性的馈赠，也会使费用大增，这是一个不容回避的问题。而这些，都是没办法计入财务的。

5. 相关人员的陈述未必真实

本案中，相关领导和部门负责人对不合理开支不知情，且陈述接待费用已经全部下账，这是可以理解的，毕竟法纪在前，明令禁止，没人愿意顶风违纪，自寻没趣。但是，不合理开支是客观存在的。

费用出现了，到底是行政科负责处理？还是交给章某某一人处理？真实情况在本案中不可能出现。刑事法律涉及人身自由，证据认定要合法，也要合理。因此，法官的内心确信非常重要。

综上所述，对于第2至7项指控的认定，应当严格把握刑事诉讼证据规

则，充分考虑到当前条件下行政机关不合理开支现象的普遍性，在合理怀疑无法排除的情况下，要作出有利于被告人的判决。对于这一现象，可以通过司法建议的形式，与纪检监察部门一起，严肃纪律，警钟长鸣，以此教育警示相关人员，逐步完善行政机关财务管理体制。

（三）人事管理问题

（1）2008 年，被告人章某某将正在上学的儿子章某沼的工作关系安排到 HX 市法院，章某沼未到 HX 市人民法院报到上班。2008 年 2 月至 2011 年 2 月，章某某安排 HX 市人民法院行政科给章某沼发放工资、文明奖、住房公积金等共计 7.71544 万元。

（2）2012 年，被告人章某某将其儿子章某龙工作关系安排到 HX 市法院，张某龙并未到 HX 市法院报到上班。2012 年 7 月至 2013 年 2 月，章某某安排 HX 市法院行政科给章某龙发放工资、文明奖、法警加班补贴等共计 2.3677 万元。

（3）2012 年，被告人章某某将其利益关系人郎某某正在上学的女儿郎某珂的工作关系安排到 HX 市人民法院，郎某珂并未到 HX 市人民法院报到上班。2012 年 8 月至 2014 年 12 月，章某某安排 HX 市人民法院行政科给郎某珂发放工资、文明奖、法警加班补贴等共计 7.3077 万元。

对于人事管理问题的指控，我们认为，这些"吃空饷"问题源自行政机关人事管理，不宜适用刑罚，而应当通过法纪来处理。理由如下：

1. 没有刑罚先例

通过检索，我们没有发现因为不上班冒领工资而追究贪污罪的判例。根据罪刑法定的要求，对家长来讲，通过关系安排子女工作，主要依靠人事部门的招工和入编职权，家长通常没有职务便利；主观上是为了子女工作，不是为了占有工资。对子女来讲，人事手续的办理，子女通常不知情，没有实行行为，更不可能有贪污的犯意。因此，对于此类情况，科以刑罚，明显过当，动用法纪，足以以儆效尤。依据最高人民法院关于强制检索的有关规定，刑事司法应当遵从先例，不能另辟蹊径。

2. 事实表述有误

在第 10 起指控中，2012 年郎某珂办理人事手续时，正是法院新址项目征地拆迁之时，安置占地家庭的人员，缓解拆迁矛盾，推进拆迁进度，不是个人能够决定的。当时，章某某和郎某某不是利益关系人，因为他们两家孩子成婚是在 2017 年初，详见卷二十七第 9 页郎某珂陈述。另外，卷二十七第 172 页工行支取凭证，郎某珂工资卡由其母亲崔某婷保管并支取，章某某自始至终没有占有该款项。

3. 人事属行政范畴

违反人事政策和规定，按照党纪政纪处理是有充分依据的。行政的应当归行政，而刑罚是最严厉的处罚，法无明文规定，应当谨慎、谨慎、再谨慎。

三、关于滥用职权罪

公诉机关认定，2012 年 11 月 20 日，郎某某借用 X 建筑（集团）有限责任公司资质中标 HX 市人民法院工程。在此之前的 2012 年 10 月份，即招投标未果的情况下，章某某违规安排郎某某承建了 HX 市法院工程的临建工程。11 月 21 日，章某某安排 HX 市法院拨付了临建工程款 48.377 543 万元。

2012 年 11 月 20 日，郎某某借用资质中标 HX 市法院工程后，章某某安排起草了施工合同，其明知已支付了部分临建费用，该款应从工程款中的安全文明施工费中扣除的情况下，仍在施工合同中约定全额支付安全文明施工费。截至 2016 年 12 月 2 日，HX 市法院迁建工程款 8326.205 222 万元全额拨付到位，其中包括安全文明施工费 186.904 754 万元。

章某某在负责 HX 市人民法院工程建设项目过程中，违反国家有关规定，致使临建工程费用重复支出，给国家造成经济损失 48.377 543 万元。

针对滥用职权罪指控，我们的辩护意见是：该指控中存在事实认定错误，而且属于常识性错误，故依法不构成犯罪。这是我们辩护律师自审查起诉阶段介入后一直坚持的观点，希望给予理解。

本起指控的关键在于：中标合同签订前，郎某某实际承建的涉案工程是什么性质，包括哪些内容，是否属于中标项目的临建工程。我们的答案是否定的！具体理由如下：

1. 从起诉书指控内容的时间上来看

起诉书第 5 页，"2012 年 11 月 20 日，郎某某借用 X 建筑（集团）有限责任公司资质中标 HX 市法院工程。在此之前的 2012 年 10 月份，即招投标未果的情况下，章某某违规安排郎某某承建了 HX 市法院工程的临建工程"。显然，涉案工程在中标之前，绝对不是中标项目的临建工程。

2. 从实际施工和结算时间来看

涉案工程的工程量清单报送时间是 2012 年 10 月 9 日，支付临时工程款时间是 2012 年 11 月 21 日，详见卷四十二第 7 页专项审计报告。而两份中标合同（即审判法庭建设项目建设工程施工合同、人民陪审员社会法官业务用房建设工程施工合同）签订时间是 2012 年 11 月 23 日，详见卷十六第 1~5 页、第 56~60 页。显然，这些涉案工程在中标合同签订前已经完工，并进行了结算，这是建设单位提前单独实施的"临时工程"，发生在中标合同签订之前，与中标项目没有隶属关系。

3. 从工程量清单的具体内容来看

详见 42 卷第 7 页专项审计报告，主要包括清理现场垃圾、50 铲车平场、房砼地面、办公区地面、路地面、井、压力罐、排水管道、办公区大门、围墙大门、防盗网等项目，这些都是建设单位为保证顺利进场施工，根据"三通一平"要求必须做到的。由于该中标项目资金来源是中央和地方，属于当地重大的财政投资项目，建设单位在征地后进场前按照所在镇政府环境整治要求，委托当地村委会指派人员设立占地临时围墙、围墙粉刷，是符合当地当时实际的，相关费用自然应当由建设单位承担。

4. 从主要证人证言证明的涉案工程布局来看

详见卷十八第 44~45 页，HX 市法院机关服务中心副主任申某某询问笔录："问：你们在对法院临时建设工程验收的时候都对哪些项目进行测量了？答：当时章某某安排我和郭某某进行测量了，我印象中光让我们对围墙、临时彩瓦房 12 间（分别是餐厅和厨房 1 间、厨师宿舍 1 间、李某勤 1 间、我 1 间、郭某某 1 间、会议室 3 间、厕所 2 间、监理 2 间）、硬化地面（十几米宽、几十米长，大概几百平方）进行了测量，其他没有安排我们进行测量。当时我们测量的时候，我印象中南墙还有二十来间临时彩瓦房和五六个临时工棚，章某某没有让我们去测量，所以我们也就没有管南墙这二十来间临时彩瓦房和工棚。"申某某的证言与卷十八第 146~147 页，法院执行局干警郭某某的证言是一致的，具有客观性。

这些证言内容说明了两个问题：第一，该区域彩瓦房有两处：一是在北边有十二间，测量了；二是在南墙边有二十来间，还有临时工棚，他们没有测量。第二，北边的十二间彩瓦房位于一个独立拉网小院内，从证人描述的功能分类来看，属于法院新址项目指挥部；而南墙边的二十来间彩瓦房和临时工棚，则是拟施工单位自行建设，用于工人居住。显然，该区域北边的十二间彩瓦房才是涉案工程量清单中的"临时彩瓦房"，219.39平方米，单价300元，合计6.5817万元，并进行了结算。

从上述证言可以看出，法院新址项目指挥部的独立拉网小院和用于未来施工方的彩瓦房、临时工棚等设施，分属于不同区域，一个在北边，一个在南边，是两种不同性质的设施。正确的理解是：该区域北边项目指挥部工程设施，由建设单位出资建设；而南墙边的彩瓦房和临时工棚可视为该项目的临建工程设施。

5. 从施工合同条款约定的发包人义务来看

卷十九第89~90页、第91~92页，依据住建部制定的施工合同普通条款9.1.(4) "（承包人）向发包人提供施工现场办公和生活的房屋及设施，发包人承担由此发生的费用"的约定，建设单位提前搭建临时彩瓦房、修建灶台，用于指挥部人员现场办公和生活，自担费用是应当的。卷十六第15页、第70页，该合同普通条款还规定，"遵守政府有关主管部门对施工场地交通、施工噪音以及环境保护和安全生产等的管理规定，按规定办理有关手续，并以书面形式通知发包人，发包人承担由此发生的费用"。因此，建设单位提前设立临时围墙、架设防护网，自担费用也是应当的。卷十六第42~43页、第97~98页，依据专用条款8.1（1）~（9）约定，施工场地具备施工条件、水电电讯线路接至施工现场、施工场地与公共道路的通道开通、坐标控制点交验等等，这些都是发包人的合同义务，也是建筑行业的惯例。特别需要提醒的是，该条款还规定，"发包人如不能完成上述工作，工期相应顺延"。法院作为建设单位，为保证日后中标项目如期进行，提前完成"三通一平"和有关防护工作，是必须要做的。显然，这些费用应当由建设单位自行承担。

6. 从住建部《建筑工程安全防护、文明施工措施费用及使用管理规定》的内容来看

卷四十二第8~9页专项审计报告显示，安全防护、安全文明施工措施费至少包括：(1) 安全防护用具；(2) 洞口和临边防护设施；(3) 全钢质内外脚手架及配套防护措施；(4) 建筑施工起重设备及防护设施；(5) 施工用电；(6) 施工机具；(7) 安全监测费；(8) 安全教育培训；(9) 安全标志、

标牌及安全宣传栏；（10）文明施工及环境保护；（11）临时设施；（12）消防器材设施；（13）应急救援器材；（14）基坑支护的变形监测；（15）地下作业中的安全防护和监测。经过与涉案工程量清单的内容逐项比对，我们可以看出，涉案工程清单中的具体内容跟上述15项施工措施没有任何关系。显然，涉案工程不属于中标项目的"临建工程"，工程款应当由建设单位单独支付，从中标项目工程价款中扣除的审计结论是错误的。

提请法庭注意的是，导致专项审计报告结论错误的原因可能有三点：

第一，法院基建财务记账中有"临时工程款支付"字样的记载内容，误导了审计机构，因为临时工程不一定是临建工程。

第二，涉案工程的实际施工人是郎某某，中标项目工程的实际负责人也是郎某某，两者发生了重合，但如果涉案工程的负责人是张某某，或李某某，这些工程款就不该支付吗？

第三，郎某某关于涉案工程项目和布局含混不清的描述，以及其"章某某说另外增加一些费用"的指认，郭某令关于"临建工程费用应当包括在工程总价款中"的所谓专业判断，实质性误导了审计机构，但涉案工程的项目清单是一目了然的，审计机构应当根据事实进行专业审计，而不是涉案人员基于个人好恶的推断意见。

综上所述，把涉案工程认定为该项目的"临建工程"，混淆了建设单位"临时工程"和项目承包方"临建工程"的本质区别。从涉案工程量清单、中标合同内容，以及关于临建工程的相关法规规定，我们可以清楚地看出，涉案工程是法院作为建设单位为满足"三通一平"进场条件、履行发包人义务而提前实施的"临时工程"，不是该中标项目中应由承包方实施的"临建工程"，相关费用应由法院单独支付。该审计结论的常识性错误，实实在在地误导了调查机关，致使起诉书指控存在明显的事实认定错误。

因此，我们提请合议庭认真审查比对，依法对该项指控不予认定。

四、围绕控方回复的针对性辩护意见

（一）关于300万受贿认定的重大疑点

2013年5月20日，郎某某（崔某婷账户）转给章某某（闫某香控制的尚某账户）300万元。后闫某香告知了章某某。该笔款项被指控为受贿。

而早在2012年11月23日，姜某通过郎某某借章某某家300万元，转账支付。控方认为，对于这一借款，郎某某（让崔某婷）在 2013 年 5 月 10、11、28 日已三次提取现金，分别于 5 月 11、28 日归还了章某某（尚某账户）130 万元、195 万元，共计 325 万元（含利息 25 万元）。控方的证据有两类：一是书证。郎某某家（崔某婷账户）在 5 月 10 日取款 110 万元、5 月 11 日取款 20 万元、5 月 28 日取款 200 万元。而章某某家（尚某账户）在 5 月 11 日存款 203 万元、5 月 28 日存款 195 万元。二是口供。郎某某曾供述给了章某某 300 万元，闫某香被羁押后陈述收到了 300 万元、姜某借款由崔某婷取现分次归还了，崔某婷原来否认但在羁押后承认分次取现归还了，尚某陈述曾收到崔某婷现金 195 万元，但不知道是什么钱。

对于郎某某家（崔某婷账户）取款、章某某家（尚某账户）存款这种"取存款"是不是归还之前 300 万元借款的行为，是控辩双方的焦点问题。由于章某某坚持无罪辩解，该问题的争议将决定着 5 月 20 日转款 300 万元行为性质。

我完全同意第一辩护人的逻辑分析。现针对性地提出三大疑点：

第一，如果这种"取存款"是在归还之前的借款，那么，之前借款是转账，为什么这次要用现金归还？

第二，如果这种"取存款"是在归还之前的借款，那么，崔某婷三次取款时当天的存款余额分别是 200.8479 万元、658.8445 万元、478.7945 万元，为什么只取了 110 万元、20 万元、195 万元，而不是及时全额归还？控方回复，因为姜某在此期间的 5 月 20 日才归还了郎某某。那么，既然姜某是 5 月 20 日才归还，崔某婷为什么要在 5 月 10、11 日两日取款提前归还呢？

第三，如果这种"取存款"是归还之前借款的重要证据，是凭借口供，那么，崔某婷口供是在羁押后才有的，闫某香口供也是在羁押后才完整的。这种内容一致的表述，竟然是出自两个被羁押的女人之口，是不是显得凄惨和悲壮呢？

（二）关于"将施工合同中付款条件修改为更有利于中标方"的职务便利指控

请看招标文件和施工合同的表述：

卷十九第 83 页，招标文件，付款方式：

根据工程形象进度，分期支付，待工程验收合格后，最多支付至合同价的 95%，剩余 5% 作为质保金，验收合格满 1 年后 15 日内付清。

卷十六第46页，施工合同，付款条件：

26.1 按形象进度支付，支付方式如下：

基础完成15日内，付至合同价款的20%

框架一层完成15日内，付至合同价款的40%

主体验收合格后，付至合同价款的70%

竣工验收合格后，付至合同价款的95%

剩余5%作为质保金，从验收合格之日起一年后30日内，质保金无息一次性付清。

增加变更工程经投资评审或审计后付至决算价的95%，剩余5%作为质保金随合同质保期一同无息付清。

如因甲方资金暂不到位，乙方必须按照合同约定不间断如期完工。

否则，按照合同违约责任0.5%进行处罚。

经比对，任何专业法律人员都可以得出两个结论：

第一，按形象进度细化支付比例，没有错。也没有超期招标文件上的95%上限。"最多支付至"，不是让你超支，也不是让你不支。

第二，"假定"情形，更加苛刻。如果甲方资金暂不到位，不能停工，否则按合同违约责任处罚。显然，不是有利于中标方，而是对中标方更加苛刻。

（三）关于涉案工程清单中的几个容易产生误解的概念

1. 围墙

在第（10）项"文明施工及环境保护"中也有"围墙"的表述。具体表述为："主要是指施工现场围墙围护及场地硬地化、粉尘控制、噪音控制、排水措施、垃圾排放。"

此处的"围墙"，是指"施工现场围墙围护"，是指项目单元的施工现场围墙围护。由于法院新址设计是中间为主体建筑，南北是绿地，因此，施工现场是指中间区域主体建筑物施工现场。

本案中，涉案工程量清单中的"围墙"是征地后的占地红线内临时围墙。征地后，当地镇政府按照环境保护规定，要求建设单位出资设立占地围墙，并指定当地村委指派人员限期完成。这种"围墙"与施工现场的围墙围护，是不一样的。前者是进场施工前发包人的义务，主要是避免占地相邻方的纷争，而后者则属于项目临建范围，主要是为了施工安全。

举一个例子来说明，HX市文化广场项目是一个重大的民生工程，现仍在施工中。该项目设计跟法院新址非常相似，中间是主体建筑，四周是绿地。这是一个非常标准的大型建筑工地，到现场可以清楚看到，占地外侧有围墙，主体建筑的施工现场也有围墙围护，中间是硬化的道路，非常分明。占地围墙是建设单位HX市政府负责，施工现场围墙围护是承建单位负责。

2. 垃圾清理

在第（10）项"文明施工及环境保护"中也有"垃圾排放"的表述。具体表述为："主要是指施工现场围墙围护及场地硬地化、粉尘控制、噪音控制、排水措施、垃圾排放。"

这里所说的"垃圾排放"，是指建筑施工过程中产生的建筑垃圾和生活垃圾的清理费用，属于临建费用。

本案中，涉案工程量清单中的"清理垃圾"，则是征地拆迁时遗留下来的拆迁垃圾，当然应由建设单位负责。

在案证据证明，法院新址征地时，不是净地受让。在该区域有几个小型企业，当时拆迁任务很重。这些企业迁建后，该区域各类垃圾成山。涉案清单中的清理垃圾，就是针对这些拆迁垃圾，卷宗材料显示，法院专门派人负责垃圾清运车辆的次数登记工作。法院作为建设单位，为做好"三通一平"，这些垃圾是必须清理的。毫无疑问，清理垃圾费用必须由建设单位承担。而因拆迁产生的各类垃圾，与中标施工企业在施工过程中产生的施工垃圾是明显不同的，中标施工企业没有清理的义务。

3. 临时设施

在第（11）项"临时设施"中有"办公室、宿舍、食堂、卫生间、淋浴间等"的表述。这里的"临时设施"是指施工单位的。不包括建设单位指挥部的办公室、宿舍、食堂、卫生间、淋浴间等。

本案中，办公室、宿舍、食堂、卫生间、淋浴间等有两套，一套在北区法院项目指挥部小院内12间彩瓦房中，一套在南墙边的二十来间彩瓦房内。而北区彩瓦房被测量，在涉案工程量清单中。南区彩瓦房没有测量，也没有列入涉案工程量清单，这才是该项目的临建工程范畴。如果还不能完全理解，我们请求调取2012年至2015年项目施工前期国土资源部门的卫片，便可一目了然。

（四）关于其他问题

（1）控方认为章某某家承建的气象局、看守所等工程中的"临建"，均由承包人自担费用，以此说明法院新址建设项目的"临建"也应由中标单位承担。事实上，一是气象局、看守所工程规模小，根本没有"临建"工程，没有可比性；二是控辩争议的不是"临建"费用由谁承担问题，而是涉案工程是不是"临建"，应否归于"临建"范围。本案中的涉案工程项目，不属于"临建"范围，应由建设单位承担费用。

（2）控方引用法院基建办申某某关于"基层法庭建设时的前期费用均由建设单位承担"的证言，以此说明法院新址建设项目前期费用也应由中标单位承担。事实上，法院下属的几个基层法庭建设规模小，前期根本没有费用，没有可比性。

（3）控方引用投标文件上投标人承诺负责"三通一平"，以此说明中标单位应当承担前期费用。事实上，当时"三通一平"已基本完成，投标人的单方承诺并不构成对发包人法定义务的减免。

（4）控方引用施工合同中承包方承诺为发包人提供办公、生活设施便利，以此说明项目前期有关费用应由中标单位承担。本辩护人现未核对，即便如此，但事实上，中标签订时该项目指挥部设施已经完成并已结算，建设单位按照住建部指定的施工合同专用条款和建筑行业惯例，提前自行承担项目指挥部设施费用也属正常。

（5）控方引用招标文件、施工合同中其他事项，以此说明该项指控是正确的。建议对招标文件和施工合同进行全面审查，对格式合同中合同原意进行客观分析，并结合涉案工程项目的内容进行逐项对比，以避免断章取义，吹毛求疵，偏执无理，伤及无辜。请不要用刑事思维看待民事合同行为。公职人员行使管理权也可自由裁量，也有内心确信，只要是公平合理的，就不应当界定为违法。

知我者，谓我心忧。不知我者，谓我何求。作为辩护律师，查清事实，说清法理，消除疑点，是我的基本工作。事事皆公平，人人享自由，只是我的人生理想。我心光明，亦复何言。

呈此意见，敬请法官决断。

辩护人：刘建民

2020 年 11 月 2 日

附件 2：补充辩护词——对补查材料的质证意见

YJ 县人民法院：

现对公诉机关庭审后提交的补查材料（11 月 5 日出具范某某、王某某的情况说明、11 月 4 日姚某某出具的情况说明），发表质证意见：

1. 基本事实不真实

范、王情况说明中"2007 年至 2015 年按照院党组的安排，由章某某分管行政科工作"。事实上，起诉意见书第 1 页载明，2009 年 7 月章某某任 HX 市人民法院党组成员、机关服务中心主任。显然，2007 年至 2009 年章某某没有党组成员身份，何来分工？

姚某某情况说明中"他为了感谢我就向我要了我的加油卡，说给我充点油，我就把卡给他了"，这张尾号 177 是姚某某的加油卡。显然，王某某在 2019 年 12 月 18 日、2020 年 3 月 24 日出具的情况说明"（42 张）办好后，章某某亲自到我和范某某办公室去拿"的内容是虚假的。详见卷二十九第 31 页和第 32 页。由此可见，起诉书指控"被告人将 42 张加油卡从行政科取走后据为己有"的事实是错误的。

2. 取卡时间不合理

范、王情况说明中"尾号 411 于 2009 年 5 月 20 日以我（范某某）名字办理的，该卡共转存 5 次，每次转存 1 万元，转存时间分别为 2009 年 5 月 20 日、2009 年 8 月 18 日、2009 年 10 月 23 日、2010 年 1 月 19 日、2010 年 3 月 1 日。卡办好后章某某当天从行政科取走，取卡时我和王某某都在场"。这里的"当天取走"是什么时间？是第一次转存时间，还是四次转存时间？如果是第一次转存时间 2009 年 5 月 20 日，当时章某某不是党组成员，有什么权力在平级科室取走加油卡？如果是第四次转存时取走，那么之前的加油消费是谁干的？而且大部分加油发生在 X 市区，不是 HX 市。详见补卷五第 47~55 页。

范、王情况说明中"尾号 361，2009 年 3 月 27 日我和王某某给此卡圈存 3000 元，章某某当天从行政科将此卡取走"。同样地，当时章某某不是党组成员，有何权力到行政科取卡？

范、王情况说明中"尾号 457，2007 年 5 月 25 日圈存金额为 2000 元，卡办好后，章某某当天从行政科取走"。同样地，当时章某某不是党组成员，有何权力到行政科取卡？

范、王情况说明中"尾号924，2009年2月13日圈存金额为3500元，卡办好后，章某某当天从行政科取走"。同样地，当时章某某不是党组成员，有何权力到行政科取卡？

3. 连续圈存有问题

范、王情况说明中"尾号805，2009年10月9日圈存5000元，当天章某某将此卡取走，2010年1月12日章某某又安排我们给此卡圈存5000元。此卡章某某取走后给谁了，我们不清楚"。现在的问题是，第一次圈存后，章某某当天取走了加油卡。第二次圈存时，是带着卡来圈存的，还是直接安排圈存的？

这种连续圈存的现象，在多张加油卡上发生过。如果是带着卡来行政科圈存的，这么多张卡，这么多次，是否可能？如果是直接来行政科安排圈存的，行政科怎么知道卡号，如何操作圈存？如果有登记，那是不是单位行为？

4. 加油消费有规律

如尾号411，补卷五第52～55页。2010年前后的加油消费情况相类似，即同一天出现多次加油情况，且每次为100元或者200元。

补卷五第26页尾号721、第56页尾号924、第79页尾号361、第87页尾号805等等，都存在这一现象，明显是单位在调配车辆，统一加油，统一使用。

综上所述，这些42张加油卡去向不明，消费记录大多并无异常。关键证人之间相互对账协商，与本案有重大利害关系，且陈述事实矛盾重重，不合情理。因此，公诉机关指控被告人"从行政科取走据为己有"的事实存在重大疑问，我们强烈建议合议庭不予认定。

需要特别说明的是，基于同样的理由，我们请求合议庭排除关键证人证言疑点，对贪污罪的其他事实认真审核，依法作出判决。鉴于本案社会影响较大，我们将适时通报律所和律协，也请予以理解。

辩护人：冯建新 刘建民

2020年11月12日

一个国土局长的罪与罚：受贿否？滥权否？

受贿否？滥权否？

——张某民涉嫌受贿和滥用职权案件辩护纪实

【核心提示】

这是一个值得研究的案件。该案经过了一审、二审、第一次重审、二审、第二次重审，目前处在二审程序中。截至 2021 年 12 月 3 日，当事人已被关押了 4 年 7 个月。作为辩护律师，我参与了该案的全过程。由于案件仍在审理，判决结果尚不可知，但辩护策略和方法的运用，还是比较典型的。

被告人的供述、同案犯的供述、关键证人的指认和相关客观证据相互印证，是受贿罪认定的基本规则。被指供、诱供的同案犯供述不具有可采性，关键证人的证言反复，不具有证明力，法院依职权调查可以形成内心确信。事后补办的会议纪要因违反证据的"三性"而不具有证据资格。滥用职权的认定，应当立足于行业法律法规和政策，不能出现常识性认定错误。滥权行为、损害后果以及行为与后果之间的因果关系是该罪的必备要件，缺一则不能成立。

狱中委托

张某民曾是 H 市国土资源局局长。

2017 年 5 月 24 日，张某民的大哥电话联系要见我，说是张某民写了一封信。

见面后得知，张某民因涉嫌受贿于 5 月 3 日被市县两级人民检察院工作人员带走，随后被采取了指定居所监视居住措施。5 月 23 日，被刑事拘留。信的内容是，他想委托我担任辩护律师，让其大哥办理相关手续。

他的兄长是真诚的，一母同胞，手足之情，我很感动。即便是业务繁忙，我也无法拒绝。

刹车制动不灵

办理委托手续后，我于 5 月 26 日到看守所首次会见了张某民。

一般情况下，委托手续办妥后，我会及时安排会见。刑事程序推进得很快，任何阶段都要重视，不能错过。提前终结刑事程序，一直是我的办案作风。

从张某民的陈述中，我了解到受贿涉及两笔：一是借钱买车的事儿；二是别人代付画款的事儿。对此，张某民一直拒绝承认是犯罪。

从司法认定角度来看，我也不认为是犯罪。于是，我紧急申请市人民检察院侦监部门，要求他们听取律师意见。当然，我也做了充分准备。

当时，市人民检察院侦监部门负责基层人民检察院职务犯罪案件的批捕工作。他们的工作态度非常好，我的意见得以完整地表述。借钱买车因时间不到 2 个月，确有未及时归还的理由，不应按"以借为名"型受贿处理；张某民不知道他人代付画款的事实，且艺术品价值无法确定，也不宜按犯罪处理。

但最终张某民还是被批准逮捕了。事后得知，基层人民检察院补充了材料，说是买车借钱的那个公司有会议纪要，他们早有送车办事的安排。律师看不到证据，这种听取律师意见的制度安排是不是有些不公平？

送车办事还要形成会议纪要？蹊跷呀，怎么可能呢？

侦查没有停止

张某民被逮捕后，异地关押，送往豫北的一个县级看守所。这些情况表明，侦查仍在进行。

8月14日，第二次会见他时，他告诉我，检察院说画款的事儿不提了，现在的问题还有两个：一个是借钱买车的事儿，他们认为是受贿；另一个是滥用职权，是关于三项整治指标款返还的事儿。

经验告诉我，把借钱买车认定为受贿是不扎实的，他们调查滥用职权是为了兜底，确保成案。

四次庭审和一审有罪判决

在随后的会见中，结合卷宗材料，我向张某民反复核实了两起指控事实的细节，围绕会议纪要的疑点、借钱买车的理由、立功情节、录音资料分别向法院进行了说明，合议庭高度重视，共组织了四次庭审。

从2017年12月30日案件移送W市人民法院起，在将近一年的时间里，公诉机关两次补充侦查，审理期限用到了极限。

经过四次庭审，案件事实已经查清。我们认为，因特定关系人、关键证人言辞证据矛盾重重、书证瑕疵且被证实系虚假，受贿罪是无法认定的。滥用职权指控明显属于常识性认定错误，根本无法成立。

2018年12月16日，一审法院却认定了公诉机关的两起指控事实，以受贿罪判处张某民有期徒刑3年零6个月，并处罚金20万元；滥用职权罪判处张某民有期徒刑3年。数罪并罚，决定执行有期徒刑5年零6个月，并处罚金20万元。

二审发回重审

张某民不服，提出上诉，二审程序启动。

二审法院在书面审理后，认为原判认定事实不清，于2019年3月7日作出裁定，撤销一审判决，发回原审法院重新审判。

重审中的法院调查和有罪判决

发回重审后，该法院非常重视，另行组成合议庭，由主管刑事副院长担任审判长重新审判。

2019 年 6 月 14 日，法院召开了庭前会议，我们再次提交录音证据要求排除关键证人的证言效力，根据特定关系人讯问（询问）笔录中的疑点要求排除其证据效力。公诉机关申请补充侦查，延期审理。

在此期间，合议庭对关键证人进行了调查。关键证人否认了行贿事实，"这是赵某临时借我的钱，跟张某民没有关系"。应当特别注意的是，这次调查是在检察院办公室进行的，合议庭三名法官参与，其合法性是没有异议的。

9 月 25 日，一审法院恢复法庭调查，宣读并质证了关键证人的调查笔录。说实话，直到此时，我们对一审结果充满了信心。

公诉机关却第二次申请补充侦查，延期审理。

补充侦查期满法院恢复审理后，公诉机关于 12 月 12 日 18：18～19：04 再次对关键证人进行调查，关键证人竟然推翻"借钱"的证词，但未作出合理解释。

在此期间，由于特定关系人的首次讯问（询问）中疑点重重，且分案审理已开庭，我们便申请调取特定关系人的同步讯问录像，以核实疑点。

12 月 18 日，一审法院开庭审理。关键证人的无罪证言、特定关系人被指供和诱供的客观事实，一切有利于被告人的证据被当庭出示。与此同时，我们对公诉机关在非补查期间、非工作时间对证人的调查提出异议，申请法院否认其证据效力。

12 月 26 日，一审法院竟然再次作出有罪判决，只是受贿罪减少了 6 个月刑期。最终，两罪均判处有期徒刑 3 年，数罪并罚，决定执行有期徒刑 5 年。

什么样的压力，能让法院自行否定依职权进行的调查，能让法院无视侦查人员违法取证的客观事实，进而作出有罪判决？是政法机关协调了该案，还是检察院施加了压力？我们不敢多想。但有一点却是真的：又一年过去了。

值得一提的是，与张某民案相关联却分案审理的特定关系人赵某静案也改判了，由 3 年有期徒刑改为 2 年。宣判后不久，赵某静刑期届满，获释。

对这个家庭来讲，也是一件好事。毕竟不足 10 岁的孩子，有了妈妈的照顾。

二审中的录像资料报送

张某民再次上诉，重启了二审程序。

对于侦查人员的不当取证行为必须予以揭露！

考验辩护律师智慧的时候到了。我们知道，网络公开这些违法取证的视频是一件轻而易举的事情，相关违法人员必将受到舆论的谴责，二审法院也会认真对待这一情况。但这种公开方式，会不会涉嫌泄露案件机密呢？

经过慎重考虑，我们对录像中违法事实进行了剪辑，通过美篇加设密码的形式向主审法官报送，请求与同步录像比对审核。一是指出了违法；二是请求核查，完全符合程序。

随后发生的一个北京律师公开侦查视频被行政处罚的案例，证明了我们的方式是稳妥的。

值得赞赏的是，二审法官对此高度重视，及时向合议庭进行了汇报。据说，二审法院刑事审判人员看到视频后，非常震惊，二审结果也就不难想象了。

2020 年 9 月 7 日，二审法院果断以程序违法为由，再次撤销原判，发回重审。

第二次重审和教育整顿

该案再次发回重审三个月后，直到 12 月初，我们才收到了 12 月 11 日庭前会议的通知，但随后又被通知取消。

会见张某民时得知，12 月 14 日公诉机关申请补充侦查一个月，法院决定 2021 年 1 月 14 日~4 月 14 日延期审理。三个月后，4 月 12 日公诉机关第二次申请补充侦查一个月，法院再次决定 5 月 12 日~8 月 12 日延期审理。

公诉机关这种补充侦查的延期审理申请，究竟意欲何为？两次补查了没有？补查了什么？原审法院纵容这种恶意拖延诉讼是为了什么？难道要一错再错吗？

截至 2021 年 5 月 3 日，张某民已被羁押 4 年。由于其涉嫌的两罪均被判处有期徒刑 3 年，如果一起犯罪认定被纠正，就会出现超期羁押现象。

错案有时候是可以理解的，但因拖延诉讼造成的冤狱则不能饶恕呀！

经了解，检法两家担心全国政法机关教育整顿期间节外生枝，准备拖到教育整顿工作结束后，再作有罪判决。

另据悉，公诉人员曾对辩护律师恶语相加，认为这是律师在无事生非，据说还准备立案查处。

该出手了。为了他人，更是为了正义。

谁在违法

有人说，刑事辩护是刀尖上的舞者。对此，我不以为然，而且一直认为，只要律师坚守执业底线，遵守法律规定和行业要求，便可无所畏惧。

但是，现实有时候比理想要残酷。本案中，违法事实如此清晰，为什么不能实事求是，及时纠正？

律师人微言轻，只能就事说事。

（1）第一次重审时，公诉人员申请补充侦查两次，分别是 2019 年 6 月 22 日~7 月 22 日，10 月 22 日至 11 月 22 日，在此两个月内，补查了没有？补查了什么？

（2）9 月 9 日、12 月 12 日，两次调查是在补查期间内吗？7 月 9 日法院依职权调查关键证人且在庭审中对调查笔录进行了质证，公诉人员有权在补查期间之后再行调查吗？调查程序合法吗？否认 7 月 9 日法院调查内容有合理解释吗？12 月 12 日的调查时间是 18：18~19：04，为什么要在非工作时间？当时是怎么调查的？说了什么话？有同步录音录像吗？

（3）第二次重审过程中，公诉人员申请补充侦查两次，分别是 2020 年 12 月 15 日~2021 年 1 月 15 日，2021 年 4 月 12 日~5 月 12 日，在这两个月内，补查了没有？补查了什么？跟涉案事实证据有什么关系？

第二次重审，再次判决有罪

2021 年 11 月 10 日，重审法院通知律师领取判决书，再次判决张某民有罪。受贿罪判处了有期徒刑 3 年，滥用职权罪判处了有期徒刑 3 年，决定数罪并罚有期徒刑 5 年。

木已成舟了吗？

11 月，全国出现多起病例，疫情防控升级，看守所会见工作一律停止。好在提前做了辅导，相信张某民会正确行使自己的权利。

一声惊雷，让我有口难辩

2021 年 11 月 27 日，一大早，电话铃惊醒了梦中人。

"昨天的实名举报的视频，是不是你指使的？"多位朋友善意地询问。我惊讶，怎么会怀疑到我的头上？

原来张某民的特定关系人赵某静，因不服分案审理的重审判决，通过视频方式公开举报了检察院领导违法办案。该视频被疯狂传播，引起了轩然大波。

我向朋友解释："我不是她的律师""我没有让当事人控告的习惯""我善于单刀赴会，直来直去""我听说她有意见，曾建议她可以向上级法院反映，法律问题应通过法律途径解决""发视频、举报，这种事儿绝对不是我指使的！"

朋友的关心，不是空穴来风。

13：50，W 市人民检察院陈检察长打来电话，希望我陪他一起到 XH 市，做做赵某静的工作。我和这位检察长认识，我想正好解释一下，消除误会。于是便欣然同意，同时也提前声明："因为赵某静不是我的当事人，我不是她的律师。能不能做通工作，我心里没数。"他说能一起过去，就行。看样子，误会是存在的。

16：00，我们赶到了赵某静的中医门诊部。陈检察长苦口婆心，赵某静哭诉冤情，我在一旁做工作，希望她能及时删除视频，消除影响。20 分钟过去了，没有效果。陈检察长建议我和赵某静私下聊聊，便提前离开了。

领导离开后，我义正词严，当然也不得不语气平和。赵某静还是很明理的，最后她表示，看在检察长和我的真诚，暂时删除视频，但希望检察院不要再干预法院办案了。我如实转告了陈检察长。

最后的结果是，媒人跳到了轿子里。"老刘是既作鬼来，又作神"。我给足了领导面子，却招来如此议论，真的说不清了。

陈检察长应该是理解我的。如果也不能理解，我只有告诉他："赵某静的做法绝对不是我的作风！跟我没有关系的事儿，我是不会干的。"

好，不解释了，我知道教训在哪儿了。误会可以有，但不要有小动作。

不信春风唤不回

赵某静的公开举报视频，可谓惊天动地。听说有人坐不住了，他们找到了赵某静，自然语气平和了许多。

作为张某民的律师，我关注的是案件本身。赵某静的举动，客观上也帮了我。12月13日，二审法官助理主动联系了我，态度很好，我很高兴地递交了二审辩护手续。

在被告人始终不认罪的情况下，律师要么无罪辩护，要么主动退出。我没有退出，那是因为我一直对案件结果充满希望。

我坚信，自由是高于一切的，自由比什么都重要！

冬天来了，春天也就不远了。

【专业阅读】

关键词： 受贿罪　违法取证　证言可采性　滥用职权罪　实际损失　因果关系

辩　点： 事实·证伪辩　证据·三性辩　证据·链条辩　程序·排非辩　程序·回避辩　法理·无罪辩　法理·因果辩

技战法： 梯次阻击　抽丝剥茧　草船借箭　欲擒故纵　巧借东风

律师感言

质疑同时要善于求证。一般情况下，受贿指控中必须有被告人供述、同案犯的供述、关键证人指认和相关书证相印证。在被告人不供的情况下，对于其他言辞证据，要勇于质疑，善于从细微处发现问题。本案中，特定关系人首次讯问（询问）笔录中谈到"以前所说不准确"，那么，"以前是怎么说的"为什么没有入卷？以此申请调取同步录像就是正当的。侦查人员常常会把同步录像流于形式，律师则要认真对待。

揭露违法要胆大心细。发现违法事实后，要勇于揭露，更要稳妥安全。进攻总是伴随着风险，揭露违法有可能带来职业报复。律师面对的是强大的国家机器，一切行动应当符合法定程序和执业要求，有节有度，收放自如。对于违法行为，可以抓住不放，但要点到为止。公开曝光有泄愤之嫌，极易被政法机关上纲上线，伤及自身。侦查违法意味着相关证据无效，仅此而已，不应当高估公开揭露违法的实际效果。

宽容有可能成为放纵。侦控是社会管理的具体行为，辩护则是人权保障的一道屏障。这种完美的制度设计，虽殊途同归于正义，却因各为其主，通常表现则是激烈的对抗。有罪指控思维是可以理解的，但当侦控工作绩效考核分数成为其一意孤行，甚至不惜用案外手段施压的理由时，侦控就变得非理性了。此时的迁就和宽容，便成了放纵不法。因此，辩护方式和对抗强度的研究是执业律师不能无视的现实问题。

法言法语

1. 批捕环节法律意见书
2. 审查起诉阶段法律意见书（一）
3. 审查起诉阶段法律意见书（二）
4. 取保候审申请书
5. 辩护词
6. 补充辩护词（一）
7. 补充辩护词（二）
8. 补充辩护词（三）
9. 补充辩护词（四）
10. 补充辩护词（五）
11. 二审辩护词
12. 重审排非申请书
13. 重审庭前会议上辩护词
14. 依职权调取证据申请书
15. 核查证据申请书
16. 重审辩护词
17. 补充质证意见
18. 第二次二审开庭申请书
19. 依职权调取证据申请书
20. 第二次二审辩护词（一）

附件 1：批捕阶段法律意见书

XX 市人民检察院侦检处：

北京市鑫诺律师事务所接受张某民亲属的委托，指派本律师担任张某民涉嫌受贿案中张某民的辩护人。接受委托后，本律师及时向案件承办单位 W 市人民检察院递交了辩护手续，并与案件承办人进行了沟通，会见了张某民。

现就了解到的案件事实及相关法理进行论证，提出如下法律意见：

一、关于购车款是否属于借款、本案是否属于“以借为名”型受贿的问题

张某民家属介绍：张某民和女友赵某静购车时，借用了马某的银行卡支付，后该车下户到赵某静的名下。从购车到案发，仅一个月时间左右，因张某民和赵某静未归还马某购车款，侦查机关认为张某民构成受贿罪。张某民家属同时介绍：赵某静支付购车款时，银行卡上的钱不够，便借用了马某的银行卡刷卡支付。购车后，赵某静联系马某，说理财账户不到期，可否到期后支付，马某同意。

张某民陈述：因为托付朋友办几个车辆的吉祥号码，便起意购车。购车前，与马某说过借款的事儿。购车后，催过赵某静至少三次还款，因理财不到期，赵某静主动找马某商量，听赵某静说马某同意还款延后。

对此，我们作出如下分析：

1. 涉案购车款属于借款

本案涉及三人，完全可以通过对三个人的调查讯问作出判断，购车款属于借款是不可能产生争议的。

2. 本案不能认定为“以借为名”型受贿

2003 年 11 月 13 日，最高人民法院发布的《全国法院审判经济犯罪案件工

作座谈会纪要》中明确规定了"以借为名"型受贿。在对该类受贿罪的认定时，应当根据下列因素综合判断：（1）有无正当、合理的借款事由；（2）款项的去向；（3）双方平时关系如何、有无经济往来；（4）出借方是否要求国家工作人员利用职务上的便利为其谋取利益；（5）借款后是否有归还的意思表示及行为；（6）是否有归还的能力；（7）未归还的原因；等等。综合上述了解到的事实，我们认为：作为朋友，临时借卡支付购车款，符合常理；事前有借款的意思表示，事后有还款能力，也有暂未归还的正当理由，且借款时间仅仅一个月左右，没有理由认定为"以借为名"型受贿罪的。

综上，我们认为，本案的借款购车行为不构成犯罪。

二、关于由他人结算画款的先行取画行为是否属于受贿、犯罪数额如何确定的问题

侦查人员介绍：张某民在画廊取走书画作品后，先后有三个人为其结算过书画款，共计10万元左右，其构成受贿。

张某民陈述：他认识画廊聘用的艺术家，关系也很好，其作品有内部价和市场价之分，差别是很大的。他没有让人代为结账，事后也没有人说过结了多少账。如果自己结账，价格是很低的，不能将他人代为结账的数额认定为受贿数额。

对此，我们作出如下分析：

第一，如果他人存在结账事实，且张某民与其有请托关系，那么，张某民取走书画作品则属于利用职务便利非法收受他人财物。

第二，本案的关键点是受贿对象是什么？是结账款对应的书画作品，还是结账款？毫无疑问，张某民收受的是书画作品，不是结账款。是物，不是钱。

（1）张某民取走的是书画作品，不是结账款。

（2）结账款数额不能等同于不是书画作品的价值。

第三，受贿对象是书画作品，书画作品的价值应当评估。

第四，张某民取走的书画作品已经送给了朋友，其价值评估存在客观障碍。

综上，我们认为，在他人存在结账事实，且张某民与其有请托关系的情况下，可以认定张某民利用职务便利非法收受了他人财物。由于张某民收受

的是书画作品，不是结账款，因此书画作品的价值，应当进行评估。又由于书画作品的价值评估存在客观障碍，从而使本案受贿数额无法确定。从法理上讲，受贿人应对收受财物的价值数额承担罪责，不应对行贿人购买该财物所花费的数额承担罪责。这也是我国司法实践中对现代名人字画作为受贿犯罪对象时一般不作刑事追究的法理基础。

三、综合法律意见

（1）本案中借款购车行为不构成"以借为名"型受贿罪。

（2）本案中由他人结算画款的先行取画行为，属于收受他人财物。但因犯罪对象为书画作品，价值评估存在客观障碍，因而无法确定犯罪数额，受贿犯罪不能成立。

（3）对于张某民的提请逮捕意见，应当作出不予逮捕决定。

辩护律师：刘建民

2017 年 5 月 29 日

附件2：审查起诉阶段法律意见书（一）（略）

附件3：审查起诉阶段法律意见书（二）（略）

附件4：取保候审申请书（略）

附件5：辩护词

审判长、审判员：

北京市鑫诺律师事务所接受张某民的长兄张佐新的委托，指派本律师担任张某民涉嫌受贿、滥用职权案件中张某民的辩护人。接受委托后，本律师查阅了卷宗，会见了被告人，并对本案侦查证据材料进行了分析研究。

现就公诉机关指控的两个犯罪事实，提出如下独立辩护意见：

一、指控张某民受贿罪不能成立

（一）张某民及其特定关系人赵某静购车款系"暂借款"，不是受贿

1. 决定购车当天系临时起意，目的是 4 月 15 日电脑升级前选号方便，且系马某提议并同意先行垫付该款

张某民供述（侦查卷二第 87 页 2017 年 6 月 30 日第 11 次讯问笔录）："问：在你买车前，你是如何和马某说的？答：买车前我给马某说过，赵某静想换个奥迪车，后来马某给我说在 2017 年 3 月以后，就下不了好牌了。我说钱不是很凑手，马某说他可以借。"

张某民自书材料（侦查卷二第 100 页 2017 年 5 月 5 日情况说明）："今年 2、3 月份的一天，我和爱虎在一次闲聊时，谈到了新款车型，爱虎说以后的好车号不能办了，要办的话就让赵某静抓紧换个车，如果钱不够，他可以垫付，将来有钱了抓紧还就是了，所以就去 XX 购车。购车后，因爱虎帮忙垫付，我就多次催赵某静给人家还钱，现在还没还我不清楚。"

赵某静证言（侦查卷二第 123 页 2017 年 8 月 12 日第二次询问笔录）："……最初一直没买，想等等到 2017 年年底再买。具体日期记不清了，大概是 2017 年的 3 月中下旬中午 1 点，我和小儿子张某轩吃过午饭在家休息，张某民给我打电话让我下楼，我问张某民干什么，张某民说别管那么多，让你下楼就下楼。然后我问张某民带不带孩子，张某民说带上，我简单收拾了一下就和张某轩下楼了，之后，坐上张某民的白色越野车。张某民车上还坐着马某，张某民说刚和马某吃过饭，我坐上车以后，我问去哪里，张某民什么也没说。""在价格谈好以后，张某民先是问我钱够不够，我说不够，只有 20 多万元，后来马某让用他的银行卡刷卡，张某民当时就说，等有钱了记得把马某的钱还了，因为张某民和马某临时有事，大概下午 4 点多钟就走了，让我自己算账，最后是我和儿子张某轩买了车离开的。"（侦查卷二第 138 页 2017 年 5 月 21 日询问笔录）"当时我去买车前并不知道情况，到了 4S 店以后我才知道是买奥迪车，要是知道去买车我肯定准备好钱，而且说是去看车，自始至终张某民都没有说让准备钱买车，后来交钱时，张某民问我钱够不够，我说不够，随即马某就让刷他的卡买车。"

马某证言（侦查卷二第 149 页 2017 年 5 月 3 日询问笔录）："赵某静说我的钱存的死期，我还想买车。我给赵某静说要买赶快买，因为到 4 月 15 日听

说交警队电脑要升级，不能再选号了。赵某静说让我帮他选个好车牌号。张某民说钱不到期不想让赵某静买车，我说让我将买车钱先垫付出来，这样能选个好车牌号，错过机会就不能再选了。"

综上，这些证据材料证明：张某民及其特定关系人赵某静本想购买车辆，但钱未到期。当张某民听马某说 4 月 15 日交警队电脑升级不能选号，且马某同意先行垫付时，立即通知了赵某静，一起赶往 4S 店看车。出发前，赵某静对上车干什么是不知情的，所以仅带了张 20 多万元的银行卡。这些说明，决定购车是临时起意，赵某静借用马某银行卡刷卡支付，符合马某对张某民的"垫付"承诺。因此，该购车款系"暂借款"。

2. 张某民特定关系人赵某静用马某的银行卡支付车款后，开具了自己名字的购车发票，符合暂借款的特征

赵某静证言（侦查卷二第 120 页 2017 年 5 月 5 日第一次询问笔录）："我用马某的银行卡支付了车款购买了一辆黑色奥迪 A6 轿车，价格是 41.5 万元。另外，还用马某的卡刷了保险费 1.2 万元。发票开的是我的名字，至今车辆还没有下牌照，车一直是我开着。"

综上，这些证据材料证明：在张某民和马某提前离开 4S 店后，赵某静让 4S 店开具了自己名字的发票。这些说明，赵某静的真实意图是所购车辆是自己的，购车款系暂借的。

3. 事后张某民多次谈起还款事宜，马某事前知悉赵某静理财存款（注：口供中称为"死期"存款）未到期，同意先行垫付，但没有言明具体归还期限

张某民自书材料（侦查卷二第 100 页 2017 年 5 月 5 日情况说明）："购车后，因爱虎帮忙垫付，我就多次催赵某静给人家还钱，现在还没还我不清楚。"

马某证言（侦查卷二第 168 页 2017 年 5 月 7 日询问笔录）："问：你给赵某静购买奥迪 A6 以后，张某民或者赵某静是否和你说过还钱给你？答：张某民说过两三次，但是都没有还。"（侦查卷二第 149 页 2017 年 5 月 3 日询问笔录）"赵某静说我的钱存得是死期，我还想买车。我给赵某静说要买赶快买，因为到 4 月 15 日听说交警队电脑要升级，不能再选号了。赵某静说让我帮他选个好车牌号。张某民说钱不到期不想让赵某静买车，我说让我将买车钱先

垫付出来，这样能选个好车牌号，错过机会就不能再选了。"

综上，这些证据材料证明：购车后，张某民跟马某谈过两三次还钱的事儿。之前马某听赵某静说过理财存款未到期，便同意先行垫付，但双方没有约定具体的还款期限。这些说明，购车后，马某知道赵某静理财存款未到期，不急于要求赵某静归还车款。从3月23日购车到5月4日案发的40天时间内，赵某静"暂借"（注：对马某来讲，系"垫付款"）购车款的性质没有改变。

4. 购车前后赵某静及其母亲的财产状况，不能否认购车款"暂借"的事实

（1）"购车前三个月内赵某静将其名下100多万元存款购买理财和转给他人"（详见补查卷一第84~85页），正好证明3月23日购车当天赵某静的存款余额不足，"暂借"购车款符合情理。

（2）"赵某静母亲荣清在赵某静购车时有定期存款185万元"（详见补查卷一第86页），不能证明赵某静购车当天的购车支付能力，其母亲的经济状况与赵某静没有关系。

（3）"购买奥迪轿车后一个月内赵某静名下银行卡共有40多万元存入"（详见补查卷一第84~85页），是不准确的。该证据显示：3月28日，赵某静邮政卡余额为75 401.70元、农行卡余额是319 406.90元，共计393 808.60元，不足"暂借"的购车款项42.70万元。即使在4月9日，农行卡现存了49 500元，略微超过了"暂借款"，由于赵某静开设中医门诊，每月收支额度较大，若全部归还购车款，将对门诊部经营造成困难。加之马某事先同意"垫付"该款，待理财存款5月份到期后一并归还，因此赵某静未及时归还，是符合情理的。

5. 张某民及其特定关系人赵某静均不知道《会议纪要》内容，故没有"收受"涉案购车款的主观故意

马某证言（补查卷一第25页2017年10月25日第6次询问马某笔录）："问：你们公司股东会议形成会议纪要购买车辆处理土地遗留问题这件事，是否和张某民及赵某静说过？答：没有说过，是我们公司内部决定，因为赵某静想换车，为了让张某民解决土地遗留问题，是我们主动提出的。"

马某再次证明（补查卷一第33页2017年12月18日第7次询问马某笔

录）："问：上述让你看的会议纪要的内容中关于买车辆处理土地遗留问题这件事，你或者公司相关人员是否和张某民及赵某静说过？答：没有说过，是我们公司内部决定。"

这些证据材料证明：马某所说的"公司内部决定为解决土地遗留问题而送车（或车款）"的意愿没有向张某民及其特定关系人赵某静表达过，现有证据无法证明张某民和赵某静对马某"垫付"购车款之外的意图是知道的，张某民及赵某静没有"收受"购车款的主观故意。

（二）本案中的关键证据《会议纪要》存在重大疑点，该证据证明力不应采信

在 2017 年 5 月 3 日 23：09 第一次询问马某时，马某说替赵某静临时"垫付"购车款是为了等赵某静理财到期后，再向赵某静借钱。而在第二天即 5 月 4 日 12：55 第二次询问马某时，马某却说"3 月 8 日驾校开股东会，同意驾校出资给赵某静买辆奥迪 A6"。显然，这属于证据发生了重大变化。

通过阅卷分析，我们认为该《会议纪要》作为有罪证据存在重大疑点，表现在：

1. 内容有歧义

侦查卷三第 165 页《会议纪要》内容为："1. 就本校土地手续遗留问题，提出解决方案：会议决定由马某全权代表公司出面协调处理此事项，经股东会同意由马某购买汽车一部以加快相关手续办理。2. 新的一年招生拟定文字资料，做出相关招收学员计划，并制定相关优惠政策。3. 公司决定任命李辉为行政部部长职务。"该证据材料显示，该公司同意由马某购买汽车一部以加快相关手续办理。该纪要的表述内容，包含两种可能：第一种可能是"公然送车行贿"，这种情况是违法的，书面记载没有明示；第二种可能是"由马某购车服务于跑土地手续"，这种情况下便是出借车款或出借车辆，显然不是行贿。那么，本案中提交该证据来证明犯罪也就没有任何意义。

2. 证言不合理

（1）补查中其他三个股东的解释与马某"公司同意给赵某静买车"的说法相矛盾。

贾某收、周某富、周某延证言："2017年3月8日股东会上马某提出需要购买一辆汽车，说是跑土地手续用的"。三个人证言是一样的，详见补查卷一第40页、第48页、第55页。这些证据说明：开会时马某的提议是公司买车，服务于该公司跑土地手续。显然，这是合法的。而本案中，马某的证言却是"公司同意给赵某静买车"。这与其他三个股东关于会议纪要内容的证言是完全不同的。

（2）马某说事后拿着购车发票到公司报销，而事实上，赵某静以自己的名字开了发票，是不可能拿到该公司报销的。

马某证言（侦查卷二第167页）："目前赵某静的车还没有上牌照，发票还在她手里，她还需要用，所以我没有办法到公司的财务上进行报销。但是这个事情股东会研究过，只要赵某静把购车发票交给我，我就可以直接到公司财务上报销。"这种解释不合情理。

（3）程序有瑕疵

从该会议纪要的内容上来看，是"经股东会同意"。从该《会议纪要》的签名来看，分别是贾某收、马某、周某富、周某延。但侦查卷二第156页马某在第二次询问中说："驾校有4个股东。一个是贾某收；一个是我爱人朱某辉；一个是周某富；一个是周某延。"那么，既然经股东会同意，为什么没有股东"朱某辉"的签名，却出现了"马某"的名字？显然，这种股东会的会议纪要是存在程序瑕疵的。

（4）取证不及时

侦查卷三第158页中《豫北职业培训学校红头文件2017年》材料共计16页，包括《会议纪要》，该证据材料提取时间为2017年6月1日。而马某首次提到《会议纪要》的是其5月4日手书的《情况说明》（详见侦查卷三第173页），首次被询问提及时间也是5月4日（详见侦查卷二第155页），但侦查人员却未及时提取，时间拖延近一个月之久。

需要说明的是，第二次补查时，侦查部门提交的《关于豫北驾校2017年5月7日提供会议纪要未在审查起诉卷宗显示的情况说明》（详见补查卷二第105～106页）是不真实的。理由是：

（1）审查起诉卷宗中显示了该会议纪要，但提取时间不是5月7日，而是6月1日。详见侦查卷一第119～120页调取证据通知书及回执、侦查3卷第 158 页该材料的提供时间。

（2）该情况说明中所谓"5 月 7 日提取的会议纪要"，却没有相应的调取证据通知书及回执相印证。

退一步讲，马某首次提到该会议纪要是 5 月 4 日，即便是侦查人员 5 月 7 日进行了提取，也属于取证不及时。因为当时马某已被释放。

综上，该证据材料由于内容有歧义，证言不合理，程序有瑕疵，取证不及时，因而不具有刑事证据的证明效力。

（三）受贿指控中需要说明的问题

1. "以借为名"型受贿罪认定

2003 年 11 月 13 日，最高人民法院发布的《全国法院审理经济犯罪案件工作座谈会纪要》（法［2003］167 号）中对"以借为名"型受贿罪作了明确的司法解释。

在"以借为名"受贿罪的司法解释中，"收受贿赂"的立法意图，是双方虽以借为名，但对行、受贿是有共识的，其目的是掩人耳目。具体认定时，不能仅仅看是否有书面借款手续，应当根据以下因素综合判定：（1）有无正当、合理的借款事由；（2）款项的去向；（3）双方平时关系如何、有无经济往来；（4）出借方是否要求国家工作人员利用职务上的便利为其谋取利益；（5）借款后是否有归还的意思表示及行为；（6）是否有归还的能力；（7）未归还的原因；等等。

本案中，张某民和赵某静的行为，既不属于收受"购车款"，也不属于"以借为名"型受贿。理由如下：

第一，双方没有行、受贿的合意。本案中，马某有同意"垫付"的口供，张某民、赵某静有"归还"承诺。此外，即便是所谓"会议纪要"是真实的，因马某证明该纪要系其内部决定，没有跟赵某静、张某民说过此事。因而，双方不存在行、受贿的合意，张某民和赵某静不存在非法收受的主观故意。

第二，"暂借购车款"性质没有改变。本案中，为了选号方便，在赵某静理财存款未到期的情况下，马某同意先行垫付，"暂借购车款"符合实际；该款确实用于购车及其相关保险费用，用途真实；张某民与马某认识多年，赵某静也经常与他们在一起吃饭聊天，双方关系融洽；马某公司土地已经批复了3年，没有办理出让手续是因为规划和资金问题，而这些恰恰是该公司自身需要解决的问题，与张某民职权没有关系；借款后因马某明知赵某静理财存款未到期，暂缓归还是符合事先约定的；借款后一个月之内，赵某静各项存款余额虽接近或略超借款金额，但因其中药门诊部经营所需，待到理财存款5月份到期后一并归还也符合情理。通过上述综合分析，我们认为：从暂借到案发的一个多月时间内，该款的"暂借款"性质没有发生改变，不属于"以借为名"型受贿。

2.《会议纪要》在本案中的作用

本案中购车时间是2017年3月23日（详见侦查卷三第82页车辆销售合同和第86页的购车发票）；指定管辖时间是4月27日（详见侦查卷一第1页）；第一次讯问时间是5月3日（详见侦查卷一第3页）；立案时间5月4日（详见侦查卷一第2页），涉嫌罪名是受贿罪，即"收受"本案购车款；6月2日决定逮捕。

本案关键证人是马某。2017年5月3日23时第一次询问，5月4日12时第二次询问。在不到一天的时间内，其证据发生了重大变化。《会议纪要》被提及，矛盾重重，不合情理，却未及时调取。现有证据证明，最终调取时间是6月1日。

由此看来，决定逮捕的关键证据是6月1日调取的《会议纪要》。

对此，我们认为：如果这份《会议纪要》是真实的，那么，关键证人在垫付款项一个月后以"单位行贿"告发，其目的值得怀疑，而张某民及其特定关系人赵某静因不知情，不仅不构成犯罪，而且成了受害人；如果这份《会议纪要》是虚假的，张某民及其特定关系人赵某静的"暂借款"性质则更加没有疑问，犯罪无从谈起。

3.提请法庭关注的五大疑点

（1）案件初查的合法性应当关注。

本案"案件来源"是"XX市检察院交办"（详见卷宗封面），指定管辖时间是4月27日，也就是3月23日购车后的1个月零4天。现在的问题是：张某民系H市的科级干部，XX市人民检察院的初查行为是否符合市院查办案件的权限？初查的线索是马某的控告还是其他案件牵连？

（2）案件侦查的正当性应当关注。

本案关键证人马某与张某民、赵某静于 5 月 3 日晚上一同到案，当晚 11：09 第一次询问时，其陈述是"垫付车款"，借给赵某静的（侦查卷二第 145～152 页），而第二天中午 12：55 第二次询问时，其陈述发生了变化："3 月 8 日，我到驾校开股东会"，车是送给赵某静的（侦查卷二第 153～157 页）。之后，马某被释放（注：未采取任何强制措施）。之后调取的会议纪要便成了 6 月 2 日决定逮捕张某民的关键证据，而在此之后 12 月 18 日补查中马某竟然又证明，张某民和赵某静并不知道会议纪要的内容。现在的问题是：三人因贿赂嫌疑一同进去，关键证人马某口供改变后，便出来了，而张某民留在了里面。虽然该证人的口供又发生了有利于张某民的变化，但张某民却因为被批准逮捕再也出不来了。事实真的这么巧合吗？还是设计好的圈套？

（3）赵某静口供中自证其罪的背景应当关注。

本案中，赵某静共有三次讯问笔录，分别是 5 月 5 日（侦查卷二第 118 页）、5 月 21 日（侦查卷二第 132 页）、8 月 12 日（侦查卷二第 122 页）。赵某静在第一次讯问时曾回答："之前，我给检察机关讲这些情况的时候有顾虑，以前说的不是真实情况。经过反思，我把真实情况讲出来……"（侦查卷二第 120 页），那么，"以前说的"到底是什么？为什么不入卷？

在这三次讯问中，赵某静多处自证其罪。如，有问："马某给你的奥迪 A6 是否属于垫钱给你购买？"答："这个我说不清楚，应该不属于垫钱……"（侦查卷二第 127 页）；还有："马某给我买车看的是张某民的面子，要不然也不会给我买车"（侦查卷二第 134 页）；再有："后来我知道我不该收受马某出钱购买的这辆车，知道自己触犯了法律，我把赃款 40 余万元退了检察机关"（侦查卷二第 128 页）等，这些自证其罪的陈述，与其讯问笔录中关于"还钱"的口供明显矛盾。因为主观色彩非常强烈，这是不可思议的。赵某静为什么要这样做？我们知道，赵某静家里有年幼的孩子，不足 10 岁。这是不是取保候审的条件？是不是存在收监羁押的逼供诱供？据说赵某静案已经开庭，她提出了排非申请。因此，我们请求法庭认真审查。

（4）有罪推定的逻辑应当关注。

第一，张某民当庭陈述：赵某静退出购车款 40 余万元，是办案人让他写条子安排赵某静交给检察机关的。显然，赵某静口供中所说的"我把赃款 40

余万元退给了检察机关"，不是赵某静的真实自愿。对于退款，赵某静没有主动，更没有认为这是赃款。因此，公诉机关以"赵某静退赃就是自认有罪"的逻辑不能成立。

第二，证人马某曾证明：等到赵某静将购车发票拿来就可以报销。因为发票没有拿来，他便给公司打白条下账了。马某下账是什么时间？到底是案发前还是案发后？因为下账是马某自己的行为，用下账的事实来证明张某民和赵某静"收受"了公司的购车款，逻辑不通。

第三，公诉机关提到购车后赵某静和马某见面，马某说："如果有人问车的事儿，你就说借我的钱。"公诉机关还提到张某民在羁押期间让人传递纸条的事儿。公诉机关认为，为什么要私下强调"借钱"的事儿？为什么要传递纸条？以此说明购车款不是"暂借"，而是"收受"。事实上，"借钱购车"本身就是事实，为防止心直口快的赵某静到处张扬，强调一下并不为过。传递纸条被及时发现，相关人员已被追究，其用意已经查清了，没有串供行为。这些都是公诉机关对张某民和赵某静主观认识的推定，没有事实依据，"主观归罪"不符合逻辑。

（5）指控受贿的原因应当关注。

"因用地手续不完备，公司被 H 市国土局查处，为办理土地手续，处理土地遗留问题，马某多次找被告人协调"，这是起诉书指控张某民受贿的原因，也是认为与其职务有关联的地方。事实上，公诉机关对行政处罚、土地政策等存在认识错误。

第一，卷宗资料显示，2013 年 H 市国土局曾对马某公司违法占地作出罚款 500 万元的行政处罚，但 H 市法院和公安局均以不符合立案条件退回。2014 年该公司用地被省政府批复，违法占地状态不复存在。加之 H 市政府对重大项目不立案、不停工、不处罚的"三不"政策，该行政处罚被搁置是可以理解的。

第二，2014 年省政府批复马某公司所占用土地后，由于该公司规划和资金问题，未能办理出让手续，领取国有土地使用权证书。而规划和资金问题是当时该公司必须解决的，马某对此非常清楚。不是马某公司找张某民协调，而是国土局催促该公司尽快完成规划和筹集资金。目前，H 市范围内经省政府批复而因企业自身规划和资金问题未能出让的土地还有 100 多宗，一万余亩，国家和省国土部门一直在督查。这种情况普遍存在，不是企业有求于国土局，而是国土局在催促企业抓紧办理。

因此，公诉机关指控受贿原因中的"职务便利"，属于常识性认识错误。在 2017 年 3 月份购车前，马某和张某民之间没有请托事项，双方不可能产生行受贿的主观故意。

（四）小结

综上所述，我们认为：

在事实证据方面，张某民与马某认识多年，有共同的书画爱好。因听说 4 月 15 日后交警部门电脑升级，选号不便，马某在明知赵某静理财账户 5 月份到期的情况下，提议张某民提前买车并愿意"垫付"车款，符合常理。赵某静不知当日买车，所带资金不足，用马某银行卡刷卡支付，符合马某与张某民的事前约定。赵某静开具了自己名字的发票，也符合"暂借款"特征。虽然赵某静购车前有大额投资和债权、赵某静母亲有较强的资金实力，以及购车后赵某静存款曾一度高于"暂借款"额度，但因马某明知赵某静理财账户 5 月份才到期，赵某静未提前筹资归还，符合情理。马某虽然在第二次讯问时，将"同意垫付车款"的口供改变为"公司同意给赵某静买车"，但该公司会议纪要未及时提取，且会议纪要中"经股东会同意由马某购买汽车一部以加快相关手续办理"的表述，并不能直接证明公司行贿的意图。补查中其他三个股东关于"2017 年 3 月 8 日股东会上马某提出需要购买一辆汽车，说是跑土地手续用的"的证言，与马某"公司同意给赵某静买车"的口供明显不同。尤其是，补查中马某"没有（与张某民、赵某静）说过（关于买车处理土地遗留问题这件事），是我们公司内部决定"的表述，表明张某民、赵某静不知道也不可能知道马某所说的"公司意图"，其"暂借款"的性质没有发生改变。赵某静三次口供中自证其罪的陈述与其多次谈到"还款"的陈述明显矛盾，违背常理，取证合法性存在重大问题，该有罪供述不可信。

在请托事项方面，2013 年，马某公司因违法占地被行政处罚，但 H 市人民法院和公安局均以不符合立案条件退回。2014 年，省政府批复了马某公司用地，违法占地状态消除，加之 H 市政府对重大项目的"三不"政策，该行政处罚被搁置是正常的。后续的规划问题属于 H 市规划局和规委会的职权，资金问题应由该公司筹集，与国土局的职权没有关系。因此，张某民、赵某静购车前，马某公司与张某民之间在用地方面不存在请托事项。

对于该项受贿指控，我们的意见是：公诉机关证据不足，张某民及其特定关系人赵某静不构成受贿罪。

二、指控张某民滥用职权罪不能成立

滥用职权指控中列举了两个事实，现逐项说明：

（一）在第一项指控事实中，张某民及国土局收取并支配土地指标款，没有造成经济损失，也不会产生社会不良影响

对于这个问题，有四点需要搞清楚：

1. 土地指标价款能否收取

在 H 市，土地指标款原来由用地单位与各乡镇自由协商，并自行交付。这种做法，费用标准不统一，也不利于全市土地指标的统筹安排。

2013 年 3 月 27 日，H 市土地资产管理委员会第二次会议明确了指标补偿保护价格为每亩 5 万元（详见侦查卷十第 175~182 页），解决了指标款标准不统一的问题。

2013 年 8 月 12 日，H 市政府下发了《关于建设用地拆旧复垦工作的实施意见》（［2013］73 号）（详见侦查卷十第 140~143 页）。该文件规定，"土地指标款打入指定账户"。同时规定，"拆迁复垦建设用地指标统一由市政府调配使用，优先保障我市重点项目和工程用地，不允许私自进入交易平台与擅自交易使用"。这些规定表明，土地指标款要统一收取，各乡镇不得擅自交易。

与此同时，H 市政府还成立了建设用地拆旧复垦工作领导小组，主管土地工作的副市长秦某任副组长。领导小组下设办公室，办公室设在市国土局，张某民兼任办公室主任。

在该文件实施过程中，当时有同一批次的 16 家拟用地单位，张某民便让国土局职能部门通知这些单位将土地指标款交至了指定账户，共计 4275.9095 万元。

需要说明的是，国土局指定的账户是"H 市国土资源局土地开发整理中心"账户，这是 H 市政府的一个直属事业单位，是公开合法的财政账户。

综上，H 市政府改变以往做法，行文明确土地指标补偿保护价格、要求统一收取土地指标款后，张某民作为国土局长，指定账户收取土地指标款是在执行 H 市政府文件规定，是正当的履职行为。

2. 土地指标价款能否支配

那么，国土局收取土地指标款后，能否直接支配呢？

国土局认为，按照以往惯例，土地指标款由用地单位与乡镇直接协商，自行交付，也没有上缴过财政。统一收取的这些指标款是用来购买（注：准确地讲是"补偿"，因为以前应该支付而未支付，且当时标准不统一）H市当时结余的土地指标的，国土局有权按照以往惯例直接支配。

财政局则认为，财政局负责全市财政管理，凡是职能部门的收入，都应当上缴财政，由财政局统一支配。

我们认为，由于这一争议问题涉及H市政府（2013）73号文关于土地指标统一调配的新规定，由国土局负责落实，加之财政局从未管理过该款项，因此，张某民所属的国土局按照以往惯例支配该款项用于购买（或称"补偿"）以前结余的老指标，具有合理性，未有不妥之处。尽管H市人民政府2017年6月12日《情况说明》（详见侦查卷十第135页）中"对于张某民擅自收、支H市东祥实业有限公司等16家企业土地指标款的情况，没有经过市政府以及以上同志的同意，没有支持此行为，没有同意用于拆旧复垦，市政府也没有出具会议纪要和记录"，但对当时主管土地工作副市长秦某（注：现在服刑）未作调查，不能排除得到了其授意或者同意的可能。

综上，H市政府改变过去用地单位与乡镇自行协商和交付土地指标款的习惯做法后，国土局指定账户统一收取、统一支配。由于财政局提出了不同看法，H市政府便责成监察部门约谈了国土局和主管副市长，国土局便及时将剩余资金上缴了财政。此后不久，由于用地单位意见较大，该项规定成为一纸空文，土地指标款仍采用自行协商、自行交付的老办法。显然，土地指标款的支配，没有合法有效的固定模式。实践证明，财政局的提议也未必就是正确的。因此，财政局的不同意见不是评判国土局支配行为对错的标准。

3. 收取并支配土地指标款与事后财政返还指标款、办理土地使用权证书的关系

公诉机关认为："被告人张某民的上述行为（注：收取并支配土地指标款），为之后政府财政部门退还企业垫付增减挂钩指标款造成困难，导致上述16家单位中多数单位不能按照政府和财政部门的规定取得土地使用权……"

事实不是如此。理由如下：

（1）国土局《情况说明》（详见侦查卷十第138页）中"因H市土地收购储备机制不完善，政府财政资金困难，增减挂钩指标款由企业先行垫付，企业缴纳土地出让金获得土地使用权后，经政府核实退还增减挂钩指标款"。按照这种说法，政府核实退还指标款是在用地企业缴纳土地出让金获得土地使用权后。至于在此之前是用地企业自行缴付乡镇，还是国土局统一支付乡镇是没有关系的。事实上，即使在用地企业取得土地使用权之后，也未见过财政返还土地指标款的情况。H市政府不返还土地指标款现象是客观存在的，国土局不应对事后政府财政是否返还和能否返还问题承担责任。

（2）按照上述国土局《情况说明》，结合H市财政局综合科长杨海燕证言："问：建设用地指标款是否允许冲抵土地出让金？答：不允许。"（详见侦查卷八第194页）这些证据材料表明：已缴纳的土地指标款不允许冲抵土地出让金。用地企业不管是自行交给乡镇，还是国土局统一交给乡镇，但在办理土地使用权手续前仍需全额支付土地出让金，已缴纳的土地指标款是不允许冲抵的。因此，因没有全额缴纳土地出让金而未能取得土地使用权，跟张某民及所属国土局的行为没有关系。

（3）用地单位没有取得土地使用权的原因是多方面的。国土局的职责是"批地和供地"，本案中涉案16家单位用地组件上报后，均得到了省人民政府的用地批复，而部分单位实际占有土地却未取得土地使用权是因为其诸如环保达标、产业政策导致的规划问题，以及自身资金问题，这不是国土局的责任。

综上，被告人张某民及所属的国土局统一收取、统一支配土地指标款，跟事后财政部门是否返还指标款没有关系。上述16家单位中多数单位未取得土地使用权是另有原因，不是国土局统一收取、统一支配指标款的行为造成的。

4. 有无经济损失，有无重大社会不良影响

（1）张某民和国土局的行为没有造成经济损失

对用地单位来讲，事前缴纳土地指标款，是H市政府的要求。办证前全额缴纳出让金，也是应当的。至于事后财政能否返还、是否返还，跟国土局没有关系。因此，国土局统一收取、统一支配，与自行协商、自行支付的以往惯例相比，用地单位是没有额外支出的，因而没有造成用地单位的经济损失。

对 H 市财政来讲，本案中国土局统一交付乡镇，与原来用地单位自行交付乡镇相比，财政收入没有增加也没有减少，损失无从谈起。即便是财政部门对国土局支配对象和标准有不同看法，完全可以通过财政会计手续划转来解决，也不存在财政资金损失问题。事实上，针对 W 市人民检察院检察建议书，H 市政府于 2017 年 9 月 22 日召开了市长办公会议，对相关情况进行了摸底，并采取追回或抵扣的方式进行完善和改进，效果是很好的，不存在财政损失问题。

（2）张某民和国土局的行为不会产生社会不良影响

统一收取、统一支配土地指标款，是针对以往土地指标款标准不统一，协商渠道不通畅，土地指标调配困难等问题，经 2013 年 H 市土地资产管理委员会第二次会议和市政府研究决定后，国土局组织落实的。鉴于 H 市的特殊情况，张某民和国土局没有成功的模式可以借鉴，这种做法应属行政管理工作中的改进行为，其主观上没有过错。至于财政局对国土局的不同意见，则属于政府部门内部的认识分歧。在政府主导完善或改变之前，对于国土局的这种行政管理行为，行政相对人应当予以尊重和理解，虽然享有建议权和批评权，但不会在社会上造成不良影响。

（二）在第二起指控事实中，东祥实业提出"土地指标款冲抵土地出让金"的理由，不符合 H 市用地惯例；张某民为东祥实业颁发土地使用权证书，是在其满足了实质办证条件的情况下，避免行政诉讼的一种变通措施，其主观上确属善意，客观上防止了契税的流失，没有也不会造成国家财政资金的损失

对于这个问题，有三点需要搞清楚：

1. 东祥实业已缴纳的土地指标款能否冲抵出让金？是否合理？责任在谁？

（1）本案现有证据证明，土地指标款是不允许冲抵出让金的。

（2）东祥实业提出"已缴纳的土地指标款冲抵出让金"的理由是否合理。

本案的特别之处在于：作为 H 市招商引资企业的东祥实业，在缴纳土地指标款后，没有另行全额缴纳出让金，而是提出"既然土地出让金中包含了土地指标款，那么，我们仅就出让金中扣除已缴纳土地指标价款后的款项予以缴纳，事后无须财政返还"。对此，财政局却认为，已缴纳的土地指标款不能冲

抵，现缴纳的土地出让金款项不足，于是拒绝了开具出让金专用发票的要求。

事实上，东祥实业要求简化行政程序的说法具有一定的合理性，却没有考虑到财政局关于先交费和后退款的工作流程；财政局的做法也是正确的，因为工作有制度，行政有程序，凡事应当照章行事。

该事件的纷争，肇始于财政局坚持按程序办事，要求"先交后退"，进而引发了国土局能否支配土地指标价款的争议。事实上，这是没有先例的，其他用地单位均是另行全额缴纳土地出让金的，没有一家用地单位提出过"先行冲抵"的要求。这仅仅是一起个案，是这家招商引资企业提出的"额外要求"。

另外，东祥实业申请用地348亩，缴纳土地指标款1740.42万元。第一次实际竞得土地102.091亩。而他们却提出用已缴纳的348亩土地指标款，冲抵竞得土地102.091亩的土地出让金（详见侦查卷四第140页）。显然，这一点是不合理的。

（3）责任在谁？

该事件的背景，是东祥实业应当另行全额缴纳出让金而没有缴纳，却提出用已缴纳的土地指标价款先行冲抵，事后无需财政返还。对于这家政府招商引资企业的要求，财政局的解释理由显得不近人情，不是"用地单位应当另行全额缴纳出让金，事后由财政返还已缴的土地指标款"，而是"以不认可国土局收取并支配土地指标款为由不予冲抵"，故意将不开具出让金专用发票的责任推向国土局。显然，这是财政局超越内部分歧的层面而故意实施的指责行为。

在全面构建"服务政府"的进程中，对于行政相对人提出的合理建议和要求，政府及其职能部门都应当认真倾听，虚心接受，及时改进。既然财政局同意事后返还土地指标价款，为什么不能简化程序，先行冲抵出让金呢？庆幸的是，这种职能部门因认识分歧严重影响政府形象，进而涉及刑案的现象，引起了H市政府的高度关注。2017年9月22日，H市人民政府已召开了市长办公会议，正着手解决这一问题。

但无论如何，国土局按照职权分工，借鉴以往惯例，统一收取并支付以前结余的"三项整治"土地指标价款的行为，是没有过错的。相反，财政局坚持繁琐无效的工作流程，倒是应当予以改进。该事件的责任不在国土局，更不是张某民个人的过错。严格来讲，对于政府职能部门的履职评价，应由政府负责评判。

2. 国土局应否发证

我们知道，颁发土地使用权证书是国土局代政府实施的行政备案行为。

（1）国土局发证具有合理性。出让金专用发票和契税发票只是发证的两个形式要件，只要满足了交费的实质要件，发证便具有行政合理性。H市不动产中心的情况说明也证明了这一点。

（2）国土局发证具有紧迫性。东祥实业系政府招商引资企业，对于该企业关于简化行政程序的合理请求，应当予以支持。在该企业已缴的土地指标价款冲抵出让金后，出让金款项便属于足额缴纳的情况下，长期拖延办证将招致不良社会评价或导致行政诉讼。因此，国土局发证具有紧迫性。

3. 是否造成了影响和损失

（1）社会影响问题的考量应立足于全案事实。纵观全案，国土局和张某民的行为包括土地指标价款的收取和支配、土地使用证的颁发、契税款项的监管变通措施等。这是一个整体行为，彼此牵连，互为一体。判断其社会影响，应整体把握，不应分割评判。

本案中，土地指标款收支并无不妥，颁发证照正当合理。因公履职，未见私利。在政府主动改变这一现状之前，行政管理相对人可以议论，也有权建议，但评判权归于政府，不会造成社会影响。

（2）经济损失问题的考量应关注涉案款项的财政入库条件是否具备、有无实际损失、是否超出国土局人员的监控范围等。

本案中，国土局在发证之前，要求用地单位将应缴契税款项转至第三人账户实施监控，保证了在政府职能部门认识统一后及时上缴财政，国土局相关人员确属善意，且尽到了应有的注意义务。由于至今契税入库条件尚不具备，因此实际损失没有发生。

综上，我们认为，职能部门因认识问题产生的内部争议，应由政府评判和解决，社会影响无从谈起；因认识问题无法统一，至今契税入库条件不具备，财政实际损失没有发生。

（三）滥用职权指控中需要说明的问题

1. H市用地变通做法存在的问题

按照国家政策规定，"净地"挂牌企业只需缴纳土地出让金即可获得土地使用权（详见侦查卷十第 138 页）。

H 市的做法是：用地企业先行垫付增减挂钩指标款，在企业缴纳土地出让金获得土地使用权后，经政府核实退还增减挂钩指标款（详见侦查卷十第 138 页）。

这种变通的"先交后退"做法存在两个问题：

一是退还困难，不利于全市土地管理。事实上，截至目前，除享受招商优惠政策或有会议纪要的少数单位外，未见过"被返还"的情况。于是，更多的用地单位在缴纳土地指标款，获得农用地转用批复文件，或履行"招拍挂"程序后，不再办理缴纳土地出让金手续，也不办理土地使用权证书，造成土地管理无序。

二是土地指标款收支没有固定的模式。以往的自行协商、自行交付模式，不便于国土局统一调配指标，无法服务全市重点项目，政府有意见；本案中国土局统一收支模式，有坐收坐支的嫌疑，财政有意见；上缴财政统一收支模式，流程繁琐，返还困难，乡镇抗拒，用地单位有意见。目前，又回到了自行协商、自行交付模式，老问题依然存在。

这些问题是客观存在的，其根源在于国家土地指标制度和 H 市财政紧张。土地指标款不允许冲抵出让金，跟本案中国土局统一收支没有关系；用地企业不主动办理土地使用权证，跟本案中国土局统一收支也没有关系。面对招商引资企业的虽违背惯例但实质合理的要求和财政局非善意指责，张某民及所属国土局为避免不良评价、诉讼风险和政府责难，在充分防范财政损失的情况下履行颁证职责，纯属善意。

这种完全归咎于地方政府变通用地制度的做法，是本案发生的根本原因。张某民及所属国土局不应当对此负责，更不应当承担刑事责任。

2. 本案本应"追赃挽损"却变成了"协商退款"，人为制造损失嫌疑的办案方式应当警惕

需要说明的是，本案侦查过程中，侦查人员发现应纳契税款项在第三人账户管控时，可以径行依法追缴，一并统筹解决；或维持现状，待日后解决。但令人遗憾的是，侦查人员却主持双方协商，最终达成了退给纳税义务人的协议，致使处于监控的应纳契税款项脱离了管控。

对此，我们认为：用地企业在办证之前应当缴纳契税。当政府职能部门

之间发生分歧，客观上无法缴纳时，国土局指定第三人账户进行监控，是避免财政损失的有效之举。侦查人员对该款项可以依法追缴，也可以维持现状。但无论如何，是不能退给纳税义务人的。因为用地企业领取了土地使用权证书，又得到了退回的应纳税款，显然属于获取了不当利益，将给财政造成损失。我们同时认为：侦查人员擅自主持协商退给纳税义务人的行为，有人为制造损失，进而故意制造罪案的嫌疑。现提请法庭高度关注。

3. 控告目的的正当性应当关注

东祥实业公司明知"土地指标款不能冲抵出让金"，却以 H 市重大招商引资项目的名义，在土地竞拍后向市政府提出该项要求。市政府认为该项要求具有一定的合理性，便协调国土、财政部门办理。财政局坚持原则不予冲抵，但随后提出"即便是冲抵，因土地指标款未交到财政账户，不予认可"，将无法冲抵的责任推至国土局。国土局因向省政府报批这 16 家用地手续，使用了以前结余的土地指标，且已经将统一收取的一部分土地指标款按照以往惯例向乡镇支付，致使东祥实业"土地指标款冲抵出让金"的请求一时无法落实。显然，这是东祥实业的"额外要求"与国土、财政的一贯做法发生了冲突。尽管如此，国土局遵照市政府的安排，为不影响 H 市的招商形象，在东祥实业满足实质性交费（注：土地出让金在土地指标款冲抵后已属足额缴纳；契税缴纳条件不成就时指定第三方进行管控）条件后，为其办理了国有建设用地使用权证书。

对于上述情况，东祥实业不仅不理解市政府及其职能部门的用心，而且在领取国有建设用地使用权证书后，控告国土局渎职，并要求退回处于监控状态的契税款项。显然，东祥实业利用国土局变通执行市政府指示的瑕疵之处，要求退回契税款项，属于不当利益，也属恶意请求。

综上，东祥实业关于"土地指标款冲抵出让金"的额外要求，改变了市政府职能部门的通行做法。在满足其要求后，却又以控告为手段，提出更为不合理的"退回契税"请求。刑事司法不应纵容这种不法控告，应当对政府职能部门的行政管理行为给予更多的宽容。

（四）小结

综上所述，我们认为：

对于第一起指控事实，（2013）73 号文之前，H 市的土地指标款由用地单位与各乡镇自由协商、自行交付，没有上缴过财政。该文件下发后，为保证日后全市拆迁复垦建设用地指标统一调配，国土局开始对 16 家拟用地单位的土地指标款按每亩 5 万元的标准统一收取。由于这 16 家单位申报省政府土地审批时使用的土地指标是以前结余的"三项整治"土地指标，国土局便按照以往惯例直接支付（或"补偿"）给了相关乡镇一部分。对此，财政局认为应由财政统一收取并支配，市政府责成监察部门约谈国土局，国土局及时将未支配的土地指标款上交了财政。由于用地单位意见大，土地指标款的收支又回到了以前的老路，该文件成了一纸空文。

事实上，H 市土地指标款收支一直没有有效的固定模式。对于（2013）73 号文件之后国土局仅有一次的土地指标款收支行为，业已经过纪检监察部门处理，未发现重大违纪问题，且县乡财政由会计核算中心统一管理，事后也采取追回或抵扣的方式予以账面完善，客观上没有也不可能存在财政资金损失问题。

对于第二起指控事实，与第一起指控事实相关联。东祥实业公司明知"土地指标款不能冲抵出让金"，却以 H 市重大招商引资项目的名义，在土地竞拍后向市政府提出了该请求，市政府协调财政、国土部门办理。财政局坚持原则不予冲抵，并提出该公司土地指标款未交到财政账户，不予认可。国土局认为省政府报批的 16 家单位用地使用的是以前结余的土地指标，按照以往惯例直接支付给乡镇也并无不当。财政、国土部门的分歧，使东祥实业"土地指标款冲抵出让金"的请求，无法及时落实。为不影响 H 市的招商形象和诉讼风险，最终国土局在东祥实业满足了实质性交费条件后，为其办理了国有建设用地使用权证书。

事实上，东祥实业的"额外请求"改变了政府职能部门的通行做法，造成了意见分歧。在意见统一之前，财政局不开具出让金专用发票，契税也无法缴纳。面对政府职能部门意见分歧无法及时解决的客观状况，国土局让东祥实业交应缴契税款项转入第三方实施监控，确保意见统一后契税及时入库，实属善意之举。由于政府关于"土地指标款冲抵出让金"这一前置条件未能解决，契税入库条件尚不具备，实际财政损失没有发生。侦查人员擅自主持管控账户的第三方与东祥实业协商以房抵债退款的事实，也证明该款项没有无法追回的风险。

对于上述两起指控，我们的意见是：张某民滥用职权犯罪的指控是明显证据不足的。同时，我们建议：

（1）立即向第三方账户管控人依法追缴该款或责令其维持管控现状，避免该款退回东祥实业，造成东祥实业不当得利和契税追缴风险。

（2）鉴于H市政府已追回或抵扣了乡镇的土地指标款，应当建议其协调财政部门办理"土地指标款返还"或"土地指标款冲抵出让金"手续，尽快为东祥实业出具土地出让金专用发票，排除契税缴纳的障碍，使该问题得到彻底解决。

各位法官：非常感谢法庭的主持和倾听，使我们的独立辩护意见得以完整地表述。

本案是一起在H市范围内有着重大影响的案件。其特殊性在于，本案的被告人张某民曾任H市国土资源局局长，他是在任上被检察院带走接受讯问，并被采取强制措施的。这种办案方式，必然提升案件关注度。因此，社会议论纷纷，各界褒贬不一。

通过今天的开庭审理，案件基本事实已经查清，控辩双方也充分地表达了各自的意见。作为执业律师，对于本案中检察机关原自侦部门的初查权限、侦查目的、取证方式、认定逻辑等方面存在的突出问题，我们认为应当果断提出质疑，切实履行起职业法律人维护法律尊严和社会公平正义的职责。因为，刑事侦查事关公民的声誉、自由和生命。一旦不当（或违法）启动程序，将可能造成嫌疑人一生的灾难。为此，我们将持续关注。

当前，以审判为中心的司法体制改革正向纵深发展，国家监察体制改革中"侦控分离"终于使侦查行为远离了审判，这种"自侦自诉"现象将成为历史。与此相适应，尊重法官、尊重法院依法独立办案必将成为法治中国的大趋势、新常态。目前，本案的侦查人员已经转隶，初查机关的相关人员也被调离，审判压力已经消除，法院完全没有必要为那些疑似侦查不当甚至是违法行为承担责任。社会可以浮躁，司法则必须理性。我们相信，人民法院一定能够凭借法官的智慧，作出一个经得起时间检验的公正判决！

辩护人：刘建民

2018 年 3 月 28 日

附件6：补充辩护词（一）

是借款，还是受贿

【核心提示】

通过证人马某编造4月15日交警部门电脑升级的虚假信息，看证人马某前后间隔不足12小时的两次证言，案件性质从"借钱买车"演变成"行贿送车"的变化，以此判断其证言的真实性和证明力。

审判长、审判员：

在上次庭审过程中，辩护人已就《会议纪要》的真实性、合理性和取证合法性提出了质证意见。鉴于赵某静购车起因、购车时间直接决定借款与否，罪与非罪，为进一步落实赵某静的购车起因，辩护人又调取了相关信息。

据新华社郑州站2017年6月20日披露："记者从河南省公安厅交警总队获悉，按照公安部统一安排，河南作为第一批推广应用单位，从6月20日开始，全省各地车管所正式应用全国统一机动车选号系统和号牌生产管理系统。"该新闻证明，河南省作为首批应用地区，全国统一机动车选号系统的推行时间是6月20日。显然，证人马某向张某民、赵某静宣称交警部门将于4月15日电脑升级，这种提前两个多月的电脑升级时间，是虚假信息。

这一虚假信息，给已有购车意向且因"存款死期"未到期，手中资金紧张的张某民夫妇"制造"了购车选号的紧迫感。尔后又主动承诺垫付购车款，张某民也明确表示日后将予以归还，并且在马某刷过卡、赵某静办理手续时，张某民叮嘱赵某静待存款到期后归还马某购车款，充分证明了双方的"借钱买车"的合意。

而卷宗资料显示，在间隔不到12小时的第二次询问中，马某又称"驾校开过股东会，同意给赵某静买车，还有会议纪要"。这样，从双方合意"借钱买车"，演变成了单位犯罪"行贿送车"。

这一口供的变化，是典型的"自杀式反水"。结合全案证据分析，这是经不起推敲的。

（1）假如会议纪要为真，即驾校有意送车——马某又何必处心积虑地编造交警部门提前电脑升级无法选号的信息呢？唯一可能就是，张某民夫妇不明知、也不可能接受驾校的"行贿"，马某为执行单位股东会决议，而人为制造购车选号的紧迫感，诱使张某民夫妇提前"借钱"买车。在这种情况下，张某民夫妇因不明知公司"送车"的用意而不具有受贿的主观故意，受贿罪不能成立。

（2）假如会议纪要为假，即驾校无意送车——马某在明知赵某静手中"存款死期"于5月份到期的情况下，赵某静既具备还款能力，又具有购车意向，便以交警部门4月15日电脑升级为借口，故意制造选号紧张，然后又"好意施惠"主动垫资促成张某民夫妇提前购车，以达到自己向赵某静借钱融资的目的。显然，马某为了融资，故意好意施惠，让张某民夫妇借钱买车的陈述，更为客观真实。

两句话可以概括上述分析：

第一句话：编造谎言主动垫资"请君入瓮"，只为借钱融资，借贷关系真实。

第二句话：会议纪要让马某"金蝉脱壳"，责任推给单位，却难自圆其说。

综上所述，我们的辩护意见是：关键证人马某证言反复，且不能出庭作证，现有证据证明其编造交警部门提前电脑升级的虚假信息是客观存在的。因此，其证言不具有可信性。关键证人马某善变的性格，虚假的陈述，使事后调取的会议纪要，不管真伪如何，均不应作为有罪证据使用。

2018 年 7 月 11 日

附件 7：补充代理词（二）

关于 1115 万元是否造成损失的问题

【核心提示】

不管是锅里的，还是碗里的，在开饭之前，都是公家的。

1. 没有给国家财政造成损失

（1）对县财政来讲，本案中，国土局统一交付乡镇，与原来用地单位自行交付乡镇相比，县财政收入没有增加也没有减少，损失无从谈起。

（2）对乡财政来讲，土地指标款主要用于对结余土地指标的劳务补偿，乡镇不是支付对象，只是负责兑付的经办单位，该款不属于乡（镇）的财政收入，因而也没有损失。

（3）对县乡两级财政的关系来讲，H市会计核算中心统一负责县乡财政的管理，尽管财政局对国土局支配对象和标准有不同看法，完全可以通过财政会计手续的划转来解决。事实上，针对W市人民检察院检察建议书，H市人民政府于2017年9月22日召开了市长办公会议，对相关情况进行了摸底，随后采取了抵扣的方式进行完善和改进，效果是很好的，不存在财政损失问题。通俗地讲，"不管是锅里的，还是碗里的，在开饭之前，都是公家的"。

2. 没有给用地单位造成损失

对用地单位来讲，事前缴纳土地指标款，是H市政府的要求。办证前全额缴纳出让金，也是应当的。因此，国土局统一收取、统一支配，与自行协商、自行支付的以往惯例相比，用地单位是没有额外支出的，因而没有造成用地单位的经济损失。

3. 没有给社会造成不良影响

统一收取、统一支配土地指标款，是针对以往土地指标款标准不统一，协商渠道不通畅，土地指标调配困难等问题，经2013年H市土地资产管理委员会第二次会议和市政府研究决定后，国土局组织落实的。鉴于H市的特殊情况，张某民和国土局没有成功的模式可以借鉴，这种做法应属行政管理工作中的改进行为，其主观上没有过错。至于财政局对国土局的不同意见，则属于政府部门内部的认识分歧。在政府主导完善或改变之前，对于国土局的这种行政管理行为，行政相对人应当予以尊重和理解，虽然享有建议权和批评权，但不会在社会上造成不良影响。

综上所述，我们的辩护意见是：H市土地指标款收支一直没有有效的固定模式。对于（2013）73号文件之后国土局仅有一次的土地指标款收支行为，业已经过纪检监察部门提醒和处理，未发现重大违纪问题，且县、乡两级财政由会计核算中心统一管理，事后也采取了抵扣的方式予以账面完善，客观上没有也不可能存在财政资金损失问题。

2018年7月11日

附件 8：补充代理词（三）

关于 170 万元应缴契税款是否造成国家损失的问题

【核心提示】

在政府职能部门意见统一前，财政局不开具出让金专用发票，契税入库条件尚不具备，不存在国家损失。管控款项的第三方有足够的资产来保证款项如期交付，该款项没有无法追回的风险。侦查部门出面协调第三方退给用地单位，客观上造成了该款项流失，其故意制造罪案的主观动机应当引起高度关注。

一、必须正视的事实

用地单位东祥实业的"额外请求"改变了政府职能部门的通行做法，造成了意见分歧。这是该事件发生的直接原因。

在意见统一之前，财政局不开具出让金专用发票，契税也无法缴纳。这是该事件发生的真实背景。

在政府催办的背景下，用地单位东祥实业满足了办证前缴费的实质条件，国土局发证具有行政合理性，不存在故意滥权。

在政府职能部门意见分歧无法及时解决的情况下，国土局让东祥实业将应缴契税款项转入第三方实施监控，确保意见统一后契税及时入库，实属善意之举，没有放任失职。

关于"土地指标款冲抵出让金"这一前置条件至今未能解决，财政局没有开具土地出让金专用发票，致使契税入库条件尚不具备，实际损失没有发生。

应缴契税款项由第三方管控，且第三方有足够的资产来确保如期交付该款项。本案中，侦查人员主持第三方与东祥实业协商以房抵债退款的事实，也证明该款项没有无法追回的风险。

二、尤为重要的说明

第一，办证程序虽有瑕疵，但不能否认发证的行政合理性，没有滥权故意。

第二，第三方管控应缴税款，是国土局的善意之举，没有放任失职。

第三，用地单位东祥实业在领证前支付应缴税款是其法定义务，领证后通过控告途径追回应缴税款，属于"恶意"欺诈行为。

第四，侦查部门主持款项监控的第三方与用地单位东祥实业协商"以房抵债"，致使被监控款项彻底流失，系人为造成的"损失"，构成司法权滥用，故意制造罪案。

2018 年 7 月 11 日

附件 9：补充辩护词（四）（略）

附件 10：补充辩护词（五）（略）

附件 11：二审辩护词（略）

附件 12：重审排非申请书（略）

附件 13：重审庭前会议上辩护词

审判长、审判员：

我们的"排非"请求有两个，分别是：

1. 请求依法排除马某自第二次询问起所有关于"驾校送车"的证言效力。

第二次询问（2017 年 5 月 4 日卷二第 153 页）

第三次询问（2017 年 5 月 5 日卷二第 159 页）

第四次询问（2017 年 5 月 7 日卷二第 163 页）

第五次询问（2017 年 10 月 25 日补查卷一第 19 页）

第六次询问（2017 年 12 月 18 日补查卷一第 30 页）

2. 请求依法排除赵某静自第一次询问（讯问）起所有关于自证其罪和不利于张某民的证言效力。

第一次讯问（2017 年 5 月 5 日卷二第 118 页）

第二次询问（2017年5月21日卷二第132页）

第三次讯问（2017年8月12日卷二第122页）

具体来讲，我们"排非"的事实与理由如下：

一、关于排除马某自第二次询问起所有关于"驾校送车"的证言效力

1. 侦查机关违法超时、连续询问证人，属变相拘禁、连续疲劳询问，逼取证言

证人马某于2017年5月3日至2017年5月5日前后连续4天内在W市人民检察院询问室内，分别接受了XX市人民检察院、W市人民检察院两级侦查机关的询问，制作了3份（次）询问笔录，详见卷二第145页、第153页、第159页记载。具体起止时间如下：

第一次询问：5月3日23：09～5月4日02：45（借钱买车）

第二次询问：5月4日12：55～5月4日21：50（驾校送车）

第三次询问：5月5日01：12～5月5日01：35（驾校送车，且有录像）

显然，证人马某第一次接受询问后，间隔10小时10分钟后又接受了第二次询问。之后又间隔3小时20分，接受了第三次询问。在证人马某不间断持续被询问2天后，其证言从"借钱买车"戏剧性地转变为"驾校送车"，并且在第三次询问时接受了侦查机关"同步录音录像"的要求。

从三次询问时长来看，第一次询问用时3小时36分钟左右、第二次询问用时长达8小时55分钟，而第三次接受同步录音录像的询问仅仅用时23分钟，足以证明证人马某在连续、不间断的"疲劳"询问过程中，被迫做出了"实质性"证言转变且接受录音录像才得以结束询问，取证违法性不言自明。

根据《人民检察院刑事诉讼规则》第80条规定："一次拘传持续的时间不得超过十二小时；案情特别重大、复杂，需要采取拘留、逮捕措施的，拘传持续的时间不得超过二十四小时。两次拘传间隔的时间一般不得少于十二小时，不得以连续拘传的方式变相拘禁犯罪嫌疑人。"针对犯罪嫌疑人的一次拘传、传唤尚不能超过12小时且两次拘传、传唤之间间隔不得少于12小时，举重以明轻，就证人的询问更应该严格遵守上述规定，而侦查机关连续询问的两次间隔分别为10小时、3小时，属不间断疲劳询问证人、变相拘禁证人，其获取的证人证言应当予以排除。

2. 市、县两级侦查机关滥用侦查权，侦查主体和侦查员身份不明，涉嫌

违法干预案件

卷宗一第 1 页《XX 市人民检察院指定管辖决定书》显示，XX 市人民检察院于 2017 年 4 月 27 日将犯罪嫌疑人张某民涉嫌受贿罪一案线索指定 W 市人民检察院管辖。W 市检察院具有管辖权，是合法侦查主体。而卷宗一 P6 新市检反贪询〔2017〕117 号《XX 市人民检察院询问通知书》，由 XX 市人民检察院反贪局 2017 年 5 月 3 日通知马某于 "2017 年 5 月 3 日 23 时" 到 "W 市检察院询问室" 接受询问，并由刘某、雷某、王某斯对马某出示工作证件、亮明 XX 市人民检察院侦查员身份，制作了第一次询问笔录。XX 市人民检察院不是张某民涉嫌受贿案件的侦查主体，其以什么案件为由通知马某接受询问？属于上级侦查机关滥用侦查权，违反程序干预案件侦查，逼取证人证言。

卷二第 145 页《XX 市人民检察院询问笔录》（第一次）显示，询问人：刘某、雷某，记录人：王闻斯，被询问人：马某。而卷二第 153 页《W 市人民检察院询问笔录》（第二次）显示，询问人：张某鹏、雷某，记录人：王某斯，被询问人：马某。如果是上下两级院，基于不同的侦查权对马某进行询问，为什么 W 市人民检察院没有针对马某的第一次询问笔录？W 市人民检察院显然是将上级院制作的询问笔录视为了 "第一次询问"，XX 市人民检察院在指定管辖后不具备管辖权，XX 市人民检察院能否等同于 W 市人民检察院，其侦查权又从何而来？且 "雷某、王某斯" 在前后两份询问笔录中，5 月 3 日是 "XX 市人民检察院的检察人员"，5 月 4 日又是 "W 市人民检察院的检察人员"，明显属于侦查人员身份造假，名义冒用，违法取证不言自明。

3. 侦查机关涉嫌伪造文书，询问程序严重违法

卷一第 6 页新市检反贪询〔2017〕117 号《XX 市人民检察院询问通知书》，由 XX 市人民检察院反贪局 2017 年 5 月 3 日通知马某于 "2017 年 5 月 3 日 23 时" 到 "W 市检察院询问室" 接受询问。而卷宗一第 15 页新市检反贪询〔2017〕117 号《XX 市人民检察院询问通知书》，由 XX 市人民检察院反贪局 2017 年 5 月 15 日通知张某于 "2017 年 5 月 15 日 15 时" 到 "W 市检察院询问室" 接受询问。同一文号的通知书，却于不同时间、通知不同证人接受询问，侦查机关涉嫌伪造文书，询问程序严重违法。

4. 结合 "会议纪要" 书证的疑点、一审已质证的关于 "事后伪造会议纪要" 的通话录音，关于 "驾校送车" 的证言效力应予排除

关于"会议纪要"书证的疑点：内容有歧义、证言不合理、程序有瑕疵、形成有问题、格式相矛盾、取证不及时。详见一审辩护词。

关于"事后伪造会议纪要"的通话录音。详见一审提交的《赵某静与马某对话录音资料整理》。

5. 马某经多次传唤未出庭作证的事实，也请考虑

综上，马某自第二次询问起所有关于"驾校送车"的证言，因取证违法，不具有证据效力。结合本案其他证据，充分证明该证言不真实，应当予以排除。

二、关于排除赵某静自第一次询问（讯问）起所有关于自证其罪和不利于张某民的证言效力

1. 侦查机关涉嫌穿插、诱导性询（讯）问，以马某证言为蓝本，逼取赵某静有罪供述

赵某静第一次讯问笔录显示（见卷二第118页），讯问起止时间为2017年5月5日02：06~2017年5月5日02：45。该讯问笔录的开始时间02：06，距离证人马某第三次询问结束时间01：35，仅间隔31分钟。这是马某证言已由"借钱买车"变成"驾校送车"。

2. 故意隐瞒赵某静之前的讯问笔录，掩盖事实真相，也属违法

赵某静在第一次讯问笔录中供述（见卷二第120页）："之前，我给检察机关讲这些情况的时候有顾虑，以前说的不是真实情况……"既然是赵某静第一次接受讯问，为什么赵某静供述说"以前讲的不是真实情况"，赵某静之前讲了什么内容？为什么没有入卷？为什么在第三次询问马某之后，才对赵某静进行第一次讯问并且"推翻"了以前的说法，进一步印证侦查部门以马某证言为蓝本来逼取赵某静有罪供述的可能性。

3. 结合"会议纪要"书证的疑点、一审已质证的关于"事后伪造会议纪要"的通话录音，关于"驾校送车"的证言效力应予排除

同前文，不赘述。

4. 据悉，赵某静受贿案件中赵某静曾在公诉阶段和一审阶段均提出"排非"申请，并提交了与马某对话录音，同时提交了侦查部门对其综合讯问时的录音，请依法调取，综合判断

综上，赵某静自第一次询问（讯问）起所有关于自证其罪和不利于张某民的证言，是在侦查部门违法取证的情况下获取的，不具有证据效力。结合

本案其他证据，充分证明该证言不真实，应当予以排除。

辩护人：刘建民

2019 年 6 月 14 日

附件 14：依职权调取证据申请书（略）

附件 15：核查证据申请书（略）

附件 16：重审辩护词（略）

附件 17：补充质证意见

公诉机关庭审后对关键证人的同步录音录像
内容不能作为定罪的依据

（1）法理上违反"禁反言"原则。上次庭审中法庭出具了依职权调查马某的证言，并经过了控辩双方的质证，法庭已记录在案。如果没有证据证实马某向合议庭法官作出的陈述系刑讯、胁迫等非法手段获取，那么，庭审后马某向公诉机关作出的相反陈述，则违背了"禁反言"原则，不能作为定案依据。

（2）程序上严重违反法定程序。上次庭审中法庭出具了依职权调查马某的证言，并经过了控辩双方的质证，其效力等同于证人出庭作证。庭审结束后，公诉机关却又对马某通过同步录音录像调查，取得了相反的证言。这是严重违反举证、示证、质证程序的行为，不具有刑事证据效力。

（3）性质上属于违法取证。在法院审理阶段，公诉机关有补充侦查权利，也有补充证据材料的权利。补充侦查是对新发现的事实进行调查，补充证据材料是对原有证据证明力的补充和强化。公诉机关的这次同步录音录像调查，明显不属于补充侦查的范围，也不是在补充证据材料，明显是在给证人施加压力，逼取证言，掩盖错误。换位思考一下，假如庭审后辩方这样做了，该会是什么样的结果。

（4）证明力上证人多次反复，毫无稳定性和真实性。从全案证据材料和庭审活动可以看出，关键证人第一次调查笔录是"借款买车"，第二次及其之后的调查笔录是"公司送车"，这也是对张某民决定逮捕的关键证据。上次庭审前法庭依职权调查时是"赵某静借钱买车，跟张某民没有关系，以第一次调查笔录为准"，庭审后的这一次却又变化了。这些多次反复的证言，表明证人毫无可信度，不能作为定案证据，应作为有利于被告人的认定。

辩护人：刘建民

2019 年 12 月 18 日

附件 18：第二次二审开庭申请书

开庭审理申请书

XX 市中级人民法院：

张某民涉嫌受贿、滥用职权案件已上诉至贵院。

该案一审认定的事实、证据存在常识性错误，表现在：

（1）张某民特定关系人赵某静的讯问笔录是在诱导、威胁的情况下形成的，且同步录像中其陈述的能够颠覆案件性质的主要事实没有记录，也没有补正。显然，应当以录像陈述为准，但一审竟然作出了有罪认定。

（2）本案关键证人马某从"借钱"到"送钱"，再从"送钱"到"借钱"，最后又说是"送钱"，该证言经历了四次颠覆性改变。在当庭质证时，马某与赵某静通话录音证据中清晰地显示：该证人承认"会议纪要"是案发后补的，并说明了原因。在一审法院合议庭对其调查核实时，该证人推翻了之前的证言，明确承认该款项系赵某静个人"借款"，"与张某民无关"，且该调查笔录也经过了控辩双方的质证。显然，张某民不构成犯罪。但一审法院竟然否定了依职权调查的笔录效力，作出了张某民有罪认定。

另外，本案中的滥用职权认定错误也是显而易见。而这些常识性错误，是极不正常的。

为确保本案依法公正审理，避免冤假错案发生，现依据《中华人民共和国刑事诉讼法》第 234 条第 1 项规定，特申请公开开庭审理。

辩护人：刘建民

2020 年 3 月 11 日

附件 19：依职权调取证据申请书

二审新证据和申请调卷内容

一、赵某静证明材料"我和马某的交往说明"

来源：赵某静获释后 2020 年 3 月 23 日出具。

证明目的：（1）马某借给赵某静购车款的背景和原因。（2）该证言与马某第一次询问笔录中的陈述一致。（3）该证言与赵某静讯问同步录像中的陈述一致，但侦查人员未记入笔录。

二、赵某静的邮政银行交易明细

来源：赵某静获释后 2020 年 3 月 20 日调取，并有客户经理签字说明。

证明目的：（1）赵某静 2016 年 5 月、6 月、8 月、9 月购买了银行理财产品，期限为一年，本案购车时间是 2017 年 3 月 23 日，当时确实不到期。（2）该证据与赵某静询问笔录内容一致。（3）该证据与马某第一次询问中的陈述一致。

三、申请调取赵某静第一询问（2017 年 5 月 5 日）、第二（2017 年 5 月 21 日）、第三次讯问（2017 年 8 月 21 日）录像资料

来源：一审（重审）卷，辩护人提出排非申请，但一审未认定

证明目的：（1）在第一次询问录像中，询问开始前五分钟，侦查人员提供范本，要求赵某静按范本顺序和内容陈述，当赵某静谈到借款时，被侦查人员阻止，并说"老马已经说了""你不能缴枪不投降""如果这样，你要考虑后果"等。（2）在第二、三次讯问录像中，赵某静有"马某的厂准备扩建，想借我 200 万元"的陈述，被打断，其要求补正笔录，也未予补正。赵某静的这些陈述，与马某第一次询问笔录内容一致。

四、申请调取马某第一次询问笔录（2017 年 5 月 3 日）、法院调查笔录（2019 年 7 月 19 日）

来源：一审（重审）卷，辩护人提出应当认定，但一审未认定。

证明目的：（1）马某陈述的借款事实，与赵某静录像中陈述内容一致，与法院调查笔录内容一致，应当认定。（2）法院调查是依法进行的，马某没

有受到干扰，该调查笔录内容应当认定。

五、申请调取审判阶段公诉人员对马某的两次询问笔录（2019 年 9 月 9 日和 12 月 12 日），调取审判阶段法院两次恢复审理决定书（2019 年 7 月 22 日和 11 月 22 日）

来源：一审（重审）卷，辩护人提出公诉人员询问笔录不具有法律效力，但一审确认了该笔录效力并予以采信。

证明目的：（1）经比对，鉴于公诉机关建议补充侦查，法院第一次决定延期审理的期限是 2019 年 6 月 22 日至 7 月 22 日，而公诉机关在 9 月 9 日对马某进行询问显然不在补充侦查期间，因而是无效的。（2）经比对，公诉机关再次建议补充侦查，法院第二次决定延期审理的期限是 2019 年 10 月 22 日至 11 月 22 日，而公诉机关在 12 月 12 日再次对马某进行询问显然不在补充侦查期间，因而也是无效的。

辩护人：刘建民
2020 年 4 月 8 日

附件 20：第二次二审辩护词（一）（略）

附件 21：第二次二审辩护词（二）（略）

附件 22：致中级人民法院的一封信

关于 W 市人民检察院以"退补"为名拖延审理
时间，致使张某民被羁押四年之久的情况反映

XX 市中级人民法院：

原 H 市国土资源局局长张某民涉嫌受贿滥用职权一案，目前在 W 市人民法院审理。

2017 年 5 月 24 日张某民被刑事拘留，6 月 2 日被逮捕。该案经过了一审、二审、重审、二审和现在的第二次重审，截至 2021 年 7 月 3 日，张某民被关押时间已达 4 年之久。

在这个漫长的审判过程中，我们发现 W 市人民检察院公诉人员王某滥用权利，通过虚假的补充侦查申请方式，拖延诉讼，严重影响了案件审判的公正性。请予以高度关注。

一、虚假的补充侦查

在该案两次重新审理过程中，公诉人员王某申请补充侦查 4 次，分别是 2019 年 6 月 22 日至 7 月 22 日，10 月 22 日至 11 月 22 日；2020 年 12 月 15 日至 2021 年 1 月 15 日，2021 年 4 月 12 日至 5 月 12 日。公诉人员王某通过申请补充侦查的方式，达到了法院延期审理的目的，但在法院延期审理后，竟然无法提交补查材料，明显属于虚假的补充侦查。

二、拖延诉讼的原因

2019 年 7 月 9 日，在重审第一次补充侦查期间（2019 年 6 月 22 日至 7 月 22 日），W 市人民法院审理该案的合议庭三名法官在检察院办公室对关键证人马某依法进行了调查。马某改变了指认，"这是赵某静临时借我的钱，跟张某民没有关系"，法官制作了调查笔录。在随后的庭审中，法庭出示该份调查笔录，控辩双方进行了质证。

这一关键证人证言的改变，是颠覆性的，对该案定性具有重大影响。公诉人员王某得知后，竟然在补充期满后再次询问马某，又获得了马某相反的证词。公诉人员王某明知其调查违法，且证人证言反复，无法定罪，便开始走上了拖延诉讼，意图通过长期羁押张某民迫使其就范的违法之路。

三、错案已成定局

关于张某民涉嫌受贿指控。张某民自始至终不供、关键证人在法院调查时改变了指认且调查程序合法、张某民特定关系人赵某静被指供诱供的事实被证实、重要书证的会议纪要被证实系事后伪造，根据刑事证据裁判规则，指控受贿的证据是明显不足的。

关于张某民滥用职权指控。1115 万元土地指标款因土地使用人在申请用地前应当缴纳而不存在其损失，用地政策仅仅适用于用地申请人因而不可能造成社会影响；契税滞纳金损失是土地使用人因"抵扣出让金"请求未获财政局同意而引起，跟国土局是否发证没有关系。公诉机关基于对国土行业法律法规政策无知的指控，存在着明显的常识性认定错误。

需要特别说明的是，一审法院以张某民犯受贿罪，判处其有期徒刑3年，以张某民犯滥用职权罪，判处其有期徒刑3年，数罪并罚，决定执行有期徒刑5年。根据上诉不加刑、发回重审不加刑的原则，如果任何一罪不能认定，将对张某民构成超期羁押，不仅是错案，而且是冤狱。

四、值得警惕的问题

该案系检察机关的自侦案件，发生在反贪反渎人员转隶前。

该案来源和侦查是存在重大问题的。卷宗材料显示，该案系XX市人民检察院移交，而张某民只是H市组织部管理的科级干部，为何由XX市人民检察院办理？若是由其他案件引发，为何没有材料入卷备查？庭审质证证据显示，关键证人马某曾活跃于两级人民检察院领导之间，这是何故？侦查中为什么存在大量的指供、诱供现象？重要书证的会议纪要事后伪造是何人指使？这一切，都是不正常的。

公诉人员以虚假的补充侦查为由，拖延诉讼，意图把超期羁押责任推给法院，导致案件复杂化、责任模糊化，其根本目的是长期掩盖案件真相，有错不纠，有错难究。

五、意见和建议

针对上述情况，我们认为，该案是一起典型的错案，应当及时予以纠正。为此，我们提出如下建议：

（1）督促一审法院沟通公诉机关，建议公诉机关撤回起诉，及时终结刑事诉讼。

（2）在公诉机关拒绝撤诉情况下，敦促一审法院尽快组织庭审活动，依法作出无罪判决。

（3）敦促一审法院对张某民尽快变更强制措施，避免冤狱后果扩大。

北京市鑫诺律师事务所律师：刘建民

2021年7月9日

附件23：致市人民检察院检察长的一封信

关于督促基层人民检察院自行纠错的建议

尊敬的检察长：

我是北京鑫诺律师刘建民，在原H市国土局局长张某民涉嫌受贿、滥用职权案件中担任其辩护人。

该案系W市人民检察院侦控，法院进行了两次重审，张某民被关押长达四年半之久。

今日提笔，主要是想反映一个问题，请检察长予以关注。

在10月15日的开庭审理时，我们出示了一份录音证据，以此证明案涉的会议纪要是虚假的，公诉人质证时却将该录音中的其他内容当庭宣读。在录音中，存在着本案证人与检察院之间的较多内幕，因此，该录音成为旁听人员的议论焦点，也可能引起社会不良后果。

反映该问题，主要是想说明，本案公诉人员毫不顾及单位形象，唯恐天下不乱，其行为绝非善意。加之其四次补查，却无补查材料，纯属拖延诉讼，造成了当事人被长期羁押的后果。

本案证据确实存在重大问题，有罪判决不仅不能案结事了，而且有可能成为不安定因素。建议督促相关人员认真审查，严格执行证据裁判标准，依法妥善处理。若能主动撤回起诉，我也可以积极配合做些思想工作，彻底消除案件隐患。

知我者，谓我心忧；不知我者，谓我何求。我是一名执业律师，案件办理的社会效果也是我一直兼顾的，也请理解我。

刘建民敬上

2021年10月26日

附件24：关于敦促公诉机关撤回起诉的建议书（略）

附件25：第二次重审辩护词（略）

附件 26：第三次二审书面辩护词

XX 市中级人民法院：

鉴于张某民已提起上诉，作为其二审程序辩护人，现提出如下书面辩护意见，期望能够引起主审法官的重视，使本案得以公开开庭审理。

需要特别说明的是，截至 2021 年 12 月 12 日，本案被告人张某民的羁押时间已超过 4 年 7 个月，而一审判决结果只有 5 年。这就意味着，张某民有可能在看守所度过全部刑期。

作为全程参与的辩护律师，面对公诉机关为掩盖原自侦部门违法行为，为避免年度考核时被扣分，而固执地坚持有罪指控的行为，我很无语；面对一审法院直接否定其依职权调查的证据，认定事实严重脱离行业常识等种种反常现象，我很痛心。

让事实说话吧。

一、受贿罪不成立

（一）证据方面：明显不足

1. 特定关系人赵某静的询问（讯问）笔录中不利的证言不能作为定罪依据

（1）2017 年 5 月 5 日赵某静第一次询问笔录是在诱导、威胁的情况形成的。

在对赵某静第一次询问同步录像中，询问开始前五分钟内，侦查人员给其提供了笔录范本，让其按照范本的顺序和内容陈述。在询问过程中，当赵某静谈到购车款是借马某的时，侦查人员马上阻止，并说"老马已经说了""你不能缴枪不投降""如果这样，你要考虑后果"等。

这些内容，在同步录像中能够清楚地看到。这种指供、诱供而形成询问笔录不具有证据效力，应当予以排除。

（2）2017 年 8 月 12 日赵某静第二次在讯问录像中详细陈述了购车款是借的，以及借款的背景原因，侦查人员却没有在笔录上补正。

在对赵某静的第二次讯问时，赵某静谈到马某让刷卡的原因时，说："马某的厂准备扩建，想借我 200 万元"，这时侦查人员打断她，又开始做工作。在核对笔录时，赵某静提出刷卡借钱原因没有记全时，侦查人员含糊其辞，也没有补正。而"马某的厂准备扩建，想借我200万元"正是这次刷卡借钱的背景。因为赵某静的钱当时未到期，马某在赵某静买车时，便让赵某静刷自己的银行卡，等到赵某静钱到期后，向赵某静借钱时一并结算。

这些内容，在同步录像中能够清楚地看到，与马某第一次询问时陈述内容完全一致，也与一审法院依职权调查时马某"钱是赵某静借的，与张某民没有关系"的陈述完全一致，但赵某静的这些陈述内容却未记录在笔录中。

显然，这次询问（讯问）笔录记载内容是不真实的，不能作为定案的依据，应当以同步录像陈述的内容为准。

2. 关键证人马某指认受贿的证言不能作为定案的依据

（1）马某证言四次反复，且系颠覆性的改变。

第一次询问时，马某说购车款是借给赵某静的，并说出了背景和原因。第二次以后的询问笔录中，马某说公司同意给赵某静买车，并说公司还有会议纪要。一审法院在组织控辩双方对赵某静与马某电话录音中关于"会议纪要是事后补的"问题质证后，法院依职权调查核实了马某，这时，马某否认了公司送车的证言，说"钱是赵某静借的，与张某民没有关系"。一审法院再次开庭，对法院调查核实的笔录内容进行了质证。休庭后，公诉机关又询问马某，马某又改变了证言，说是公司送的。

关键证人的证言四次颠覆性改变，这是极不正常的，其指认受贿的内容不具有可信性。

（2）公诉机关在两次补查到期后对马某的两次调查笔录，系无效证据。

2019年9月9日、12月12日，W市人民检察院对马某两次询问均发生在两次补查期满后法院恢复审理时，公诉机关已没有侦查职权，该询问笔录不具有证据效力。

（3）法院依职权对马某的询问笔录符合法定程序，真实有效。

在证人马某未出庭作证的情况下，法院依职权要求检察机关通知马某，于2019年7月9日在检察院办公室对相关情况进行调查核实。这次调查询问由两名合议庭法官参加，一名专职书记员记录。在调查过程中，法官向马某核实了其在案的6份询问笔录的真实情况、书证《会议纪要》的形成过程，并向其播放了赵某静与马某的通话录音，就录音内容进行了核实。本次询问全面核实了定罪的所有疑问，询问笔录由马某签字确认。

在该份笔录中，马某认可 2017 年 5 月 3 日第一次讯问笔录效力，并且陈述了"张某民两三次把赵某静叫到茶楼当着我的面让赵某静还钱"的事实，以及赵某静借钱买车、还钱是赵某静个人的问题，和张某民没有关系。

询问地点选择在 W 市人民检察院，充分说明本次调查询问是公诉机关和审判机关共同决定的，也是证人所认可的。该份询问笔录符合法定程序，调查程序合法，且在复庭时公开出示，控辩双方进行了质证，应当作为定案的依据。

3. 被告人张某民始终不供受贿事实

张某民供述一直是"借款买车"，与赵某静两次录像中陈述的事实相吻合，也与马某第一询问笔录内容相吻合，且从未听说过"公司送车"的事情，与马某证词中"（会议纪要）是我们公司的内部决定，没有跟张某民、赵某静说过"相一致。

4. 重要书证会议纪要本身疑点重重，现有证据证明确系造假

（1）在以往的数次庭审中，我们多次对案涉会议纪要存在的问题提出质疑，主要是：内容有歧义、证言不合理、取证不及时、程序有瑕疵、形成有问题、格式相矛盾，明显不能作为证据使用。

（2）赵某静提供的与马某的通话录音进一步证明，会议纪要在当时是不存在的，确系马某安排人员事后补写，其个人目的是想把个人行贿转变为单位行贿，从而避免个人责任。这种事后补写形成的会议纪要，不具有客观真实性，没有证据效力。

（二）请托事项：根本不存在

公诉机关指控、原审法院认定的"请托事项"，是不存在的。

1. 在案证据显示，2013 年 H 市国土局曾对驾校违法占地作出罚款 500 万元的行政处罚，但 H 市人民法院和公安局均以不符合立案条件退回。2014 年该公司用地被省政府批复，违法占地状态不复存在。加之 H 市政府对重大项目不立案、不停工、不处罚的"三不"政策，导致该行政处罚不具有可执行性，被搁置是多方面原因造成。

2. 2014 年省政府批复驾校所占用土地后，由于该公司规划和资金问题，未能办理出让手续，当然也未能领取国有土地使用权证书。而解决规划和资金问题、协调宗地所在的常村镇政府捋顺手续是关键核心，马某对此非常清楚。目前，H 市范围内经过省政府批复但因企业自身规划和资金问题未能出

让的土地还有100多宗，合计一万余亩，国家和省国土部门一直在督查。这种情况普遍存在，所谓"土地问题"，只有前期的批复、征收、供地，和后期的"招拍挂"、发证是国土局的职责，而中间环节的诸如项目规划设计、资金筹措等均不是国土局的工作范围。在国土局"供地"之后，不是驾校有求于国土局，而是国土局督促驾校抓紧办理项目规划和资金筹措。驾校提及的"土地遗留问题"应归责于驾校自身和负责招商引资的常村镇政府，因国土局已经层报到省厅并获得了批复，后续手续办理按照流程执行即可，根本不存在马某找国土局和张某民进行"协调"的可能。

综上所述，张某民和特定关系人赵某静的购车款系"暂借"，不是受贿；侦查部门掩盖的事实已还原，书证疑点已揭示，关键证人马某多次反复的证言已固定，尤其是第一次重审期间，法院依职权调查所取得的证据程序合法，全面具体，能够反映案件的事实真相。

二、滥用职权罪不成立

一审法院认定张某民构成滥用职权罪的主要理由，是"致使公共财产、国家和人民利益遭受损失，情节特别严重"的危害后果。我们认为，这是因为对国家土地政策、操作流程不了解，以及对案件基本事实没有搞清楚，因而造成了认定错误。

现就张某民的两种行为分述如下：

（一）关于第一起"1115万元"指控事实的认定问题

一审法院认为："经查，被告人张某民违规收支增减挂钩指标款，给相关企业造成的损失及给社会造成的影响有16家企业的相关证人证言相互印证足以证实，另H市政府未收到相关企业的土地指标款，就不存在的返还指标款的前提，且相关企业日后也无法取得土地使用权证书，根据办理土地使用权证书的程序流程，二者之间具有联系"。

按照这种逻辑认定张某民构成滥用职权罪，是完全错误的。理由是：

1. 相关企业没有损失

国有建设用地流程主要包括审批、规划、出让、颁证等主要环节。而在河南省，还要求用地单位在用地之前购买土地占补平衡指标，没有用地指标，省里就不会审批。在H市，为了招商引资，发展经济，规定用地单位可以在颁证之后申请财政返还已支付的土地指标款。也就是说，政府鼓励投资，用地单位只需提前支付土地指标款，待缴纳出让金并取得土地证后，可向政府申请返还这些已支付款项。

本案中，国土局和张某民的行为涉及收取 16 家用地单位土地指标款问题，是否给这些企业造成了损失呢？

第一，这 16 家用地单位在申请用地前支付土地指标款是应该的，无须论证。

第二，这 16 家用地单位的规划、出让、颁证环节均未进行，而规划、出让是需要企业申请并出资的，用地单位因自身资金问题不完善土地手续，责任不在国土局。

第三，这 16 家用地单位至今未取得土地使用权证书，申请财政返还指标款条件不具备，没有损失发生。

在 H 市，这种情况是普遍的。仍有 10 000 多亩建设用地，虽然省里已经审批但因企业资金或其他主观原因不申请规划和出让，致使土地遗留问题长期存在。政府出让土地，必须符合土地规划、并收取土地出让金，这是财政的主要收入。本案中的相关证人因不了解土地政策和其他原因，导致证言不符合事实。这些证人关于"支付了土地指标款，并被省里批复，国土局就应该为其颁证"的想法是错误的。令人可惜的是，原审法院竟然将这 16 家用地单位没有取得土地使用权证书，归责于国土局和张某民，进而认定张某民的行为导致这些企业无法取得土地使用权证书，造成企业损失。这显然是对现行土地政策的误解。

2. 没有造成社会影响

统一收取、统一支配土地指标款，是针对以往土地指标款标准不统一、协商渠道不通畅、土地指标调配困难等问题，经 2013 年 H 市土地资产管理委员会第二次会议和政府研究决定后，由国土局组织落实的。

第一，鉴于 H 市的特殊现状，张某民和国土局没有成功的模式可以借鉴，这种做法应属行政管理工作中的改进行为，其主观上没有过错。

第二，财政局对国土局的不同意见，属于政府部门内部的认识分歧。事实证明，H 市政府就 W 市检察院的检察建议书，于 2017 年 9 月 22 日召开市长办公会议，对相关情况进行摸底后，于 10 月份便采取抵扣的方式进行完善和改进，效果是很好的，没有不良社会影响。

第三，如上所述，这16家用地单位关于"支付了土地指标款，并被省里批复，国土局就应该为其颁证"的认识是错误的。因其资金和其他主观因素，没有完成土地规划、没有缴纳出让金，就不可能取得土地使用权证书。这些基于错误认识而作出的证言，与事实和政策不符，更不足以造成不良的社会影响。

（二）关于第二起"170余万元"指控事实的认定问题

一审法院认为："被告人张某民在H市东祥公司未按办理土地证的程序足额缴纳土地出让金，并由财政局出具土地出让收入专用票据的情况下即安排为该公司办理了土地证，系违反规定处理公务的行为，且超越职权让该公司将应向税务部门缴纳的税款交到他人账户被挪用，给该公司造成经济损失，其行为构成滥用职权的构成要件。"

按照这种逻辑认定张某民构成滥用职权罪，也是完全错误的。理由是：

1. 国土局颁证并无不当

第一，颁证具有合理性。出让金专用发票和契税发票只是发证的两个形式要件，只要满足了交费的实质要件，发证便具有行政合理性。

第二，发证具有紧迫性。东祥公司系政府招商引资企业，对于该企业关于简化行政程序的请求，应当予以支持。如果该企业已缴的土地指标价款被允许冲抵出让金，出让金款项便属于足额缴纳了。不能因为财政和国土部门的认识分歧而长期拖延办证，这将导致行政诉讼。因此，发证具有紧迫性。

2. 发证时该公司没有损失

办理土地证前，用地单位应当缴纳相关费用，这是基本常识。案涉的170余万元的保管方式，不管妥当与否，但对东祥公司来讲，领取土地证就应当支付相关费用，这是对价关系。原审法院认定为"该企业损失"，不知从何谈起。

3. 该公司事后支付的63万余元滞纳金是其自身原因造成，与发证没有关系

需要特别说明的是，在本案审理过程中，东祥公司最终还是全额向H市财政局缴纳了土地出让金，H市财政局才开具了土地出让金专用票据，东祥公司凭土地出让金专用票据缴纳了土地契税。显然，本案中财政与国土部门的分歧，是因为东祥公司的不合理要求造成的。最终，该公司放弃了"抵扣"

的额外要求，于 2018 年 2 月 8 日足额缴纳土地出让金，共计 42 541 320 元，领取了出让金专用发票。

在向税务机关缴纳契税时，东祥公司被责令支付了 63 万余元滞纳金。而这些滞纳金，是因为东祥公司基于其"抵扣"要求没有及时按照出让合同约定的时间全额缴纳土地出让金，致使契税无法及时缴纳所致。契税滞纳金的计算是从出让合同签订之日开始计算的。契税的滞纳金产生在前，国土局发证在后。

因此，东祥公司缴纳的这些滞纳金完全是其自身违约、未按法定程序申报纳税所致，与国土局发证没有任何关系。

综上所述，一审法院疏于对国家土地政策的了解，疏于对案件事实的分析，导致损害后果认定明显违反常规，从而使本案被错误定罪。

辩护人：刘建民

2021 年 12 月 12 日

后 记

兼顾面：刑事辩护关系论

每一个成功的刑辩故事，都是从维度把握入手，紧紧围绕具体辩点来展开。当然，单打独斗是不行的，一招通常很难制胜，更多地是从多个维度实施饱和"攻击"。

在刑事辩护中，律师智慧地运用各种策略，采取不同的技战法，是本书要重点介绍的内容。如果说这些可以归结为刑事辩护技法论的话，那么，前言部分的刑事辩护架构论便是总的纲领。由于技战法运用必须妥善处理各种关系，刑事辩护关系论则应当成为一个独立的篇章。

刑事辩护关系论将从七个方面展开，娓娓道来。虽冠之以后记，实为保证本书体系的完整性，不知妥否。

1. 委托关系：合同在先，要亲和，也要严厉

接受委托是辩护律师介入刑事案件的第一步。在当事人被羁押状态下，其近亲属、其他亲友和所在单位是委托的主体。通常情况下，刑事案件的委托人是其近亲属，主要包括配偶、父母、子女。

委托合同的主体是委托人和律师事务所。辩护律师参与诉讼活动，一是基于委托，二是根据指派。辩护律师依据双方签订的委托合同代表律所履行受托义务，依据当事人近亲属的授权委托开展独立辩护工作。当然，辩护律师可以依托律所平台资源，组建律师团队，集众人智慧，以保证服务质量。

刑事辩护具有较强的对抗性。这就要求辩护一方必须精诚团结，一致对外。委托关系的信任度与和谐度对刑事辩护效果是有直接影响的。

在刑事辩护实践中，委托人有四种类型：

（1）完全依赖型。刑事程序的封闭性和专业性，使得委托人难以了解案

情，于是便全权委托辩护律师。疑人不用，用人不疑。

（2）主动配合型。委托人在签订委托合同后，根据律师的分析判断，积极想办法，主动找证据，丰富和完善辩护思路，全力配合辩护工作。

（3）无意干扰型。通常是文化层次较高，分析问题能力较强，但固执己见，强势武断，当然也有人格偏执的。微信不断，电话不停，让辩护律师无法独立思考，使得整个辩护工作缺乏专业性和针对性。

（4）质疑纠缠型。主要表现在：对辩护意见处处质疑，却无思路；对辩护律师评头论足、颐指气使；对刑事程序抵触抱怨、恶语相加、投诉控告等。

刑事辩护是一项专业活动，律师需要结合案情独立思考，需要尽力收集有利证据，需要攻防有策，应对适度，更需要有一个安定祥和、齐心协力的辩方阵营。针对委托人的不同情况，律师应当在委托之前慧眼识珠，去劣取优。即便是接受了委托，也要对委托人进行全面考察，定位要清晰，行动要果断。

对于"完全依赖型"委托人，要勤沟通、常交流，不负所托，竭尽全力。对于"主动配合型"委托人，要珍惜友善，互通有无，合力抗争。对于"无意干扰型"委托人，要晓之利弊，限期改正，适时放手。对于"质疑纠缠型"委托人，要不留情面，及时终止委托，以免后患无穷。

刀尖上的舞者，只有心无杂念，方能全力以赴。辩护律师要果敢睿智，爱憎分明，勇于排除障碍。不要忍辱迁就，不要放纵偏执横行。

与善同行，其乐融融。与恶相处，阴影重重。刑事辩护是逆行之旅。困难无所惧，信任抵万金。双线作战，很可能内外交困。心力交瘁，谈何乐趣？优秀的客户成就优秀的辩者，辩护律师要懂得筛选珍惜，也要学会切割远离。

2. 辩护关系：高墙之下，要同情，不要顺从

按照律师办理刑事案件规范的规定，犯罪嫌疑人、被告人的近亲属、其他亲友或者所在单位代为委托的，须经犯罪嫌疑人、被告人的确认。由此看来，当事人近亲属的委托，属于代为委托，合同成立。只有当事人本人确认，合同才生效。

辩护关系的确立，以当事人的确认为标志。这也是首次会见的主要工作内容。

监所羁押作为限制人身自由的刑事强制措施，主要目的是防止犯罪嫌疑

人、被告人逃跑、串供，确保刑事诉讼有效展开。这种措施，对在押当事人是有重大影响的。结合在押当事人的个人性格、处事方式的不同，呈现出了不同的形态：

从态度上来看，有认罪伏法的、妥协屈就的、避重就轻的、拒不认罪的。

从表现上来看，有认罪认罚的、忍气吞声的、欲言又止的、鸣冤叫屈的。

这些态度和行为，通常会在律师首次会见时充分表现出来。我们将其归纳为四类：

第一类，认罪型。他们对自己实施的行为，认罪伏法，真诚悔过，愿意认罪认罚。希望通过律师帮助，得到较为轻缓的刑罚。

第二类，屈就型。他们知道自己的行为是错误的，但不知道是否构成犯罪。事已至此，愿意接受处罚。希望律师释疑解惑，得到从宽处理。

第三类，逃避型。有的避重就轻、欲言又止，神神秘秘；有的掺杂使假，前后矛盾，言不由衷；有的回避案情，深信权势，钱能通天等。

第四类，喊冤型。因非法讯问喊冤的，因报复陷害喊冤的，因法不责众喊冤的，因坚持无罪喊冤的等。

针对不同类型的当事人，辩护律师应当因势利导，采取有效辩护策略，最大限度地维护其合法权益。对于"认罪型"当事人，要问清是否真实自愿，有无外在压力，同时要对案件事实、证据进行分析，并予以指导。如果认罪认罚有利于当事人的，应当及时确认，并建议办案单位从快处理，尽快终结刑事程序。对于"屈就型"当事人，要认真倾听，并结合卷宗材料，划清罪与非罪界限，及时与办案单位沟通交流，提出独立辩护意见，使案件得到及时解决。对于"逃避型"当事人，要增进信任，晓以利害，真诚务实，用法律武器来保护自己。对于"喊冤型"当事人，要查清事实，问清原委，对症下药。确有认识误区的，及时予以消解，使其面对现实。确有委屈冤情的，勇于坚持真理，大胆揭露，敢于单刀赴会，据理力争。

辩护律师应当尊重法律，信仰法律，做遵纪守法的模范。对于当事人以权压人、金钱开道的想法，要坚决反对。对伪造证据、串供造假的行为，更要坚定拒绝。

大道通天，法律才是判断是非的唯一标准。红线不能踩，底线不可破。不知自保，焉能救人？

3. 侦辩关系：被动出击，要尊重，还要灵活

随着公安队伍多年来的正规化、专业化、职业化建设，公安干警素质得到了大幅度提升。干警来源也从以往的部队转业人员，逐步切换为警察学校、刑警学院、公安大学和法学院毕业生。大数据、人工智能等现代科技的推广应用，使得刑事侦查工作如虎添翼。这是一支素质过硬、值得信赖的队伍，保国护民，守一方净土。因此，辩护律师应当把尊重和敬仰放在首位。

辩护律师介入刑事案件，是在犯罪嫌疑人被采取强制措施，或者被第一次讯问之后。这就意味着，案件经过了初查和立案，有了基本的犯罪事实和证据。刑事诉讼法虽然赋予了律师的辩护人地位和权利，但由于侦查工作的秘密性，辩护律师无法从侦查机关得到更多的信息，只能局限于为犯罪嫌疑人申诉、控告、取保候审和法律咨询。当然，面对强大公权力加持的侦查机关，辩护律师的出现能够给予犯罪嫌疑人精神力量和心理安慰，这是毫无疑问的。应当肯定，法律赋予犯罪嫌疑人委托辩护的权利，使得弱小者有了法律上的"外援"，使其不再孤独无助，这正是法治的一大进步。

在全程保密的侦查阶段，辩护律师依然可以有所作为。通过会见犯罪嫌疑人，可以了解涉嫌罪名和相关事实，可以进行拓展式思考，分析取证方向，预判案件走向。通过接触侦查人员，可以了解案件来源和情节严重程度，可以进行策略性补救，避免事态恶化。

公安机关负责侦查的案件一般包括六大类：一是依照法律规定应当办理的普通刑事案件；二是全国或者区域性公安机关开展的专项刑事案件，如扫黑除恶案件；三是监察机关移交的普通刑事案件；四是当地党政机关要求查办的刑事案件，如基于信访、不稳定因素而介入的刑事案件；五是当地行政机关移交的刑事案件，如税务犯罪案件、土地犯罪案件；六是有关单位和个人控告的经济犯罪案件，如异地诈骗案件。每一类案件的辩护侧重点是不同的，及时了解，可以提前准备，有的放矢。

向侦查机关递交法律手续是接触侦查人员的法定程序，也是侦辩对话的第一步。方法方式很重要，了解案件来源并不难。

对于不同来源的案件，相应的辩护重点是不同的。有的需要认真学习刑事政策，有的需要熟练掌握部门法，有的需要考虑民刑交叉问题，有的则需要研究罪与非罪问题。轻，则主动出手，申请取保；重，则观望静思，等待

时机。

严格地讲，刑事侦查程序还应当包括检察机关的自侦和监察部门的调查。由于检察机关反贪反渎部门转隶后自侦工作并未完全展开，又由于律师不能介入监察部门的调查，故不再论述。

侦辩没有对抗，律师只有备战。

4. 控辩关系：攻防对决，要争辩，也要示好

控辩关系是指人民检察院及其公诉人员和辩护律师之间关系。

人民检察院作为国家公诉机关，依法代表国家支持公诉是其法定职权。公诉机关要求惩罚犯罪和辩护律师依法保障人权并不矛盾，只是角度不同，都是在维护国家法律的正确实施。

控辩关系主要体现在法庭审理过程中的攻防对决和诉讼争辩。在刑事辩护实践中，检察机关公诉人员有四种表现：

（1）温和说理。这是最为常见的。绝大多数公诉人员性情温和，善于倾听。对于辩护人意见能够充分考量。表示认可的，予以接受；提出异议的，说理充分。

（2）刻意回避。主要体现在上级交办、督办的案件中。基于对上级指示的贯彻和对上级机关的敬畏心理，公诉人员往往回避案件争议。对辩护人意见不表态，不回复，始终坚持自己的主张。

（3）对立排斥。主要体现在社会影响较大的案件中。基于对国家利益，或者社会道德的维护，公诉人员习惯于在庭审中态度强硬，言语激烈；不容争辩，上纲上线等。

（4）仇视威胁。这是极为少见的极端现象，体现在一些职务犯罪案件中。为确保站位立场的正确性和保持调查认定的一致性，往往认为律师在故意阻碍诉讼，怀疑律师存在串通和伪证行为。表现为：热衷道听途说，质疑律师人品；部门利益至上，私下调查律师；告诫警示威胁，逼迫退出诉讼等。

对此，辩护律师应当懂得理解宽容，学会礼让三分。

攻防争辩只是控辩关系的一个方面。但在处理控辩关系时，还应当重视和关注人民检察院侦查监督权的履行情况。捕诉一体化改革后，人民检察院实行"谁批捕、谁起诉""谁办案、谁监督"的办案模式。审查起诉前，人民检察院的侦查监督活动主要有是否决定逮捕、是否追捕、侦查活动是否合

法、羁押必要性审查、提前介入引导审查等。决定逮捕后的审查起诉阶段，由同一案件承办人负责起诉审查工作。

对于这一改革举措和制度安排，辩护律师应当珍惜两次机会：一是批准逮捕环节；二是审查起诉阶段。

在批准逮捕环节，通过当面陈述和书面沟通方式，请求进行羁押必要性审查，力争解除强制措施，恢复当事人的人身自由，或者不予逮捕，终结侦查程序，促成案件撤销。

在审查起诉阶段，通过法律意见书形式，对案件的事实、证据和法律适用进行分析论证，促使人民检察院作出不起诉决定，提前终结刑事诉讼程序。

对于如此重要的两次机会，态度要诚恳，言语要平和。求人认可，示好为上。

控辩关系是争辩，不是对抗。师出同门，术业同道，应当平等相处，真诚交流。剑拔弩张，排斥仇视是不可取的。"说给你听，写给你看"，道理终究可以越辩越明。

5. 审辩关系：法庭王者，要说服，更要敬仰

审辩关系是指刑事诉讼中法官与律师之间的职业关系。

在刑事诉讼中，法官职业具有其鲜明特点：

（1）中立性。审判员改称为法官，由"员"变为"官"，地位得到了提升。辩论式审判取代纠问式审判，由"问"转为"听"，使得裁判者主动性削弱，中立性被强化，控辩双方的积极性也随之提高。这种法官中立的制度设计，符合竞争规则和裁判规律，改变了被告人地位不平等和权利受限制的状况，体现了司法公正。

（2）专业性。法院初创时期，法官来源完全依赖军警人员，后逐步由部队转业人员和大学毕业生共同组成，现在的法官来源则几乎全部是具有法学教育背景、通过法律职业资格考试的人员。这些人员的选任，进一步确保了法官队伍的专业性，淡化了法官队伍的军警色彩。裁判是一项专业活动，加之文职人员的亲和感，使司法变得有温情。

（3）公正性。公正是司法的灵魂。控辩双方职能充分发挥，法官居中审视和判断，这种制度设计奠定了公正审判的基础。法官运用法律知识，通过法律思维，对相关事实证据进行专业判断，进一步保证了审判的公正。民众

也可以通过个案审判，真切地感受到法定程序的公平合理，体会到法官庭审的专业和智慧，从而对司法活动充满信心。

（4）权威性。权威来自认同和信仰。在控辩审模式中，法官秉持中立、专业和公正，必然形成民众的认同。法官基于其亲历审判和专业素养，运用法律智慧作出逻辑清晰、有理有据的判决结论，自然会得到民众的肯定。由此及彼，由点到面，从个案到司法，从司法到社会，法律逐步得到普遍信仰，社会秩序也变得规范有序。

辩护律师要始终坚信，法官是法律的化身、正义的使者。

其实，在刑事诉讼中，审辩关系是一个述说与倾听、说服与认可的过程。让人和颜悦色、耐心倾听仅仅是一种能力，而让人心悦诚服、接受认可则是一种成功。不要为个案而抱怨法官，那是因为你没有把法理说清，没有把道理说透。

尊重法官，应当成为一种信仰。因为法官是法庭的王者。

6. 外援关系：巧妙借力，要有理，还要有度

在刑事诉讼中，侦查机关本身就拥有极为强大的公权力。在特定时期，对于特定案件，他们还善于调动包括上级政法机关、官方新闻媒体在内的一切社会资源，而且向全社会公布案件定性和处理方案。在这种情况下，苛求辩护律师墨守成规，等于责令犯罪嫌疑人"坐以待毙"，违背了基本人情和经验常识。

律师在做好辩护准备工作的同时，应当通过利用各种资源，巧借外力，对冲压力，让当事人得到公平对待，从而使案件得到公正处理。

（1）党委支持，让主要领导重视。党委书记是社会稳定的第一责任人，政法委代表党委对政法机关履行领导、监督和协调职能。当刑事个案处理结果有可能对某种社会秩序造成冲击和较大影响的时候，党委予以关注重视具有正当性和必要性。

（2）人大支持，让人大代表监督。人大是监督机关，可以定期听取法检工作报告，也可不定期对其进行专项检查和监督。虽然刑事个案监督不被提倡，但仍然可以通过对某些共性问题进行监督指导，听取汇报，也可组织人大代表、政协委员旁听案件审理。

（3）行业支持，让协会组织发声。当刑事个案具有一定的普遍性，对某

一行业秩序造成影响时候，行业协会、社团组织的集体发声也会引起政法机关的重视，毕竟刑事司法在追求案件法律效果的同时，也应当考虑社会效果和政治效果的均衡。

（4）学术支持，让专家学者说话。刑事司法对案件定性、证据判断和法律适用有着极为严格的要求，当律师无法讲深说透，或者难以说服法官的时候，专家意见则能够有效地解决这一问题。专家学者的学术地位和中立身份可以抑制外界对案件的不当干预，形成一种新的平衡。

（5）舆论支持，让新闻媒体评说。民愤可以理解，但民意可以引导。"一边倒"的现象往往是不正常的，民粹主义极易引发社会动荡。律师应当对某些敏感问题，通过新闻媒体，适时让民众讨论。不同的角度、不同的认识、不同的观点，有助于法官集思广益，进行全面分析和准确判断。

当然，律师在利用外部力量时，应当把握分寸，掌握节奏，避免不必要的职业风险。对于侦查机关的抗辩，要适可而止，留有余地。不要逞一时之快，而留下祸根。刑辩律师应当谨慎从事，不能犯错，这是底线。

控辩犹如两军对垒，要想取得重大案件的辩护成功，则需要勇气和胆量，更需要技巧和智慧。

7. 情法关系：心存善意，要执着，也要自省

情法关系是指律师在刑事辩护过程中存在的心理纠结，主要表现为情感道德与法律公正、社会评价与职业定位等方面的内心冲突。

刑事辩护是一场艰难的逆行。律师不仅要在事实证据和法律适用方面与公诉机关展开争辩，拨开迷雾，论证是非，还要时刻抵制社会非议，忍受内心煎熬，坚守法律良心。

刑事法律服务对象是小众群体，刑辩律师注定是孤独的。主要来自四个方面：

（1）恶人之辩的诋毁。犯罪现象是社会的对立面，揭露、惩治犯罪合法正当，这是没有争议的。目的正当性应当由程序合法性来保障，任何人未经审判不得被认定为犯罪。这也是法治国家的普遍认知。但是，"为恶人辩护""为坏人开脱"的帽子总是戴在律师的头上，由此而来的则是蔑视、白眼和讽刺。特别是社会重大影响的案件，亢奋激昂的民意足以让辩护律师一生的名誉荣耀丧失殆尽。

（2）有偿之托的怨气。古往今来，律师都是有偿服务的职业，"受人之托，忠人之事"，本来就是大众认可的。但就个案来讲，委托人会因为律师收费提出一些不合理要求，一旦没有得到满足便怨声载道。民众也会因为律师收费标准给予非议，进而进行道德责难。难道律师就应当是自带干粮帮人击鼓鸣冤？生存不保，何来发展？这种责难和怨气会加重律师内心的痛楚彷徨。

（3）现实之法的落差。执业律师是一个接受了法学院正规教育的群体，对公平正义有着异乎寻常的执着和追求，而刑事司法实务基于各种原因未必能使"心中之法"得以实现。不仅如此，司法结论还常常会截然不同，出人意料。一个没有法律预期的司法结论，必然会给律师心理造成跌宕和痛苦。

（4）牢狱之善的浸淫。人性是善良的，犯罪嫌疑人和被告人绝不是一无是处。辩护律师不是为罪恶辩护，而是要发现人性的善良，并从事实和证据层面找到其从轻、减轻和无罪的情节，力求得到公正处理。长期置身于羁押场所的会见和交流，难免会受到在押当事人反常规行为的浸淫和影响。对"恶"的反感和对"善"的发现，是律师的职业要求。辩护律师就是在恶与善之间不停地甄别和选择，这是一场艰难的历练和修行。

律师不易，既要为良善代言，又要与世俗为伍。置身于非白即黑的尘世中，内心撕裂也只有独自疗慰。但是，路还是要坚持走下去。

光阴荏苒，岁月如梭，青春已渐渐远去。我心光明，亦复何言？

刘建民谨识

2021 年 12 月 28 日

豫北老家

赞美歌：刑事辩护理想论

他西装革履，脚步匆匆；他经纶满腹，平和真诚。闲聊时，他谈法律宣讲风控；危难时，他伸援手受托出征。他不是你的亲兄妹，却满怀一腔侠骨柔情。

他会去看你。只有他，能去看你，因为只有他有资格去看你。他会告诉你，什么是错，什么是罪，以及错与罪有什么不同。

不管你认不认罪，只要他认为你不是罪，他便会为你奔走呼吁，击鼓鸣钟；当你认罪，他同时也认为你犯罪的时候，他也不会放弃你，他会为了让你得到从轻处理，去沟通去求情。

你获释了，是因为他发现并纠正了侦查机关的违法或错误，你原本就没罪；你从轻了，是因为他说服了法院和法官，你原本就不该受重刑。

你无须感谢他。但有一点你应当清醒：如果没有他，你可能不会获释，也可能不会被从轻。因为高墙内电网下，亲友只能为你流眼泪，却无法抚慰你受伤的心灵。你根本没有能力改变执法者的态度，要想在法庭上说服法官，几乎不可能成功。

他是为了国家法治而奋斗，并不是为博取你的感激之情。不管你富有，还是贫穷，你要知道，你不是他唯一的客户，遇到他，才是你一生的荣幸。没有你，他依然在工作，因为他是职业法律人，手中无权杖，但心中有天平。他的成功，是因为侦控机关的违法或疏漏；他的荣耀，是因为法官睿智和公正。

他有他的理想和追求，那就是人间无冤屈，世上无纷争。他是想通过个案推动立法，他期望通过成功辩护来唤醒社会对人权的尊重。

这就是刑辩律师！你可以选择与他为友，也可以对他无动于衷，但千万不要远离他，更不要仇视他。人生本无常，福祸相依中，与君结缘日，平安度余生。

炊烟起，夫唱妇随，尊老爱幼，耕读伴终生；夜幕下，灯红酒绿，莺歌燕舞，天下享太平。民安与国泰，那是他一生的不了情。

三 记

致谢辞：刑事辩护协作论

刑事辩护是一场艰难的逆行。个人力量是弱小的，我从不认为，刑事辩护的成功归功于某一个人。我只不过是走上了前台，鲜花和掌声应当属于为这一目标提供过协助、建议，给予过关心、鼓励，表示过理解、宽容的每一个人。为此，我要感谢他们。

北京市鑫诺律师事务所是我的家，一个有激情、有温度的地方。刑事辩护团队兵精粮足，师出名门，身怀绝技；行政服务天团快速高效，温情体贴，无微不至；律所当家人沉稳低调，睿智大度，运筹帷幄；八个分所架构清晰，布局合理，精诚团结。每一次刑事辩护，都是一场硬仗。律所各部门按照既定程序在高效运转，参战律师按照各自分工在积极工作。辩护要点、策略技巧在一次次沟通交流中逐步提炼、完善和执行。执业信念、维权斗志在一次次遇阻碰壁、一次次柳暗花明中变得顽强坚定。顺境时，我们对酒当歌，开怀畅饮；挫折时，我们抱团取暖，荣辱与共。这是一群志同道合，同舟共济的好姐妹、好弟兄。

跨区域办案，离不开兄弟律所同行们的协助与配合。本书案例来自河南新乡、洛阳、安阳、广东深圳、山东德州、河北邢台、吉林长春等地，我与这些地区的律师建立了深厚友情。会见时，我们苦口婆心、安抚劝慰；庭审时，我们慷慨陈词，据理抗争。工作中，我们说案件，谈理想，畅想法治；闲暇时，我们行酒令、饮真茶、满面春风。山高路远也好，天南地北也罢，共同的抱负和追求像一根红线，让我们同频共振，情谊相连。祝福吧，祝愿这些同道同仁永远快乐，平安一生。

专家学者的学术支持是必须要说的。刑事辩护不仅需要不厌其烦的交流沟通，需要鞍马劳顿的千里驰援，更需要去伪存真的深度论证，需要一针见血的真知灼见。中南财经政法大学、中国政法大学、清华大学、北京大学、中国人民大学、北京师范大学、中国社会科学院、河南财经政法大学等高等院校和科研机构的专家、学者曾给予我早期的刑法学启蒙，也促进了我现在的理论构建和不断提升。一次次请教，一次次论证，让我豁然开朗，醍醐灌顶，得以完成了一个个拯救人生的使命。我岂敢沾沾自喜，忘却为我架桥引路的恩师之情？

对手的强大让我奋进，对手的理解让我敬重。警官、检察官、法官是国家公职人员，代表国家行使职权，这是无上荣光的事情。身为职业法律人，我尊重国家公权，期待社会安宁。而刑事辩护律师的重要职责是私权保护，面对强大的国家机关和高素质的公职人员，首先应当修炼内功，提升本领。通常来讲，成功辩护的背后，是公权行使过程中的偏颇、失误和差错。发现、揭示这些问题，才是刑辩律师的基本功。公职人员普遍能够以此为戒，警钟长鸣。这种境界，值得敬仰和尊重。

家庭永远是温暖的。父母高寿，让我牢记着家的方向和心灵归途。夫人贤惠，让我轻装上阵，策马驭风。小女自幼好学上进，一如既往地成为年级领跑者，后浪奔涌呀，让我不敢怠慢，始终在快乐中相伴前行。

感谢北京植德所张晴律师、北京百瑞（郑州）所秦玉卓律师、北京鑫诺所张杰律师的写作建议和文字添彩，让书稿完成。

感谢中国政法大学出版社丁春晖编辑的辛勤工作，让本书上市发行。

感谢所有关注我的人！

刘建民

2022 年 7 月 1 日